Fortbildung und Praxis

Schriftenreihe der Zeitschrift
»Wege zur Sozialversicherung«

Die Private Krankenversicherung

Eine Arbeitshilfe für die GKV

Von
Günther Merkens
und
Werner von Birgelen

1. Auflage

 1991

Asgard-Verlag Dr. Werner Hippe KG · Sankt Augustin 3

Bearbeitungshinweis

Es haben bearbeitet: Kapitel

Günther Merkens: 1.2.2.; 1.5.; 3.; 4.; 5.; 7.; 8.;

Werner von Birgelen: 1.1.; 1.2.1.; 1.2.3.; 1.3.; 1.4.; 2.; 6.; 9.

CIP-Titelaufnahme der Deutschen Bibliothek

Die private Krankenversicherung: eine Arbeitshilfe für die GKV / von Günther Merkens und Werner von Birgelen. – 1. Aufl. – Sankt Augustin: Asgard-Verl. Hippe, 1991
 (Fortbildung und Praxis; 101)
 ISBN 3-537-31111-7
NE: Merkens, Günther; Birgelen, Werner von; GT

Titel-Nr.: 31111
ISBN: 3-537-31111-7

Vorwort

„Die private Krankenversicherung im Aufwind", so lauteten die Überschriften in der Presse, als der PKV-Jahresbericht für das Geschäftsjahr 1989 veröffentlicht wurde. In den letzten Jahren meldete die private Krankenversicherung stets steigende Vertragsabschlüsse bei der Krankheitskostenversicherung und den Krankheitskostenzusatzversicherungen. Die gesetzliche Entwicklung, insbesondere nach dem Inkrafttreten des Gesundheits-Reformgesetzes, hat dies noch nachhaltig unterstützt.

Die private Krankenversicherung hat sich gegenüber den Trägern der gesetzlichen Krankenversicherung zu einem bedeutenden Mitwettbewerber auf dem Krankenversicherungsmarkt entwickelt. Um die Herausforderungen des Wettbewerbs erfolgreich zu bestehen, sollten die Mitarbeiter der gesetzlichen Krankenkassen die Grundzüge des privaten Krankenversicherungswesens kennen. Nur dann sind eine fach- und sachgerechte Information und Beratung der Mitglieder bzw. potentiellen Mitglieder möglich.

Der Inhalt dieses Heftes beschäftigt sich deshalb schwerpunktmäßig mit der Vertragsgestaltung, den Beiträgen und den Leistungen der privaten Krankenversicherung. Darüber hinaus sind einige Ausführungen als Hintergrundinformationen für die Krankenkassenmitarbeiter gedacht. Eine Arbeitserleichterung für die Praxis soll insbesondere die Gegenüberstellung der wesentlichen Unterschiede zwischen der PKV und der GKV sein.

Wir hoffen, daß dieses Heft den Mitarbeitern der gesetzlichen Krankenkassen eine Arbeitshilfe ist.

Erkelenz/Heinsberg, im Oktober 1990

Die Verfasser

Inhaltsübersicht

Vorwort 3

1.	Die PKV als Teil der sozialen Sicherung	15
1.1.	Entwicklung der sozialen Sicherung und der PKV	15
1.1.1.	Altertum	15
1.1.2.	Mittelalter	16
1.1.3.	Neuzeit	17
1.1.4.	Industrielle Revolution	18
1.1.5.	Entwicklung der PKV ab 1900	21
1.1.6.	Einfluß von Beamten und Mittelstand auf die PKV	21
1.1.7.	Entwicklung nach dem Ersten Weltkrieg	23
1.1.8.	Wiederaufbau nach dem Zweiten Weltkrieg	26
1.1.9.	Gegenwart und zukünftige Entwicklung der PKV	27
1.2.	Übersicht über die Größenordnung der PKV	28
1.2.1.	Versicherte und Marktanteile der PKV	28
1.2.2.	Zahl und Bedeutung der PKV-Unternehmen	38
1.2.3.	Neugründungen von PKV-Unternehmen	41
1.3.	Organisation der PKV	42
1.3.1.	Rechtsformen der Unternehmen	42
1.3.1.1.	Aktiengesellschaften	43
1.3.1.2.	Beteiligungsverhältnisse innerhalb der Versicherungswirtschaft	48
1.3.1.3.	Versicherungsvereine auf Gegenseitigkeit	51
1.3.2.	Organisationsstruktur	53
1.3.2.1.	Unternehmensorganisation	53
1.3.2.2.	Organisation des Versicherungsbetriebes	55
1.3.3.	Verbände der Versicherungsunternehmen	61
1.3.4.	Aufsicht über die PKV-Unternehmen	64

Inhaltsübersicht

1.4.	Grundprinzipien	69
1.4.1.	Unterschiedliche wirtschaftliche Leitgedanken	69
1.4.2.	Solidaritätsprinzip	69
1.4.3.	Äquivalenzprinzip	73
1.4.4.	Sachleistungsprinzip	74
1.4.5.	Kostenerstattungsprinzip	75
1.4.6.	Zusammenfassende Betrachtung	75
1.5.	Die PKV im Wettbewerb	77
1.5.1.	Allgemeines	77
1.5.2.	Zielgruppen für die PKV	78
1.5.3.	Vertriebsstrategie der PKV	79
1.5.4.	Wettbewerbsrecht	84
2.	**Rechtliche Grundlagen des Versicherungsverhältnisses**	87
2.1.	Allgemeines	87
2.2.	Gesetzliche Grundlagen	88
2.2.1.	Versicherungsvertragsgesetz	88
2.2.2.	Allgemeine Vertragsregelungen des Bürgerlichen Gesetzbuches	90
2.2.3.	Handelsrechtliche Regelungen des Handelsgesetzbuches	93
2.2.4.	Gesetz zur Regelung des Rechts der Allgemeinen Geschäftsbedingungen	93
2.3.	Allgemeine Versicherungsbedingungen	95
2.3.1.	Allgemeine und Besondere Versicherungsbedingungen	96
2.3.1.1.	Entstehung und Genehmigung der Allgemeinen Versicherungsbedingungen	97
2.3.1.2.	Verhältnis der Allgemeinen Versicherungsbedingungen zum Versicherungsvertragsgesetz	99
2.3.1.3.	Auslegung von Allgemeinen Versicherungsbedingungen	99
2.3.2.	Allgemeine Versicherungsbedingungen Teil I – Musterbedingungen	100
2.3.2.1.	Bedeutung und Inhalt	100

Inhaltsübersicht

2.3.3.	Allgemeine Versicherungsbedingungen Teil II – Besondere Bedingungen für jedes Unternehmen und Tarife	101
2.3.3.1.	Unterschied zwischen Teil I und Teil II der AVB	101
2.4.	Besondere Vereinbarungen	102
2.4.1.	Risikoausschluß	103
2.4.2.	Risikozuschlag	104
3.	**Der Versicherungsvertrag**	**105**
3.1.	Antrag des Versicherungsnehmers auf Abschluß eines Versicherungsvertrages	105
3.1.1.	Bedeutung des Antrages	105
3.1.2.	Bindungswirkung des Antrages	105
3.2.	Annahme des Antrages durch den Versicherer	106
3.2.1.	Annahme entsprechend dem Antrag	106
3.2.2.	Annahme zu veränderten Inhalten	107
3.2.3.	Stellung eines „Probeantrages"	108
3.3.	Vorvertragliche Anzeigepflicht	109
3.3.1.	Umfang der Anzeigepflicht	109
3.3.2.	Antragsvordruck zur Risikoermittlung	111
3.3.3.	Anzeigepflicht während der Bindungsfrist	113
3.3.4.	Mitwirkung eines Arztes bei der Gesundheitsprüfung	114
3.3.5.	Mitwirkung eines Versicherungsvermittlers beim Ausfüllen des Antrages	115
3.4.	Folgen der Verletzung der vorvertraglichen Anzeigepflicht	115
3.4.1.	Rücktritt vom Versicherungsvertrag	115
3.4.1.1.	Voraussetzungen für den Rücktritt	115
3.4.1.2.	Erklärung des Versicherers	116
3.4.1.3.	Wirkung des Rücktritts	116
3.4.1.4.	Leistungspflicht trotz Rücktritts	117
3.4.2.	Prämienverbesserung	117

Inhaltsübersicht

3.5.	Anfechtung des Vertrages wegen arglistiger Täuschung	119
3.6.	Beginn der Versicherung	120
3.6.1.	Allgemeines	120
3.6.2.	Ausstellung des Versicherungsscheines	120
3.6.3.	Rückwärtsversicherung	121
3.6.4.	Zahlung des ersten Beitrages	122
3.6.5.	Wartezeiten	122
3.6.5.1.	Allgemeine Wartezeiten	122
3.6.5.2.	Besondere Wartezeiten	123
3.6.5.3.	Verzicht auf Wartezeiten	123
3.6.5.4.	Anrechnung von Versicherungszeiten der GKV	123
3.7.	Ende der Versicherung	124
3.7.1.	Allgemeines	124
3.7.2.	Kündigung durch den Versicherungsnehmer	125
3.7.2.1.	Ordentliche Kündigung	125
3.7.2.2.	Außerordentliche Kündigung bei Eintritt von Krankenversicherungspflicht	125
3.7.2.3.	Außerordentliche Kündigung wegen Beitragserhöhung oder Leistungsminderung	126
3.7.2.4.	Verspätete Kündigung	126
3.7.3.	Kündigung durch den Versicherer	127
3.7.3.1.	Krankheitskostenversicherung	127
3.7.3.2.	Krankenhaustagegeldversicherung, Krankheitskostenteilversicherung	127
3.7.3.3.	Krankentagegeldversicherung	127
3.7.3.4.	Gesetzliche Kündigungsgründe	128
3.7.4.	Sonstige Beendigungsgründe	128
3.7.4.1.	Krankheitskostenversicherung	128
3.7.4.2.	Krankentagegeldversicherung	128
3.8.	Beginn und Ende der Pflegekrankenversicherung	129

Inhaltsübersicht

4.	**Beitragsgestaltung**	131
4.1.	Allgemeines	131
4.2.	Beitragszusammensetzung	132
4.2.1.	Risikobeitrag	132
4.2.2.	Alterungsrückstellung	134
4.2.3.	Sicherheitszuschlag	135
4.2.4.	Sonstige Kosten	135
4.2.5.	Aufwendungen für Beitragsrückerstattungen	136
4.3.	Beitragsänderungen	136
4.3.1.	Beitragsänderung während der Laufzeit des Versicherungsvertrages	136
4.3.2.	Beitragsänderung durch einseitige Willenserklärung des Versicherers	137
4.3.3.	Beitragsänderung wegen Kostensteigerungen	137
4.3.4.	Beitragsänderung bei Älterwerden der Versicherungsnehmer	138
4.4.	Beitragszahlung	139
4.4.1.	Allgemeines	139
4.4.2.	Jahresbeitrag	140
4.4.3.	Beiträge als Monatsraten	140
4.4.4.	Beginn und Ende der Beitragszahlung	140
4.4.5.	Zahlung der Beiträge	141
4.4.6.	Zahlungsverzug	142
4.4.6.1.	Allgemeines	142
4.4.6.2.	Folgen des Zahlungsverzuges	142
4.5.	Beitragsrückerstattung	143
4.6.	Beitragszuschuß des Arbeitgebers	144
4.6.1.	Allgemeines	144
4.6.2.	Anspruchsvoraussetzungen	144
4.6.3.	Höhe des Beitragszuschusses	145

Inhaltsübersicht

4.6.4.	Zahlungszeitraum	146
4.7.	Beitragspflicht während der Arbeitsunfähigkeit	147
4.8.	Ausfallzeiten in der gesetzlichen Rentenversicherung	147
4.9.	Versicherungszeiten in der Arbeitslosenversicherung	148
5.	**Tarifarten**	**149**
5.1.	Allgemeines	149
5.2.	Tarife	149
5.3.	Selbstbeteiligungstarif	150
5.4.	Basistarif	151
5.5.	Basistarif Spezial	152
5.6.	Zusatztarif	153
5.7.	Ergänzungstarif	154
5.8.	Tarifbeispiel	155
6.	**Vertragsleistungen in der Krankheitskosten- und Krankenhaustagegeldversicherung**	**157**
6.1.	Gegenstand und Umfang des Versicherungsschutzes	157
6.1.1.	Allgemeines	157
6.1.2.	Versicherungsfall	157
6.1.3.	Beginn und Ende des Versicherungsfalles	160
6.1.4.	Mehrere Versicherungsfälle	161
6.1.5.	Umfang des Versicherungsschutzes	162
6.1.6.	Örtlicher Geltungsbereich	162
6.2.	Art und Höhe der Versicherungsleistungen	163
6.2.1.	Allgemeines	163
6.2.2.	Tarifarten	164
6.2.3	Ambulante Heilbehandlung	164
6.2.4	Zahnersatz, Zahnkronen und kieferorthopädische Behandlung	165
6.2.5.	Stationäre Heilbehandlung	165
6.2.5.1.	Behandlung in einem Krankenhaus	165
6.2.5.2.	Behandlung in einer „gemischten" Krankenanstalt	169

Inhaltsübersicht

6.3.	Einschränkungen der Leistungspflicht	171
6.3.1.	Allgemeines	171
6.3.2.	Kriegs- und Wehrdienstfolgen	171
6.3.3.	Vorsätzlich verursachte Krankheiten und Unfälle sowie Entziehungsmaßnahmen	172
6.3.4.	Ausschluß von der Kostenerstattung	173
6.3.5.	Kur- und Sanatoriumsbehandlung/Rehabilitationsmaßnahmen	174
6.3.6.	Heilbehandlung in einem Heilbad bzw. Kurort	175
6.3.7.	Wissenschaftlich nicht allgemein anerkannte Behandlungsmethoden oder Arzneien	176
6.3.8.	Behandlung durch Angehörige	176
6.3.9.	Pflege- und Verwahrungsfälle	176
6.3.10.	Begrenzung auf das medizinisch Notwendige	177
6.3.11.	Anderweitige vorrangige Ansprüche	178
6.4.	Auszahlung der Versicherungsleistungen	179
6.4.1.	Fälligkeit	179
6.4.2.	Verzug des Versicherers	180
6.4.3.	Verjährung	180
6.4.4.	Klageausschlußfrist	181
6.4.5.	Zahlung an den Überbringer	181
6.4.6.	Währungsklausel	181
6.4.7.	Überweisungs- und Übersetzungskosten	182
6.4.8.	Verbot der Abtretung und Verpfändung	182
6.5.	Ende des Versicherungsschutzes	182
6.6.	Obliegenheiten des Versicherungsnehmers in bezug auf die Leistungspflicht des Versicherers	183
6.6.1.	Allgemeines	183
6.6.2.	Anzeigepflicht	184
6.6.3.	Auskunftspflicht	184
6.6.4.	Untersuchungspflicht	187
6.6.5.	Leistungsfreiheit bei Obliegenheitsverletzungen	187
6.6.6.	Schadensminderungspflicht	189

Inhaltsübersicht

6.7.	Ansprüche gegen Dritte	190
6.8.	Aufrechnung	190
6.9.	Leistungsinhalte einzelner Tarife	191

7.	**Vertragsleistungen in der Krankentagegeldversicherung**	**201**
7.1.	Gegenstand und Umfang des Versicherungsschutzes	201
7.1.1.	Allgemeines	201
7.1.2.	Versicherungsfall	201
7.1.3.	Örtlicher Geltungsbereich	202
7.2.	Art und Höhe der Versicherungsleistungen	202
7.2.1.	Allgemeines	202
7.2.2.	Beginn des Krankentagegeldes	203
7.2.3.	Höhe des Krankentagegeldes	203
7.2.4.	Anpassung des Krankentagegeldes	204
7.3.	Einschränkungen der Leistungspflicht	205
7.3.1.	Allgemeines	205
7.3.2.	Alkoholerkrankung	206
7.3.3.	Schwangerschaft und Mutterschutz	206
7.3.4.	Aufenthalt außerhalb des Wohnsitzes	206
7.3.5.	Kur- und Sanatoriumsbehandlung	207
7.4.	Ende des Versicherungsschutzes	207
7.5.	Auszahlung der Versicherungsleistungen	208
7.6.	Obliegenheiten des Versicherungsnehmers in bezug auf die Leistungspflicht des Versicherers	208
7.6.1.	Allgemeines	208
7.6.2.	Anzeigepflicht der Arbeitsunfähigkeit	208
7.6.3.	Auskunftspflicht	209
7.6.4.	Untersuchungspflicht	209
7.6.5.	Mitwirkungspflicht	209

Inhaltsübersicht

7.6.6.	Sonstige Anzeigepflichten	209
7.6.7.	Leistungsfreiheit bei Obliegenheitsverletzungen	210
7.6.8.	Anzeigepflicht bei Wegfall der Voraussetzungen	210
7.7.	Aufrechnung	210
7.8.	Leistungsinhalte einzelner Tarife	210
8.	**Vertragsleistungen in der Pflegekrankenversicherung**	**217**
8.1.	Gegenstand und Umfang des Versicherungsschutzes	217
8.1.1.	Allgemeines	217
8.1.2.	Versicherungsfall	217
8.1.3.	Örtlicher Geltungsbereich	217
8.2.	Art und Höhe der Versicherungsleistungen	218
8.2.1.	Allgemeines	218
8.2.2.	Pflegetagegeld	218
8.3.	Einschränkungen der Leistungpflicht	219
8.4.	Auszahlung der Versicherungsleistungen	219
8.5.	Obliegenheiten des Versicherungsnehmers in bezug auf die Leistungspflicht des Versicherers	219
8.5.1.	Anzeigepflicht der Pflegebedürftigkeit	219
8.5.2.	Auskunfts- und Untersuchungspflicht	219
8.5.3.	Leistungsfreiheit bei Obliegenheitsverletzungen	219
8.6.	Ansprüche gegen Dritte	220
8.7.	Aufrechnung	220
8.8.	Leistungsinhalte einzelner Tarife	220
9.	**Gegenüberstellung der wesentlichen Unterschiede zwischen PKV und GKV**	**225**

Inhaltsübersicht

Anhang

1.	Auszüge aus gesetzlichen Grundlagen	239
1.1.	Gesetz über den Versicherungsvertrag	239
1.2.	Gesetz über den Widerruf von Haustürgeschäften und ähnlichen Geschäften	243
2.	Musterbedingungen	245
2.1.	MB/KK 76	245
2.2.	MB/KT 78	253
2.3.	MB/PV	261
3.	Antragsvordruck	267
4.	Abkürzungsverzeichnis	271
5.	Stichwörterverzeichnis	273
6.	Literaturverzeichnis	278

1. Die PKV als Teil der sozialen Sicherung

1.1. Entwicklung der sozialen Sicherung und der PKV

Das heutige Versicherungswesen in Deutschland kann nur umfassend begreifen, wer die Ursachen und Bedingungen seiner Entstehung kennt. Manche Einflüsse, die es in seiner gegenwärtigen Form prägen, reichen sehr weit in die Vergangenheit zurück, während andere erst kürzlich entstanden sind. Gemeinsam ist beiden, daß sie zusammen in der Gegenwart und Zukunft wirksam werden. Dies ist der gesamten gesellschaftlichen Entwicklung eigen. So wurzelt unser modernes Rechtssystem – insbesondere das Bürgerliche Gesetzbuch – zu großen Teilen im alten römischen und germanischen Rechtsgut. Es wurde weiterentwickelt und den Anforderungen der modernen Gesellschaft angepaßt.

Eine Auseinandersetzung mit der Geschichte ist aber nicht nur sinnvoll, um Einblick in die Ursachen bestimmter Entwicklungen zu gewinnen, welche letztlich zur Gestaltung unseres heutigen Lebens geführt haben; vielmehr kann man die sich gegenwärtig vollziehenden Entwicklungen nur vor dem Hintergrund der historisch vorgegebenen Tatsachen verstehen.

1.1.1. Altertum

Bereits aus dem Altertum sind die ersten Frühformen einer sozialen Sicherung überliefert. Die Hochkulturen des Altertums waren noch weitgehend Agrarkulturen; daneben bestanden Handwerk und Handel. Die soziale Sicherung des einzelnen vollzog sich in dieser Zeit weitgehend im Familienverband, im Haushalt des Dienstherrn usw., solange diese Strukturen ohne Störung funktionierten.

Schon im Römischen Reich hatten sich die Handwerker zu Vereinen zusammengeschlossen. Deren Aufgabe bestand vorwiegend darin, gemeinsame Geselligkeiten zu veranstalten und Zusammenkünfte zur Verehrung bestimmter Gottheiten zu organisieren, aber auch Unterstützung in bestimmten Notlagen zu gewähren. Später wurde ihnen auch die Aufgabe übertragen, für ein angemessenes Begräbnis verstorbener Mitglieder zu sorgen. In wenigen Fällen ist überliefert, daß die Vereine auch Ärzte angestellt hatten, was auf eine Leistung im Krankheitsfall schließen läßt.

Die Vereine finanzierten sich durch Eintrittsgelder und Beiträge; daneben gab es Zuwendungen vermögender Mitglieder. Die Nichtzahlung der Beiträge bewirkte zwar keinen Ausschluß aus dem Verein, es bestand jedoch kein Leistungsanspruch.

Die Existenz ähnlicher Vereine ist auch aus dem antiken Griechenland bekannt.

Mit der Verbreitung des Christentums wandelte sich die Einstellung der Menschen zu Not und Elend seiner Mitmenschen. Die Gebote der Mildtätigkeit und Nächstenliebe führten zur Anteilnahme am Schicksal anderer. Die Kirche richtete u.a. Krankenhäuser und Siechenheime ein, die einen wesentlichen Bestandteil der damaligen sozialen Fürsorge darstellten. Verschiedene Orden widmeten sich der Versorgung von Kranken und Alten.

1.1.2. Mittelalter

Im Mittelalter wandelte sich die bis dahin geläufige Auffassung, daß den Armen einer Gemeinde unmittelbar ein Teil deren Vermögens zustehe. Auch die Kirche beanspruchte mit der Zeit immer größere Teile des Kirchenvermögens für sich. Ihre Fürsorge für Notleidende trat zunehmend in den Hintergrund und wurde von Klöstern und religiösen Genossenschaften übernommen, die sich der Krankenpflege widmeten. Einige Ritterorden, deren Gründung ursprünglich mit den Kreuzzügen in Zusammenhang stand, widmeten sich ebenfalls Aufgaben im Bereich der Krankenpflege. Aus dieser Zeit sind bis heute z.B. der Johanniter- und der Malteser-Orden mit gleichartigen Zielsetzungen erhalten geblieben.

Eine organisierte Form der Krankheitskostenvorsorge war jedoch noch weitgehend unbekannt bzw. gerade im Entstehen begriffen. Die soziale Sicherung des einzelnen blieb vorwiegend weiterhin im Rahmen des damaligen Verständnisses durch die gegenseitige Unterstützung innerhalb der Großfamilien gewährleistet. Der Staat trat im Bereich der sozialen Sicherung – abgesehen von der teilweise sehr bescheiden organisierten staatlichen Armenfürsorge – noch nicht in Erscheinung. Dementsprechend war auch die heute geläufige Trennung zwischen der staatlichen und der privaten Form sozialer Sicherung noch unbekannt.

Im Mittelalter entstanden als Maßnahmen der Selbsthilfe Unterstützungseinrichtungen, die als Vorläufer der heutigen Krankenversicherung betrachtet werden können. So bildeten sich in dieser Epoche als handwerkliche Organisationen die Zünfte.

Im Zunftwesen der Handwerker liegen die Ursprünge der heutigen Krankenversicherung, was sowohl für die private wie auch für die gesetzliche Versicherung gilt. Die Zünfte leisteten schon im frühen Mittelalter an ihre Mitglieder Unterstützung in Notfällen wie Krankheit, Invalidität und im Alter. Sie gründeten Zunftbüchsen, die die Unterstützung von in Not geratenen Meistern zum Ziel hatten. Diese Aufgabe bestritten sie aus einem für die damalige Zeit beachtlichen Vermögen, das sich einerseits aus Mitgliedsbeiträgen und andererseits aus Umlagen sowie aus gegen Mitglieder verhängten Bußgeldern zusammensetzte. Die Umlagen konnten aus besonderen Anlässen angeordnet werden. Die Mittel der Zunftbüchsen dienten nicht nur dazu, die Mitglieder im Krankheitsfall, bei Invalidität und Alter sowie die Hinterbliebenen im Todesfall des Mitglieds zu unterstützen, sondern wurden auch zur Bestreitung der Kosten gemeinsamer Mahlzeiten verwendet. Bekannt ist jedoch, daß die Unterstützung im Krankheitsfall z.B. die Kosten für einen Spitalaufenthalt oder im Todesfall die der Beerdigungskosten beinhaltete.

Eines der ältesten Dokumente, mit dem sich Leistungen im Krankheitsfall nachweisen lassen, ist die Satzung der Zunft der Bänder oder Küfer in Frankfurt am Main aus dem Jahre 1355. Dagegen sagen die ersten erhaltenen Zunftordnungen noch nichts über die Unterstützung der Meister bei Krankheit aus, sondern über die Leistung an die Gesellen. Ihnen wurde im Krankheitsfalle ein Darlehn aus dem Vermögen der Zunft zur Verfügung gestellt, dessen Höhe von der Dauer der Krankheit abhängig war.

Die Zunftordnung der Hamburger Bartscherer aus dem Jahre 1452 hat die Unterstützung im Krankheitsfall in Form eines rückzahlbaren Darlehns erstmals zugunsten krankengeldähnlicher Zahlungen an Gesellen aufgegeben. Jeder ohne Verschulden erkrankte Knecht sollte danach wöchentlich 4 Schilling aus der Zunftbüchse erhalten, wenn er sein Geld „nicht unnütz ausgegeben oder verspielt" hatte. Meister erhielten weiterhin im Krankheitsfall ein Darlehn. Es waren aber auch schon nicht rückzahlbare Geldleistungen vorgesehen (vgl. *Hamacher*, Verlag Versicherungswirtschaft e.V., Karlsruhe 1971).

Etwa zur gleichen Zeit bildeten sich als Gegenstück zu den Zünften die mittelalterlichen Gesellenbruderschaften oder -verbände. Sie waren ursprünglich kirchlich bestimmte Zusammenschlüsse der Gesellen, nahmen aber später in immer stärkerem Maße wirtschaftliche Interessen ihrer Mitglieder wahr. Da es für die Gesellen im Laufe der Zeit schwieriger wurde, in die Zünfte aufgenommen und selbst Meister zu werden, wuchs die Spannung zwischen Gesellen und Meistern.

Bei den Gesellen zeigten sich bereits erste Ansätze eines gewerblichen Arbeitertums. Diese Entwicklung führte dazu, daß die Gesellenbruderschaften viele wirtschaftliche und caritative Aufgaben übernahmen, z.B. im Falle der Erkrankung ihrer Mitglieder. Zunächst erhielten diese für die Dauer ihrer Krankheit ein Darlehn, was am Beispiel der Schmiedeknechte in Duderstadt (1337) nachweisbar ist. Für höhere Darlehn wurde oftmals ein Pfand gefordert. Das Darlehn mußte allerdings von den ersten Lohnzahlungen nach dem Ende der Krankheit zurückgezahlt werden. Sofern sich der Geselle in einer wirtschaftlichen Notsituation befand, verzichtete man vielfach auch auf eine Rückzahlung. Um die Mitte des 15. Jahrhunderts wurden die Leistungen auf ein wöchentliches Krankengeld und auf kostenlosen Aufenthalt im Krankenhaus ausgedehnt.

Diese Leistungen der Zünfte und Gesellenbruderschaften bildeten die Urform der Krankenversicherung, denn die Mitglieder der beiden Vereinigungen erwarben aufgrund der Beitragszahlungen und der Beteiligung an Umlagen bei Krankheit einen Leistungsanspruch. Damit war eine Form des gegenseitigen Risikoausgleichs über den Familienverband hinaus geschaffen, der dem Prinzip der Versicherung entsprach.

Nach Auflösung der Zünfte entwickelten die Handwerker teils auf freiwilliger, teils auf gesetzlicher Grundlage neue Formen des beruflichen Zusammenschlusses und bauten neue Einrichtungen zur Übernahme der Krankheitskosten auf (vgl. *Hamacher*, a.a.O.).

1.1.3. Neuzeit

Die durch die Zünfte und Gesellenbruderschaften begonnene Entwicklung wurde durch die Schaffung eigener Unterstützungskassen für Handlungsgehilfen wesentlich weitergeführt. In einer im Jahre 1718 erschienenen Schrift behandelte der Merkantilist *Paul Jakob Marperger* erstmalig ein Thema aus dem Bereich der Krankenversicherung. *Marperger* empfahl den großen Handelsstädten die Schaffung von Versicherungseinrichtungen für Lehrlinge bis zum Buchhalter. Als Beitrag waren 2 % des Jahreseinkommens zu zahlen; für vermögenslose Lehrlinge sollte der Arbeitgeber einen Reichstaler jährlich entrichten. Aus den Mitteln der Kasse wurden die Krankheits- und Begräbniskosten der Mitglieder gedeckt.

Marpergers Anregungen wurden erstmals in Wien, später auch in Graz Wirklichkeit. Die in Graz geschaffenen Unterstützungskassen konnten z.B. alle bei den Grazer Handelshäusern beschäftigten kaufmännischen Angestellten, Lehrlinge und Volontäre aufnehmen, sofern sich deren Eltern oder Freunde bereit erklärten, den Beitrag zu bezahlen. Schon damals waren die Mitglieder in zwei „Klassen" aufgeteilt. In der ersten Versicherungsklasse waren die Handlungsgehilfen, die das 40. Lebensjahr noch nicht vollendet hatten, zusammengefaßt; ihr Jahresbeitrag betrug vier Gulden. Zur zweiten Klasse gehörten die über 40-jährigen, die einen Beitrag von fünf Gulden jährlich zu zahlen hatten. Leistungen stellte die Kasse nach einer Wartezeit von zwei Jahren zur Verfügung. Dabei wurden den erkrankten Mitgliedern die Kosten der „ersten Klasse" erstattet.

Die Grazer Einrichtung war im übrigen die erste, die einen Beitrag nach dem Eintrittsalter berechnete und eine Wartezeit kannte. Noch heute besteht diese Einrichtung in Österreich unter dem Namen „Merkur Wechselseitige Krankenversicherungs-Anstalt" weiter. Sie ist eines der ältesten Krankenversicherungsunternehmen der Welt (vgl. *Hamacher*, a.a.O.).

1.1.4. Industrielle Revolution

Mit dem Begriff „Industrielle Revolution" werden die charakteristischen sozialen und wirtschaftlichen Erscheinungen zu Beginn des Industriezeitalters umschrieben. Die hierdurch herbeigeführte Umgestaltung der Wirtschafts- und Gesellschaftsordnung begann im Laufe des 18. Jahrhunderts. Insbesondere die Einführung von Maschinen in den Produktionsprozeß löste diesen Wandel aus.

Als Folge der maschinenunterstützten Produktion von Gütern veränderte sich der Arbeitsprozeß gravierend – die Arbeitsteilung wurde eingeführt. Jeder Arbeiter leistete zur Herstellung eines Erzeugnisses nur noch einen kleinen Beitrag. Besondere Fertigkeiten, wie sie Handwerker besitzen mußten, wurden nicht mehr verlangt. Statt dessen trat die stetige Wiederholung eines einzelnen Arbeitsvorganges zur Steigerung der Produktivität in den Vordergrund.

Viele bisher in der Landwirtschaft Beschäftigten strömten in die Städte, um dort Arbeit zu suchen (Landflucht). Die Arbeitgeber waren darauf bedacht, möglichst billige Arbeitskräfte einzustellen. So kam es zu einem niedrigen Lohnniveau. Nicht nur arbeitsfähige Männer, sondern auch zahlreiche Frauen und Kinder wurden beschäftigt.

Von besonderer Bedeutung für die soziale Entwicklung war das Lohnsystem, das in den Anfängen der Industrialisierung üblich war. Es verpflichtete die Arbeiter, von ihrem Lohn beim Unternehmer das Notwendige zu kaufen, das dieser ihnen zu teilweise überhöhten Preisen anbot. Eine andere Entlohnungsvariante bestand darin, als Lohn einen Teil der erzeugten, manchmal fehlerhaften Ware auszugeben. Der Arbeiter mußte dann zusehen, wie er diese Ware wieder zu Geld machen konnte. Zu alledem kam, daß es an sozialen Leistungen – abgesehen von einem nur wenig entwickelten öffentlichen Fürsorgesystem – völlig fehlte. Wer als Arbeiter krank wurde oder ein hohes Alter erreicht hatte, war in der Regel völlig mittellos. Das Fehlen einer sozialen Sicherung, insbesondere für den neu entstandenen Arbeiterstand, machte sich auch in Epidemien bemerkbar, so in Preußen bei einer Thyphusepidemie 1846/47, der eine große Hungersnot folgte.

Als soziale Auswirkungen der industriellen Situation traten in der Arbeiterschaft besonders gravierend biologische Schäden (Unterernährung, häufige Krankheit, Säuglings- und Kindersterblichkeit, geringe Lebenserwartung) und moralische Schäden (Trunksucht, Promiskuität, Neid und Verbitterung) auf.

Die Industrielle Revolution rief darüber hinaus eine Verschiebung der bis dahin gewachsenen Drei-Klassen-Gesellschaft hervor. Eine vierte, neue Klasse entstand – das Proletariat. Dessen Probleme führten zu einer zunehmenden Radikalisierung und ließen sozialistisches Gedankengut gedeihen. Diese Entwicklung mußte die damaligen staatlichen Organe aktiv werden lassen.

Gegen Ende des 17. und zu Beginn des 18. Jahrhunderts interessierte sich der Staat erstmals für die Krankenversicherung. Preußen regelte als erstes Land die Krankenversicherung der „minderbemittelten Bevölkerung". Das Preußische Allgemeine Landrecht vom 05.02.1794 sicherte den Bestand der Gesellenladen und ermöglichte den Gesellen die Gründung neuer Krankenkassen auf privater Basis. Die Allgemeine Preußische Gewerbeordnung vom 17.01.1845 ließ die Neugründung von Krankenkassen für Fabrikarbeiter zu und gestattete den Gemeinden, die am Ort beschäftigten Gesellen und Gehilfen zu zwingen, den Krankenkassen beizutreten.

Das Preußische Gesetz vom 03.04.1854 ermächtigte die Gemeinden, durch Ortsstatut die Pflicht zur Errichtung von Krankenkassen für Gesellen, Gehilfen und Fabrikarbeiter einzuführen. Nach dem Preußischen Beispiel erließen auch die meisten anderen deutschen Staaten Vorschriften über das Hilfskassenwesen.

Jedoch erst das Gesetz über die eingeschriebenen Hilfskassen vom 07.04.1876 brachte schließlich eine einheitliche Regelung für das Deutsche Reich. Dieses Gesetz gab den Vorläufern der heutigen Ersatzkassen, den eingeschriebenen Hilfskassen, eine einheitliche rechtliche Grundlage und unterstellte sie der staatlichen Aufsicht.

Für die private Krankenversicherung wirkte sich das Hilfskassengesetz nicht vorteilhaft aus, weil sie der Wegbereiter der später gegründeten, staatlich organisierten Sozialversicherung waren.

Das 19. Jahrhundert kannte eine Reihe von Krankenversicherungseinrichtungen, deren Existenz auf unterschiedlichen soziologischen Grundlagen beruhte. Diese Kassen lassen sich auf Grundtypen zurückführen, die von religiösen, berufsständischen, sozialen und sonstigen Grundsätzen geprägt waren.

Seit dem Beginn der Industrialisierung in Deutschland gab es verschiedene Organisationen der Arbeiterbewegung, die sich um eine Verbesserung der Arbeitsbedingungen bemühten und sich, wenn auch ohne großen Erfolg, für eine Vorsorge der arbeitenden Bevölkerung einsetzten. Zur Flankierung seines Kampfes gegen die Sozialisten ergriff schließlich *Bismarck* Reformmaßnahmen, um Not und Elend der arbeitenden Bevölkerung zu lindern. Hierzu gehörte die Gründung der staatlich organisierten Sozialversicherung. Diese Reform wurde durch eine Thronrede *Kaiser Wil-*

Entwicklung der sozialen Sicherung und der PKV

helms I. vom 15.02.1881 eingeleitet, in der er erstmals den Willen „zur Heilung sozialer Schäden" bekundete (vgl. *Hamacher*, a.a.O.).

Auf diesen Grundsätzen baute die „Kaiserliche Botschaft" vom 17.11.1881 auf. Sie enthielt die Richtlinien für den Aufbau einer Arbeiterversicherung.

Die gesetzliche Krankenversicherung der Arbeiter wurde als erster Zweig der Sozialversicherung am 15.06.1883 eingeführt. Ihre wesentliche Neuerung war der allgemeine Versicherungszwang für den näher umschriebenen Personenkreis. Gemeindekrankenversicherungs-, Orts-, Betriebs-, Bau-, Innungskrankenkassen, Knappschafts- und Hilfskassen waren die Träger der Krankenversicherung.

Als Krankenunterstützung wurde gewährt:

1. vom Beginn der Krankheit an freie ärztliche Behandlung, Arznei sowie Brillen, Bruchbänder und ähnliche Heilmittel,
2. im Falle der Erwerbsunfähigkeit (heute: Arbeitsunfähigkeit) vom dritten Tage nach der Erkrankung an ein Krankengeld in Höhe der Hälfte des ortsüblichen Lohnes gewöhnlicher Tagearbeiter.

Die Krankenunterstützung endete spätestens mit dem Ablauf der 13. Woche nach Beginn der Krankheit. Außerdem waren Krankenhauspflege, Wochenhilfe und Sterbegeld vorgesehen. Daneben war die Einführung von Mehrleistungen möglich.

Die Errichtung der gesetzlichen Krankenversicherung hatte auch Bedeutung für die Entwicklung des privaten Krankenversicherungszweiges. Erst ab 1883 kann man die Krankenversicherung in einen gesetzlichen und einen privaten Zweig teilen. Vor diesem Zeitpunkt war eine solche Trennung nicht möglich, weil beide Versicherungsformen in ihrer Vorgeschichte gemeinsame Wurzeln aufweisen.

Die Einführung der gesetzlichen Krankenversicherung bedeutete für viele kleine berufsständische Krankenkassen das Ende ihrer Existenz. Die Pflichtversicherung bestimmter Personenkreise in der gesetzlichen Krankenversicherung veranlaßte andererseits die nicht in sie einbezogenen Bevölkerungsschichten, entsprechende Einrichtungen auf privatwirtschaftlicher Grundlage zu bilden. Die gesetzliche Krankenversicherung hat der Privatversicherung damit wichtige Impulse gegeben, indem die Notwendigkeit eines Krankenversicherungsschutzes durch die gesetzliche Regelung den breiten Bevölkerungskreisen erst nachhaltig verdeutlicht wurde.

Darüber hinaus ist auch der Umfang des Versicherungsschutzes der privaten Krankenversicherung durch den Leistungskatalog der gesetzlichen Krankenversicherung entscheidend beeinflußt worden. Manche Leistungen der privaten Krankenversicherung, wie z.B. die Entwicklung der privaten Zusatzversicherung, lassen sich nur im Zusammenhang mit den Regelungen der gesetzlichen Krankenversicherung erklären.

Entwicklung der sozialen Sicherung und der PKV

1.1.5. Entwicklung der PKV ab 1900

Infolge der Errichtung der gesetzlichen Krankenversicherung entstand um die Jahrhundertwende eine Anzahl von Unternehmen, die den nicht gesetzlich versicherten Bevölkerungskreisen die Vorteile einer privaten Krankenversicherung näherbringen wollten. Die meisten dieser Gesellschaften bestanden aber nur kurze Zeit.

Das Gesetz über die privaten Versicherungsunternehmen vom 12.05.1901 unterstellte die privaten Krankenversicherungsunternehmen der Aufsicht des neuerrichteten Kaiserlichen Aufsichtamtes für Privatversicherung. In dessen Statistik des Jahres 1901 und 1902 wurden bereits drei Aktiengesellschaften und drei Versicherungsvereine auf Gegenseitigkeit im Bereich der Krankenversicherung erwähnt. Den Begriff der PKV gebrauchte das Aufsichtsamt erstmalig im Jahre 1903, um Privatversicherung und gesetzliche Versicherung deutlich voneinander abzugrenzen.

Durch eine Gesetzesänderung vom 25.05.1903 wurde die gesetzliche Krankenversicherung auf die Handlungsgehilfen ausgedehnt. Insbesondere bestehende Unzulänglichkeiten in der bisherigen Sozialversicherungsgesetzgebung und die weiter fortschreitende Industrialisierung riefen Reformbestrebungen hervor, die schließlich zur Schaffung der Reichsversicherungsordnung vom 09.07.1911 führten. Sie war eine Zusammenfassung der bisherigen Gesetze und der neuen Hinterbliebenenversicherung in einem einheitlichen Gesetz, das die gesetzliche Krankenversicherung in seinem zweiten Buch regelte. Wesentliche Änderungen waren dabei:

- die Reduzierung der Zahl der gesetzlichen Krankenkassen durch die Beseitigung der ca. 8.200 Gemeindekrankenkassen mit teilweise nur 10 Mitgliedern,

- die Einführung von Mindestmitgliederzahlen für Krankenkassen und die gleichzeitige Beschränkung des Hilfskassenwesens durch die Einführung besonderer Ersatzkassen.

Etwa 6 bis 7 Mio land- und forstwirtschaftliche Arbeiter und Dienstboten wurden in die Versicherungspflicht der gesetzlichen Krankenversicherung neu einbezogen. Gleichzeitig erhöhte sich die Versicherungspflichtgrenze für Angestellte von bisher 2.000 RM Jahreseinkommen auf 2.500 RM. Die noch bestehenden früheren Hilfskassen, soweit sie nicht Ersatzkassen geworden waren, wurden im Jahre 1911 unter Umwandlung in Versicherungsvereine auf Gegenseitigkeit dem Geltungsbereich des Versicherungsaufsichtgesetzes und damit der Aufsicht über die PKV unterstellt. Die Ausdehnung der pflichtversicherten Personenkreise der gesetzlichen Krankenversicherung beeinträchtigte die weitere Entwicklung der Privatversicherung. Außerdem verzeichneten die privaten Unternehmen infolge der Erhöhung der Versicherungspflichtgrenze erhebliche Mitgliederverluste.

1.1.6. Einfluß von Beamten und Mittelstand auf die PKV

Nachdem die Arbeiter und die meisten Angestellten in der gesetzlichen Krankenversicherung pflichtversichert waren, erhielt die PKV ihre Impulse von den Beamten und den Angehörigen des Mittelstandes, die nicht der gesetzlichen Versicherungspflicht

21

unterlagen. Auch Kommunalbeamte, Lehrer und Geistliche zeigten ein Interesse an der Versicherung von Krankheitskosten, jedoch nicht die hochbesoldeten und vermögenden Reichs- und Landesbeamten. Die älteste Spezialversicherung dieser Art ist die 1848 entstandene Krankenkasse der Polizeibeamten des Polizeipräsidiums Berlin (vgl. *Hamacher*, a.a.O.).

1882 wurde in Krefeld ein Priesterverein zur Unterstützung schwererkrankter Mitglieder gegründet, der später seinen Sitz nach Köln verlegte und sich „Pax-Krankenkasse katholischer Priester Deutschlands" nannte.

Die Handwerker und Kleingewerbetreibenden waren von der gesetzlichen Sozialversicherung ausgenommen, mit der sie aber in doppelter Weise in Berührung kamen. Bis zu ihrer Selbständigkeit unterlagen sie als Arbeitnehmer der Sozialversicherungspflicht, andererseits waren die bei ihnen beschäftigten Gesellen und Lehrlinge Mitglieder der Sozialversicherung. Der 1900 gegründete Handwerks- und Gewerbekammertag machte zunächst den Vorschlag, die Handwerker der Sozialversicherungspflicht zu unterstellen. Dem folgte die Reichsregierung jedoch nicht; sie stellte sich 1904 auf den Standpunkt, daß eine Ausdehnung der Sozialgesetzgebung auf die selbständigen Handwerker nicht infrage komme. Daraufhin faßte die Standesorganisation der Handwerker am 04./05.09.1906 folgenden Beschluß:

„Der 7. Deutsche Handwerks- und Gewerbekammertag erkennt die Wichtigkeit der Kranken- und Unterstützungskassen für selbständige Handwerksmeister zur Linderung von Not und Sorgen an. Er empfiehlt den Handwerks- und Gewerbekammern, soweit sie mit der Einrichtung derartiger Kassen noch nicht vorgegangen sind und ein Bedürfnis dafür vorliegt und soweit ihre Existenzfähigkeit voraussichtlich gesichert erscheint, ihre Bildung vorzunehmen."

Bis zum Ersten Weltkrieg schlossen sich 25 Handwerkskammern diesem Aufruf an, die in ihren Bezirken Krankenunterstützungskassen gründeten, wobei sie teilweise auf schon früher geschaffene Versicherungsvereine zurückgriffen.

In der PKV konnte man bereits im Jahre 1914 in der Regel ein Krankengeld, aber auch schon vereinzelt die Krankheitskosten versichern, jedoch nicht unter dem heute üblichen Begriff. Dieser Versicherungszweig wurde von den Versicherungsvereinen auf Gegenseitigkeit in vielfachen Formen betrieben. Für die weitere Entwicklung waren fast ausnahmslos die mit berufsständischem Charakter gegründeten Einrichtungen von Bedeutung.

Die private Krankenversicherung in der Rechtsform einer Aktiengesellschaft wurde bereits vor dem Ersten Weltkrieg in Angriff genommen. Als erste bekannte Gesellschaft dieser Art wurde die Central-Krankenversicherung AG im Jahr 1913 gegründet. Sie nahm 1915 ihren Geschäftsbetrieb auf und konnte schon 1916 fast 15.000 versicherte Personen zählen. Ihr Versicherungsangebot umfaßte eine Tagesentschädigung bis zu einer bestimmten Höhe, Tagegeld sowie zusätzlich Ersatz von Arzt- und Arzneikosten bis zu 75 % des Tagegeldsatzes und schließlich eine Versicherung für Männer und Frauen einschließlich deren Familienangehörigen gegen die Kosten der ärztlichen Behandlung, die nach der Mindesttaxe der staatlichen Gebührenordnung erstattet wurden (vgl. *Hamacher*, a.a.O.).

1.1.7. Entwicklung nach dem Ersten Weltkrieg

Bis 1921 blieb die Central die einzige Aktiengesellschaft auf dem Krankenversicherungsmarkt. Die aufwärtsgerichtete Entwicklung der privaten Krankenversicherung wurde durch den Ausbruch des Ersten Weltkrieges unterbrochen. Infolge der Geldentwertung büßten weite Bevölkerungskreise ihr Vermögen ein; Rücklagen, aus denen bisher die Krankheitskosten bestritten wurden, waren verloren.

Nach der Einführung der Rentenmark und der damit verbundenen Stabilisierung der Währung, die die weitgehende Verarmung der Bevölkerung offensichtlich machte, setzte um die Jahreswende 1923/24 schlagartig ein Zustrom zu den Versicherungsunternehmen ein, die eine Krankheitskostenversicherung anboten. Eine derartige Expansion, wie sie die private Krankenversicherung um diese Zeit erlebte, war in der Entwicklung des Versicherungswesens bisher noch nicht beobachtet worden. Sowohl länger bestehende als auch neu gegründete Gesellschaften konnten einen erheblichen Anstieg der Versichertenzahlen verzeichnen. Hatte die PKV im Jahre 1924 noch ca. 500.000 bis 600.000 Versicherte, so konnte sie schon zu Beginn des Jahres 1925 einen Versichertenbestand von über 2 Mio ausweisen und in jedem folgenden Kalenderjahr einen beachtlichen Neuzuwachs verzeichnen. Einige große Gesellschaften meldeten einen Anstieg um das Fünffache (vgl. *Hamacher*, a.a.O.).

Die noch weitgehend neue Krankheitskostenversicherung wurde von den Gesellschaften ohne statistische Grundlagen und medizinische Erfahrung auf einer unsicheren vertraglichen Basis betrieben. Die Beiträge waren ohne ausreichende Rechnungsgrundlage für Männer und Frauen gleich kalkuliert, und Kinder wurden oft beitragsfrei in den Versicherungsschutz einbezogen. Nur wenige PKV-Unternehmen berücksichtigten das Eintrittsalter oder Krankheiten vor Beginn des Vertrages bei der Beitragskalkulation. Außerdem waren Höchstgrenzen für die Leistungen fast unbekannt. Beispielsweise konnte sich eine Familie für 4 RM versichern. Sie erhielt dafür 100-prozentigen Ersatz der Arzt-, Arznei- und Krankenhauskosten „dritter Klasse".

Die unvermeidbaren Kostensteigerungen zwangen die PKV-Unternehmen schließlich dazu, höhere Beiträge zu fordern oder Nachschüsse zu verlangen. Erste Zusammenbrüche und Fusionen von Gesellschaften folgten. Das Reichsaufsichtsamt machte in seinem Geschäftsbericht für das Jahr 1925 die Notwendigkeit deutlich, die nach dem Prozentualsystem gewährten Leistungen nach oben zu begrenzen, weil viele Versicherer wegen überhöhter Forderungen der Mitglieder in finanzielle Schwierigkeiten geraten waren.

Die große Krise der privaten Krankenversicherung begann im Jahre 1926. Hauptsächlich die Gesellschaften wurden betroffen, die am schnellsten gewachsen waren. Mehr oder weniger gerieten aber letztlich alle Unternehmen in gewisse Zahlungsschwierigkeiten, so daß man sich gezwungen sah, die Beiträge erneut heraufzusetzen und eine Kürzung der Leistungen vorzunehmen. Die Auflösung von Rücklagen, die Erhebung von Nachschüssen und der Wegfall von Krankengeldzahlungen bei bestimmten berufsständischen Unternehmen waren häufig festzustellen.

Die Zahl der neugegründeten Gesellschaften nahm trotz der Krise nicht ab. Bereits 1924 war in Berlin nach der Central eine weitere Aktiengesellschaft gegründet worden, der 1927 die Deutsche Krankenversicherung und die Vereinigte Krankenversicherung als weitere Unternehmen mit dieser Rechtsform folgten. Versicherungsvereine auf Gegenseitigkeit entstanden zusätzlich überall. Der berufsständische Gedanke stand hier nach wie vor im Vordergrund.

Etwa zur gleichen Zeit begannen auch öffentlich-rechtliche Versicherungseinrichtungen mit ihrer Arbeit im Bereich der privaten Krankenversicherung. Sie beschränkten sich vorwiegend auf die Versicherung von Beamten und ihren Familien, deren Einkommen nach der Währungsreform meist nicht ausreichte, um die Kosten für schwere Krankheiten zu bestreiten. Dem Beispiel des Reiches, das am 21.04.1923 sogenannte Notstandsbeihilfen für die Reichsbeamten eingeführt hatte, folgten auch die meisten Länder. Demgegenüber waren aber die Kommunalbeamten vieler Gemeinden und Städte benachteiligt, die keine Beihilfen erhielten. Besondere Bedeutung erlangten die 1926 unter anderem in Bayern errichteten Beamtenkrankenkassen. In der bayerischen Einrichtung, die heute noch als einzige öffentlich-rechtliche Körperschaft die private Krankenversicherung betreibt, gingen später andere Krankenversicherungseinrichtungen auf.

Das Reichsaufsichtsamt ergriff wichtige Maßnahmen zur Sanierung der privaten Versicherer. Die Probleme der PKV waren Anlaß für die Aufsichtsbehörde, die Verbindung der Kranken- mit der Lebensversicherung nicht mehr zu gestatten und den Gedanken der Spartentrennung zu entwickeln.

Darüber hinaus wurden die privaten Krankenversicherer aber auch selbst aktiv. Durch Konzentration von Unternehmen versuchten sie, wirtschaftliche Stärke zu erreichen, die ihnen dazu verhalf, auch die Krise zu Beginn der 30er Jahre zu überstehen.

Die fortschreitende Verbreitung der privaten Krankenversicherung und der heftig geführte Konkurrenzkampf erregten in zunehmendem Maße das Interesse der Öffentlichkeit. Die Ärzteschaft hingegen mußte sich erst an die Existenz der PKV-Unternehmen gewöhnen und stand ihnen damals noch nicht aufgeschlossen gegenüber. Diese Probleme, die allen PKV-Unternehmen gemeinsam waren, führten zu einem verbandsmäßigen Zusammenschluß der Krankenversicherer. Bereits vor dem Ersten Weltkrieg hatten die Versicherungsanstalten des Deutschen Handwerks und Gewerbes eine Interessenvereinigung gegründet. Dieser Zusammenschluß wurde als Dresdener Verband bekannt. Unter Erweiterung seiner Aufgaben konstituierte er sich 1924 als „Verband der Versicherungsanstalten für selbständige Handwerker und Gewerbetreibende Deutschlands e.V.".

Berufsständisch nicht gebundene Vereine, deren Gründung mit einigen Ausnahmen in die Nachkriegszeit fällt, und die Aktiengesellschaften schlossen sich am 03.02.1926 zu dem „Verband privater Krankenversicherungsunternehmen Deutschlands, Sitz Leipzig" zusammen. Aufgrund der Initiative des Leipziger Verbandes kam es 1928 zu einer losen Arbeitsgemeinschaft der privaten Krankenversicherer, die aus dem Leipziger Verband, dem Dresdener und dem Verband der Öffentlichen Lebensversicherungsanstalten als Vertreter der öffentlichen Krankenversicherung bestand. Ihr Ziel war es, die Zusammenarbeit mit der Ärzteschaft zu verbessern und eine wirksame Front im Wettbewerb mit der gesetzlichen Krankenversicherung zu bilden.

Der Konsolidierung des privaten Krankenversicherungswesens diente es auch, die Zersplitterung des Versicherungszweiges in eine Vielzahl von Krankenkassen zu beenden. So hatte eine 1911 gegründete Versicherungsaktiengesellschaft in ihrer Satzung vorgesehen, eine große Zahl von soliden Kranken- und Sterbekassen in sich aufzunehmen. Neben den Fusionen trugen Kapitalverflechtungen und die Bildung von Organisationsgemeinschaften zur weiteren Sanierung des Krankenversicherungsmarktes bei. Sach- und Lebensversicherer übernahmen Mehrheiten von Krankenversicherungs-Aktiengesellschaften, um die Unternehmen finanziell abzusichern (vgl. hierzu 1.3.1.2.).

Das Spezialgesetz der Versicherungswirtschaft, das Versicherungsvertragsgesetz von 1908, regelte die private Krankenversicherung nicht. Die PKV-Unternehmen mußten deshalb eigene Regelungen auf vertraglicher Basis entwickeln, die für klare Rechtsverhältnisse bei der Abwicklung der Versicherungsverhältnisse zu sorgen hatten. Diese Funktion übernahmen die Allgemeinen Versicherungsbedingungen (vgl. hierzu 2.3.), die schon damals in vielen Fällen Bestimmungen über das Aufnahmehöchstalter, den Leistungsumfang, die Wartezeiten und den Ausschluß alter Leiden enthielten. Wichtig war außerdem die Festlegung des Krankheitsbegriffes, der von der Rechtsprechung seit 1928 objektiv aufgefaßt wurde. Schließlich bemühte sich die private Krankenversicherung auch um eine Anpassung und Vereinheitlichung vertragsrechtlicher Grundsätze. Unter Mitwirkung des Reichsaufsichtsamtes wurden im Jahre 1929 Normativbedingungen verabschiedet, die von den meisten Krankenversicherern auch übernommen wurden.

Neben den Bestrebungen zur juristischen Ausgestaltung des Krankenversicherungsvertrages gab es bereits seit Ende der 20er Jahre Versuche, Grundsätze für die Beitragsberechnung aufzustellen. Schon damals suchte die PKV nach tragfähigen Lösungen für das Problem des steigenden Risikos mit zunehmendem Alter unter Beibehaltung gleichbleibender Beiträge.

Seit 1930 wird die Beitragsrückerstattung von einigen Unternehmen praktiziert. Einige Krankenversicherer nahmen die Versicherung von Zusatzleistungen zur gesetzlichen Krankenversicherung in ihr Vertragsangebot auf. Um diese Zeit drängte die Reichsaufsichtsbehörde weiterhin auf eine Spartentrennung zwischen Kranken- und Lebensversicherung. 1930 unterschied ihr Geschäftsbericht erstmals zwischen der Kranken- und der Lebensversicherung, womit die erstgenannte Sparte als selbständiger Versicherungszweig anerkannt war. In November 1934 schlossen sich die bisherigen Krankenversicherungsverbände zum „Reichsverband der privaten Krankenversicherung" zusammen.

Die angestrebte engere Zusammenarbeit zwischen der privaten Krankenversicherung und der Ärzteschaft kam schließlich in den Jahren 1936 bis 1938 zustande. Das Gesetz über die berufsmäßige Ausübung der Heilkunde ohne Bestallung vom 17.02.1939 veranlaßte die PKV-Unternehmen, eine Ausdehnung des Versicherungsschutzes auf die Behandlung durch Heilpraktiker vorzunehmen.

Schon vor dem Zweiten Weltkrieg wurde die Konkurrenz der PKV zur GKV deutlich. Die weitere Ausdehnung der versicherungspflichtigen Personenkreise der gesetzlichen Krankenversicherung und die regelmäßige Anhebung der Versicherungspflichtgrenze auf zwischenzeitlich 3.600 RM Jahreseinkommen bescherten der PKV erneut schmerzliche Mitgliederverluste. Die Vorschriften des Gesetzes über den Aufbau der Sozialversicherung vom 05.07.1934 und dessen Ausführungsbestimmungen wurden für die private Krankenversicherung von großer Bedeutung. Durch die 12. und 15. Aufbauverordnung vom 24.12.1935 und vom 01.04.1937 waren die Ersatzkassen zu Körperschaften des öffentlichen Rechts und zu Trägern der gesetzlichen Krankenversicherung geworden, getrennt nach Angestellten- und Arbeiterersatzkassen.

Sozialversicherungsfremde Mitglieder mußten damals aus den Ersatzkassen ausscheiden. Aufgrund dieser neuen Beschränkung des Versichertenkreises auf die nach der Reichsversicherungsordnung versicherungspflichtigen und -berechtigten Personen unterlagen die Ersatzkassen nicht mehr der Aufsicht über private Krankenversicherungsunternehmen. Die Krankenversicherung der aus den Ersatzkassen ausgeschiedenen Mitglieder oblag jetzt den privaten Gesellschaften. Deshalb gründete man einerseits enge Arbeitsgemeinschaften der Ersatzkassen mit bestehenden privaten Krankenversicherern und andererseits sogenannte Nachfolgevereine für die Versicherung derjenigen Personen, deren Bedürfnis nach Versicherungsschutz durch die Ersatzkassen nicht mehr gedeckt werden konnte. Die Nachfolgevereine standen als private Krankenversicherer unter der Aufsicht des Reichsaufsichtsamtes für Privatversicherung.

Als Auswirkungen des Krieges, der zur Versicherungspflicht zahlreicher, bis dahin privat versicherter Personen führte, mußte die private Krankenversicherung erneut Mitgliederverluste hinnehmen. Dieser Mitgliederverlust zugunsten der gesetzlichen Krankenversicherung konnte nicht durch entsprechende Werbemaßnahmen ausgeglichen werden. Am 13.12.1939 ordnete das Reichsaufsichtsamt an, daß bei Übertritt von der gesetzlichen zur privaten Krankenversicherung die zurückgelegte Versicherungszeit auf die Wartezeiten der PKV anzurechnen seien. Der Zweite Weltkrieg brachte der PKV aber noch weitere Nachteile: Nach der Entscheidung des Reichsaufsichtsamtes mußten die Versicherungsverträge der Einberufenen ruhen, die der mitversicherten Angehörigen weitergeführt werden. Im Jahre 1940 wurde der Ausschluß kriegsbedingter Körperschäden in den Versicherungsbedingungen eingeschränkt. Der Versicherer brauchte nur dann keine Leistungen zu gewähren, wenn das Reich Leistungen aufgrund gesetzlicher Vorschriften anerkannt hatte. 1945 erfolgte der totale Zusammenbruch der PKV.

1.1.8. Wiederaufbau nach dem Zweiten Weltkrieg

In der Zeit nach dem Ende des Zweiten Weltkrieges erlebten die deutschen Versicherungen den tiefsten Niedergang in ihrer Geschichte. Auf dem Gebiet der ehemaligen DDR wurde die Tätigkeit der PKV durch die sowjetische Besatzungsmacht verboten. Eine große Anzahl von Versicherungsunternehmen siedelte in das Gebiet der Bundesrepublik über.

Nach 1945 mußte die Versicherungswirtschaft beim Nullpunkt beginnen. Die PKV hatte nicht nur erhebliche Wiederaufbauarbeit zu leisten, sondern mußte sich auch der Bestrebungen zu einer „Einheitsversicherung" erwehren. Daß die Mitarbeiter und die Versicherten infolge des Krieges in alle Winde zerstreut waren, erschwerte die Aufbauleistungen. Aber schon 1947 war eine gewisse Konsolidierung festzustellen. In verhältnismäßig kurzer Zeit war es gelungen, die Arbeit der Krankenversicherungsunternehmen wieder in Gang zu bringen und abgerissene Verbindungen wieder herzustellen.

Wegen des erheblichen Nachholbedarfs der Bevölkerung an ärztlicher Behandlung, aber auch aufgrund der Umschichtung der Bevölkerung infolge des Krieges drohte der PKV ein erneute Krise. Dank des Vertrauens der Versicherten in die Funktionsfähigkeit des privaten Versicherungswesens und der gemeinsamen Anstrengungen der Unternehmen wurde sie gemeistert. Zunächst standen Anordnungen der Militärregierungen und die Aufgliederung Westdeutschlands in Besatzungszonen dem Zusammenschluß der Krankenversicherer auf größerer Ebene entgegen. Im Mai 1946 fand in Hameln die erste Zusammenkunft der Krankenversicherer der britischen Besatzungszone statt. Es folgte 1947 die Gründung des Verbandes der privaten Krankenversicherung (britische Zone) mit Sitz in Köln. 1948 konstituierte sich der bizonale Verband der privaten Krankenversicherung; 1949 dehnte sich der Verband auf das gesamte Gebiet der Bundesrepublik einschließlich West-Berlin aus.

1.1.9. Gegenwart und zukünftige Entwicklung der PKV

Heute ist die PKV ein fester Bestandteil der sozialen Sicherung in der Bundesrepublik Deutschland. Die Entwicklung bis zu diesem Stand verlief auch nach dem Zweiten Weltkrieg nicht gradlinig. Infolge der schrittweisen Ausdehnung der Krankenversicherungspflicht auf immer neue Personenkreise hatte die PKV bedeutende Mitgliederverluste zu verkraften; allein in der Zeit von 1970 bis 1973 wechselten über 815.000 Personen zur gesetzlichen Krankenversicherung über. Erst seit 1975 nahm die Zahl der Vollversicherten in der privaten Krankenversicherung wieder zu (vgl. *Hamacher*, a.a.O.). Dieser Trend besteht auch heute noch, z.T. sogar verstärkt, wie bei 1.2. näher erläutert wird.

Die staatliche Einigung Deutschlands hat der PKV ebenfalls neue Märkte eröffnet. Diese Chance wurde von der PKV augenblicklich wahrgenommen. Ab 1. Januar 1991 bieten 32 Unternehmen den privaten Krankenversicherungsschutz auch auf dem Gebiet der ehemaligen DDR an. Das Tarifangebot ist zunächst für eine noch nicht näher bestimmte Übergangszeit auf einen einheitlichen Tarif begrenzt, den sogenannten „Basistarif Spezial" (vgl. hierzu 5.5.). Sowohl im Beitrag als auch im Leistungskatalog sind die Angebote aller beteiligten PKV-Unternehmen identisch. Darauf hat die Aufsichtsbehörde wegen der besonderen Situation Wert gelegt. Geplant ist jedoch, nach Ablauf der obengenannten notwendigen Übergangsfrist das bisherige bundesdeutsche Tarifgefüge auch im Gebiet der ehemaligen DDR anzubieten.

Mit dem für 1993 geplanten europäischen Binnenmarkt kommen auf die PKV neue, große Herausforderungen zu, die den deutschen Unternehmen bereits ernste Sorgen bereiten. Nach deutschem Recht gilt für die PKV die Spartentrennung (vgl. hierzu 1.3.1.2.); Krankenversicherungsunternehmen dürfen keinen anderen Versicherungszweig gleichzeitig betreiben. Diese Regelung ist in anderen europäischen Ländern unbekannt. Auch die Alterungsrückstellungen (vgl. hierzu 4.2.2.), die die deutschen PKV-Unternehmen zusätzlich zum Risikobeitrag zu erheben haben, werden von anderen europäischen Versicherern nicht berechnet. Daraus folgt, daß die private Krankenversicherung in jungen Jahren nach europäischem Muster wesentlich beitragsgünstiger ist, sich im Alter jedoch überproportional – entsprechend zunehmendem Risiko – verteuert.

Die bundesdeutschen PKV-Unternehmen fürchten, daß die EG-Kommission in der maßgeblichen Schadensversicherungsrichtlinie dem europäischen Vorbild folgen und weder die Spartentrennung noch die Ansammlung von Alterungsrückstellungen vorschreiben wird. Beides würde jedoch innerhalb der Bundesrepublik Deutschland aufgrund nationaler Regelungen weiterhin Bestand haben. Dadurch könnten die außerdeutschen Krankenversicherer besonders für junge Versicherungsnehmer bedeutend niedrigere Beiträge anbieten und so der deutschen PKV den Nachwuchs abwerben. Die Diskussion ist derzeit noch nicht abgeschlossen, so daß die weitere Entwicklung abzuwarten bleibt.

1.2. Übersicht über die Größenordnung der PKV

1.2.1. Versicherte und Marktanteile der PKV

Das Bundesaufsichtsamt für das Versicherungswesen hat den Unternehmen der privaten Krankenversicherung für die statistische Erfassung ihrer Bestände verbindliche Vorgaben gemacht. Diese sehen die Aufteilung nach vier Versicherungsarten vor, und zwar

- Krankheitskostenversicherung,
- Selbständige Krankenhaustagegeldversicherung,
- Sonstige selbständige Teilversicherung und
- Krankentagegeldversicherung.

Die wirtschaftliche Bedeutung dieser vier Versicherungsarten verdeutlicht nachfolgende Übersicht:

Übersicht über die Größenordnung der PKV

Schaubild 1:

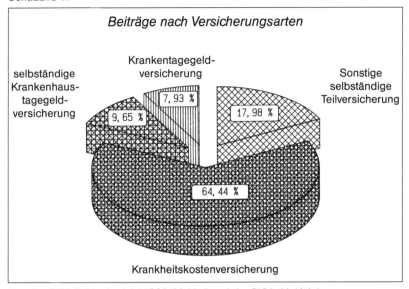

Beiträge nach Versicherungsarten

selbständige Krankenhaustagegeldversicherung

Krankentagegeldversicherung 7,93 %

9,65 %

17,98 %

Sonstige selbständige Teilversicherung

64,44 %

Krankheitskostenversicherung

(Quelle: PKV-Zahlenbericht 1988/89, Verband der PKV e.V., Köln)

Die aufsichtsamtlich vorgeschriebene statistische Erfassung kennt als Zähleinheit den Begriff „Tarifversicherte". Die Zahl der Tarifversicherten ist jedoch nicht identisch mit der Zahl der versicherten Personen oder gar der Versicherungsverträge, denn ein und dieselbe Person kann mehr als einen Versicherungsvertrag haben. Außerdem wurden bei vielen Versicherten innerhalb eines Versicherungsvertrages mehrere Tarife gebündelt; sie können gleichzeitig nach Krankheitskosten-, Krankenhauskosten-, Krankenhaustagegeld- und Krankentagegeldtarifen versichert sein. Andererseits können mehrere Personen in einem Vertrag versichert sein.

Die Zählweise nach Tarifversicherten ist also aus den vorgenannten Gründen nicht aussagekräftig und gibt den Stellenwert der PKV im Gesundheitswesen nicht zutreffend wieder. Deshalb legt der Verband der privaten Krankenversicherung e.V. bei seiner statistischen Auswertung das Schwergewicht auf die Darstellung der versicherten Personen. Als Krankheitskostenversicherung – auch Krankheitskosten-Vollversicherung genannt – zählt die private Krankenversicherung auch solche Versicherungsverträge, die eine Selbstbeteiligung oder eine prozentuale Erstattung der entstandenen Krankheitskosten vorsehen. So gilt z.B. ein Beihilfeberechtigter, dessen gesamter Beihilfeanspruch 70% seiner Krankheitskosten abdeckt und der deshalb in der privaten Krankenversicherung eine Restkostenerstattung von 30% der entstandenen Krankheitskosten versichert hat, als Krankheitskostenvollversicherter.

Für die Betrachtung der Zahl der Versicherten in der privaten Versicherung werden nachfolgend die Zahlen zugrunde gelegt, die der Verband der privaten Krankenversicherung e.V. für seine Mitgliedsunternehmen ermittelt hat. Zwar gehören nicht alle

Übersicht über die Größenordnung der PKV

privaten Krankenversicherungsunternehmen dem Verband der privaten Krankenversicherung e.V. an, jedoch erwirtschafteten die in diesem Verband zusammengeschlossenen Unternehmen 99% des gesamten Beitragsaufkommens der PKV, so daß die hieraus gewonnenen Zahlen durchaus repräsentativ sind.

Die Mitgliedsunternehmen des Verbandes der privaten Krankenversicherung e.V. versicherten am 31.12.1989 6,41 Mio Personen in einer Krankheitskostenversicherung. Nach den vorläufigen Berechnungen des PKV-Verbandes wird diese Zahl sich bis Ende 1990 auf ca. 6,6 Mio. erhöht haben; dies entspricht – einschließlich der Bahn- und Postbeamten – etwa 12 % der Bundesbürger (West). Diese Vollversicherten haben teilweise zusätzlich noch andere Versicherungen, wie z.b. für Krankentagegeld, abgeschlossen.

Die Entwicklung in der Krankheitskostenversicherung, der Hauptversicherungsart der PKV, wird in sehr starkem Maße durch Einwirkungen des Gesetzgebers bestimmt. Welche gesetzgeberischen Maßnahmen in der Vergangenheit gravierende Auswirkungen auf den Versichertenbestand in der Vollversicherung hatten, zeigt die nachfolgende Übersicht.

Schaubild 2:

Krankheitskostenversicherung		
Gesetzesauswirkungen auf den Bestand		
Jahr	Versicherte Personen Mio.	Gesetzgeberische Maßnahmen
1961–1964	6,7	
1965	6,6	Anhebung der Pflichtgrenze für Angestellte von 660 DM auf 900 DM
1966–1967	6,6	
1968	6,3	Krankenversicherungspflicht für alle Rentner
1969	6,0	Anhebung der Pflichtgrenze für Angestellte auf 990 DM
1970	5,8	Anhebung der Pflichtgrenze für Angestellte auf 1.200 DM
1971	5,3	Anhebung der Pflichtgrenze für Angestellte auf 1.425 DM und Dynamisierung Vorübergehende Öffnung der GKV für alle Angestellten und für privatversicherte Rentner

Übersicht über die Größenordnung der PKV

	Krankheitskostenversicherung	
	Gesetzesauswirkungen auf den Bestand	
Jahr	Versicherte Personen Mio.	Gesetzgeberische Maßnahmen
1972	4,6	Krankenversicherungspflicht für Landwirte
1973	4,2	Auswirkungen der Krankenversicherungspflicht für Landwirte
1974–1975	4,2	
1976	4,3	
1977	4,4	
1978	4,56	Einschränkung der Krankenversicherungspflicht für Rentner
1979	4,68	
1980	4,84	
1981	4,945	
1982	5,021	
1983	5,077	
1984	5,141	
1985	5,241	
1986	5,362	
1987	5,632	
1988	5,877	

(Quelle: PKV-Zahlenbericht 1988/89, Verband der PKV e.V., Köln)

Vor 25 Jahren hatten ebenfalls rund 6,6 Mio Personen eine Krankheitskostenversicherung. Durch die aufgeführten gesetzgeberischen Maßnahmen sank die Versichertenzahl zeitweise bis auf 4,2 Mio ab. Erst seit 1975 nahm die Zahl der vollversicherten Personen allmählich wieder zu – trotz der bremsenden Wirkung der jährlichen Anhebung der Versicherungpflichtgrenze; es hat sich ein deutlich steigender Trend herausgebildet. Ursächlich hierfür ist insbesondere seit der Einführung des Krankenversicherungs-Kostendämpfungsgesetzes (KVKG) im Jahre 1977 die große Zahl der freiwillig versicherten GKV-Mitglieder, die jedes Jahr zur privaten Krankenversicherung übertreten. Ende 1990 wird der Stand von 1965 wieder erreicht sein.

Über den Wechsel von Personen zwischen gesetzlicher und privater Krankenversicherung gibt die nachfolgende Übersicht Aufschluß.

Übersicht über die Größenordnung der PKV

Schaubild 3:

Krankheitskostenversicherung

Personen, die zwischen PKV und GKV wechselten

Jahr	Übertritte zur PKV	Abgänge zur Pflichtversicherung	Differenz
1975	170.000	152.000	+ 18.000
1976	179.000	124.000	+ 55.000
1977	265.000	110.000	+ 155.000
1978	240.000	120.000	+ 120.000
1979	219.000	114.000	+ 105.000
1980	217.000	109.000	+ 108.000
1981	218.000	109.000	+ 109.000
1982	196.000	121.000	+ 75.000
1983	170.000	115.000	+ 55.000
1984	174.000	114.000	+ 60.000
1985	243.000	98.000	+ 145.000
1986	206.000	86.000	+ 120.000
1987	368.000	103.000	+ 265.000
1988	352.000	112.000	+ 240.000

(Quelle: PKV-Zahlenbericht 1988/89, Verband der PKV e.V., Köln)

Daten über den Versichertenbestand in der PKV sammelt auch das Statistische Bundesamt. Schreibt man dessen Erhebungen fort, so dürfte es Ende 1988 etwa 10,6 Mio privatversicherter Personen gegeben haben; das waren fast 17,3% aller Bundesbürger (West). Rund 4,7 Mio Personen davon oder ca. 7,7% der Bevölkerung (West) sind Versicherte der gesetzlichen Krankenversicherung, die ergänzend eine private Zusatzversicherung besitzen. Hierbei handelt es sich entweder um eine Kostenversicherung für die von den gesetzlichen Krankenkassen nicht übernommenen Kosten der stationären privatärztlichen Behandlung und/oder die Mehrkosten der besseren Unterbringung im Krankenhaus, eine Krankenhaustagegeldversicherung oder um eine Krankentagegeldversicherung zur Ergänzung des Krankengeldes der gesetzlichen Krankenversicherung (Einzelheiten siehe 5.6. und 5.7.). Von 1969 bis 1989 ist die Zahl der Zusatzversicherten von 2,506 Mio auf rund 4,7 Mio Versicherte gestiegen, wie das nachfolgende Schaubild zeigt.

Übersicht über die Größenordnung der PKV

Schaubild 4:

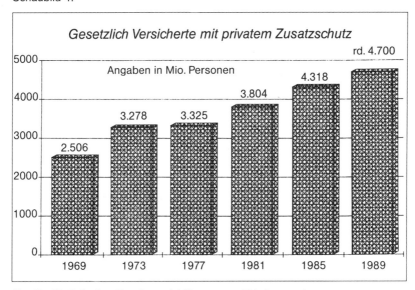

(Quelle: Statistisches Bundesamt, Mikrozensus-Erhebungen)

Die Mikrozensuserhebung des Statistischen Bundesamtes aus dem Jahre 1988 läßt erkennen, daß zu diesem Zeitpunkt 5,922 Mio Personen ausschließlich privat krankenversichert waren, das sind rd. 9,7% der Bevölkerung (West). 87,7% waren in der GKV versichert, 0,2% hatten keinen Krankenversicherungsschutz, 1,1% erhielten freie Heilfürsorge der Polizei und Bundeswehr, und 1,3% waren anspruchsberechtigt als Sozialhilfeempfänger, Kriegsschadensrentner oder Empfänger von Unterhalt aus dem Lastenausgleich. Bei diesen Zahlen ist zu berücksichtigen, daß die Versorgungseinrichtungen für die Beamten von Post und Bahn vom Statistischen Bundesamt als Betriebskrankenkassen angesehen und die dort Versicherten damit der GKV zugerechnet wurden. Wie sich die Marktanteile im Jahre 1989 darstellten, zeigt die nachfolgende Übersicht:

Übersicht über die Größenordnung der PKV

Schaubild 5:

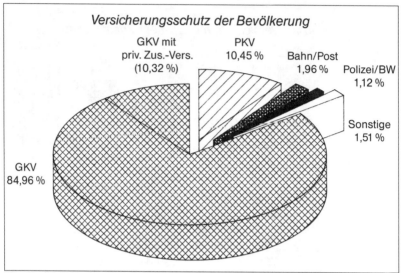

(Quelle: Statistisches Bundesamt, Mikrozensus-Untersuchung 1988)

Von den nicht pflichtversicherten Erwerbstätigen (West) gehörten 50,9% der PKV und 49,1% der GKV an. Bei den Selbständigen (West) ist das Verhältnis PKV zu GKV 41,1% zu 58,9% und bei den Beamten 90,0% zu 10,0%. Von den nicht pflichtversicherten Angestellten (West) waren 28,6% in der PKV und 71,4% in der GKV versichert. Die erwerbstätigen PKV-Versicherten – das waren 2,948 Mio Personen, setzten sich aus 25,8% Selbständigen, 52,7% Beamten und 21,5% Angestellten (West) zusammen.

Der aufwärtsgerichtete Trend der PKV ist auch daran zu erkennen, daß bereits ein Jahr später – Ende 1989 – die Zahl der ausschließlich PKV-Versicherten auf 6,41 Mio Personen oder 10,4% der Bevölkerung (West) angestiegen war, und Ende 1990 voraussichtlich 6,6 Mio Personen oder 12 % der Bevölkerung (West) erreichen wird.

Die Gliederung der Altersgruppen stellt sich bei den Privatversicherten (Erwerbstätige und Nicht-Erwerbstätige [West]) folgendermaßen dar: Die unter 20jährigen machen 21,8% und die 20- bis 40jährigen 32,2% aus. Auf die Altersgruppe der zwischen 40- und 60jährigen entfielen 30,7%, während die über 60jährigen einen Anteil von 15,3% hatten.

Weiterhin ergibt sich aus der Mikrozensuserhebung, daß im Frühjahr 1988 rund 4,653 Mio gesetzlich Versicherte privat zusatzversichert waren. Sie gehörten zu 45,8% den Basiskassen (Allgemeine Orts-, Betriebs- und Innungskrankenkassen, Bundesknappschaft, landwirtschaftliche Krankenkassen, See-Krankenkasse) und zu 51,9% den Ersatzkassen an, 2,3% hatten freie Heilfürsorge. Der Anteil der privat Zusatzversicherten liegt bei den Pflichtversicherten bei 8,5% und bei den freiwillig in der GKV Versicherten bei 19,5%. Die Familienangehörigen sind zu 7,7% privat zusatzversichert und die Rentner zu 5,9%.

Übersicht über die Größenordnung der PKV

Die Entwicklung der PKV wird bei näherer Betrachtung der aktuellen Zuwachsraten in den Versichertenzahlen noch deutlicher: In der Hauptversicherungsart der privaten Krankenversicherung, der Krankheitskostenversicherung, ist der Versichertenbestand in den letzten Jahren erheblich angewachsen. So betrug der Zuwachs der versicherten Personen im Jahr 1987 270.000, im Jahre 1988 245.000 und im Jahre 1989 sogar 533.000 auf die Gesamt-Versichertenzahl von 6,41 Mio. Im Jahre 1990 kann die PKV voraussichtlich mit einem weiteren Zuwachs von ca. 200.000 Vollversicherten rechnen. Die private Krankenversicherung hat also wieder den Versichertenbestand erreicht, den sie in den 60er Jahren vor der Ausdehnung der Versicherungspflicht der gesetzlichen Krankenversicherung hatte. Insbesondere hat die Anhebung der Mindestbeiträge für die freiwillig Versicherten der gesetzlichen Krankenkassen durch das Gesundheits-Reformgesetz (GRG) zu einem starken Anstieg der Zahl der in der PKV versicherten Kinder geführt, deren Eltern in der Regel bereits privat versichert waren.

Die Anhebung der Versicherungspflichtgrenze zum 1. Januar eines jeden Jahres machte sich dabei schon im Endbestand des Vorjahres bemerkbar, weil nach den Anordnungen des Bundesaufsichtsamtes die zum 31. Dezember gekündigten Versicherungsverträge noch als Abgänge dem gleichen Kalenderjahr zuzurechnen sind. Der überwiegende Teil der betroffenen privatversicherten Angestellten hat sich jedoch für die Befreiung von der Versicherungspflicht in der GKV entschieden oder bei Stornierung der Vollversicherung eine Teilversicherung beibehalten oder neu abgeschlossen.

Bei den regelmäßigen Erhöhungen der Versicherungspflichtgrenze ist der Anteil der privatversicherten Arbeitnehmer, die sich jeweils zum 1. Januar von der Versicherungspflicht befreien lassen, beachtlich, wie die nachfolgende Übersicht zeigt.

Schaubild 6:

Befreiungsquoten			
Jahr	Prozent	Jahr	Prozent
1970	rund 54	1980	rund 75
1971	rund 32*	1981	rund 71
1972	rund 54	1982	rund 69
1973	rund 64	1983	rund 67
1974	rund 66	1984	rund 66
1975	rund 65	1985	rund 63
1976	rund 73	1986	rund 64
1977	rund 79	1987	rund 59
1978	rund 75	1988	rund 68
1979	rund 74		

* Wegen der Öffnung der gesetzlichen Krankenversicherung für alle Angestellten zu Beginn des Jahres 1971 war diese Quote nicht exakt zu ermitteln.

(Quelle: PKV-Zahlenbericht 1988/89, Verband der PKV e.V., Köln)

Übersicht über die Größenordnung der PKV

Diese Übersicht ist allerdings mit der Befreiungsquote des Jahres 1988 ausgelaufen, weil mit dem Gesundheits-Reformgesetz zum 1. Januar 1989 der Nachweis eines PKV-Schutzes zur Befreiung von der Krankenversicherungspflicht entbehrlich wurde. Dementsprechend benötigen die betroffenen Privatversicherten zukünftig auch keine Bescheinigungen ihres PKV-Unternehmens mehr, mit denen vor Inkrafttreten des GRG dieser Nachweis erbracht werden mußte. Das hat zur Folge, daß die PKV ab 1. Januar 1989 keine Kenntnis mehr von dem Eintritt der Versicherungspflicht erlangt.

Daß die Befreiungsquote ab 1977 zurückgegangen ist, erklärt sich überwiegend aus der durch das Krankenversicherungs-Kostendämpfungsgesetz (KVKG) seit 1977 eingeführten Regelung, wonach Privatversicherte, die sich von der Mitgliedschaft in der gesetzlichen Krankenversicherung befreien lassen, in den meisten Fällen nach Erreichen der entsprechenden Altersgrenze nicht mehr der Krankenversicherung der Rentner angehören können. Über ein Drittel der betroffenen Privatversicherten stellt den Befreiungsantrag deshalb nicht.

Wie sich der Versichertenbestand der privaten und die Mitgliederzahl in der gesetzlichen Krankenversicherung von 1968 bis 1988 verändert hat, verdeutlicht das nachfolgende Schaubild:

Schaubild 7:

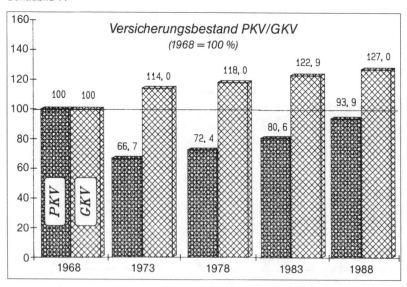

(Quelle: PKV-Zahlenbericht 1988/89, Verband der PKV e.V., Köln)

Übersicht über die Größenordnung der PKV

Nach den Feststellungen des Verbandes der privaten Krankenversicherung e.V. haben die aus der gesetzlichen Krankenversicherung übergetretenen Versicherten überwiegend Selbstbeteiligungstarife gewählt. Der Versicherte erhält dabei die über eine frei wählbare Selbstbeteiligung an den Krankheitskosten hinausgehenden Beträge in voller Höhe ersetzt. Die Selbstbeteiligung wird nach festen Beträgen oder nach Prozentsätzen angeboten. Je höher der jährliche Selbstbeteiligungsbetrag, desto niedriger wird der Beitrag (vgl. hierzu 5.3.).

Von den insgesamt vollversicherten Personen hatten 90,5% gleichzeitig eine Versicherung für die Wahlleistungen Ein- oder Zweibettzimmer und Chefarztbehandlung im Krankenhaus abgeschlossen.

Außerdem sind bei der PKV noch rund 4,7 Mio gesetzlich Krankenversicherte zusatzversichert. Ihre Zahl ist von den PKV-Unternehmen nicht genau zu ermitteln, da hier häufig Doppelzählungen durch Versicherungen bei verschiedenen Unternehmen vorkommen. Der Verband der privaten Krankenversicherung e.V. hat deshalb zur Feststellung dieser Zahl auf Mikrozensusdaten zurückgegriffen.

Zusatzversicherte Personen sind solche, die ihren Grundschutz – d.h. die Versicherung gegen Krankheitskosten – in der gesetzlichen Krankenversicherung haben. Bei der PKV haben sie nur einen Tarif in der Krankentagegeld-, Krankenhaustagegeld- und/oder Sonstigen selbständigen Teilversicherung gewählt. Zur Sonstigen selbständigen Teilversicherung zählen z.B. die Pflegekrankenversicherung und die Versicherung für Wahlleistungen im Krankenhaus.

Die Zahl der privat Zusatzversicherten stieg im Jahre 1989 nur sehr geringfügig, nämlich netto um 9.000 versicherte Personen (0,2%). Der Bruttozugang war allerdings bedeutend höher, wurde aber durch Abgänge aufgewogen, die dadurch entstanden, daß bisher nur zusatzversicherte Personen auch den Grundversicherungsschutz für den Krankheitsfall in der privaten Krankenversicherung wählten und damit statistisch in die Vollversicherung überwechselten. Im Jahre 1988 stieg die Zahl der Zusatzversicherten noch um 110.000 Personen (3,04 %). Im Jahre 1990 werden in dieser Versicherungssparte voraussichtlich weitere 100.000 Zugänge zu verzeichnen sein, so daß sich ein Versichertenbestand von ca. 4,9 Mio Personen ergeben wird.

Die Krankentagegeldversicherung erfaßt zwei Bereiche: Die Tageldversicherung für Freiberufler und Selbständige und für Arbeitnehmer. Seitdem der Arbeitgeber einen Zuschuß zum Krankenversicherungsbeitrag privatversicherter Arbeitnehmer zahlt, hat sich die Zahl der Tagegeldversicherungen für Arbeitnehmer ständig erhöht, weil bis zum Inkrafttreten des Gesundheits-Reformgesetzes (GRG) am 1. Januar 1989 als Voraussetzung für die Zahlung des Arbeitgeberzuschusses der Nachweis auch einer Tagegeldversicherung verlangt wurde. Auch die Verträge, die privatversicherte Arbeitnehmer zur Befreiung von der Versicherungspflicht bis zu diesem Zeitpunkt abgeschlossen haben, umfaßten eine Versicherung mit Anspruch auf Tagegeld.

In der Krankentagegeldversicherung gab es am 31. Dezember 1988 1.338.500 versicherte Personen. Der Bestand an Versicherungsverträgen hat sich damit im Jahre 1988 um 109.500 (8,91%) erhöht.

Übersicht über die Größenordnung der PKV

Die Entwicklung des Bestandes an Tarifversicherten im Jahre 1988 zeigt das nachfolgende Schaubild.

Schaubild 8:

Entwicklung des Tarifversichertenbestandes

	am 31.12.88	am 31.12.87	Entwicklung 1988	1987
Krankheitskostenversicherung	10.696.376	10.386.894	+ 309.482	+ 693.094
Selbständige Krankenhaustagegeldversicherung	7.685.604	7.505.113	+ 180.491	– 102.903
Sonstige selbständige Teilversicherung	4.491.880	4.404.396	+ 87.484	+ 76.280
Krankentagegeldversicherung	1.886.415	1.766.302	+ 120.113	– 272.089
Insgesamt	24.760.275	24.062.705	+ 697.570	+ 394.382

(Quelle: PKV-Zahlenbericht 1988/89, Verband der PKV e.V., Köln)

Daneben wurden im Jahre 1989 noch 16,5 Mio Auslandsreise-Krankenversicherungen abgeschlossen. In der Pflege-Krankenversicherung zählte die PKV ca. 76.000 Verträge (Quelle: PKV-Zahlenbericht 1988/89, Verband der PKV e.V., Köln).

1.2.2. Zahl und Bedeutung der PKV-Unternehmen

Im Jahre 1989 waren insgesamt 119 Unternehmen im Bereich der privaten Krankenversicherung tätig. Diese Zahl hat sich jedoch durch Neugründungen bereits erhöht und wird sich deshalb auch weiterhin verändern. Unter Berücksichtigung des Versicherungsmarktes in der Bundesrepublik und infolge der deutschen Vereinigung ist anzunehmen, daß zukünftig weitere PKV-Unternehmen gegründet werden. Bezüglich der Einzelheiten dieser Entwicklung wird auf die Ausführungen bei 1.2.3. verwiesen.

Die Neugründung von Krankenversicherungsunternehmen ist aber z.T. auch im Zusammenhang mit der Tarifpolitik der Unternehmen zu sehen. Neue Versicherer können ihre Beiträge ohne „Altlasten" (z.B. hohes Durchschnittsalter im Versichertenbestand, erhöhte Krankheitsanfälligkeit älterer Versicherungsnehmer) kalkulieren und deshalb preisgünstige Tarife auf den Markt bringen.

Die Marktführer unter den Krankenversicherungsunternehmen gehören sämtlich dem Verband der privaten Krankenversicherung e.V. an. Dieser Verband ist die Interessenvertretung fast aller privaten Krankenversicherungsunternehmen (vgl. hierzu 1.3.3.).

Übersicht über die Größenordnung der PKV

Dem Verband der PKV e.V. gehörten am 31.12.1980 42, am 01.01.1990 47 Unternehmen an. Auch diese Zahl hat sich mittlerweile weiter erhöht.

Im Wettbewerb zwischen der gesetzlichen und der privaten Krankenversicherung haben durchweg nur die dem Verband der PKV e.V. angehörenden Unternehmen Bedeutung. Die nicht dem Verband angeschlossenen Versicherer sind durchweg kleine oder kleinste Krankenversicherungsvereine, deren Wirkungskreis häufig berufsständisch oder regional begrenzt ist. An den Beitragseinnahmen der gesamten Sparte Krankenversicherung haben diese Unternehmen einen Anteil von weniger als einem Prozent. Somit stellen die im Verband zusammengeschlossenen Unternehmen faktisch die private Krankenversicherung dar (vgl. PKV-Zahlenbericht 1988/1989, Verband der PKV e.V., Köln).

Die Unternehmensstrukturen der Krankenversicherer sind unterschiedlich. Einzelheiten dazu werden bei 1.3. dargestellt.

In der Übersicht ergibt sich zum 01.01.1989 folgende Marktsituation:

Vollversicherte	Zahl der Unternehmen	Anteil am Gesamtbestand
mehr als 100.000	14	89,47 v.H.
10.000 bis 100.000	13	9,95 v.H.
weniger als 10.000	11	0,58 v.H.
ohne Vollversicherung	4	–

(Quelle: PKV-Zahlenbericht 1988/89, Verband der PKV e.V., Köln)

Diese Darstellung verdeutlicht, daß der Schwerpunkt der Marktbedeutung in der privaten Krankenversicherung bei wenigen Unternehmen liegt; 14 Unternehmen betreuen rd. 90 v.H. der Vollversicherten.

Ein ähnliches Bild zeigen auch die Beitragseinnahmen:

Beitragseinnahmen pro Jahr	Zahl der Unternehmen	Anteil an den Gesamtbeitragseinnahmen
mehr als 100 Mio DM	23	97,56 v.H.
50 bis 100 Mio DM	3	1,42 v.H.
10 bis 50 Mio DM	6	0,90 v.H.
weniger als 10 Mio DM	10	0,12 v.H.

(Quelle: PKV-Zahlenbericht 1988/89, Verband der PKV e.V., Köln)

Übersicht über die Größenordnung der PKV

23 Unternehmen erhalten 97,6 v.H. der gesamten Beitragseinnahmen in der privaten Krankenversicherung. Auch dies verdeutlicht die Marktsituation.

Obwohl die Zahlen auf den Rechnungsergebnissen des Jahres 1988 beruhen, gilt die sich daraus ergebende Einschätzung der Marktsituation uneingeschränkt auch in der Gegenwart. Zwar haben sich die absoluten Werte verändert, jedoch nicht die Verhältniswerte.

Die Aufteilung der Versicherer nach der Rechtsform der Unternehmen ergibt folgendes:

Unternehmensform	Zahl der Unternehmen	Anteil an den Vollversicherten	Beitragseinnahmen
Versicherungsvereine a.G.	26	53,69 v.H.	50,31 v.H.
Aktiengesellschaften	15	35,26 v.H.	45,64 v.H.
öffentlich-rechtliche Körperschaft	1	11,05 v.H.	4,05 v.H.

(Quelle: PKV-Zahlenbericht 1988/1989, Verband der PKV e.V., Köln)

Die marktführenden Unternehmen der privaten Krankenversicherung ergeben sich aus der nachstehenden Zusammenfassung:

	Rechtsform	Beitragseinnahmen 1988 (in Mio DM)
1. DKV	AG	2.839
2. Vereinte	AG	2.198
3. Debeka	VVaG	1.575
4. Continentale	VVaG	1.002
5. Signal	VVaG	926
6. Central	AG	604
7. Barmenia	VVaG	549
8. Nova	VVaG	544
9. Hallesche Nationale	VVaG	538
10. Deutscher Ring	VVaG	497
11. Inter	VVaG	379
12. Berliner Verein	VVaG	358
13. Hanse Merkur	VVaG	319
14. APK	AG	312

(Quelle: AOK-Management 6/89)

1.2.3. Neugründungen von PKV-Unternehmen

Die Zahl der privaten Krankenversicherungsunternehmen ist seit etwa Ende 1988 in Bewegung gekommen; eine Gründungswelle neuer privater Krankenversicherungsgesellschaften ist verstärkt angelaufen:

So hat die R+V-Versicherung ihren Geschäftsbetrieb auf den Risikobereich Krankenversicherung ausgedehnt. Die R+V-Gruppe im Raiffeisen- und Volksbankenverbund arbeitete bis dahin eng mit der Süddeutschen Krankenversicherung (SDK) zusammen, die auch Mitgesellschafter des neuen Unternehmens wird.

Die Concordia-Versicherung hat bereits im August 1988 eine eigene Krankenversicherung gegründet.

Die Cosmos-Versicherungsgesellschaft in Saarbrücken ist ebenfalls in den Krankenversicherungsmarkt eingestiegen. Das Unternehmen arbeitete bisher ausschließlich im Lebensversicherungsbereich, und zwar als Mail-Order-Geschäft ohne eigenen Außendienst. Dieses Vertriebskonzept ist auch für den Krankenversicherungszweig vorgesehen, der Mitte 1989 seinen Betrieb aufgenommen hat. Vorerst soll allerdings keine Vollversicherung angeboten werden.

Der Deutsche Herold, Bonn, hat eine Zusammenarbeit mit der Vereinten Krankenversicherung beschlossen. Beabsichtigt ist, in den nächsten Jahren eine gemeinsame Tochtergesellschaft mit 70% Herold-Beteiligung zu gründen.

Der HUK-Coburg hat eine eigene Krankenversicherung ins Leben gerufen. Sie soll nicht nur den öffentlichen Dienst versichern.

Außerdem interessiert sich der Deutsche Lloyd für die Sparte Krankenversicherung.

Die Nürnberger Lebensversicherung AG, Nürnberg, und die Vereinte Versicherung AG, München, haben eine gemeinsame Tochter Nürnberger Krankenversicherung AG gegründet.

Weiter kommen neu auf den Krankenversicherungsmarkt:

Albingia/Bayrische Beamtenversicherungs-Krankenversicherung,

Krankenversicherung des Beamtenheimstättenwerks,

Generali-Krankenversicherung,

Mannheimer Krankenversicherung,

Quelle-Krankenversicherung (zusammen mit der Deutschen
                 Beamtenversicherung – DBV).

Allen neugegründeten oder geplanten neuen Krankenversicherungsunternehmen ist gemeinsam, daß sie ausschließlich Aktiengesellschaften sind oder werden sollen. Deshalb werden nachfolgend die Gründungsvoraussetzungen und der Gründungsweg einer Aktiengesellschaft kurz dargestellt.

Das Aktiengesetz enthält bestimmte Formzwänge, was die Gründung und Ausgestaltung einer Aktiengesellschaft betrifft. Zur Gründung der Aktiengesellschaft bedarf es des Abschlusses eines Gesellschaftsvertrages (Satzung). Hierbei müssen mindestens fünf Personen beteiligt sein, die das Grundkapital in Form von Aktien gegen Einlagen zu übernehmen haben (§§ 2, 28, 29 AktG). Die Satzung bedarf der notariellen Beurkundung (§ 23 AktG).

Die Satzung muß mindestens die Firma, den Sitz, den Unternehmensgegenstand, die Höhe des Grundkapitals, den Nennbetrag der Aktien, etwaige Sacheinlagen, Sondervorteile für einzelne Aktionäre und den Gründungsaufwand enthalten. Zur rechtswirksamen Entstehung der Aktiengesellschaft ist außerdem die Eintragung ins Handelsregister (Abteilung B) erforderlich.

Die Firma muß dem Gegenstand des Unternehmens entlehnt sein und die Bezeichnung „Aktiengesellschaft" enthalten.

Mit der Übernahme aller Aktien durch die Gründer ist die Aktiengesellschaft errichtet (§ 29 AktG). Die Gründer haben sodann den ersten Aufsichtsrat und die sogenannten Abschlußprüfer für den Gründungsvorgang (§ 30 AktG) einzusetzen und einen schriftlichen Bericht über die Gesellschaftsgründung vorzulegen (§ 32 AktG). Der Aufsichtsrat bestimmt den ersten Vorstand. Die Organbestellung bedarf der notariellen Beurkundung.

Nach der Prüfung des Gründungsberichtes ist die AG durch Gründer, Vorstand und Aufsichtsrat bei dem für den Firmensitz zuständigen Amtsgericht (Registergericht) zur Eintragung in das Handelsregister anzumelden. Dabei hat der Vorstand die freie Verfügungsbefugnis über die eingezahlten Gelder sowie den Umfang seiner Vertretungsmacht nachzuweisen (§ 37 AktG).

Nach Feststellung der Ordnungsmäßigkeit der Errichtung und Anmeldung durch das Gericht wird die Gesellschaft als AG eingetragen und bekanntgemacht. Mit Eintragung ist die AG nach außen als juristische Person entstanden (§ 41 AktG).

1.3. Organisation der PKV

1.3.1. Rechtsformen der Unternehmen

Das Versicherungsgeschäft ist besonders kapitalintensiv und stellt deshalb besondere Anforderungen an die Organisationsform der Versicherer. Dem trägt § 7 Abs. 1 des Versicherungsaufsichtsgesetzes (VAG) Rechnung: „Die Erlaubnis darf nur Aktiengesellschaften, Versicherungsvereinen auf Gegenseitigkeit sowie Körperschaften und Anstalten des öffentlichen Rechts erteilt werden." Versicherungsunternehmen können deshalb nur juristische Personen einer der vorgenannten Rechtsformen sein; anderen Gesellschaftsformen oder Einzelpersonen ist das Betreiben von Versicherungsgeschäften untersagt.

Die Unternehmen der privaten Krankenversicherung sind – mit einer Ausnahme – privatrechtliche Gesellschaften. Nur ein privater Krankenversicherer ist als öffentlich-rechtliche Körperschaft organisiert (vgl. hierzu 1.1.7.). Soweit vorherrschend die private Rechtsform besteht, handelt es sich entweder um Aktiengesellschaften oder um Versicherungsvereine auf Gegenseitigkeit.

Organisation der PKV

1.3.1.1. Aktiengesellschaft

Zweck der Aktiengesellschaft ist der wirtschaftliche Erfolg – der Unternehmensgewinn.

Die Aktiengesellschaften der Versicherungswirtschaft sind rechtsfähige Handelsgesellschaften. Sie betreiben ihre Versicherungsgeschäfte gegen feste Beiträge (§ 1 Abs. 2 Nr. 3 HGB). Eine Aktiengesellschaft ist immer Kaufmann im Sinne des § 6 HGB. Der Name der Aktiengesellschaft (Firma) muß den Gegenstand des Unternehmens bezeichnen und das Wort „Aktiengesellschaft" enthalten (§ 4 AktG).

Die Aktiengesellschaft ist eine Form der sogenannten Kapitalgesellschaften. Sie ermöglicht die Zusammenfassung des für große Unternehmen erforderlichen Kapitals, das in Gestalt von Kapitalbeiträgen vieler Einzelpersonen durch Erwerb von Aktien aufgebracht wird. Die rechtliche Grundlage bildet das Aktiengesetz (AktG) vom 06.09.1965.

Die Aktiengesellschaft besitzt eine eigene Rechtspersönlichkeit; sie ist also eine juristische Person des Privatrechts. Ihre Mitglieder, die Aktionäre, sind an der Aktiengesellschaft nur mit ihren Einlagen beteiligt. Die Aktiengesellschaft hat ein in Anteilen (Aktien) zerlegtes Grundkapital, an dem sich der einzelne Aktionär mit beliebig vielen Einlageteilen (Aktien) beteiligen kann (§ 1 AktG). Den Gläubigern der Aktiengesellschaft haftet nur das Gesellschaftsvermögen, die Aktionäre werden in die Haftung nicht persönlich einbezogen. Ihre Haftung beschränkt sich also höchstens auf den Gegenwert der von ihnen übernommenen Aktien.

Die Aktiengesellschaft selbst ist vom Wechsel der Mitglieder (Aktionäre) unabhängig. Sie ist körperschaftlich organisiert, besitzt eine Firma im handelsrechtlichen Sinne und ist geborene Handelsgesellschaft, also auch dann, wenn der Gegenstand des Unternehmens kein Handelsgewerbe ist (§ 3 AktG). Die Höhe des Grundkapitals und damit die Höhe der Anteile ist genau festgelegt. Deshalb hat die Aktiengesellschaft auch eine feste Zahl von Mitgliedern (Aktionären). Die Kapitalaufbringung ist jedoch das entscheidende Moment.

Entsprechend ihrer Ausgestaltung als Kapitalgesellschaft ist das *Grundkapital* einer der wesentlichen Faktoren der Aktiengesellschaft. Dabei handelt es sich um einen Geldbetrag, der in der Satzung der Aktiengesellschaft fixiert und in Anteilen (Aktien) aufgestückelt ist. Dieses Grundkapital ist mit dem tatsächlichen Vermögen der Aktiengesellschaft jedoch nicht identisch. Letzteres kann größer oder kleiner als das Grundkapital sein. Das Aktiengesetz verlangt für jede AG ein Mindestgrundkapital von 100.000,00 DM. Wegen der Besonderheiten des Versicherungsbetriebes werden je nach Versicherungszweig aufsichtsrechtlich wesentlich höhere Beträge gefordert, da das Grundkapital vor allem auch Sicherheits- und Garantiefunktionen hat. Darüber hinaus sind die Gründer in der Festlegung des Grundkapitals nach oben frei (§ 7 AktG). Die Erhöhung oder Minderung des Grundkapitals bedeutet eine Erhöhung oder Herabsetzung der auf den Aktionär entfallenden Einlage oder eine Vermehrung bzw. Reduzierung der Zahl der Aktionäre.

Vom Grundkapital zu unterscheiden ist das vielfach in der Satzung weiter enthaltene sogenannte genehmigte Kapital. Bis zu diesem Betrag kann die Gesellschaft inner-

43

halb der nächsten fünf Jahre das Grundkapital durch Ausgabe neuer Aktien erhöhen.

Wie bereits gesagt, ist das Grundkapital in Aktien zerlegt. Jede Aktie muß auf einen bestimmten Nennbetrag lauten (§§ 6 und 7 AktG), mindestens 50,00 DM. Aktionär kann jede natürliche oder juristische Person sowie jede mit eigenem Recht ausgestattete Gesellschaft werden; es gilt der Grundsatz der Gleichbehandlung. Das bedeutet, daß jede Aktie grundsätzlich die gleichen Rechte und Pflichten verbrieft. Ausnahmen hiervon sind nur in einigen besonders begründeten Fällen zugelassen (z.B. Sondervorteile für einzelne Aktionäre anläßlich der Gründung – Bevorzugung bei der Gewinnausschüttung – § 26 AktG, stimmrechtslose Aktien verbunden mit einem Vorzugsdividendenrecht – § 139 AktG, Höchstbetragsstimmrechte – weniger Stimmen als Kapitalbeteiligung – § 134 AktG).

Die Aktie ist normalerweise ein Inhaberpapier, das heißt, sie lautet nicht auf einen bestimmten Namen. Das Eigentum an der Aktie wird dann gemäß § 929 BGB durch Einigung und Übergabe übertragen. Mit der Übertragung der Aktie wird auch die Mitgliedschaft in der Aktiengesellschaft übertragen, aus der sich die Rechte und Pflichten des Aktionärs herleiten.

Die einzelne Aktie kann aber statt auf den beliebigen Inhaber auch auf den Namen einer bestimmten Person lauten (Namensaktie, § 24 AktG). Vor Zahlung des Nennbetrags der Aktie (§ 8 AktG) und im Falle der Bindung der Übertragung der Aktie an die Zustimmung der AG (vinkulierte Aktien, §§ 68 ff. AktG) dürfen nur Namensaktien ausgegeben werden. Die Namensaktie ist ein sogenanntes wechselrechtliches Orderpapier, das heißt durch Indossament übertragbar. Dies ist nichts anderes als die Bestimmung eines neuen Gläubigers durch den Inhaber, die auf der Rückseite der Aktie geschieht. Damit wird die Indossamentenkette ersichtlich.

Versicherungsaktien sind häufig vinkulierte Namensaktien, deren Übertragung nach der Satzung von der Zustimmung der Gesellschaft abhängig ist (§ 68 Abs. 2 AktG). Das ermöglicht dem Unternehmen die genaue Kenntnis des Aktionärskreises sowie die direkte Einflußnahme darauf, wer neuer Aktionär werden kann. Der Aufkauf einer solchen Gesellschaft durch anonymen Erwerb der Aktien an der Börse ist damit ausgeschlossen.

Mit den Aktien zusammen werden in der Regel Gewinnanteilsscheine mit dem Anrecht auf Dividenden ausgegeben. Damit besitzt der Aktionär einen Anspruch auf Auszahlung etwaigen Gewinns. Ferner erhält er einen sogenannten Erneuerungsschein (Talon), der ihm das Recht auf Erhalt neuer Gewinnanteilsscheine gibt.

Da Kapitalbesitz und Unternehmensleitung getrennt sind, liegen die Befugnisse in bezug auf das Schicksal, die Handlungsfähigkeit und die Haftung des Unternehmens bei drei einander kontrollierenden, voneinander unabhängigen *Organen*, dem Vorstand, dem Aufsichtsrat und der Hauptversammlung.

Der *Vorstand* ist zur Geschäftsführung und Vertretung der Aktiengesellschaft berufen (§§ 76, 77, 78 AktG). Die Bestellung erfolgt durch den Aufsichtsrat auf höchstens fünf Jahre (§ 84 AktG), die von den einzelnen Vorstandsmitgliedern angenommen werden muß. Diese Ernennung ist nur aus wichtigem Grunde durch den Aufsichtsrat widerrufbar. Ernennung und Entlassung von Vorstandsmitgliedern erfolgt nach dem

Organisation der PKV

Gesetz über die Mitbestimmung der Arbeitnehmer vom 04.05.1976 (BGBl I, Seite 1153) durch Beschluß mit einer Mehrheit von 2/3 sämtlicher Stimmen im Aufsichtsrat. Kommt ein solcher Beschluß nicht zustande, hat ein Ausschuß des Aufsichtsrates, bestehend aus dem Vorsitzenden, seinem Stellvertreter und je einem Arbeitnehmer- und Arbeitgebervertreter, innerhalb eines Monats nach der ersten Abstimmung dem Aufsichtsrat einen neuen Vorschlag zu machen. Nunmehr beschließt der Aufsichtsrat mit einfacher Mehrheit. Ergibt sich erneut keine Mehrheit, entscheidet in einem dritten Wahlgang die Stimme des Vorsitzenden. Um Zeit zu sparen, läßt sich dieses Verfahren auch in einer Aufsichtsratssitzung durchführen.

Neben der Entlassung kann der Vorstand oder eines seiner Mitglieder durch Mißtrauensvotum der Hauptversammlung (alle Aktionäre) abberufen werden.

Um einen Mißbrauch bei der Leitung der Aktiengesellschaft zu vermeiden, dürfen Vorstandsmitglieder nicht zugleich Mitglieder des Aufsichtsrates sein. Das gilt auch umgekehrt.

Die Geschäftsführungsbefugnis des Vorstandes kann durch Satzung, Aufsichtsrat und Hauptversammlung oder die sich selbst gegebene Geschäftsordnung eingeschränkt werden (§ 82 AktG). Das kann in der Form geschehen, daß bestimmte Maßnahmen an die Zustimmung des Aufsichtsrates gebunden werden (§ 111 AktG). Nicht zulässig ist es, den Vorstand an die im Einzelfall zu erteilende Zustimmung der Hauptversammlung zu binden, da dies die Handlungsfähigkeit der Aktiengesellschaft lahmlegen würde.

Die Vertretungsbefugnis, die als Einzel- und Gesamtvertretung ausgestaltet sein kann, umfaßt alle gerichtlichen und außergerichtlichen Handlungen, sowohl gewöhnliche als auch ungewöhnliche Geschäfte. Sie kann nicht beschränkt werden (§ 82 AktG).

Um den Vorstand über die Richtigkeit und Zweckmäßigkeit seines Handelns nicht im ungewissen zu lassen, hat die Hauptversammlung jährlich über seine Entlastung zu beschließen. Das bedeutet im allgemeinen Billigung der Geschäftsführung. Entsprechend ihrem umfangreichen, selbständigen Tätigkeitsbereich unterliegen die Vorstandsmitglieder einer weitgehenden Haftung sowohl gegenüber der Gesellschaft als auch in bestimmten Fällen gegenüber den Gesellschaftsgläubigern (§ 93 AktG).

Neben seinem Gehalt kann der Vorstand noch einen Anteil am Reingewinn der Gesellschaft (Tantiemen) beziehen.

Der *Aufsichtsrat* ist das zur Bestellung bzw. Abberufung des Vorstandes und zur Überwachung seiner Geschäftsführung bestimmte Organ. Seine Zusammensetzung erfolgt bei mehr als 2.000 Arbeitnehmern nach dem Gesetz über die Mitbestimmung der Arbeitnehmer vom 04.05.1976 (BGBl I, Seite 1153) dergestalt, daß die Hälfte seiner Mitglieder von den Arbeitnehmern, die andere Hälfte von Anteilseignern bestimmt wird. Die Anteilseigner wählen ihre Aufsichtsratsvertreter in der Hauptversammlung, der Wahlmodus der Belegschaft ist in vier Modelle aufgeteilt. Nach erfolgter Konstituierung wählt der Aufsichtsrat seinen Vorsitzenden und dessen Stellvertreter mit 2/3-Mehrheit. Wird diese Mehrheit nicht erreicht, bestimmen im zweiten Durchgang die Vertreter der Anteilseigner den Vorsitzenden, die Arbeitnehmervertreter seinen Stellvertreter. Der Aufsichtsrat bestellt den Vorstand.

Organisation der PKV

Um Stimmengleichheit bei der Abstimmung im Aufsichtsrat zu verhindern, kann – ohne Verstoß gegen Mitbestimmungsrechte – generell in der Satzung der AG festgelegt werden, daß der Vorsitzende bei wiederholter Abstimmung über denselben Gegenstand zwei Stimmen hat.

Neben dieser paritätischen Mitbestimmung besteht die sogenannte Drittelparität im Aufsichtsrat von Unternehmen mit mehr als 500 Arbeitnehmern (§§ 76 ff. Betriebsverfassungsgesetz). Das heißt, 2/3 der Aufsichtsratsmitglieder werden von der Belegschaft und 1/3 von den Anteilseignern in der Hauptversammlung gewählt.

Der Aufsichtsrat ist – sofern die Satzung nichts anderes bestimmt – beschlußfähig, wenn mindestens die Hälfte seiner Mitglieder an der Beschlußfassung teilnimmt. Infolgedessen wird auch eine Satzungsbestimmung für zulässig gehalten, wonach die Beschlußfähigkeit des Aufsichtsrates davon abhängig ist, daß die Hälfte der Mitglieder, aus denen er insgesamt besteht, an der Beschlußfassung teilnimmt, mindestens die Hälfte der an der Beschlußfassung teilnehmenden Vertreter der Anteilseigner sind und sich unter ihnen der Vorsitzende des Aufsichtsrates befindet. Für eine Mehrheitsfindung sind ausschließlich die abgegebenen Stimmen bedeutsam.

Auf der Arbeitnehmerseite sind für den Aufsichtsrat alle Personen wählbar, die das 18. Lebensjahr vollendet haben und dem Unternehmen als Arbeitnehmer mindestens ein Jahr angehören. Gewerkschaften dürfen nur dann eigene Kandidaten aufstellen, wenn sie in dem Unternehmen vertreten sind.

Der Aufsichtsrat wird jeweils für die Dauer bis zur Beendigung der Hauptversammlung bestellt, die über die Entlastung für das vierte Geschäftsjahr nach Beginn der Amtszeit beschließt (§ 102 AktG). Das Geschäftsjahr des Amtsbeginns wird dabei nicht mitgerechnet. Die Abberufung der von der Hauptversammlung gewählten Aufsichtsratsmitglieder kann vor Ablauf der Amtszeit durch qualifizierten Mehrheitsbeschluß (3/4-Mehrheit der abgegebenen Stimmen) erfolgen.

Hauptaufgabe des Aufsichtsrates ist die Überwachung des Vorstandes und die Wahrung der Rechte der Gesellschaft gegenüber dem Vorstand. Dieser steht gegenüber dem Aufsichtsrat in der Pflicht einer detaillierten Berichterstattung (§§ 90, 111 AktG). Der Vorstand hat mindestens jährlich, bei wichtigem Anlaß jederzeit, den Aufsichtsratsvorsitzenden über die beabsichtigte Geschäftspolitik, über Fragen der Geschäftsführung und der Rentabilität des Unternehmens zu berichten. Mindestens vierteljährlich hat der Vorstand einen Bericht über den Gang der Geschäfte und die wirtschaftliche Lage der Gesellschaft zu erstatten. Der Aufsichtsrat hat weiterhin den Jahresabschluß, den Vorschlag für die Gewinnverteilung und den Geschäftsbericht zu prüfen und der Hauptversammlung zu berichten.

Diese Überwachungsfunktion gibt dem Aufsichtsrat aber kein eigenes Recht zur Geschäftsführung oder Vertretung der Aktiengesellschaft. Lediglich bei zustimmungsbedürftigen Maßnahmen des Vorstandes – diese legt die Satzung fest – hat der Aufsichtsrat ein Vetorecht. Zu den Pflichten des Aufsichtsrates gehört ferner die Einberufung der Hauptversammlung, wenn es das Wohl der Gesellschaft erfordert.

Die Aktionäre üben ihre Rechte in Angelegenheiten der Aktiengesellschaft in der *Hauptversammlung* aus (§ 118 AktG). Sie artikulieren ihren Willen durch Beschluß. Eine schriftliche Entscheidung ist ausgeschlossen.

Die ordentliche Hauptversammlung ist jährlich in den ersten acht Monaten des Geschäftsjahres vom Vorstand einzuberufen, um über die Entlastung von Vorstand und Aufsichtsrat sowie der Gewinnverteilung zu beschließen (§ 120 AktG). Eine außerordentliche Hauptversammlung kann je nach Bedürfnis einberufen werden. Sofern eine Minderheit von 5 v.H. des Grundkapitals (Ausnahmen regelt die Satzung) die Einberufung einer Hauptversammlung schriftlich unter Angabe von Gründen und des verfolgten Zweckes verlangt, hat dies außerordentlich zu erfolgen (§ 122 AktG).

Die Kompetenz der Hauptversammlung ergibt sich aus der Satzung. Daneben ist sie kraft Gesetzes zuständig (§ 119 AktG) für die

- Bestellung der Aufsichtsratsmitglieder der Anteilseigner,
- Bestimmung über die Verwendung des Bilanzgewinns (z.B. Ausschüttung oder Rücklage),
- Entlastung von Vorstand und Aufsichtsrat,
- Bestellung der Abschlußprüfer,
- Satzungsänderung,
- Kapitalerhöhung oder -herabsetzung,
- Prüferbestellung bezüglich des Gründungsvorganges,
- Prüferbestellung bezüglich der Geschäftsführung und
- Auflösung der AG.

Zur wirksamen Beschlußfassung ist die Einhaltung gewisser Formvorschriften notwendig: Die Hauptversammlung ist mindestens einen Monat vor dem beabsichtigten Termin und unter Bekanntgabe der Tagesordnung in den Geschäftsblättern einzuberufen. Tagesordnungspunkte, die nicht ordnungsgemäß angekündigt worden sind, können nicht wirksam beschlossen werden. Jeder Beschluß bedarf der notariellen Beurkundung (§ 130 AktG).

Die Hauptversammlung beschließt grundsätzlich mit einfacher Mehrheit (§ 133 AktG). Zur Teilnahme ist jeder Aktionär, der Vorstand und der Aufsichtsrat berechtigt. Die Mehrheit berechnet sich nicht nach Köpfen, sondern nach Aktienanteilen (§ 134 AktG). Bei jeder Abstimmung in der Hauptversammlung einer AG werden nur die Aktien, deren Stimmrecht ausgeübt wird, gezählt. Für die Beschlußfassung entscheidet allein das Verhältnis der Ja- und Nein-Stimmen, Enthaltungen bleiben außer Betracht. In bestimmten Fällen ist qualifizierte Mehrheit vorgeschrieben, z.B. bei Nachgründung, Satzungsänderung (Kapitalerhöhung gegen Einlagen, Höchststimmrecht), Ausschluß des Bezugsrechtes bei Erhöhung des Grundkapitals, bedingter Grundkapitalerhöhung, genehmigtem Kapital, Kapitalerhöhung aus Gesellschaftsmitteln, Ausgabe von Wandelschuldverschreibungen, Kapitalherabsetzung, Auflösung usw.

Das Stimmrecht steht dem Aktionär aufgrund seiner durch die einzelnen Aktien verbrieften Mitgliedschaftsrechte zu. Die Ausübung des Stimmrechts braucht nicht durch einen Einzelaktionär persönlich, sondern kann auch durch Bevollmächtigte erfolgen (§ 134 AktG).

1.3.1.2. Beteiligungsverhältnisse innerhalb der Versicherungswirtschaft

Die Aktiengesellschaften der privaten Krankenversicherung befinden sich ausschließlich in festem Stammbesitz. Von keiner Aktiengesellschaft der privaten Krankenversicherung werden Aktien derzeit an den Börsen gehandelt. Vielmehr sind die Unternehmen Tochtergesellschaften innerhalb von Holding-Kontruktionen (Versicherungskonzerne), die wiederum Muttergesellschaft anderer Versicherungsgesellschaften mit anderen Versicherungszweigen sind. So bestehen die meisten Konzerne aus je einem Unfall-, Lebens- und Krankenversicherungsunternehmen, zum Teil erweitert um Sachversicherungszweige und andere Finanzinstrumente (Banken, Bausparkassen etc.).

Diese Organisationsform ist Folge der gesetzlich vorgeschriebenen Spartentrennung. Nach § 8 Abs. 1a VAG müssen folgende Sparten als rechtlich selbständige Unternehmen bestehen:

- Lebensversicherung (wegen der angesammelten Sparbeiträge der Versicherungsnehmer),

- Krankenversicherung (wegen der Alterungsrückstellung, die aus der Entrichtung höherer Beiträge der Versicherungsnehmer in jungen Jahren für das im Alter zunehmende Krankheitsrisiko gebildet wird, vgl. hierzu 4.2.2.),

- Kreditversicherung (mit Rücksicht auf die besonderen Gefahren dieses Versicherungszweiges aufgrund konjunktureller Schwankungen),

- Rechtsschutzversicherung (um Interessenkollisionen bei der Abwicklung von Versicherungsfällen auszuschließen; anderenfalls könnte der Versicherer die Kosten der Verfolgung eines Schadenersatzanspruchs durch den Versicherungsnehmer ablehnen, weil er als Haftpflichtversicherer aus diesem Ereignis des Streites selbst betroffen wäre).

Mittlerweile sehen die EG-Richtlinien für die Kredit- und Rechtsschutzversicherung eine Spartentrennung nicht mehr vor (vgl. *Koch*, Versicherungswirtschaft, Seite 73).

Alle übrigen Versicherungszweige werden unter der Bezeichnung Schaden- und Unfallversicherung von Versicherungsunternehmen zusammen betrieben (Kompositversicherer).

Die Versicherer sind jedoch bestrebt, dem Kunden möglichst viele Versicherungs- und Finanzdienstleistungen „aus einer Hand" anbieten zu können.

Die Versicherungsunternehmen bedienen sich der Holding-Strukturen einerseits wegen der vorgeschriebenen Spartentrennung und zum anderen, weil jede Beteiligung einer Versicherungsgesellschaft an einem anderen Unternehmen vom Bundesaufsichtamt für das Versicherungswesen (BAV) genehmigt werden muß. Die Übernahme versicherungsfremder Geschäfte ist Versicherungsgesellschaften nicht erlaubt; weitere Geschäfte dürfen neben dem Versicherungswesen nur betrieben werden, soweit diese mit der Versicherungstätigkeit in unmittelbarem Zusammenhang stehen, wie z.B. die Vermittlung von Dienstleistungen auf dem Finanzsektor (§ 7 Abs. 2 VAG). Eine Holding-Gesellschaft, die selbst kein Versicherungsunternehmen ist, sondern deren Aufgabe lediglich in der Verwaltung von Beteiligungen an Versicherungsgesellschaften besteht, unterliegt derartigen Einschränkungen jedoch nicht.

Deutschlands große Assekuranzgruppen sind dank ihrer Holding-Struktur in der Lage, ihre Finanzmittel in diversen Branchen anzulegen. Die strategischen und operativen Freiräume, die eine Holding den Versicherern in der Beteiligungspolitik bieten, nutzen bis heute die Aachener und Münchener Versicherungs-Gruppe, die Allianz-Gruppe, der Gerling-Konzern und der Deutsche Herold.

Als Konsortial-Gesellschaften bezeichnet man mehrere unabhängige Gesellschaften, die sich gemeinschaftlich an einer Tochtergesellschaft beteiligen. Diese Versicherungsgruppen unterscheiden sich vom Konzern dadurch, daß bei ihnen die einheitliche Leitung fehlt. Vielmehr handelt es sich um lose Verbindungen von Versicherungsunternehmen, die in rechtlicher und wirtschaftlicher Selbständigkeit im gemeinsamen Interesse zusammenarbeiten.

Die Besitz- und Beteiligungsverhältnisse an den Aktiengesellschaften der privaten Krankenversicherung sind weitgehend unbekannt. Nur in wenigen Fällen wurden sie offengelegt:

So gehört der Marktführer auf dem privaten Krankenversicherungssektor, die DKV, zu 47 % der Hamburg-Mannheimer Versicherungs AG, zu 26,5 % der Allianz-Holding und zu weiteren 26,5 % der Münchener Rückversicherungs-AG. Die Aktienanteile der Central-Krankenversicherung AG hält zu 78,3 % die Aachen-Münchener-Beteiligungs-AG (AMB) und zu weiteren 17,5 % die Aachener Rückversicherungs-AG, eine Tochtergesellschaft der AMB. In manchen Fällen kann man aus den Namen der Gesellschaft Rückschlüsse auf ihre Konzernzugehörigkeit ziehen. So zum Beispiel bei der Colonia-Krankenversicherung AG, der Europa-Krankenversicherung AG oder der Gothaer-Krankenversicherung AG.

Wie kompliziert die tatsächlichen Beteiligungsverhältnisse in der Versicherungsbranche sind und wie sehr die einzelnen Gesellschaften miteinander verschachtelt wurden, mag am Beispiel der Aachen-Münchener-Gruppe das nachfolgende Schaubild zeigen.

Schaubild 9:

Beteiligungsstruktur der AMB-AG

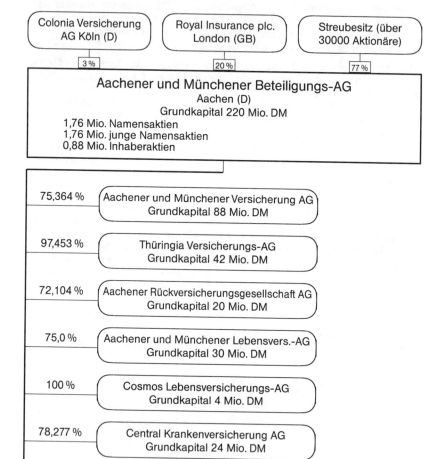

1.3.1.3. Versicherungsvereine auf Gegenseitigkeit

Die Unternehmensform des Versicherungsvereins auf Gegenseitigkeit (VVaG) kommt – wie schon der Name aussagt – ausschließlich innerhalb der Versicherungswirtschaft vor. Seine Vorgänger waren die historischen, genossenschaftlich organisierten Selbsthilfeeinrichtungen (vgl. hierzu 1.1.). Viele Unternehmen der privaten Krankenversicherung weisen die Rechtsform des Versicherungsvereins auf Gegenseitigkeit auf; entsprechend groß ist ihre Bedeutung innerhalb der Versicherungswirtschaft.

Die Versicherungsvereine auf Gegenseitigkeit haben nicht zum Ziel, durch ihre Geschäftstätigkeit Gewinne zu erzielen. Sie arbeiten vielmehr kostendeckend, um ihren Mitgliedern (Versicherungsnehmern) einen kostengünstigen Versicherungsschutz zu gewährleisten.

Rechtsgrundlage der Versicherungsvereine auf Gegenseitigkeit sind die §§ 15 bis 53 des Versicherungsaufsichtsgesetzes (VAG). Daneben finden für große Versicherungsvereine auf Gegenseitigkeit zahlreiche Vorschriften des Aktiengesetzes Anwendung (§§ 34 bis 36b VAG). Diese Versicherungsvereine auf Gegenseitigkeit sind – ebenso wie die Aktiengesellschaft – eine Handelsgesellschaft, also zur Eintragung ins Handelsregister anzumelden und Kaufmann im Sinne des HGB (§ 1 Abs. 2 HGB). Die Rechtsform des Versicherungsvereins auf Gegenseitigkeit ist daran erkennbar, daß diese Unternehmen in ihrem Namen den Zusatz „auf Gegenseitigkeit" bzw. abgekürzt „aG" tragen.

Der Versicherungsverein auf Gegenseitigkeit ist darüber hinaus ein rechtsfähiger Verein, der die Versicherung seiner Mitglieder nach dem Grundsatz der Gegenseitigkeit betreibt. Die Rechtsfähigkeit erlangt er durch die Erlaubnis der Aufsichtsbehörde zur Aufnahme des Versicherungsbetriebes (§ 15 VAG).

Der Versicherungsverein auf Gegenseitigkeit versichert als Verein seine *Mitglieder*; Versicherungsverhältnis und Mitgliedschaft fallen hier grundsätzlich zusammen. Die Vereinsmitglieder tragen das wirtschaftliche Risiko des gesamten Betriebes, indem sie einen Anteil am jährlichen Überschuß verlangen können (§ 38 VAG), andererseits aber für die Verbindlichkeiten des Vereins haften (§ 50 VAG). Die Mitgliedschaft wird durch die Begründung eines Versicherungsverhältnisses erworben (reiner Verein – § 20 VAG). Deshalb fallen der Beginn der Mitgliedschaft und der Versicherungsbeginn im VVaG zusammen. Versicherungsvereine auf Gegenseitigkeit haben eine Satzung, die auch Vertragsinhalte ähnlich den Allgemeinen Versicherungsbedingungen regeln kann (§ 10 Abs. 2 VAG). Die Satzung kann gestatten, auch Nicht-Mitglieder gegen feste Beiträge zu versichern (gemischter Verein).

Die Mitglieder haben gegenüber ihrem Verein das Recht auf gleichmäßige Behandlung, d.h. Mitgliedsbeiträge und Vereinsleistungen müssen für alle Mitglieder nach gleichen Gesichtspunkten bemessen sein (§ 21 Abs. 1 VAG). Für gleichhohe Beiträge erhält allerdings auch hier nicht jedes Mitglied die gleichen Leistungen. Ausschlaggebend ist vielmehr, ob es sich um gleiche zu versichernde Risiken handelt, bei der Krankenversicherung also z.B. gleiches Eintrittsalter, gleicher Gesundheitszustand usw.

Organisation der PKV

Zur Errichtung eines Versicherungsvereins auf Gegenseitigkeit muß ein *Gründungsstock* gebildet werden; diesem kommt eine dreifache Aufgabe zu: Zunächst hat er die Kosten der Vereinsgründung zu decken, darüber hinaus dient er als Gewährs- und Betriebsstock für die laufenden Ausgaben (§ 22 VAG). Die erforderlichen Finanzmittel können von den Gründungsmitgliedern, aber auch von Garanten (Nicht-Mitgliedern) aufgebracht werden. Der genannte Personenkreis verpflichtet sich durch Zeichnung gegen Ausgabe von Anteilsscheinen, die übernommenen Kapitalbeträge zu leisten. Die Anteile können verzinst und am Jahresgewinn beteiligt werden. Nach der Bestreitung der Errichtungskosten des ersten Geschäftsjahres beginnt die Tilgung des Gründungsstocks aus den laufenden Jahreseinnahmen.

Ein wesentlicher Unterschied zur Aktiengesellschaft besteht jedoch darin, daß es beim Versicherungsverein auf Gegenseitigkeit keine *handelbaren* Anteilsrechte gibt.

Die Vereinsmitglieder – gleichzeitig Versicherungsnehmer – zahlen als Gegenleistung für ihren Versicherungsschutz an den Verein *Beiträge*. Diese können als Vorbeiträge oder als nachträgliche Umlagen gestaltet sein (§ 24 VAG).

Der Vorbeitrag wird entsprechend dem geschätzten zukünftigen Mittelbedarf des Versicherungsvereins erhoben. Reichen diese Vorbeiträge zur Deckung der entstehenden Kosten nicht aus, können entsprechend den Bestimmungen der Satzung des Versicherungsvereins entweder Nachschüsse gefordert oder die Leistungen gekürzt werden. Zulässig ist allerdings, diese Nachschußpflicht durch Satzungsbestimmung zu begrenzen, so daß auf eine sofortige Nachschußerhebung verzichtet wird (§ 24 Abs. 2 VAG). Dabei soll ein eventuell eintretender Verlust durch einen möglichen Überschuß des nächsten Geschäftsjahres ausgeglichen werden. Das Bundesaufsichtsamt für das Versicherungswesen läßt allerdings zur Zeit einen völligen Ausschluß der Nachschußpflicht in der Schadenversicherung, zu der auch die private Krankenversicherung gehört, nicht zu. Die Satzung des VVaG kann aber vorsehen, daß vor der Erhebung von Nachschüssen zunächst andere Deckungsmittel – z.B. Rücklagen – in Anspruch zu nehmen sind (§ 27 VAG). Gegen einen Zuschlag zum Vorbeitrag kann die Nachschußpflicht der Mitglieder jedoch rückversichert oder durch die Mitglieder selbst bei einem anderen Versicherer in der Weise versichert werden, daß dieser gegen gesonderten Beitrag das Nachschußrisiko des Mitglieds trägt. In diesem Falle besteht kein Unterschied mehr zu den festen Beiträgen einer Versicherungs-Aktiengesellschaft. Eine solche Regelung über feste Vorausbeiträge haben die großen, am Markt tätigen Versicherungsvereine auf Gegenseitigkeit in ihrer Satzung getroffen.

Die Umlage wird nachträglich bei Eintritt eines Mittelbedarfs, also eines Versicherungsfalles, erhoben. Die Satzung kann für die Umlage Höchstbeträge vorsehen. Wegen ihrer Orientierung an den festgestellten jährlichen Aufwendungen kann die Umlage von Jahr zu Jahr starken Schwankungen unterworfen sein. Das Umlageverfahren ist jedoch in der privaten Krankenversicherung wegen des im Alter zunehmenden Versicherungsrisikos der Mitglieder nicht anwendbar.

Wie die Aktiengesellschaft hat auch der Versicherungsverein auf Gegenseitigkeit *Organe* – Vorstand, Aufsichtsrat und oberste Vertretung (§ 29 VAG). Die Aufgabenstellung von *Vorstand* und *Aufsichtsrat* ist grundsätzlich mit derjenigen bei einer Versicherungs-Aktiengesellschaft vergleichbar (vgl. hierzu 1.3.1.1.). Für Aufsichtsrat und

Organisation der PKV

Vorstand der großen Versicherungsvereine auf Gegenseitigkeit gelten die Vorschriften des Aktiengesetzes entsprechend (§§ 34, 35 VAG). Im Gegensatz zu den Aktiengesellschaften fallen die Versicherungsvereine jedoch nicht unter die Vorschriften des Mitbestimmungsgesetzes.

Die *oberste Vertretung* des VVaG nimmt eine Sonderstellung ein. Von ihrem Aufgabengebiet her ist sie mit der Hauptversammlung einer Aktiengesellschaft vergleichbar. Ursprünglich handelte es sich um die Versammlung der Mitglieder des VVaG; inzwischen ist dieses Verfahren wegen der Größe der meisten Versicherungsvereine kaum mehr praktikabel. Statt dessen nimmt eine *Mitglieder-Vertreter-Versammlung*, die von den Mitgliedern im Wege der „Urwahl" gewählt wird, die Aufgaben wahr. Diese Mitgliedervertretung wird jeweils beim Ausscheiden eines Vertreters durch Zuwahl ergänzt (Kooptation). Zu den Aufgaben der Mitglieder-Vertreter-Versammlung gehören insbesondere:

- Wahl des Aufsichtsrates,

- Änderung der Satzung,

- Änderung der Allgemeinen Versicherungsbedingungen,

- Genehmigung des Jahresabschlusses,

- Bestandsübertragung, Fusion und Auflösung des Vereins.

Neben den großen Versicherungsvereinen auf Gegenseitigkeit, die eine ähnlich bedeutende Marktposition wie die Aktiengesellschaften einnehmen (vgl. hierzu 1.2.2.), gibt es zahlreiche sog. *kleinere Versicherungsvereine auf Gegenseitigkeit* (§ 53 VAG). Sie haben einen sachlich, örtlich und dem Personenkreis nach eng begrenzten Wirkungskreis am Versicherungsmarkt und dürfen Versicherungen nur gegen feste Beiträge für ihre Mitglieder übernehmen.

„Kleine" Versicherungsvereine auf Gegenseitigkeit sind nicht Kaufmann im Sinne des HGB (§ 53 VAG). Für sie gilt das Vereinsrecht der §§ 24 bis 53 BGB (§ 53 Abs. 2 VAG). Die Versicherungsnehmer müssen gleichzeitig auch Mitglieder sein. Ein Aufsichtsrat ist hier nicht zwingend vorgeschrieben; sofern er gebildet wird, gilt für ihn das Genossenschaftsgesetz entsprechend. In ihrer Rechnungslegung genießen sie darüber hinaus gewisse Erleichterungen. Vielfach handelt es sich um Selbsthilfeeinrichtungen bestimmter Personengruppen, z.B. ein Krankenversicherungsverein aG. einer Kommune, der ausschließlich die beamteten Mitarbeiter dieser Kommune ergänzend zu ihren Beihilfeansprüchen für den Krankheitsfall versichert. Welcher VVaG zu den „kleinen" Vereinen gehört, entscheidet das BAV (§ 53 Abs. 4 VAG).

1.3.2. Organisationsstruktur

1.3.2.1. Unternehmensorganisation

Die Betrachtung der Unternehmensorganisation beschränkt sich auf die Unternehmen der privaten Krankenversicherung, denen wegen ihrer Größe und ihrer Zielgruppen eine Marktbedeutung zukommt. Diese überregional tätigen, großen Unternehmen sind in ihrem Aufbau hierarchisch gegliedert. An der Spitze des Unternehmens steht die *Direktion*, der die typischen Aufgaben der Unternehmensführung und -planung zukommen. Hier erfolgt die eigentliche Konzipierung des Produktes „Versicherung".

Meist besteht eine Gliederung in Abteilungen, die unmittelbar mit der Bearbeitung der Versicherungsverträge befaßt sind, und solche Bereiche, die den Arbeitsablauf koordinieren. Weiter wird zwischen den allgemeinen Abteilungen und den Fachabteilungen differenziert. Allgemeine Abteilungen wie Verwaltung, Personalwesen, Rechtswesen usw. sind nicht zwingend versicherungstypisch. Die eigentliche Bearbeitung des Versicherungsgeschäftes erfolgt in den Fachabteilungen. Da die privaten Krankenversicherer wegen der Spartentrennung nur diese Versicherungsart betreiben dürfen, besteht hier auch nur eine Fachabteilung.

In zweiter Ebene ist das Unternehmen in *Filialdirektionen* bzw. *Geschäftsstellen* untergliedert, die für regional abgegrenzte Bereiche zuständig sind und durch nebenamtliche Mitarbeiter unterstützt werden. Es gibt Geschäftsstellen, die ausschließlich mit der Betreuung der Außendienstmitarbeiter befaßt sind, während andere darüber hinaus auch Verwaltungsaufgaben für die Direktion wahrnehmen. In nächster Ebene unterscheidet man Außendienst- und Verwaltungsgeschäftsstellen.

Filialdirektionen bzw. Geschäftsstellen arbeiten heute in vielen Fällen schon als sogenannte Profitcenter, also zwar als organisatorische Teilbereiche der nächsthöheren Unternehmenseinheit, aber in eigener Verantwortung und mit eigener Erfolgsrechnung. Neben den Aufwendungen der jeweiligen operativen Einheit werden auch deren Erträge separat erfaßt. Dies dient zum einen der Motivation der jeweiligen Einheit, die ihren Erfolg oder Mißerfolg jeweils genau belegen kann und auch zu verantworten hat. Zum anderen wird das Unternehmen in seiner Gesamtheit damit durchschaubarer und ermöglicht der Unternehmensleitung, flexibler auf die Anforderungen des Marktes zu reagieren.

Auch die Vertriebskooperation von Unternehmen in Sparten, in denen sie zueinander nicht im Wettbewerb stehen, verbreitet sich immer weiter. Die Konzeption eines „Allfinanz"-Angebotes soll dem Außendienstmitarbeiter im Kundenkontakt ermöglichen, seinem Kunden sämtliche Finanzdienstleistungen aus einer Hand anzubieten.

Während Großunternehmen bestrebt sind, den gesamten Geschäftsbereich der Finanzdienstleistungen durch eigene Produkte abzudecken, bemühen sich kleinere Unternehmen um die Kooperation mit anderen Gesellschaften, so daß sich in der Summe ein allumfaßendes Angebot sämtlicher Finanzdienstleistungen ergibt. Auch die Bestrebungen der traditionellen Banken, gleichzeitig auch Bauspardienstleistungen und Versicherungen anzubieten, sind gerade in jüngster Zeit verstärkt erkennbar. Dies erfolgt zum einen durch die Gründung eigener Bausparkassen und Versicherungsgesellschaften, zum anderen durch Kooperationsvereinbarungen zwischen Banken und Bausparkassen sowie Versicherungsunternehmen. Das Angebot von Versicherungsprodukten ist dabei nicht nur auf die im Vordergrund stehenden Lebensversicherungen begrenzt, sondern beginnt sich auch auf die Krankenversicherung auszudehnen.

Die Konsequenzen aus dem neuen Vertriebskonzept sind aus heutiger Sicht noch nicht überschaubar. Sie ermöglichen den Versicherungsunternehmen, Kontakte zu Kunden „zufällig" und aus den verschiedenartigsten Anlässen zu knüpfen. So wird

Organisation der PKV

der Bankmitarbeiter seinem Kunden, der aus Anlaß einer Urlaubsreise ins Ausland Reisezahlungsmittel erwirbt, zukünftig sofort die passende Auslandsreise-Krankenversicherung, Rücktransportversicherung, Reisegepäckversicherung und ähnliches anbieten können. Die Bereitschaft des Kunden, derartige Versicherungsverhältnisse einzugehen, wird bei diesem Vertriebsweg sicherlich wesentlich höher einzuschätzen sein als bei einem Besuch durch den traditionellen Versicherungs-Außendienst. Außerdem ermöglicht er den Versicherungsunternehmen, wesentlich mehr Versicherungsbedarf bei den einzelnen potentiellen Kunden festzustellen.

Der Berater der Bausparkasse, der mit seinem Kunden die Finanzierung des geplanten Einfamilienhauses bespricht, wird sicherlich nicht nur den z. B. nicht durch Bausparverträge abgedeckten Finanzierungsbedarf – bisher klassisches Geschäftsfeld der Banken – mit abdecken können, sondern auch die passende, zur Risikovorsorge notwendige Lebensversicherung anbieten können. Welcher Kunde wäre nicht erfreut darüber, bei all diesen vielschichtigen Problemen und der Unübersichtlichkeit des Marktes einen einzigen kompetenten Ansprechpartner zu haben. Warum aber sollte dieser Ansprechpartner bei passender Gelegenheit nicht auch andere Beratungsmöglichkeiten wahrnehmen, zum Beispiel hinsichtlich der Krankenversicherung?

Der Vertriebsweg als Allfinanzkonzept ermöglicht deshalb allen daran beteiligten Gesellschaften einen wesentlich detaillierteren Einblick in die Lebenssituation und damit in die Bedürfnisse des Kunden, als dies bisher denkbar war. Dementsprechend besteht die Möglichkeit für den jeweiligen Berater, Versicherungsbedürfnisse zu wecken und die vielfältigsten Möglichkeiten der Einflußnahme auf die Kundenentscheidungen wahrzunehmen.

Das Allfinanz-Konzept hat sich in der Praxis bereits bewährt. So konnte der Versicherungs-Außendienst der Aachen-Münchener-Gruppe der zum Konzern gehörenden Bank für Gemeinwirtschaft bis zum Jahr 1989 bereits Baudarlehn und Fondsgeschäfte über insgesamt fast 900 Mio DM vermitteln, während im Gegenzug die Bank für die Versicherungsgesellschaften Lebensversicherungen in Höhe von 700 Mio DM und Bauspargeschäfte von 92 Mio DM abgeschlossen hat. Die Verbreitung dieser Struktur wird sich sicherlich zukünftig auch verstärkt auf den Krankenversicherungsmarkt auswirken.

1.3.2.2. Organisation des Versicherungsbetriebes

Der privaten Krankenversicherung ist die automatische Zuweisung von Versicherten, wie sie in weiten Bereichen der gesetzlichen Krankenversicherung kraft Gesetzes vorgesehen ist, seit jeher unbekannt. Der Bestand und der Geschäftserfolg der Unternehmen war deshalb schon immer davon abhängig, daß es ihnen gelang, neue Versicherungsnehmer zu gewinnen und bestehende Versicherungsverhältnisse zu behalten, und zwar ausschließlich durch die eigene Initiative.

Der Wettbewerb um Versicherungsnehmer ist deshalb allen Unternehmen der privaten Krankenversicherung nicht nur ein vertrautes Geschäftsfeld, sondern das wichtigste. Es gelten selbstverständlich die bekannten Grundsätze freier Marktwirtschaft, in der Angebot und Nachfrage aufeinandertreffen. Für ein marktwirtschaftlich orien-

55

tiertes Versicherungsunternehmen ist es deshalb nicht allein ausreichend, das Versicherungsangebot an den Bedürfnissen der Nachfrage auszurichten, sondern darüber hinaus mindestens ebenso wichtig, dieses Angebot dem potentiellen Nachfrager nahezubringen.

Dem trägt unter anderem die Organisationsstruktur der Unternehmen der privaten Krankenversicherung Rechnung. Sie ist an den Vertriebswegen des Unternehmens ausgerichtet. Das bedeutet, daß dem Vertriebskonzept die primäre Rolle zukommt, dem sich die Unternehmensorganisation anpaßt. Das Vertriebskonzept wiederum bestimmt sich durch die Zielsetzung des einzelnen Unternehmens.

Zunächst sind also die verschiedenen Gesellschaften nach ihren Unternehmenszielen zu differenzieren. Ein Versicherungsverein auf Gegenseitigkeit beispielsweise, der von einer feststehenden Personengruppe als Selbsthilfeeinrichtung gegründet wurde, hat selbstverständlich eine andere Unternehmensphilosophie als z.B. eine am Markt operierende Aktiengesellschaft. Solche Selbsthilfeeinrichtungen benötigen normalerweise keine aufwendigen Vertriebswege. Stellt man sich z.B. einen Versicherungsverein auf Gegenseitigkeit vor, der von den beamteten Mitarbeitern einer größeren Kommunalverwaltung getragen wird, so versteht man auch seine nicht auf Marktaktionen gerichtete Zielsetzung. Hier sind die Aktivitäten auf den festgeschriebenen, beamteten Personenkreis der (einen) Kommunalverwaltung begrenzt. Es ist ohne großen Aufwand, z.B. schon durch einen Mitarbeiter der Personalverwaltung, möglich, das gesamte „Marktpotential" des Unternehmens zu erreichen. Vertriebswege laufen deshalb persönlich oder schriftlich innerhalb der einen Kommunalverwaltung ab. Die besondere Beziehung und Identifikation der Versicherungsnehmer mit „ihrer" Versicherung sind hier jedoch nicht markttypisch.

Deshalb ist die Betrachtung der anderen Gruppe von Versicherungen, die ohne Begrenzung ihres Versichertenpotentials am freien Markt operieren, wesentlich aufschlußreicher, auch im Hinblick auf den Wettbewerb mit der gesetzlichen Krankenversicherung (vgl. hierzu 1.5.). Ihnen fehlt der Vorteil der besonderen Kundennähe, die die o.g. Selbsthilfeeinrichtungen charakterisiert. Der Erfolg am Markt operierender Unternehmen hängt deshalb von planmäßigen Marktstrategien ab.

Grundsätzlich sind zwei dem Wesen nach völlig unterschiedliche Vertriebswege denkbar: Der Vertrieb über persönliche Kontakte zwischen einem Mitarbeiter der Versicherungsgesellschaft und dem Kunden sowie der Direktvertrieb ausschließlich durch eine Zentrale.

Der Vertrieb von Versicherungen durch persönlichen Kontakt eines Vermittlers der Versicherungsgesellschaft zum Kunden wird in allen Branchen der privaten Versicherung von den meisten Unternehmen praktiziert. Diesem Vertriebskonzept angepaßt, gliedert sich dann die Organisation der Unternehmen in einen Innen- und einen Außendienst.

Welch bedeutende Rolle dabei dem Außendienst beigemessen wird, ist leicht an seiner Größe abzulesen. Die Zahl der angestellten Mitarbeiter der gesamten deutschen Versicherungswirtschaft betrug im Jahre 1987 ca. 200.000 Personen (davon ca. 26.000 bei den privaten Krankenversicherern). Im Innendienst sorgten 160.000 für das Bearbeiten der etwa 360 Mio Versicherungsverträge und deren ordnungsgemäße Erfüllung, während 40.000 Mitarbeiter im Außendienst die Kunden betreuten. Das

Organisation der PKV

entspricht allein schon bei den festangestellten Beschäftigten einem Außendienstanteil von 20%.

Hinzu kamen noch die etwa 60.000 hauptberuflich im Versicherungs- *Vermittlergewerbe* Tätigen (davon ca. 20.000 als Arbeitnehmer) und geschätzte 250.000 nebenberufliche Versicherungsvermittler. Insgesamt betrachtet arbeiteten also 350.000 Personen „im Außendienst" für die Kundenberatung – mehr als die doppelte Zahl der im Innendienst Beschäftigten. Außerdem vermitteln noch ca. 150 freie Versicherungsmakler professionell Versicherungsverträge. Diese Zahlen mögen einen Eindruck von den Aktionsmöglichkeiten privater Versicherungsunternehmen vermitteln.

Die Kundenanforderungen an die Außendienstmitarbeiter der Versicherungen sind bekanntermaßen sehr hoch. Um diesen Erwartungen gerecht zu werden und gleichzeitig das wenig positive Bild des Versicherungsaußendienstes in der Öffentlichkeit zu überwinden, hat z.B. der Marktführer der privaten Krankenversicherungsunternehmen – DKV – seit Jahren überdurchschnittliche Investitionen in diesem Bereich getätigt:

- Ein vierstufiges Selektionsverfahren bei der Gewinnung von Außendienstmitarbeitern setzt eindeutige Qualitätsstandards in der Personalbeschaffung.

- Das System der Ausbildung und der Einarbeitung branchenfremder Mitarbeiter sichert die fundierte Berufsvorbereitung.

- Ein umfassendes Bildungsangebot an die Außendienstmitarbeiter auf freiwilliger Basis findet sehr große Resonanz. Von rund 2.000 Außendienstmitarbeitern gingen z.B. für 1985 innerhalb von zwei Monaten rund 2.100 Anmeldungen zum freiwilligen Besuch von Wochenendseminaren ein. Die Bereitschaft der Außendienstmitarbeiter zur individuellen Weiterbildung ist also trotz der Freizeithürde sehr groß.

- Pro Jahr werden 70 Auszubildende zum Versicherungskaufmann auf eine spätere Tätigkeit im Außendienst vorbereitet. Die fundierte versicherungswirtschaftliche Ausbildung schafft die fachlichen Voraussetzungen für den ständig steigenden Beratungsbedarf der Kunden.

- Seit Jahren wird ein überdurchschnittlich hoher Anteil an Hochschulabsolventen für die Vertriebstätigkeit eingestellt.

- In der Erprobungsphase befindet sich ein EDV-gestütztes System zur individualisierten Beratung beim Kunden. Durch die vollständige Information über die Kundensituation, die bedarfsgerechte Angebotsermittlung und Beratungsleistung sollen Kompetenz, Akzeptanz und Erfolg des Mitarbeiters und des Unternehmens gesteigert werden.

Neben Beratungs- und Vermittlungsaufgaben hat der Außendienst weitere Aufgaben wahrzunehmen, die zum Teil Spezialisten vorbehalten sind: Örtliche Risikoprüfung, Maßnahmen der Schadensverhütung, der Schadensregulierung usw. Diese Besonderheiten sind jedoch in der privaten Krankenversicherung nicht von Bedeutung.

Seltener ist als Vertriebsweg der sogenannte „Direktvertrieb" anzutreffen, der auf den Außendienst verzichtet. Der Kontakt des potentiellen Kunden zum Versicherer kommt vielmehr ausschließlich auf schriftlichem Wege zustande, nachdem er durch vielfältije Werbemethoden angeregt worden ist. Diese Methode – traditionell in der Lebens- und Kraftfahrzeugversicherung angewandt – hat in jünster Zeit auch Einzug in den Krankenversicherungsmarkt gehalten. Die wegen des fehlenden Außendienstes eingesparten Kosten werden in Form von niedrigeren Beiträgen an die Versicherungsnehmer weitergegeben und intensivieren den Preiswettbewerb auf dem Krankenversicherungsmarkt.

Der Innendienst wickelt die Arbeiten ab, die sich im wesentlichen aus bestehenden Versicherungsverträgen ergeben. Die Gliederung des Innendienstes (ohne Auszubildende und gewerbliche Kräfte) ergibt, daß ca. 70% aller Mitarbeiter als Vertrags- oder Schadenssachbearbeiter tätig sind. Hiervon werden wiederum zwei Drittel mit qualifizierter und ein Drittel der Personen mit einfacher Sachbearbeitung betraut. Die zweitgrößte Gruppe der Mitarbeiter sind mit ca. 14,1% die Führungskräfte aller Ebenen. Es folgen die Schreibkräfte mit 5,5%, die Stabskräfte mit 5,3%, die Sekretärinnen mit 3% sowie Risiko- und Schadenssachverständige mit 2,1%.

Im Innendienst der Versicherungsunternehmen sind rund 50% der Beschäftigten Frauen, während ihr Anteil an der Erwerbstätigenzahl in der Gesamtwirtschaft nur 39% ausmacht.

Daß die Arbeit in einem privaten Versicherungsunternehmen eine hohe berufliche Qualifikation erfordert, wird daran deutlich, daß 82% der Mitarbeiter eine abgeschlossene Berufsausbildung besitzen; hiervon 56% einen kaufmännischen Abschluß, 16% einen Abschluß in einem nichtkaufmännischen Zweig und 9% ein Hochschul- oder Fachhochschulstudium. Das Fachwissen der Mitarbeiter wird ständig durch interne Fortbildungsmaßnahmen verbessert und ergänzt.

Die Mitarbeiter von privaten Versicherungsunternehmen waren 1987 im Durchschnitt 37 Jahre alt (Frauen 35, Männer 38 Jahre). Sie gehörten durchschnittlich ihrem Unternehmen 10,5 Jahre an (Frauen 10 Jahre, Männer 11 Jahre). Je höher die Mitarbeiter in der Unternehmenshierarchie stehen, desto länger ist ihre Betriebszugehörigkeit: Einfache Sachbearbeiter sind durchschnittlich 8 Jahre im Unternehmen, Führungskräfte rund 17 Jahre. Umgekehrt ist es bei den Fehlzeiten wegen Krankheit: „Normale" Mitarbeiter fehlten pro Jahr durchschnittlich an 8 Tagen, Führungskräfte nur an 4 Tagen.

Die niedrige Fluktuation in den Unternehmen spricht für eine gute Personalpolitik. Im statistischen Durchschnitt scheiden von 100 Beschäftigten im Innendienst pro Jahr nur 7,2 aus, davon 4,1 aus „natürlichen" Gründen (Pensionierung, Vorruhestand, Vertragsablauf, Mutterschaft oder sonstige private Gründe, Tod), 2 wegen eigener Kündigung und nur 1,1 wegen Kündigung der Gesellschaft. Die gesamte Durchschnittsfluktuation in den Unternehmen weist dabei eine deutlich rückläufige Tendenz auf: 1980 schieden im statistischen Durchschnitt noch 9,8 Mitarbeiter aus, 1987 nur noch 7,2.

EDV-Anwendungen und Bildschirmtechnik gehören zum Standard der Arbeitsmittel in den Versicherungsunternehmen. Während 1979 erst etwa 13.000 Bildschirmgeräte in der Versicherungswirtschaft im Einsatz waren, lag die Zahl bereits Ende 1987 bei 85.000. Im Jahre 1979 mußten sich zehn Innendienstmitarbeiter einen Bildschirm teilen, 1987 lag das Verhältnis bei ca. 1 : 1,7. Inzwischen dürfte die Versicherungswirt-

Organisation der PKV

schaft innerhalb der Gesamtwirtschaft der größte Anwender der Bildschirmtechnik sein.

Damit tragen die Unternehmen dem ständig steigenden Wettbewerb Rechnung, der sich zwischen den Versicherungsunternehmen aus dem In- und Ausland, aber auch zwischen ihnen und anderen Finanzdienstleistungs-Anbietern abspielt. Auch die kritischer werdenden Kunden verlangen umfassende und fachlich qualifizierte Beratung. Hinzu kommen die zunehmende Schwierigkeit und Kompliziertheit der zu versichernden Risiken.

Der Einsatz moderner Informations- und Kommunikationstechniken, insbesondere der Bildschirmtechnik, mindert den Schwierigkeitsgrad einzelner Tätigkeiten und läßt Routinearbeiten wegfallen. Statt dessen wird es möglich, am einzelnen Arbeitsplatz mehr Aufgaben zusammenzufassen und die Arbeit vielfältiger zu gestalten. Angestrebt wird die Rundumsachbearbeitung, die den Kundeninteressen entgegenkommt und eine Konzentration auf die wesentlichen Kerntätigkeiten, nämlich die Erarbeitung von „maßgeschneiderten" Versicherungsangeboten, die richtige Risikoabschätzung, die zutreffende Beitragskalkulation und die sowohl Kunden- wie auch Unternehmensinteressen gerecht werdende Schadensbearbeitung, erlaubt.

Daß hohe Leistung auch ihren Preis hat, ist in der Versicherungswirtschaft seit langem selbstverständlich. Umgekehrt ist jedoch die hohe Leistung wirtschaftlich die Voraussetzung für ein hohes Einkommen. Gerade im Einkommensbereich kann sich die Versicherungswirtschaft sehen lassen. Die Tarifgehälter stiegen hier zum Beispiel von 1970 bis 1985 um 153%, während die Gesamtwirtschaft eine Steigerung von 148% aufwies. Das Statistische Bundesamt ermittelte im Januar 1987 für die männlichen kaufmännischen Angestellten einen Brutto-Gehaltsdurchschnitt von 4.267,00 DM, für die Frauen von 3.305,00 DM. Damit lag die Versicherungswirtschaft deutlich über den gesamtwirtschaftlichen Durchschnittswerten (Männer 4.121,00 DM, Frauen 2.791,00 DM). Die Bruttolohn- und gehaltssumme je beschäftigtem Arbeitnehmer betrug – ebenfalls nach Ermittlungen des Statistischen Bundesamtes – in der Versicherungswirtschaft im Jahre 1985 49.659,00 DM. Diese Zahl lag auf Rang 5 von 56 erfaßten Wirtschaftszweigen und fast 40% über dem gesamtwirtschaftlichen Durchschnitt. Dabei ist bemerkenswert, daß die Versicherungswirtschaft bereits im Jahre 1975 auf Rang 5 stand und diesen beibehalten hat, während sich die Rangziffern anderer Bereiche zum Teil erheblich änderten.

Auch mit ihren tariflichen oder betrieblichen Gehaltszusatzleistungen liegt die Versicherungswirtschaft deutlich über den anderen Bereichen; sie betrugen im Jahre 1986 101,8% des Direktentgelts (Entgelt für tatsächlich geleistete Arbeit – dies ist die Summe der Bruttomonatsgehälter abzüglich Bezahlungen für die auf Arbeitstage fallenden Feiertage sowie Urlaubs- und Krankheitstage). Mit ihren Zusatzleistungen liegt die Versicherungswirtschaft an der Spitze der gesamten deutschen Wirtschaft, über den Banken (99,6%) und weit über der Industrie (83,1%), dem Einzelhandel (71,5%) und dem Großhandel (68,6%).

Größter Posten der Gehaltszusatzleistungen sind nach den Arbeitgeberanteilen zur Sozialversicherung die Sonderzahlungen: So wurden im Jahre 1986 in der Versicherungswirtschaft durchschnittlich über 180% eines Bruttomonatsgehaltes an Sonderzahlungen (Weihnachts- und Urlaubsgeld, Abschlußsondervergütungen) ge-

59

währt. Auch damit liegt die Versicherungswirtschaft deutlich über allen anderen Wirtschaftsbereichen (Banken 175%, Industrie ca. 140%).

Für die betriebliche Altersversorgung wurden im Jahre 1986 14,8% des Direktentgelts oder je Arbeitnehmer durchschnittlich 5.610,00 DM aufgewandt. Diese Leistung wird ebenfalls von keinem anderen Wirtschaftszweig übertroffen.

Auf Leistungsanreize für ihren Außendienst legen die privaten Krankenversicherungsunternehmen besonderen Wert. So zahlen die Krankenversicherer für die Vermittlung eines Neuvertrages eine Provision, die durchschnittlich eine Summe zwischen dem Fünf- bis Siebenfachen eines Monatsbeitrages des neuen Versicherungsnehmers ausmacht. Die Provision wird zum Teil innerhalb der Unternehmenshierarchie auf die Beteiligten aufgeteilt, beginnend beim Außendienstmitarbeiter bis hin zum Bezirksdirektor. Diese Verfahrensweise wird durchgängig bei allen Vertragstypen praktiziert.

Für Anschlußverträge mit Versicherungsnehmern, die bereits in einer Vertragsbeziehung zum Unternehmen stehen, wird immerhin noch als Provision durchschnittlich der dreifache Monatsbeitrag aus dem Anschlußvertrag vergütet. Es ist selbstverständlich, daß diese Zahlen in den einzelnen Unternehmen unterschiedlich sind.

In den Beiträgen der Versicherungsunternehmen ist dieser Verwaltungskostenanteil gesondert neben dem Anteil für die Schadensregulierungskosten enthalten, wie die Ausführungen bei 4.2.4. verdeutlichen.

Bestandspflegeprovisionen, wie sie in der Sachversicherung üblich sind, werden jedoch in der privaten Krankenversicherung nicht geleistet, da die für die Sachversicherung typischen Folgearbeiten hier fehlen.

Organisation der PKV

Schaubild 10:

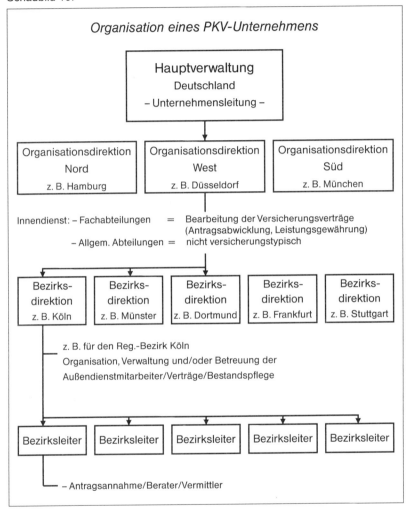

1.3.3. Verbände der Versicherungsunternehmen

Den Verbänden kommt im Bereich des privaten Versicherungswesens große Bedeutung zu, denn sie haben mit Rücksicht auf die besondere Struktur des Versicherungsgeschäftes wichtige Gemeinschaftsaufgaben zu erfüllen, denen das Einzelunternehmen nicht gerecht werden kann.

Organisation der PKV

Innerhalb der Versicherungswirtschaft besteht ein Dachverband, der von fünf Fachverbänden getragen wird. Die Fachverbände sind nach den jeweiligen Versicherungssparten organisiert.

Schaubild 11:

Gesamtverband der Deutschen Versicherungswirtschaft e. V., Köln				
Verband der Lebensversicherungs-Unternehmen e. V., Bonn	Verband der Haftpflichtversicherer, Unfallversicherer, Autoversicherer und Rechtsschutzversicherer – HUK-Verband – e. V., Hamburg	Verband der Sachversicherer e. V., Köln	Verband der privaten Krankenversicherung e. V., Köln	Deutscher Transportversicherungs-Verband e. V., Hamburg

Daneben besteht der Arbeitgeberverband der Versicherungsunternehmen in Deutschland mit Sitz in München, der als Tarifpartner der Gewerkschaften und Informationsstelle über sozialpolitische Fragen dient. Der Gesamtverband der deutschen Versicherungswirtschaft e.V., Köln, vereinigt die Vertreter des Arbeitgeberverbandes und der Fachverbände in seinen Gremien. So wird die Willensbildung zwischen den einzelnen Verbänden koordiniert. Der Gesamtverband ist als Dachverband der angeschlossenen Fachverbände zuständig für die Bearbeitung der Aufgaben, die alle oder mehrere Versicherungszweige gemeinsam betreffen, insbesondere für die volkswirtschaftlichen und finanzpolitischen Fragen. Für verschiedene Arbeitsbereiche wurden Ausschüsse gebildet.

Die Aufgabe der Versicherungsverbände besteht, wie bei allen Wirtschaftsverbänden, darin, den Belangen der Mitgliedsgesellschaften Rechnung zu tragen. Hierzu gehören in erster Linie die Interessenvertretung gegenüber dem Gesetzgeber sowie Regierungs- und Verwaltungsstellen, die Öffentlichkeitsarbeit, die individuelle Beratung und Betreuung der Mitglieder sowie die Kontakte zu anderen Verbänden.

Trotz des Konkurrenzverhaltens der einzelnen Gesellschaften am Markt erfordert die spezielle Struktur des Versicherungswesens insgesamt ein gemeinschaftliches Zusammenwirken in bestimmten Bereichen, das die Verbände wahrnehmen. Ihre Aufgabenstellung beinhaltet schwerpunktmäßig solche Gebiete, denen ein einzelner Versicherer für sich allein nicht sachgerecht nachkommen kann. Hierzu gehören die Führung von Statistiken zur Verbesserung der Kalkulationsgrundlagen, die Erarbeitung und Weiterentwicklung allgemeiner Versicherungsbedingungen mit der Durchführung des aufsichtsbehördlichen Genehmigungsverfahrens, überbetriebliche Schadensverhütungsmaßnahmen (z.B. im Bereich der Krankheitsbekämpfung), aber auch die Vereinheitlichung von Vordrucken und Formularen sowie die Aufklärung über die Notwendigkeit, den Inhalt und den Umfang des Versicherungsschutzes.

Die Unterrichtung der Mitgliedsunternehmen erfolgt durch Rundschreiben. Der allgemeinen Information dienen insbesondere Bibliothek und Archiv des Gesamtver-

Organisation der PKV

bandes, seine Pressekolloquien sowie die von den Verbänden herausgegebenen Jahrbücher und Geschäftsberichte.

Darüber hinaus erfüllen die Verbände bestimmte Gemeinschaftsaufgaben der Versicherungswirtschaft. Hierzu gehört das Berufsbildungswerk der Versicherungswirtschaft, das sich der Aus- und Weiterbildung der Mitarbeiter des Versicherungsgewerbes annimmt. Der Berufsbildung wird in der privaten Versicherungswirtschaft große Bedeutung beigemessen.

Der Gemeinschaftsausschuß „Versicherungsaußendienst" dient der intensiven Zusammenarbeit mit den Versicherungsvermittlern. Die Auskunftsstelle über den Versicherungsaußendienst e.V. (AVAD) bezweckt, daß nur vertrauenswürdige Personen im Außendienst der Versicherungsunternehmen tätig sind. Hierzu unterhält sie einen datenschutzrechtlich zulässigen Auskunftsverkehr zwischen den Versicherungsunternehmen.

Partner der Versicherungsverbände sind zahlreiche Vereinigungen anderer Bereiche. So werden die Interessen der Angestellten-Arbeitnehmer des Innen- und Außendienstes im Versicherungsgewerbe von den Gewerkschaften, vornehmlich der Gewerkschaft Handel, Banken und Versicherungen (HBV) im Deutschen Gewerkschaftsbund (DGB) sowie der Deutschen Angestellten Gewerkschaft (DAG), wahrgenommen. Der Bundesverband Deutscher Versicherungskaufleute e.V. (DVK) und der Bundesverband der Geschäftsstellenleiter der Assekuranz e.V. (VGA) repräsentieren die Mitarbeiter der Versicherungsaußendienste. Weiterhin bestehen Zusammenschlüsse der Versicherungsmakler und der industrieverbundenen Versicherungsvermittler.

Die Interessen der Versicherungsnehmer, vornehmlich im Hinblick auf die Gestaltung der Versicherungsbedingungen, des Versicherungsvertrages, der Festsetzung der Beiträge und der Feststellung der Schäden, vertritt der Deutsche Versicherungsschutzverband e.V. (DVS) mit Sitz in Bonn. Schließlich dient der Deutsche Verein für Versicherungswissenschaft e.V. Berlin der Verknüpfung von Praxis und Theorie in der Versicherungsbranche. Zu diesem Zweck unterhält er eine umfangreiche Fachbibliothek.

Als Interessenvertretung der privaten Krankenversicherer besteht der Verband der privaten Krankenversicherung e.V. mit Sitz in Köln. Diesem Zusammenschluß gehören zwar nur etwa ein Drittel aller Unternehmen an, die jedoch den weitaus bedeutendsten Marktanteil innerhalb der PKV repräsentieren (vgl. hierzu 1.2.1.).

Aus der Tätigkeit des PKV-Verbandes sollen nur einige Schwerpunkte genannt werden:

- Verabschiedung der Musterbedingungen u.a. für die Krankheitskosten- und Krankenhaustagegeldversicherung, die Krankentagegeldversicherung und die Pflegekrankenversicherung,
- Abfassung der Wettbewerbsregeln in der PKV,
- Bildung einer gemischten zentralen Kommission von Ärzten und PKV,
- Gemeinschaftswerbung,
- Herausgabe einer Verbandszeitschrift und anderer Publikationen,
- ständige Einflußnahme auf die sozialpolitische Gesetzgebung.

1.3.4. Aufsicht über die PKV-Unternehmen

Die privaten Versicherungsunternehmen unterliegen wegen der volkswirtschaftlichen Bedeutung des Versicherungswesens und mit Rücksicht auf die Belange der Versicherungsnehmer der staatlichen Aufsicht.

Rechtsgrundlagen der Versicherungsaufsicht sind das „Gesetz über die Beaufsichtigung der Versicherungsunternehmen"–VAG–vom 12.05.1901 und das „Gesetz über die Errichtung eines Bundesaufsichtsamtes für das Versicherungswesen" – BAG – vom 31.07.1951. Das VAG enthält die Regelungen der staatlichen Aufsicht über die privaten Versicherungsunternehmen, während das BAG die aufsichtsrechtliche Zuständigkeit zwischen Bund und Ländern abgrenzt und eine bundeseigene Verwaltung zur Durchführung der Aufsicht anstelle der an sich zuständigen Verwaltungsbehörden der Länder schafft.

Aufschluß über die Zielsetzungen der Versicherungsaufsicht gibt ein Auszug aus der amtlichen Begründung zum VAG von 1901:

„Dem Entwurf liegt die Auffassung zugrunde, daß das öffentliche Interesse an einer gedeihlichen und soliden Entwicklung des Versicherungswesens in besonders hohem Grade beteiligt ist und dem Staate die Pflicht besonderer Fürsorge auf diesem Gebiete auferlegt. Maßgebend hierfür ist insbesondere einerseits die Rücksicht auf die große wirtschaftliche, soziale und ethische Bedeutung des Versicherungswesens, andererseits auf die Gefahr schwerer Schädigung des Volkswohls, die von einem Mißbrauch des Versicherungswesens droht und um so näher liegt, als auf diesem Gebiete des Wirtschafts- und Verkehrslebens selbst der sorgsame und verständige Bürger ohne Hilfe von anderer Seite zu eigener zuverlässiger Beurteilung der Anstalten, denen er sich anvertrauen muß, regelmäßig nicht imstande ist.

Dazu kommt, daß der Versicherungsbetrieb mehr als irgendein anderer Wirtschaftszweig auf das Vertrauen der Bevölkerung angewiesen ist. Bei langfristigen Versicherungen, namentlich bei der Lebensversicherung, vertraut der Versicherungsnehmer für seine Lebenszeit oder für Jahrzehnte seine oft nur unter den empfindlichsten Entbehrungen erzielten Ersparnisse der Anstalt in der Zuversicht an, daß redlich dem Versicherungszweck entsprechend geschaltet wird. Der Staat hat ein lebhaftes Interesse daran, dieses Vertrauen zu schützen, und das gleiche Interesse haben die Versicherungsunternehmen selbst wegen ihres eigenen Ansehens und Gedeihens sowie wegen der weiteren Entwicklung der Versicherung überhaupt."

Eine zutreffendere Begründung könnte auch aus heutiger Sicht nicht formuliert werden. Zusammengefaßt hat also die staatliche Versicherungsaufsicht zwei Gründe:

- Das staatliche Interesse an der „gedeihlichen und soliden" Entwicklung des Versicherungswesens wegen der bedeutenden gesamtwirtschaftlichen Aufgaben, die die Versicherungswirtschaft als Kapitalsammelbecken und Risikoträger zu erfüllen hat.

- Das Schutzbedürfnis der Versicherungsnehmer, die den Versicherungsgesellschaften Geldbeträge für den Eintritt eines künftigen Bedarfs anvertrauen und dabei nicht in der Lage sind, deren finanzielle Leistungsfähigkeit im Hinblick auf die dauerhafte Erfüllbarkeit der Verträge zu beurteilen.

Organisation der PKV

Zur Erreichung dieser Funktion hat die deutsche Gesetzgebung das System der materiellen Staatsaufsicht gewählt, welches auf folgenden Prinzipien beruht: Konzessionszwang, gelegentlich Kautionszwang, Verpflichtung zur sorgfältigen Rechnungslegung, Publizität und laufende Überwachung der Geschäftsführung, Möglichkeit des Eingriffs in den Geschäftsbetrieb durch Weisungen, Auflagen und schließlich Entzug der Konzession bzw. Schließung des Versicherungsunternehmens.

Die Staatsaufsicht erstreckt sich also auf den gesamten Geschäftsbetrieb des Versicherungsunternehmens in rechtlicher, wirtschaftlicher und finanzieller Hinsicht vom Beginn bis zum Ende seiner Tätigkeit. Die Aufsichtsbehörde erteilt die Erlaubnis zum Versicherungsbetrieb, genehmigt die Allgemeinen Versicherungsbedingungen und die Tarife, kontrolliert die Einhaltung der Gesetze und Geschäftspläne, prüft anhand der Rechnungslegung die wirtschaftliche Lage der Gesellschaft, führt örtliche Prüfungen durch und greift bei Mißständen ein (vgl. *Koch*, Versicherungswirtschaft, S. 95).

Wie bereits beschrieben, ist Voraussetzung für die Aufnahme des Versicherungsgeschäftes die aufsichtsrechtliche Erlaubnis (§§ 5-14 VAG). Dabei prüft die Aufsichtsbehörde den einzureichenden Geschäftsplan, die fachliche und persönliche Eignung der vorgesehenen Unternehmensleiter sowie die Frage, ob die Rechte der Versicherungsnehmer ausreichend gewahrt erscheinen (§ 8 VAG). Der Betrieb eines Versicherungsunternehmens ohne Erlaubnis durch die Aufsichtsbehörde erfüllt den Straftatbestand des § 140 VAG.

Der Geschäftsplan einer Versicherungsgesellschaft besteht aus den Unterlagen, die über seine rechtlichen, versicherungstechnischen und finanziellen Grundlagen Auskunft geben. Dazu gehören vor allem die Satzung und die Allgemeinen Versicherungsbedingungen des Versicherers. Zur notwendigen Vergleichbarkeit von Beiträgen und Leistungen für die Versicherungsnehmer verlangt die Aufsichtsbehörde eine weitgehende Vereinheitlichung der Geschäftsgrundlagen, insbesondere der Allgemeinen Versicherungsbedingungen. Es existieren Musterbedingungen, die mit den Aufsichtsbehörden abgestimmt wurden und deren Genehmigung in Aussicht gestellt ist (vgl. hierzu 2.3.1.1.). Daneben gibt es u.a. für die private Krankenversicherung spezielle sog. technische Geschäftspläne (§§ 11, 12 VAG), die neben den Tarifen insbesondere die Grundsätze der Beitragsgestaltung enthalten.

Die aufsichtsbehördliche Prüfung des laufenden Geschäftsbetriebes umfaßt die Einhaltung des Geschäftsplanes, die Rechnungslegung und Kapitalanlage sowie das Verhalten des Unternehmens am Markt. Änderungen des Geschäftsplanes, Fusionen und Bestandsübertragungen bedürfen zusätzlich der Genehmigung durch die Aufsichtsbehörde. Außerdem trifft die Aufsichtsbehörde in vielen Detailfragen Anordnungen, was sich z.B. auch auf die Gestaltung von Antragsformularen beziehen kann (vgl. hierzu 3.1.1. und 3.3.2.). Eingaben und Beschwerden von Versicherungsnehmern werden ebenfalls von der Aufsichtsbehörde auf ihre Berechtigung hin geprüft, einen Rechtsanspruch auf die Einleitung von Aufsichtsmaßnahmen hat der einzelne Versicherungsnehmer jedoch nicht.

Die Maßnahmen, die zur Beseitigung von Mißständen erforderlich sind, werden von der Aufsichtsbehörde getroffen. Dies kann sogar die Untersagung des Geschäftsbetriebes des Versicherers beinhalten, wenn er die Voraussetzungen für die Erlaubniserteilung nicht mehr erfüllt, in schwerwiegenderWeise seine Pflichten verletzt oder so erhebliche Mängel vorliegen, daß eine Betriebsfortsetzung die Belange der Versicherungsnehmer gefährdet (§ 87 VAG). Die Aufsicht erfolgt im Rechtssinne durch den Erlaß von Verwaltungsakten. Diese können begünstigend (z.B. Erteilung einer Genehmigung) oder belastend (z.B. Untersagung des Geschäftsbetriebes) sein.

Die Versicherungsaufsicht ist weitergehend als eine „Fachaufsicht". Sie beschränkt sich nicht nur darauf, Rechtsverstöße festzustellen, zu rügen und abzustellen, sondern kontrolliert die Versicherer auch in sachlicher Hinsicht.

Die Aufsicht über die Versicherer kann Einzel- oder Gesamtaufsicht beinhalten. Sammelverfügungen und Rundschreiben regeln gleichartige Aufsichtserfordernisse z.B. für einen ganzen Versicherungszweig.

Die Kosten der Versicherungsaufsicht werden nur zu einem Zehntel aus Steuermitteln aufgebracht; neun Zehntel sind von den Versicherungsunternehmen an den Bund in Form von Gebühren zu erstatten (§ 101 VAG).

Welche Unternehmen dieser Aufsicht unterliegen, bestimmt § 1 Abs. 1 VAG: „Der Aufsicht nach diesem Gesetz unterliegen Unternehmen, die den Betrieb von Versicherungsgeschäften zum Gegenstand haben und nicht Träger der Sozialversicherung sind (Versicherungsunternehmen)". Damit ist zugleich klargestellt, daß Sozialversicherungsträger keine Versicherungsunternehmen in diesem Sinne sind.

Zum Versicherungsgeschäft gehört, daß dem Versicherungsnehmer ein Rechtsanspruch auf Leistungen eingeräumt wird. Unterstützungsvereine ohne Rechtsanspruchsleistungen sind deshalb nicht aufsichtspflichtig. Aktiengesellschaften und Versicherungsvereine auf Gegenseitigkeit unterliegen also stets der staatlichen Versicherungsaufsicht.

Organisation der PKV

Schaubild 12:

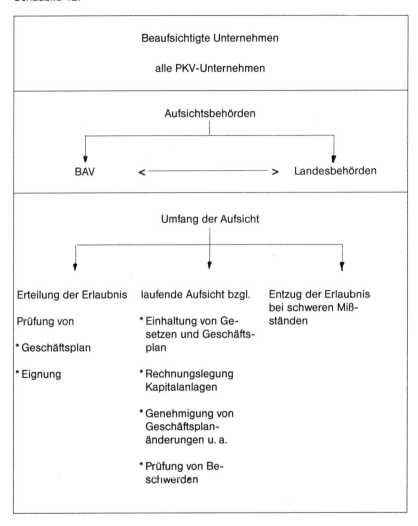

Träger der staatlichen Versicherungsaufsicht sind:
- das Bundesaufsichtsamt für das Versicherungswesen (BAV) in Berlin, eine zum Bundesfinanzministerium gehörende Bundesoberbehörde,
- bestimmte Landesbehörden.

Organisation der PKV

Hinsichtlich der Zuständigkeit der Aufsichtsbehörden werden die ursprüngliche, die abgeleitete und die übertragene Zuständigkeit unterschieden. Gemäß § 2 BAG ist das BAV für die Beaufsichtigung der privaten Versicherungsunternehmen zuständig, die ihren Sitz, eine Niederlassung oder eine Geschäftsstelle im Bundesgebiet haben oder auf andere Weise das Versicherungsgeschäft betreiben. Damit fallen sämtliche privaten Versicherer unter die ursprüngliche Zuständigkeit des BAV.

Auf Antrag des BAV kann der Bundesminister der Finanzen die Aufsicht über private Versicherungsunternehmen von geringer wirtschaftlicher Bedeutung mit Zustimmung der Landesregierung auf die zuständigen Landesbehörden übertragen (§ 3 Abs. 1 BAG). Trotz der aufsichtsrechtlichen Zuständigkeit der Landesbehörden findet das VAG jedoch weiterhin Anwendung.

Schaubild 13:

Zuständigkeit für die Versicherungsaufsicht

Art der Unternehmen		Ursprüngliche Zuständigkeit	Übertragbar auf
Private VU	größerer wirtschaftlicher Bedeutung	BAV	–
	geringer wirtschaftlicher Bedeutung	BAV	Land

Das BAV ist zweifellos die wichtigste Aufsichtsbehörde des privaten Versicherungswesens. An seiner Spitze steht der Präsident; es ist in Abteilungen gegliedert. Die Zentralabteilung ist für Personal, Organisation, Haushalt, allgemeine Verwaltung u.ä. zuständig. Daneben bestehen Abteilungen für die einzelnen Geschäftsbereiche. Von diesen ist die Abteilung 2 u.a. für die Krankenversicherung und die Abteilung 6 für Vermögens- und Deckungsstockangelegenheiten zuständig.

Bei der Durchführung der Aufsicht wirkt ein Beirat (§ 92 VAG), bestehend aus 60 Sachverständigen des Versicherungswesens, mit. Die Mitglieder des Beirates werden auf Vorschlag des Bundesministers der Finanzen vom Bundespräsidenten für die Dauer von fünf Jahren berufen. Sie kommen aus Kreisen der Versicherer, der Versicherungsnehmer, der Industrie, des Handels, des Handwerks, des Verkehrsgewerbes, der Landwirtschaft, des Hausbesitzes, der freien Berufe sowie der Beamten, ferner der Gewerkschaften, der Versicherungsvermittler, der Versicherungsangestellten sowie der Versicherungswissenschaft und beraten das BAV gutachtlich bei der Vorbereitung wichtiger Entscheidungen.

Über besonders wichtige Angelegenheiten, z.B. die Erteilung der Erlaubnis zum Geschäftsbetrieb, die Untersagung des Geschäftsbetriebes oder die Genehmigung von Bestandsübertragungen, entscheidet eine Beschlußkammer. Die Beschlußkammern sind mit drei Mitarbeitern des BAV und zwei Beiratsmitgliedern besetzt.

Über weitere Zuweisungen entscheidet der Präsident des BAV. Gegen belastende Entscheidungen steht den Betroffenen das Recht des Widerspruchs zu; bleibt dieser erfolglos, so kann Klage beim Bundesverwaltungsgericht als einziger Instanz erhoben werden (§ 10a VAG). Die beaufsichtigten Versicherungsunternehmen haben dem BAV statistische Nachweisungen zuzuleiten, die dieses auswertet. Das BAV veröffentlicht jährlich einen Geschäftsbericht, außerdem erfolgen monatliche Veröffentlichungen (VerBAV).

1.4. Grundprinzipien

1.4.1. Unterschiedliche wirtschaftliche Leitgedanken

Sowohl die gesetzliche als auch die private Krankenversicherung sind gemeinsam am Versicherungsprinzip orientiert. Versicherung bedeutet die wirtschaftliche Vereinigung zahlreicher Personen mit gleichartigen Gefahren (z.B. Krankheit), die im Einzelfall unkalkulierbar sind. In ihrer Gesamtheit soll sie jedoch einen kalkulierbaren Vermögensbedarf durch ein System gegenseitigen Risikoausgleichs decken. Der Vermögensbedarf (Versicherungsfall) im Einzelfall bleibt dem Grunde und der Höhe nach ungewiß. Bei Eintritt des Versicherungsfalles leistet die Versicherung eine Kompensation des durch den Risikoeintritt hervorgerufenen wirtschaftlichen Nachteils. Die Krankenversicherung – sowohl die private als auch die gesetzliche – kennt dabei zwei Komponenten der Umverteilung:

- die Zeitpunkt-Umverteilung von den Gesunden zu den Kranken und

- die Zeitraum-Umverteilung von Perioden guten auf solche schlechten Gesundheitszustandes.

1.4.2. Solidaritätsprinzip

Das Solidaritätsprinzip läßt sich unmittelbar aus dem Grundgesetz herleiten, und zwar sowohl aus der dort verankerten Unantastbarkeit der Menschenwürde (Art. 1 GG) als auch aus dem Sozialstaatsprinzip (Art. 20 Abs. 1 GG, Art. 28 Abs. 1 GG). Diese Grundsätze stehen in einem inneren Zusammenhang. Die Verwirklichung der Menschenwürde erfordert sowohl die Durchsetzung der Einzelgrundrechte (Art. 2 bis 19 GG) als auch angemessene soziale Regelungen des Staates. Beide Grundsätze sind nach Art. 79 Abs. 3 GG nicht veränderbar.

Grundprinzipien

Das Sozialstaatsprinzip verpflichtet den Staat, "sich um einen erträglichen Ausgleich der widerstreitenden Interessen und um Herstellung erträglicher Lebensbedingungen für alle, die... in Not geraten sind, zu bemühen" (BVerfGE 1, 97 (105)).

Zu den selbstverständlichen Pflichten des Sozialstaates gehört es, Fürsorge für Hilfsbedürftige zu treffen. Dabei muß die staatliche Gemeinschaft den Bürgern, die sozialer Hilfe bedürfen, nicht nur die Mindestbedingungen für ein menschenwürdiges Dasein sichern, sondern sich darüber hinaus bemühen, sie soweit wie möglich in die Gemeinschaft einzugliedern und ihre Betreuung sicherzustellen (BVerfGE 40, 121 (133ff.)). Das Sozialstaatsprinzip läßt jedoch zu, daß unter Beachtung des Bedarfs im Einzelfall die staatlichen Leistungen nach dem Grad der sozialen Schutzbedürftigkeit differenziert werden (BVerfGE 17,1 (11); 23,135 (145)).

Die Sozialstaatsverpflichtung des Grundgesetzes entstand aus der historischen Erkenntnis der Notwendigkeit sozialer Sicherung für bedürftige Personenkreise. Dieser Erkenntnis folgend wurde vor mehr als 100 Jahren die gesetzliche Krankenversicherung ins Leben gerufen, deren bedeutsamstes Wesensmerkmal bis heute das Solidaritätsprinzip ist.

Der wesentliche Unterschied der gesetzlichen Krankenversicherung zur privaten Krankenversicherung besteht darin, daß zum versicherungstypischen Risikoausgleich ein sozialer Ausgleich hinzukommt. In Anlehnung an die vor Schaffung der gesetzlichen Krankenversicherung bestehenden Selbsthilfekassen wurde der reine Risikoausgleich um soziale Gesichtspunkte erweitert. Über die rein versicherungstechnischen Umverteilungsprozesse von Gesunde auf Kranke hinaus beinhaltet das Solidaritätsprinzip deshalb weitere Umverteilungsprozesse, die an bestimmten Eigenheiten der Mitglieder ausgerichtet sind und unabhängig von der Risikoabdeckung ablaufen.

Die Komponente sozialen Ausgleichs im Solidaritätsprinzip besteht u.a. darin, daß die Beiträge sich nach der individuellen wirtschaftlichen Leistungsfähigkeit des einzelnen Versicherten richten, die sich bei Arbeitnehmern vorwiegend im Arbeitsentgelt ausdrückt. Die Beiträge werden einheitlich proportional zum Einkommen erhoben.

Für gleiche Beiträge werden aber teilweise erheblich unterschiedliche Leistungen zur Verfügung gestellt, denn das Maß der Leistungen – von seiner Gesamtheit her grundsätzlich für alle Versicherten gleich – richtet sich im Einzelfall nach dem gesundheitlichen und wirtschaftlichen Bedarf und der Notwendigkeit. Zwischen dem Wert des übernommenen Versicherungsschutzes und dem Beitrag des Versicherten besteht im Solidaritätsprinzip keine – schon gar nicht für alle Versicherten gleiche – Relation. Vielmehr fehlt im Solidaritätsprinzip der Grundsatz der Gleichwertigkeit von Beiträgen und Leistungen. Solidaritätsprinzip bedeutet also, daß jeder Angehörige der Risikogemeinschaft nach seiner Leistungskraft gibt und nach seinen Bedürfnissen bekommt.

Aus dem Sozialstaatsprinzip läßt sich auch die Einbeziehung einkommensstärkerer Personengruppen zur Realisierung des sozialen Ausgleichs in das System zwangsweiser sozialer Sicherung ableiten (BVerfGE 10,354 (368 ff.), 11, 104 (113), 44, 70 (89)). Andererseits besteht für den einzelnen Sozialleistungsempfänger die Pflicht,

Grundprinzipien

zur Milderung eines Schadens oder Verlustes, den die Gemeinschaft ersetzen muß, selbst nach Kräften beizutragen (BVerfGE 17,38 (56)).

Letztendlich bedeutet damit das Solidaritätsprinzip eine wirtschaftliche Mehrbelastung des günstigen Versicherungsrisikos zu Gunsten des höheren. Hierdurch vollzieht sich der soziale Teil des Ausgleich im Solidaritätsprinzip. Dem chronisch kranken Versicherten, der eine große Zahl beitragslos mitversicherter Familienangehöriger und ein unterdurchschnittliches Einkommen in die Risikogemeinschaft einbringt, können nur dann alle notwendigen Versicherungsleistungen weitgehend kostenlos entsprechend seinem Bedarf zur Verfügung gestellt werden, wenn der seinen Beitrag übersteigende Leistungsaufwand von gesunden Versicherten mit überdurchschnittlichem Einkommen oder solchen ohne mitversicherte Angehörige über ihren eigenen Bedarf hinaus mitfinanziert wird.

Eine (teilweise) Rückzahlung von Beiträgen als Anreiz für die Nichtinanspruchnahme von Leistungen ist in der gesetzlichen Krankenversicherung – abgesehen von dem Erprobungsmodell des GRG – derzeit nicht vorgesehen.

Damit die günstigen Risiken sich dem sozialen Ausgleich nicht entziehen können, werden sie durch das Prinzip der Pflichtversicherung kraft Gesetzes an die Risikogemeinschaft gebunden. Versicherungspflicht ist damit eine unabdingbare Voraussetzung des Solidaritätsprinzips, nicht nur, um den einzelnen vor möglichem leichtsinnigen Verzicht auf den Versicherungsschutz zu bewahren, sondern auch, um die Risikogemeinschaft in ihrer Gesamtheit leistungsfähig zu erhalten. Könnten sich nämlich „gute" Risiken dem Ausgleich entziehen, so wäre er zwischen ausschließlich „schlechten" Risiken nicht zu ermöglichen.

Der dem Solidaritätsprinzip entsprechende vollkommene soziale Ausgleich wird allerdings durch verschiedene Einschränkungen entschärft. So ist die gesetzliche Krankenversicherung auf Personen ausgerichtet, die vom Grundsatz her für schutzbedürftig erachtet werden. Der Solidarbeitrag der Nicht-Schutzbedürftigen dagegen fehlt. Auch unterliegen bei fast allen Versicherten der gesetzlichen Krankenversicherung die Einkünfte – das Maß der wirtschaftlichen Leistungsfähigkeit – nur in beschränktem Maße der Beitragspflicht. Bei der größten Gruppe der Versicherungspflichtigen, den Arbeitnehmern, ist sie auf das Arbeitsentgelt aus der versicherungspflichtigen Beschäftigung begrenzt und läßt (von wenigen Ausnahmen wie Renten, Versorgungsbezügen und ähnlichem abgesehen) die gesamte wirtschaftliche Lage unberücksichtigt, die individuell durch das Gesamtvermögen ausgedrückt würde. Andererseits werden individuelle Belastungen der Versicherten, anders als im Steuerrecht (z.B. steuermindernde Werbungskosten, Sonderausgaben u.ä.), nicht beitragsmindernd berücksichtigt.

Außerdem unterliegen die grundsätzlich beitragspflichtigen Einnahmen tatsächlich nur bis zu einer Höchstgrenze der Beitragspflicht (Beitragsbemessungsgrenze). Versicherte mit einem Einkommen oberhalb der Beitragsbemessungsgrenze werden also „unsolidarisch" nicht entsprechend ihrer individuellen Leistungskraft zur Beitragszahlung herangezogen. Auch hier unterscheidet sich das Solidaritätsprinzip grundsätzlich von steuerrechtlichen Gegebenheiten: Während im Steuerrecht die einkommens- und vermögensstärkeren Bürger durch den progressiven Tarif auch

Grundprinzipien

relativ höher belastet werden, kennt das Sozialversicherungsrecht nur die einheitlich-lineare Belastung (Proportionaltarif).

Arbeitnehmer, deren regelmäßiges Jahresarbeitsentgelt die Versicherungspflichtgrenze überschreitet, werden generell von der Krankenversicherungspflicht ausgenommen. Diesem besonders leistungsfähigen Personenkreis ist es somit jederzeit möglich, sich dem Solidarausgleich ganz zu entziehen. Die soziale Umverteilung beschränkt sich also letztlich auf die relativ bedürftigen verbliebenen Versicherten der gesetzlichen Krankenversicherung.

Weiterhin ist eines der größten Probleme der gesetzlichen Krankenversicherung, daß sich das Solidaritätsprinzip überwiegend in relativ kleinen Einheiten vollzieht. Sieht man von der Krankenversicherung der Rentner ab, wo ein bundesweiter kassenartenübergreifender Finanzausgleich stattfindet, so ist der Solidarausgleich auf die jeweils bestehende Risikogemeinschaft einer einzelnen Krankenkasse begrenzt und endet an der Kassengrenze. Kassenartenspezifische Besonderheiten – wie z.B. die nachweislich günstigere Risikostruktur der meisten Betriebskrankenkassen – ermöglichen einen gruppenweisen Entzug aus dem Gesamtausgleich aller Bedürftigen und stellen damit ebenfalls eine Form der Entsolidarisierung dar, wie die teils erheblichen Beitragssatzunterschiede zwischen den verschiedenen Kassenarten leicht erkennen lassen.

Den im Solidaritätsprinzip enthaltenen genossenschaftlichen Grundgedanken folgend sind die Krankenkassen der gesetzlichen Krankenversicherung als Selbstverwaltungskörperschaften organisiert. Das bedeutet, die betroffenen Personenkreise, um derentwillen die gesetzliche Krankenversicherung mit ihrem Solidarausgleich geschaffen wurde, werden in bestimmten Maße an der Verwaltung ihrer eigenen Versicherungsangelegenheiten beteiligt. Die Verantwortung für das Erreichen der Systemziele ist damit zum Teil vom Staat an die Versicherten und die an der Finanzierung beteiligten Arbeitgeber delegiert worden.

Das Solidaritätsprinzip schließt von seinem Grundgedanken her ein kommerzielles Gewinnstreben der Risikogemeinschaften aus. Beiträge dürfen deshalb nur insoweit erhoben werden, als dies zur Durchführung der Versicherung erforderlich ist.

Streitigkeiten aus dem gesetzlichen Krankenversicherungsverhältnis werden vor den Gerichten der Sozialgerichtsbarkeit ausgetragen. Der Versicherte ist dabei in erster Instanz nicht gezwungen, sich durch einen Rechtsanwalt vertreten zu lassen. Im Gerichtsverfahren gilt der Amtsermittlungsgrundsatz, d.h. das Gericht hat alle für die Entscheidung erheblichen Tatsachen von Amts wegen festzustellen und ist an den Parteivortrag nicht gebunden. Gutachten oder andere Beweismittel können vom Gericht eingeholt werden, die Kosten fallen dem Versicherten in diesem Falle nicht zur Last. Das Verfahren vor den Sozialgerichten ist für den Versicherten grundsätzlich kostenfrei.

1.4.3. Äquivalenzprinzip

Das in der privaten Krankenversicherung praktizierte Äquivalenzprinzip beinhaltet die Gleichwertigkeit von Beiträgen und Versicherungsleistungen im Rahmen des übernommenen Risikos. Der Beitrag des einzelnen Versicherungsnehmers wird also nach dem Wert seines Versicherungsschutzes bemessen, der sich durch das finanzielle Risiko bestimmt, das die private Krankenversicherung mit Abschluß des Vertrages übernommen hat. Er nimmt keine Rücksicht auf soziale Aspekte und auf die wirtschaftliche Leistungsfähigkeit des Versicherungsnehmers. Der Beitrag ist vielmehr nach dem Leistungstarif abgestuft, den der Versicherungsnehmer gewählt hat. Die Höhe des Beitrages zur privaten Krankenversicherung wird also durch die Schwere des von der Versicherung übernommenen Risikos bestimmt, das seinen Ausdruck in Alter, Geschlecht, Gesundheitszustand sowie dem Leistungsumfang und einer eventuell vereinbarten Selbstbeteiligung des Versicherungsnehmers findet (vgl. hierzu 4.1. und 4.2.). Die private Krankenversicherung kennt im Gegensatz zur gesetzlichen keine beitragsfreie Mitversicherung von Familienangehörigen. Diese werden, sofern für sie ein Versicherungsschutz in der privaten Krankenversicherung gewünscht wird, als eigenständig Versicherte in rechtlich selbständigen Versicherungsverträgen geführt, für die alle obengenannten Kriterien gelten.

Der Versicherer kalkuliert das Versicherungsrisiko bereits beim Abschluß des Vertrages und trifft vor Beginn der Versicherung eine Auslese. Bedeutet der jeweilige Antragsteller für eine Versicherung ein hohes Risiko, weil er entweder krankheitsanfällig ist oder ein bestimmtes Lebensalter erreicht hat, kann der Versicherer vom Abschluß eines Vertrages Abstand nehmen oder die Beiträge durch Risikozuschläge entsprechend erhöhen.

Als Anreiz zur Kostenersparnis stellt die private Krankenversicherung überwiegend eine teilweise Beitragsrückerstattung für den Fall in Aussicht, daß der Versicherungsnehmer in einem Versicherungsjahr keine Leistungen in Anspruch genommen hat (vgl. hierzu 4.5.).

Versicherungsnehmer mit gleichem Leistungstarif sind zu Gefahrengemeinschaften zusammengeschlossen, wobei deren Risiko pro Gruppe kalkuliert und der Beitrag entsprechend festgesetzt wird.

Die Versicherung kommt in der privaten Krankenversicherung durch (freiwilligen) Vertragsabschluß zustande. Auch der Umfang des Versicherungsschutzes wird im Vertrag festgelegt. Da die Versicherungspflicht der gesetzlichen Krankenversicherung große Personenkreise bindet, kommt eine private Krankenversicherung für Nicht-Versicherungspflichtige (z.B. Selbständige), Versicherungsfreie (z.B. Beamte) oder ergänzend zur gesetzlichen Krankenversicherung (Zusatztarife) in Betracht. Dem Versicherten der privaten Krankenversicherung ist es dabei freigestellt, auf die Deckung einzelner Risiken ganz zu verzichten oder Selbstbeteiligung an den entstandenen Kosten durch begrenzte Erstattungsregelungen vorzusehen.

Die privaten Krankenversicherungsunternehmen sind überwiegend Aktiengesellschaften oder Versicherungsvereine auf Gegenseitigkeit (vgl. hierzu 1.3.). Bei den Aktiengesellschaften ist es Ziel des Unternehmens, aus der Geschäftstätigkeit einen Gewinn zu erwirtschaften, um ihn (ganz oder teilweise) als Dividende an die Aktionäre auszuschütten. Der Gewinnanteil der Gesellschaft ist neben anderen Kalkulationsfaktoren wie Risikobeitrag, Alterungsrückstellungen und Sicherheitszuschläge sowie Verwaltungs- und Schadensregulierungskosten im Beitrag des Versicherungsnehmers enthalten.

Die Vertretung der Gesellschaften erfolgt durch deren Organe. Dies sind der Vorstand, der Aufsichtsrat und die Mitgliederversammlung (Hauptversammlung der Aktionäre, Vertreterversammlung des Versicherungsvereins auf Gegenseitigkeit). Sie führen entsprechend ihrer Aufgabenstellung das Unternehmen, um die Unternehmensziele zu erreichen. Eine Möglichkeit der Einflußnahme durch die Versicherungsnehmer auf die Geschäftspolitik der Unternehmen besteht – zumindest bei Aktiengesellschaften und größeren Versicherungsvereinen auf Gegenseitigkeit – nicht.

Streitigkeiten aus dem privaten Versicherungsvertrag sind zivilrechtliche Verfahren, die vor den Gerichten der ordentlichen Gerichtsbarkeit verhandelt werden. Zuständig sind die Amtsgerichte bei einem Streitwert bis zu 5.000,00 DM, ansonsten die Landgerichte. Dabei muß sich der Versicherungsnehmer vor dem Landgericht von einem zugelassenen Rechtsanwalt vertreten lassen. Im Zivilverfahren gilt der Grundsatz des Parteivortrages, d.h. der Kläger hat seine Ansprüche vorzutragen, zu begründen und zu beweisen. Als Beweismittel wird, soweit es um medizinische Fragen geht, regelmäßig das Gutachten eines unabhängigen Sachverständigen erforderlich sein, dessen Kosten zunächst derjenige zu tragen hat, der es als Beweismittel beibringt. Die Gesamtkosten des Verfahrens trägt grundsätzlich derjenige, zu dessen Lasten das Endurteil ausfällt.

1.4.4. Sachleistungsprinzip

Die gesetzliche Krankenversicherung stellt den größten Teil ihrer Leistungen nach dem Sachleistungsprinzip zur Verfügung. Dienst- und Sachleistungen, die zur Wiedererlangung der Gesundheit oder zur Behandlung von Krankheiten benötigt werden, stellen die gesetzlichen Krankenkassen dem Versicherten grundsätzlich kostenlos zur Verfügung. Dazu schließen sie mit den Leistungserbringern Verträge, die Art, Inhalt und Qualität der Behandlung sowie deren Vergütung regeln. Die Vergütung der Leistungen erfolgt im Abrechnungsverfahren zwischen den Leistungserbringern und den gesetzlichen Krankenkassen, ohne daß der Versicherte mit eigenen Mitteln eintreten muß (Ausnahme: Eigenanteile). Der Versicherte kommt so auch bei sehr eingeschränkter wirtschaftlicher Leistungsfähigkeit in den vollen Genuß aller medizinisch notwendigen Leistungen. Seine Heilungsaussichten werden nicht von seiner Fähigkeit bestimmt, Mittel selbst beisteuern oder auch nur bis zur Erstattung vorlegen zu können.

Das Sachleistungsprinzip beinhaltet deshalb mehr als nur die Regulierung der entstandenen Kosten; es schließt die Verpflichtung zur Mitsorge für die Bereitstellung der Leistungen, für die Aushandlung der Preise, für die Prüfung der Wirtschaftlichkeit usw. ein. Damit sind die Träger der gesetzlichen Krankenversicherung an der Gestaltung des gesamten medizinischen Versorgungssystems beteiligt.

Infolge der Kostenentwicklung im Gesundheitswesen wurde das Sachleistungsprinzip jedoch durch zunehmende Eigenbelastung der Versicherten durchbrochen. Als Instrumente der Kostendämpfung fanden zahlreiche Regelungen über Eigenanteile, z.B. bei Arznei-, Verband- und Heilmitteln, Zahnersatz, kieferorthopädischer oder stationärer Behandlung, Eingang in die gesetzliche Krankenversicherung. Auch Leistungsausschlüsse (z.B. für Bagatellarzneimittel) schränken das versicherte Risiko ein, um das Gesamtsystem finanzierbar zu halten.

1.4.5. Kostenerstattungsprinzip

Die private Krankenversicherung erbringt grundsätzlich keine Sach- bzw. Naturalleistungen. Sie betreibt die Versicherung nach dem Prinzip der Kostenerstattung und übernimmt grundsätzlich keine Zahlungsverpflichtung gegenüber den Leistungserbringern. Die Versicherten müssen die Kosten der Heilbehandlung zunächst selbst bezahlen und erhalten dann im vertraglich vereinbarten Rahmen einen Teil- oder den vollen Betrag der entstandenen Kosten erstattet.

Das Kostenerstattungsprinzip erfordert deshalb nicht, daß die private Krankenversicherung vertragliche Beziehungen zu den Leistungsanbietern unterhält. Damit sind der privaten Krankenversicherung jedoch auch Einwirkungsmöglichkeiten auf die Leistungserbringer verwehrt. Die Entscheidung über Preis und Menge der Leistungen liegt ausschließlich in der Hand der Ärzte, die die Leistungen erbringen oder zumindest veranlassen. Umgekehrt gerät die private Krankenversicherung deshalb, anders als die gesetzlichen Krankenkassen, kaum in das Interessenfeld der Leistungsanbieter, da die unmittelbaren Beziehungen fehlen.

In jüngster Zeit weicht auch die private Krankenversicherung in Teilbereichen vom reinen Kostenerstattungsprinzip ab. So sind verschiedene Gesellschaften dazu übergegangen, ihren Versicherungsnehmern im Falle stationärer Krankenhausbehandlung ein Direktabrechnungssystem zwischen Versicherungsgesellschaft und Krankenhaus zur Verfügung zu stellen. Der Versicherte erhält zum Nachweis seiner Leistungsberechtigung eine Scheckkarte, die er bei Inanspruchnahme dem Krankenhaus auszuhändigen hat. Sie enthält alle für die Abrechnung zwischen Krankenhaus und Versicherungsgesellschaft erforderlichen Daten. Das Krankenhaus wendet sich nunmehr unmittelbar an die zuständige Versicherungsgesellschaft und erhält von dieser eine Kostenzusage. Nach Abschluß des Behandlungsfalles erfolgt die Abrechnung ohne Vorleistung durch den Versicherungsnehmer direkt mit der Gesellschaft.

1.4.6. Zusammenfassende Betrachtung

Gesetzliche und private Krankenversicherung unterscheiden sich in wesentlichen Bereichen des Versicherungsverhältnisses, da ihnen unterschiedliche Prinzipien zugrunde liegen: Der gesetzlichen Krankenversicherung das Solidaritätsprinzip und der privaten Krankenversicherung das Äquivalenzprinzip. Einer der wesentlichsten Unterschiede besteht in den belastungsorientierten Beiträgen der gesetzlichen

Krankenversicherung gegenüber den risikoorientierten Beiträgen der privaten Krankenversicherung. Es kann deshalb nur individuell entschieden werden, welche Art der Versicherung im Einzelfall die richtige oder die günstigere ist.

Da es sich bei den privaten Krankenversicherungsunternehmen nicht um Solidargemeinschaften wie in der gesetzlichen Krankenversicherung handelt, die durch einkommensabhängige Beitragszahlung den Schutz aller Versicherten abdecken, ist die private Krankenversicherung für solche Personen mit niedrigem bzw. mittlerem Einkommen und mit hohem Risiko, sei es wegen der Zahl der Familienangehörigen (größere Familien mit einem Verdiener) oder wegen des Bestehens einer chronischen Krankheit, wenig geeignet. Deshalb wird für solche Personenkreise eine soziale Sicherung nur im Solidaritätsprinzip der gesetzlichen Krankenversicherung zu erreichen sein. Das Äquivalenzprinzip der privaten Krankenversicherung würde hier zu untragbaren Belastungen führen.

Interessant erscheint die private Krankenversicherung hingegen für Personen ohne hohes Versicherungsrisiko (gesunde, gutverdienende Personen, die keine Familienangehörigen zu versichern haben).

Gesamtgesellschaftlich betrachtet sichert das in der gesetzlichen Krankenversicherung praktizierte Sachleistungsprinzip die Qualitäts- und Leistungskontrolle der Leistungsanbieter, die durch das Kostenerstattungsprinzip in der privaten Krankenversicherung nicht gewährleistet ist. Das Sachleistungsprinzip führt in Verbindung mit den gesetzlichen Bestimmungen dazu, daß die zu erbringenden Leistungen weitestgehend für alle Versicherten gleich sind und nicht der Entscheidung oder der wirtschaftlichen Leistungsfähigkeit des einzelnen überlassen bleiben. Von daher ist die gesetzliche Krankenversicherung besonders dazu geeignet, die gesundheitliche Versorgung breiter Bevölkerungsschichten zu sichern.

Über seinen unmittelbaren Wirkungskreis hinaus beeinflußt das umfassende Sachleistungsangebot der gesetzlichen Krankenversicherung auch die Gesundheit der übrigen Bevölkerung durch die Bekämpfung ansteckender Krankheiten oder die Mitgestaltung des gesamten medizinischen Versorgungssystems (z.B. im Rahmen der kassenärztlichen Bedarfsplanung). Durch die Verstärkung des Vorsorge- und Früherkennungsprogramms der gesetzlichen Krankenversicherung wird es im übrigen für die private Krankenversicherung zunehmend schwieriger, in ihrer Eigenschaft als Risikoversicherung das Schadensereignis abzugrenzen und zu kalkulieren.

Die gegensätzlichen Versicherungssysteme bedingen gerade wegen ihrer Gegensätzlichkeit eine Konkurrenzhaltung untereinander. Die sogenannten „guten" Risiken sind verständlicherweise bestrebt, die gesetzliche Krankenversicherung zu verlassen und sich der Belastung des Solidarausgleichs zu entziehen. Für ein Risikodeckung bietet die private Krankenversicherung zunächst die scheinbar kostengünstigere Versicherungsform. Ihr Versicherungsschutz wird – mathematisch betrachtet – zwangsläufig von der gesetzlichen Krankenversicherung erheblich „zu teuer" angeboten.

Die Problemstellung der gesetzlichen Krankenversicherung wird aber erst dann deutlich, wenn man über den zahlenmäßigen Mitgliederverlust hinaus bedenkt, daß gerade diese „guten" Risiken es sind, die das gesamte Solidarprinzip der gesetzlichen Krankenversicherung erst funktionieren lassen. Risikoausgleich – erweitert um soziale Aspekte – ist allein unter den erheblich Bedürftigen nicht zu tragbaren Beiträgen denkbar, wenn das Leistungsspektrum umfassend sein soll. In einer Zeit, in der die Bürger verstärkt Wert auf die persönliche Freiheit ihrer Entscheidungen legen und als Verbraucher zunehmend kritischer werden, muß sich die gesetzliche Krankenversicherung auf einen zukünftig noch verstärkten Wettbewerbsdruck von seiten der privaten Versicherer einrichten. Eine der Grundvoraussetzungen für ein erfolgreiches Bestehen dieser Herausforderungen ist die Kenntnis der gesetzlichen Krankenversicherung über die Details der privaten Versicherungsform.

1.5. Die PKV im Wettbewerb

1.5.1. Allgemeines

Die private Krankenversicherung steht im Wettbewerb zur gesetzlichen Krankenversicherung. Darüberhinaus konkurrieren die einzelnen Unternehmen der privaten Krankenversicherung untereinander. Dies gilt insbesondere im Hinblick auf das Neugeschäft. Deutlich wird dies auch an der zunehmenden Zahl der Neugründungen von privaten Krankenversicherungsunternehmen bzw. von Versicherungsgesellschaften, die den Zweig Krankenversicherung in ihr Angebot aufnehmen (vgl. hierzu 1.2.3.).

Nach dem Zahlenbericht 1988/1989 des Verbandes der privaten Krankenversicherung e.V. verlief das Jahr 1988 aus der Sicht der PKV zufriedenstellend. Es bestätigte sich der Trend einer kontinuierlichen Erhöhung des Bestandes an Vollversicherten in der PKV (vgl. hierzu 1.2.1.).

In den Jahren 1988 und 1989 haben sich zunehmend Angestellte und Selbständige mit Familienangehörigen für den Übertritt in die private Krankenversicherung entschieden. Die Regelungen des Gesundheits-Reformgesetzes, insbesondere die fast ausschließliche Versicherungsmöglichkeit für Selbständige und Beamte in der privaten Krankenversicherung, die Einschränkung der Krankenversicherung für Rentner in der gesetzlichen Krankenversicherung sowie die allgemeine Einschränkung der Versicherungsberechtigung in der gesetzlichen Krankenversicherung haben im Jahre 1989 positiv auf die Bestandsentwicklung der PKV Einfluß genommen.

Ein weiterer Zuwachs für die PKV ergibt sich daraus, daß ab 01.01.1989 neben Angestellten auch Arbeiter, deren Jahresarbeitsentgelt über der maßgeblichen Grenze (vgl. § 6 Abs. 1 Nr. 1 SGB V) liegt, zwischen der freiwilligen Versicherung der gesetzlichen Krankenversicherung (§ 9 SGB V) und der privaten Krankenversicherung (Krankheitskostenversicherung einschließlich Krankentagegeld) wählen können. Auch dies zeigt deutlich, daß die private Krankenversicherung ein ernstzunehmender Konkurrent für die gesetzliche Krankenversicherung ist.

1.5.2. Zielgruppen für die PKV

Die Zielgruppen für eine private Krankenversicherung sind insbesondere:

- Angestellte, deren Jahresarbeitsentgelt die Jahresarbeitsentgeltgrenze übersteigt,
- Arbeiter, deren Jahresarbeitsentgelt die Jahresarbeitsentgeltgrenze übersteigt,
- Selbständige,
- freiberuflich Tätige,
- Beamte, Beamtenanwärter und andere beihilfeberechtigte Angestellte im öffentlichen Dienst,
- Ärzte und Zahnärzte,
- Studenten.

Hinzu kommen alle in der gesetzlichen Krankenversicherung Versicherten, seien es Pflichtversicherte oder freiwillig Versicherte, die für die PKV im Rahmen der Zusatz- und Ergänzungstarife (vgl. 5.6. und 5.7.) interessant sind.

Durch die Änderung der Beitrittsvoraussetzungen im SGB V sind insbesondere die Möglichkeiten für Selbständige und Freiberufliche, der gesetzlichen Krankenversicherung als freiwillige Versicherte beizutreten, eingeschränkt bzw. weitgehend beseitigt worden. Insofern ist dieser Markt jetzt fast ausschließlich dem Bereich der privaten Krankenversicherung zuzuordnen.

Der Wettbewerb zwischen der gesetzlichen Krankenversicherung und der privaten Krankenversicherung findet insbesondere um die Angestellten und Arbeiter, deren regelmäßiges Jahresarbeitsentgelt die maßgebliche Grenze des § 6 Abs. 1 Nr. 1 SGB V überschreitet, statt. Dieser Wettbewerb gilt jedoch nicht nur für die jeweils zum Jahresende ausscheidenden Arbeitnehmer, sondern gleichermaßen auch für die Arbeitnehmer, die sich zunächst für eine freiwillige Versicherung in der gesetzlichen Krankenversicherung entschieden haben. Die Kündigungsfristen des § 191 Abs. 1 Nr. 4 SGB V sind so kurz, daß insoweit kein wesentlicher Hinderungsgrund besteht, von der gesetzlichen Krankenversicherung in die private Krankenversicherung zu wechseln.

Aus diesem Grund bemühen sich die privaten Krankenversicherungsunternehmen verstärkt um die zahlreichen freiwillig Versicherten in der gesetzlichen Krankenversicherung. Besonders umworben ist der Personenkreis der jungen Versicherten, die ein günstiges Versicherungsrisiko darstellen und zudem noch keinen Versicherungsschutz für Familienangehörige benötigen. Bei älteren Angestellten bzw. solchen mit Familienangehörigen ist in aller Regel, bedingt durch das Risiko bzw. durch den Familienstand, eine Versicherung in der privaten Krankenversicherung schon von der Beitragshöhe her für den Versicherungsnehmer nicht so interessant. Deshalb kommt es für die private Krankenversicherung im Rahmen des Wettbewerbs entscheidend darauf an, zum frühestmöglichen Zeitpunkt zu den Personen zu finden, die mit ihrem Einkommen die Jahresarbeitsentgeltgrenze überschreiten.

Die PKV im Wettbewerb

In diesem Zusammenhang ist auch die Einkommenstruktur der Erwerbstätigen in der PKV bzw. GKV interessant:

Schaubild 14:

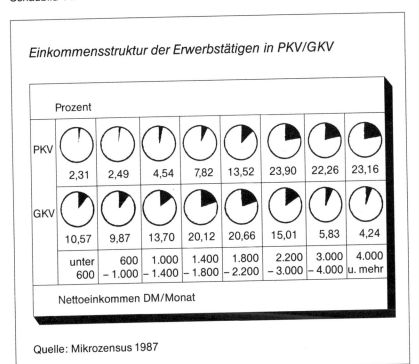

1.5.3 Vertriebsstrategie der PKV

Bei 1.3.2. ist die Organisationsstruktur der privaten Krankenversicherungsunternehmen dargelegt. Daraus ergibt sich eindeutig, daß in der privaten Krankenversicherung die Vertriebsstrategie des Außendienstes gewählt wurde.

Unter dem Außendienst versteht man alle Mitarbeiter eines Versicherungsunternehmens, die außerhalb der Direktion oder der Geschäftsstellen für das Versicherungsunternehmen tätig sind und den unmittelbaren Kontakt zu den Kunden halten. Sie sind in aller Regel nicht in den eigentlichen Bürobetrieb eingegliedert, aber organisatorisch ein Teil des gesamten Versicherungsbetriebes. Zu den Aufgaben des Außendienstes gehören insbesondere die Vermittlung von Versicherungsverträgen und die Schadensregulierung.

Wichtigster Tätigkeitsbereich des Außendienstes des Versicherungswesens ist zweifellos die Vermittlung von Versicherungsverträgen, also die Gewinnung von neuen und die Betreuung der bisherigen Kunden. In der privaten Krankenversicherung hat der Außendienst jedoch lediglich die Aufgabe der Versicherungsvermittlung. Die Betreuung, das heißt die Abwicklung des Versicherungsgeschäftes und hier insbesondere die Leistungserstattung, geschieht fast ausschließlich durch den Innendienst. Dies gilt im übrigen auch für die Antragsbearbeitung, die ausschließlich durch den Innendienst erfolgt. Bei der Antragsbearbeitung wird auch entschieden, ob dem Antrag entsprochen wird bzw. ob Veränderungen zum Antrag vorgenommen werden, z.B. die Vereinbarung eines Risikozuschlages (vgl. 3.2.).

Für die Mitgliedergewinnung in der PKV ergeben sich im Grunde folgende Werbemöglichkeiten:

- Empfehlungsadressen von Kunden des Versicherers,
- schriftliche und persönliche Kontaktaufnahme mit potentiellen Kunden,
- Ausbau bzw. Aufstockung bestehender Versicherungsverträge,
- Anzeigenwerbung mit Kupon.

Zur Unterstützung des Außendienstes wird von dem einzelnen Versicherer, aber auch vom Verband der PKV e.V., Werbung in den Printmedien durchgeführt. Durch diese Anzeigen wird ein Großteil der potentiellen Bewerber erreicht.

Auffallend ist bei allen Werbungen, daß überwiegend die emotionale Ebene des Kunden angesprochen wird. Sachinformationen findet man in den seltensten Fällen, allenfalls im „Kleingedruckten". Die Schwerpunkte der PKV-Werbung liegen vornehmlich in den Bereichen

- Preis,
- Leistung,
- Emotionen.

Die Muster von Anzeigen sollen dies verdeutlichen:

Die PKV im Wettbewerb

STIMMT MIT DER GESETZLICHEN NOCH IHR FAHRPLAN ?

Nie zuvor wurde die Dringlichkeit für Privatinitiative so deutlich wie heute: Die soziale Pauschale ist die solide Basis, trägt Sie künftig aber nicht mehr sicher genug – denn ihren Leistungen sind Grenzen gesetzt. Das zeigt sich bei der Strukturreform im Gesundheitswesen und in der geplanten Reform der gesetzlichen Altersversorgung.
Weniger Staat – mehr Privat. Sichern Sie sich deshalb Ihre persönlichen Ansprüche gegen die gefährlichsten Risiken im Leben – wie Krankheit, Unfall und Versorgungslücken im Alter. Und zwar mit Hilfe der privaten Personenversicherung, die sich exakt auf diesen Punkt spezialisiert hat: Die NOVA!

Fragen Sie die NOVA Bezirksdirektion ganz in Ihrer Nähe, oder wenden Sie sich direkt an:
NOVA Versicherungen · Kapstadtring 8,
2000 Hamburg 60, Tel.: 040/6 37 30

Ein Unternehmen der Gruppe

NOVA
VERSICHERUNGEN

Die PKV im Wettbewerb

„Ich tue etwas für meine Gesundheit. Das Gesundheits-Trainingsbuch der DKV hilft mir dabei."

„aktiv leben – gesund leben". Es ist falsch zu glauben, es gäbe das ideale, für alle gültige, gesunde Leben. Jeder kann es nur ganz persönlich finden. Namhafte Experten der Deutschen Sporthochschule haben aus dieser Erkenntnis heraus auf Grundlage moderner Methoden Aktiv-Programme für Sie entwickelt. Mit vielen Tips für Ihr persönliches Gesundheitsprogramm: Entspannen und Lockern, Dehnen und Beweglichmachen, passive und aktive Erholung.

Das DKV-Trainingsbuch mit vielen Tips für Ihr aktives und gesundes Leben.

Auch ich möchte etwas für meine Gesundheit tun. Deshalb bestelle ich:

☐ Gesundheits-Trainings-buch „aktiv leben – gesund leben" (Schutzgebühr DM 7,50)
☐ Informationen zum Thema Rauchen „Ich höre auf" (kostenlos)
☐ Die DKV-Versicherungs-Information und die DKV-Wurf-Scheibe (kostenlos)

Name:
Straße:
PLZ/Wohnort:

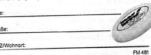

FM 481

Krankenversichert ganz privat.

Deutsche Krankenversicherung AG · Aachener Straße 300 · 5000 Köln 41 · Telefon 0221/578-0

1.5.4. Wettbewerbsrecht

Im Rahmen des Wettbewerbs zwischen der privaten und der gesetzlichen Krankenversicherung werden immer wieder Vor- und Nachteile gegeneinander abgewogen. Dies geschieht vielfach durch Gegenüberstellungen von Leistungen der gesetzlichen Krankenversicherung bzw. des privaten Krankenversicherers. In diesem Zusammenhang ist das Urteil des Bundesgerichtshofes vom 03.02.1988 (USK 88 141) interessant.

In diesem Urteil hat der Bundesgerichtshof die werbende Gegenüberstellung von Leistungen einer gesetzlichen Krankenkasse mit den Leistungen konkurrierender privater Krankenversicherer als unlauter und irreführend im Sinne des Gesetzes über den unlauteren Wettbewerb bezeichnet.

In dem anstehenden Fall hatte eine gesetzliche Krankenkasse im Rahmen des Wettbewerbs zur Herausstellung der Unterschiede zwischen ihren Leistungen und den ihrer privaten Mitbewerber einen Fragebogen herausgegeben, in dem zu bestimmten Fragen die Antworten der gesetzlichen Krankenkasse vorgegeben waren und vom Versicherungsnehmer die Antworten hinsichtlich der privaten Krankenversicherung einzutragen waren.

Gegen die Verwendung eines solchen Fragebogens hatte der private Krankenversicherer geklagt. Er führte insbesondere aus, daß die in den Vergleichskatalog aufgenommenen Fragen ausnahmslos so ausgewählt seien, daß sich bei den Angaben zur privaten Krankenversicherung für die gesetzliche Krankenversicherung ausschließlich positive Aspekte ergäben. Alle Fragen, bei denen die privaten Krankenversicherer besser abschneiden würden, seien weggelassen worden.

Nach Meinung der gesetzlichen Krankenkasse ist davon auszugehen, daß die umworbenen Personenkreise von den privaten Krankenversicherern durch deren Außendienstmitarbeiter auch über die Leistungen der privaten Krankenversicherung unterrichtet würden, die im Fragebogen nicht angesprochen seien.

Der Bundesgerichtshof hat das Urteil des Berufungsgerichtes aufgehoben und die Sache an die Vorinstanz zurückverwiesen. In der Urteilsbegründung hat der BGH u.a. ausgeführt, daß durch Unvollständigkeit oder Lückenhaftigkeit der Darstellung der beiderseitigen Angebote kein unrichtiger oder irreführender Gesamteindruck entstehen darf. Zwar darf sich der Werbende, wenn sein Angebot den mit ihm konkurrierenden Leistungen in allen maßgeblichen Punkten entspricht, auf die Hervorhebung der Vorteile der eigenen Leistung beschränken. Dies würde seine Werbung noch nicht unrichtig machen. Er darf jedoch für den Vergleich wesentliche Umstände des fremden Angebotes nicht falsch darstellen oder verschweigen mit der Folge, daß bei Berücksichtigung des konkurrierenden Leistungsangebotes oder im Hinblick auf das Verhältnis dieses Angebotes gegenüber dem eigenen die Beschreibung der beiderseitigen Leistungen, wie sie sich im Wettbewerb insgesamt darstellen, den Tatsachen nicht mehr entspricht.

Interessant ist in diesem Urteil auch der Hinweis, daß bei der erneuten Prüfung das Berufungsgericht ggf. auch zu erörtern habe, ob das Vorgehen der gesetzlichen

Krankenkasse, worauf sich diese berufen hat, unter dem Gesichtspunkt der Abwehr aggressiver Werbemaßnahmen der privaten Krankenversicherung gerechtfertigt sein könnte.

2. Rechtliche Grundlagen des Versicherungsverhältnisses

2.1. Allgemeines

Der Begriff „Versicherungsvertrag" umfaßt die Rechtsbeziehungen, die zwischen dem Versicherer und dem Versicherungsnehmer im Einzelfall bestehen. Das daraus resultierende Versicherungsverhältnis ist ein gegenseitiges Rechtsverhältnis, dessen Inhalt privatrechtlicher Natur ist und für den Versicherungsnehmer die Pflicht zur Zahlung der vereinbarten Beiträge sowie das Recht auf die Vertragsleistungen bei Eintritt des Risikofalles (Versicherungsfalles) beinhaltet. Der Versicherer hat das Recht auf die Zahlung der fälligen Beiträge und andererseits die Pflicht, bei Risikoeintritt die zugesagte Leistung zu erbringen. Aber auch ohne Risikoeintritt erhält der Versicherungsnehmer eine permanente Gegenleistung für seine gezahlten Beiträge, den Versicherungsschutz, auch Gefahrtragung genannt.

Wie alle privatrechtlichen Verträge ist auch der Versicherungsvertrag ein gegenseitiger Vertrag, der durch zwei übereinstimmende Willenserklärungen – Antrag und Annahme – zustande kommt (vgl. 3.1. und 3.2.). Zum Schutze des Versicherungsnehmers einerseits, aber auch um dem Versicherer Rechtssicherheit vor unkalkulierbaren Risiken zu geben, bestehen jedoch verschiedene gesetzliche Vorschriften, die bestimmte Inhalte eines Versicherungsvertrages bindend vorgeben.

Schaubild 15:

Rechtsgrundlagen des Versicherungsvertrages der privaten Krankenversicherung

Versicherungsvertragsgesetz

Bürgerliches Gesetzbuch

Allgemeine Versicherungsbedingungen

Besondere Vereinbarungen

Gesetzliche Grundlagen

2.2. Gesetzliche Grundlagen

Das Zustandekommen, der Inhalt sowie die Erfüllung und der Bestand des Versicherungsvertrages sind in verschiedenen Gesetzen geregelt: im Bürgerlichen Gesetzbuch (BGB), im Handelsgesetzbuch (HGB), im Gesetz über die allgemeinen Geschäftsbedingungen (AGB-Gesetz) sowie als Spezialgesetz im Versicherungsvertragsgesetz (VVG). Die Vorschriften des BGB, des HGB und des AGB-Gesetzes gelten jedoch nur insoweit, als das VVG als Spezialgesetz keine abschließenden Regelungen enthält, sind also in bezug auf den Versicherungsvertrag subsidiär.

2.2.1. Versicherungsvertragsgesetz

Die wesentliche gesetzliche Rechtsgrundlage des Versicherungsvertrages ist das Gesetz über den Versicherungsvertrag (Versicherungsvertragsgesetz – VVG) vom 30.05.1908. Es enthält spezielle Regelungen, die den Besonderheiten des Versicherungsvertrages Rechnung tragen. Das Versicherungsvertragsgesetz enthält zuerst allgemeine Vorschriften, die für sämtliche Versicherungszweige gelten. Darauf bauen die Regelungen der Schadensversicherung und diejenigen der Personenversicherung auf, wobei der Abschnitt über die Schadensversicherung wiederum allgemeine Regelungen enthält, die für alle Zweige der Schadensversicherung gelten. Anschließend werden die einzelnen Zweige der Personenversicherung – aber nicht die Krankenversicherung – geregelt. Das Versicherungsvertragsgesetz enthält jedoch nicht zu allen Versicherungszweigen entsprechende Bestimmungen, sondern nur zu folgenden Sparten:

- Feuerversicherung,
- Hagelversicherung,
- Tierversicherung,
- Transportversicherung,
- Haftpflichtversicherung,
- Lebensversicherung und
- Unfallversicherung.

Der Aufbau des Gesetzes ergibt sich auch aus § 1 Abs. 1 VVG: „Bei der Schadensversicherung ist der Versicherer verpflichtet, nach dem Eintritt des Versicherungsfalles dem Versicherungsnehmer den dadurch verursachten Vermögensschaden nach Maßgabe des Vertrages zu ersetzen. Bei der Lebensversicherung und der Unfallversicherung sowie bei anderen Arten der Personenversicherung ist der Versicherer verpflichtet, nach dem Eintritt des Versicherungsfalles den vereinbarten Betrag an Kapital oder Rente zu zahlen oder die sonst vereinbarte Leistung zu bewirken."

Das Versicherungsvertragsgesetz unterscheidet also zwischen der Schadensversicherung einerseits und der Lebens-, Unfall- und den anderen Arten der Personenversicherung andererseits. Diese Einteilung ist nicht zwingend logisch, weil es auch im Bereich der Personenversicherung Schadensversicherungen gibt, wie beispiels-

Gesetzliche Grundlagen

weise die Krankenversicherung. Für das Verständnis des Gesetzes ist die Kenntnis seiner Systematik aber hilfreich.

Die private Krankenversicherung ist zwar der drittgrößte Zweig der deutschen Versicherungswirtschaft, trotzdem widmet ihr das VVG keinen besonderen Abschnitt oder Titel. Dagegen werden Versicherungszweige mit wesentlich geringerer Bedeutung ausführlich im VVG geregelt. Die Ursache hierfür liegt in der geringen wirtschaftlichen Bedeutung der PKV bei Inkrafttreten des VVG (1908) begründet. Die bestehenden Regelungslücken mußte die PKV selbst schließen, indem sie Allgemeine Versicherungsbedingungen geschaffen hat (vgl. hierzu 2.3.).

Das VVG findet auf alle Sparten der Binnenversicherung (Gegensatz zur Seeversicherung) Anwendung, und zwar auch auf die Zweige, die es nicht speziell regelt, zum Beispiel auf die private Krankenversicherung. Im Sinne der Begriffswahl des VVG kommt die PKV sowohl als Personen- wie auch als Sachversicherung vor *(Bruck/Möller/Wriede*, Anm. A 4). Daher gelten die §§ 1 – 80 VVG bei Vorliegen entsprechender Sachverhalte für die PKV entsprechend. Dagegen gelten z.B. die §§ 51 und 52 VVG nicht, weil die PKV keinen Versicherungswert kennt *(Bruck/Möller/Wriede,* Anm. A 7). § 55 VVG bezieht sich zwar auf den Versicherungswert, enthält jedoch den allgemeinen Rechtsgedanken des Bereicherungsverbotes in der Schadensversicherung. Er gilt deshalb für die PKV insoweit analog, als der Versicherer, auch wenn nach dem versicherten Tarif eine höhere Leistung möglich wäre, nicht mehr als den eingetretenen Schaden zu ersetzen hat *(Bruck/Möller/Wriede,* Anm. A 12).

Zweck des Versicherungsvertragsgesetzes ist in erster Linie der Schutz des Versicherungsnehmers. Es regelt, daß Versicherungsverträge und Versicherungsbedingungen nicht jeden beliebigen Inhalt haben dürfen. Der bürgerlich-rechtlichen Vertragsfreiheit werden hier im Interesse des Versicherungsnehmers gesetzliche Grenzen vorgegeben. Dabei ist zu unterscheiden zwischen zwingenden, halbzwingenden und abdingbaren Vorschriften des VVG.

Zwingende Vorschriften sind bindendes Recht und dürfen durch vertragliche Absprachen weder zu Gunsten noch zu Ungunsten des Versicherungsnehmers geändert werden. Um solche Bestimmungen handelt es sich, wenn das Gesetz zum Ausdruck bringt, daß eine von der gesetzlichen Regelung abweichende Vereinbarung unwirksam ist. So regelt zum Beispiel § 8 Abs. 1 VVG: „Eine Vereinbarung, nach welcher ein Versicherungsverhältnis als stillschweigend verlängert gilt, wenn es nicht vor dem Ablauf der Versicherungszeit gekündigt wird, ist insoweit nichtig, als sich die jedesmalige Verlängerung auf mehr als ein Jahr erstrecken soll."

Ein anderes Beispiel enthält § 59 Abs. 3 VVG: „Hat der Versicherungsnehmer eine Doppelversicherung in der Absicht genommen, sich dadurch einen rechtswidrigen Vermögensvorteil zu verschaffen, so ist jeder in dieser Absicht geschlossene Versicherungsvertrag nichtig; dem Versicherer gebührt, sofern er nicht bei der Schließung des Vertrages von der Nichtigkeit Kenntnis hatte, die Prämie bis zum Schluß der Versicherungsperiode, in welcher er diese Kenntnis erlangt."

Halbzwingende Vorschriften dürfen nicht zum Nachteil des Versicherungsnehmers, wohl aber zu seinem Vorteil geändert werden. Um solche handelt es sich, wenn das Gesetz bestimmt, daß der Versicherer sich auf eine von der gesetzlichen Regelung abweichende Vereinbarung nicht berufen kann. Die meisten Bestimmungen des Ver-

Gesetzliche Grundlagen

sicherungsvertragsgesetzes sind halbzwingend in diesem Sinne. So regelt z.B. § 42 VVG: „Auf eine Vereinbarung, durch welche von den Vorschriften der §§ 37 bis 41 a zum Nachteil des Versicherungsnehmers abgewichen wird, kann sich der Versicherer nicht berufen."

Des weiteren bestimmt § 39 Abs. 1 VVG, daß der Versicherer dem Versicherungsnehmer bei Nichtzahlung eines Folgebeitrages auf dessen Kosten eine schriftliche Zahlungsfrist bestimmen kann. Tritt der Versicherungsfall nach dem Ablauf der Frist ein und ist der Versicherungsnehmer mit der Zahlung der Beiträge noch in Verzug, so wird der Versicherer von der Verpflichtung zur Leistung frei. Die Zahlungsfrist muß mindestens zwei Wochen betragen. Sie kann zum Nachteil des Versicherungsnehmers nicht verkürzt, aber zu seinen Gunsten verlängert werden.

Alle anderen Bestimmungen des Versicherungsvertragsgesetzes sind weder zwingendes noch halbzwingendes Recht, sondern werden abdingbare Vorschriften genannt. Von ihnen kann im Versicherungsvertrag oder in den Versicherungsbedingungen abgewichen werden.

2.2.2. Allgemeine Vertragsregelungen des Bürgerlichen Gesetzbuches

Der Versicherungsvertrag hätte als vertragliches Schuldverhältnis eigentlich in dem am 01.01.1900 in Kraft getretenen Bürgerlichen Gesetzbuch (BGB) geregelt sein müssen. Von der Aufnahme der entsprechenden Regelungen in das BGB wurde jedoch abgesehen, weil man den Bestimmungen des Versicherungsaufsichtsgesetzes vom 12.05.1901 nicht vorgreifen wollte. Aus dieser Entwicklung erklärt sich, daß der Versicherungsvertrag schließlich weitgehend in einem Sondergesetz, dem Versicherungsvertragsgesetz, geregelt wurde.

Das BGB regelt in seinem Ersten Buch, wie ein Vertrag grundsätzlich zustande kommt und welche Voraussetzungen für seine Wirksamkeit gegeben sein müssen. Diese Vorschriften gelten auch für den Versicherungsvertrag, der zu den schuldrechtlichen, gegenseitigen Verträgen gehört. Das Versicherungsvertragsgesetz regelt die mit dem Abschluß eines Versicherungsvertrages zusammenhängenden Fragen nicht.

Die dem Bürgerlichen Gesetzbuch innewohnende Privatautonomie erlaubt grundsätzlich die freie Rechtsgestaltung durch die Vertragschließenden. Deren Grenzen liegen allerdings zwangsläufig dort, wo in die Rechtssphäre anderer Rechtssubjekte eingegriffen wird. Für den Bereich der Willenserklärung ergeben sich aus diesem Grundgedanken solange keine Schwierigkeiten, wie die dem einzelnen Rechtssubjekt zugewiesene Sphäre nicht verlassen wird. Sobald aber ein rechtsgeschäftliches Zusammenwirken mehrerer Personen gewünscht oder erforderlich wird, erwachsen hieraus für beide Partner nicht nur Rechte, sondern auch Pflichten (gegenseitige Verträge).

Der Begriff des Vertrages ist im bürgerlichen Recht nicht definiert. Dieses Rechtsinstitut wird vom Gesetz als gegeben unterstellt. Es beschränkt sich deshalb lediglich darauf, das Zustandekommen in den §§ 145 ff. BGB zu regeln.

In der Literatur wird der Vertrag als die von zwei oder mehreren Personen erklärte Willensübereinstimmung über die Herbeiführung eines bestimmten rechtlichen Erfol-

Gesetzliche Grundlagen

ges definiert (vgl. *Palandt/Heinrichs*, Einführung vor § 145 BGB, Anmerkung 1a). Voraussetzung des Vertrages sind also mindestens zwei übereinstimmende Willenserklärungen verschiedener Rechtssubjekte: Antrag und Annahme.

Der Antrag, umgangssprachlich auch als Angebot bezeichnet, und seine Annahme sind der Rechtsnatur nach Willenserklärungen. Für sie gilt demnach die Privatautonomie. Sie beinhaltet, daß es den Parteien grundsätzlich freisteht, ob und mit welchem Inhalt sie ein Angebot unterbreiten und ob sie dieses Angebot annehmen (Grundsatz der Vertragsfreiheit). Einschränkungen dieses Grundsatzes der Vertragsfreiheit kann nur das Gesetz bestimmen. Um Unklarheiten und Streitigkeiten im Zusammenhang mit der Entstehung des Vertrages zu vermeiden, bestimmen die §§ 145 ff. BGB die für den Antrag wesentlichen Elemente. Danach ist grundsätzlich jeder, der ein wirksames Vertragsangebot unterbreitet hat, an diesen Antrag gebunden, es sei denn, daß er die Gebundenheit ausdrücklich ausgeschlossen hat (§ 145 BGB).

Das Angebot ist rechtlich eine formlose Willenserklärung. Eine solche Bedeutung hat jedoch die Werbung, die zum Beispiel auf den Abschluß eines Versicherungsvertrages hinzielt, nicht. Sie ist im Rechtssinn kein Angebot, sondern eine Information und soll den Kunden veranlassen, ein entsprechendes Geldangebot zu machen, das dann der Verkäufer (Versicherer) zu dem angegebenen Preis (Beitrag) annehmen kann. Dabei spielt es keine Rolle, ob es sich um Werbung in Funk und Fernsehen, Tageszeitungen, Handzettel oder ähnliches handelt.

Unter Anwesenden oder per Telefon muß ein Antrag/Angebot sofort angenommen werden, sonst entfällt die Bindung. Sofort heißt dabei nicht augenblicklich; eine kurze Bedenkzeit darf der Partner sich vorbehalten. Unter Abwesenden bleibt die Bindung so lange bestehen, wie unter normalen Umständen mit einer Rückantwort gerechnet werden muß. Keine Bindung tritt ein, wenn der Widerruf des (schriftlichen) Angebots vor dem Angebot oder zumindest gleichzeitig mit dem Angebot beim Partner eintrifft. Ein befristetes Angebot bindet nur für die angegebene Zeit, ein freibleibendes Angebot bindet nicht.

Die Annahme betreffend verlangt das Gesetz vom zukünftigen Vertragspartner, daß er den gemachten Antrag mit einem schlichten „Ja" annimmt. Eine Annahme unter Erweiterungen, Einschränkungen oder sonstigen Änderungen des Antrages gilt als Ablehnung des Antrages mit der Folge, daß die Bindung an den ursprünglichen Antrag entfällt (§ 150 BGB). Gleichzeitig wertet der Gesetzgeber die vom Angebot abweichende Annahmeerklärung als neuen Antrag, der, wie jeder Antrag, den Antragsteller bindet und nun seinerseits angenommen werden kann (Einzelheiten vgl. 3.2.1. und 3.2.2.).

Angebot und Annahme sind jeweils im Rechtssinne *Willenserklärungen*. Die Willenserklärung erfordert entsprechend ihrem wörtlichen Sinn

a) das Vorhandensein eines Willens beim Erklärenden und

b) die Erklärung, das Kundtun dieses Willens, gleich, in welcher Art und Weise oder Form.

Fehlt eine der beiden Komponenten, liegt keine rechtlich wirksame Willenserklärung vor.

Gesetzliche Grundlagen

Der Vertrag besteht als zweiseitiges Rechtsgeschäft aus mindestens zwei von verschiedenen Personen zu gebenden *übereinstimmenden Willenserklärungen*. Beide Willenserklärungen müssen dabei ein gemeinsames Ziel haben, zum Beispiel die Herbeiführung eines Versicherungsvertrages. Der rechtliche Erfolg – das Zustandekommen des Vertrages – tritt dann ein, wenn beide Willenserklärungen inhaltlich voll übereinstimmen.

Für die Wirksamkeit oder den weiteren Bestand des Vertrages ist dabei wichtig, daß die abgegebenen Willenserklärungen voll wirksam sind. Dazu ist es erforderlich, daß sie von Rechtsmängeln frei sind. So ist die Wirksamkeit einer Willenserklärung beeinträchtigt, wenn dem Erklärenden die dazu erforderliche *Geschäftsfähigkeit* bei Abgabe der Willenserklärung gefehlt hat. Unter Geschäftsfähigkeit versteht das BGB die Befähigung, Rechtsgeschäfte selbständig und voll wirksam vornehmen zu können. Der Begriff des Rechtsgeschäfts wird im BGB jedoch nicht definiert, sondern ebenfalls als gegeben vorausgesetzt. Hierunter versteht man jedes erkennbar willentliche Herbeiführen eines Rechtserfolges, der gerade mit Rücksicht auf diesen Willen eintritt (vgl. *Schulte* in BGB, Bd. 1 S. 19). Rechtsgeschäfte entstehen also normalerweise dadurch, daß Rechtssubjekte ihren auf Rechtsgestaltung gerichteten Willen erklären.

Willenserklärungen von geschäftsunfähigen Personen sind nichtig. *Geschäftsunfähig* sind Kinder unter sieben Jahren, Personen mit krankhafter, nicht nur vorübergehender Störung der Geistestätigkeit und wegen Geisteskrankheit Entmündigte (dies auch dann, wenn sie zeitweilig gesund sind). Die Nichtigkeit der Willenserklärung bedeutet, daß dieser Mangel nachträglich in keiner Weise geheilt werden kann. Gleichgestellt sind in ihrer Wirkung solche Willenserklärungen, die im Zustand der Bewußtlosigkeit oder der vorübergehenden Geistesstörung abgegeben werden (vgl. §§ 104, 105 BGB).

Davon zu unterscheiden sind die Willenserklärungen von *beschränkt geschäftsfähigen Personen*. Hierzu gehören Minderjährige, die das 7. Lebensjahr vollendet haben, aber noch nicht voll geschäftsfähig sind (§§ 2, 106 BGB). Natürliche Personen erlangen die *volle Geschäftsfähigkeit* mit der Vollendung des 18. Lebensjahres. Ferner sind Personen beschränkt geschäftsfähig, die wegen Geistesschwäche, wegen Verschwendung, wegen Trunksucht oder wegen Rauschgiftsucht entmündigt wurden oder nach § 1906 BGB unter vorläufige Vormundschaft gestellt sind (§ 114 BGB). Bei diesem Personenkreis unterstellt der Gesetzgeber eine geistig-seelische Entwicklung, die es bereits erlaubt, ihr rechtsgeschäftliches Handeln wenigstens in gewissem Rahmen als wirksam anzuerkennen.

Volle Wirksamkeit von Rechtshandlungen dieser Personen tritt aber erst ein, wenn der gesetzliche Vertreter (vgl. § 1626 BGB) seine *Zustimmung* erteilt (§§ 107, 108 BGB). Die Zustimmung kann durch vorherige Einwilligung oder nachträgliche Genehmigung erfolgen. Bei vorheriger Einwilligung ist das Rechtsgeschäft sofort wirksam. Wird die Zustimmung nachträglich erteilt (Genehmigung), so bleibt das Rechtsgeschäft bis dahin schwebend unwirksam. Dies gilt nicht für Rechtsgeschäfte, die ihrer Natur nach einen Schwebezustand überhaupt nicht vertragen. Hierzu gehören einseitige Rechtsgeschäfte, die allein dadurch, daß sie erklärt werden, bereits Wirkungen auslösen, wie z.B. wie die Kündigung, die, wenn sie erklärt und zugegangen ist, unmittelbar in die Rechtsposition des Empfängers eingreift.

Willenserklärungen, die in die Rechtssphäre eines anderen eingreifen, also dort rechtliche Veränderungen bewirken, sind hinsichtlich ihrer Wirksamkeit daran gebunden, daß sie dem Adressaten auch zugehen. Erforderlich ist also, daß die Willenserklärung, die einem anderen gegenüber abzugeben ist (*empfangsbedürftige Willenserklärung*), tatsächlich in dessen Verfügungsbereich gelangt, so daß er unter gewöhnlichen Verhältnissen von ihrem Inhalt Kenntnis nehmen kann und dies nach den Gepflogenheiten des Rechtsverkehrs von ihm auch zu erwarten ist. Zugang im Rechtssinne ist keine Mitwirkung. Es wird lediglich sichergestellt, daß der Empfänger die ihn betreffende Willenserklärung unter normalen Umständen zur Kenntnis nehmen kann.

Weiterhin gibt es im BGB noch Bestimmungen versicherungsrechtlicher Art, so zum Beispiel § 330 Satz 1, §§ 1127 – 1130 BGB, die jedoch in bezug auf die private Krankenversicherung nicht relevant sind. Daneben ist für die Rechtsbeziehungen aus dem Versicherungsvertrag auch das Zweite Buch des BGB (Schuldrecht) von Bedeutung.

2.2.3. Handelsrechtliche Regelungen des Handelsgesetzbuches

Für den Versicherer ist das Versicherungsgeschäft ein Handelsgeschäft, wenn er eine Aktiengesellschaft oder ein sog. großer Versicherungsverein auf Gegenseitigkeit ist (für letzteren wurden viele Vorschriften des HGB gemäß § 16 in Verbindung mit § 53 Abs. 1 VAG für anwendbar erklärt). Sofern der Versicherungsvertrag auch für den Versicherungsnehmer ein Handelsgeschäft darstellt, gelten die Vorschriften des HGB über beiderseitige Handelsgeschäfte.

2.2.4. Gesetz zur Regelung des Rechts der Allgemeinen Geschäftsbedingungen

Im Rechtsverkehr ist niemand gezwungen, eine Willenserklärung abzugeben. Die Rechtsordnung läßt allen Menschen die Freiheit, Rechtshandlungen und Rechtsgeschäfte nach ihrem Gutdünken zu tätigen und zu gestalten. Dieser Grundsatz der Vertragsfreiheit beinhaltet verschiedene Elemente.

- Abschlußfreiheit:
  Jeder kann grundsätzlich seinen Vertragspartner frei wählen.
- Inhaltsfreiheit:
  Die Vertragspartner können grundsätzlich den Inhalt Ihrer Verträge frei bestimmen.
- Formfreiheit:
  Das Gesetz schreibt bis auf wenige Ausnahmen keine Form der Verträge vor.

In Anbetracht der Vielzahl der täglich geschlossenen Rechtsgeschäfte ist jedoch nicht immer eine individuelle Regelung sinnvoll und wirtschaftlich. Deshalb haben sich im Rechtsverkehr Allgemeine Geschäftsbedingungen – AGB – entwickelt, das sogenannte Kleingedruckte. Es regelt in standardisierter Form und für alle Verträge gleichlautend die Vertragsbedingungen der Partner.

Gesetzliche Grundlagen

Das AGB-Gesetz definiert die Allgemeinen Geschäftsbedingungen als vorformulierte Vertragsbedingungen, die eine Vertragspartei (Verwender) der anderen bei Abschluß eines Vertrages stellt (§ 1 Abs. Satz 1 AGB-Gesetz).

In vielen Wirtschaftszweigen, so auch im Versicherungsgewerbe, sind die Allgemeinen Geschäftsbedingungen heute nicht mehr wegzudenken. Im Bereich des Versicherungsgewerbes sind dies die Allgemeinen Versicherungsbedingungen; die Allgemeinen Versicherungsbedingungen (AVB) der PKV sind die Musterbedingungen und die sonstigen AVB (z.B. die Tarifbedingungen). Die Versicherungsunternehmen setzen für den Abschluß eines Versicherungsvertrages voraus, daß der Versicherungsnehmer die Allgemeinen Versicherungsbedingungen anerkennt.

Allgemeine Versicherungsbedingungen sind vorformulierte Vertragsbedingungen, die für die Verwendung in einer Vielzahl von Versicherungsverträgen bestimmt sind (vgl. *Deutsch*, Versicherungsvertragsrecht, Rdz. 40). Obwohl die Allgemeinen Versicherungsbedingungen vom Bundesaufsichtsamt für das Versicherungswesen genehmigt werden müssen, findet auf sie das Gesetz zur Regelung des Rechts der Allgemeinen Geschäftsbedingungen (AGB-Gesetz) Anwendung.

Nach § 2 AGB-Gesetz werden die Allgemeinen Versicherungsbedingungen nur dann Vertragsbestandteil, wenn sie ausdrücklich in den Vertrag einbezogen sind oder die andere Vertragspartei (Versicherungsnehmer) mit deren Geltung einverstanden ist. Durch eine sog. „Einbeziehungsvereinbarung" auf dem Versicherungsantrag erkennt der Versicherungsnehmer die Geltung der AVB ausdrücklich mit seiner Unterschrift an. Sofern also der Versicherungsnehmer das vom Versicherer vorgedruckte Antragsformular für die Begründung der Versicherung benutzt, sind die Voraussetzungen des § 2 AGB-Gesetz stets erfüllt (vgl. hierzu Anhang).

Ist im Einzelfall die Versicherung ohne schriftlichen Antrag, z.B. durch telefonische Vereinbarung, zustande gekommen, so würden die AVB aufgrund des § 2 AGB-Gesetz nicht Vertragsbestandteil. Der Versicherungsvertrag enthielte in diesem Falle wesentliche Regelungslücken, die nur im Wege der Rechtsauslegung nach den §§ 157 und 242 BGB, also unter analoger Anwendung der AVB, geschlossen werden könnten. Ansonsten wäre der gesamte Versicherungsvertrag nach § 6 Abs. 3 VVG unwirksam. Um derartige Schwierigkeiten zu vermeiden, bestimmt § 23 Abs. 3 VVG, daß für Versicherungsverträge die AVB auch dann maßgebend sind, wenn ihre Einbeziehung in den Vertrag aufgrund des § 2 AGB-Gesetz nicht zustande gekommen ist. Damit ist die Geltung der AVB für jeden Versicherungsvertrag sichergestellt, für den nicht individuell besondere Abreden getroffen worden sind.

Soll die eine oder andere Klausel der Allgemeinen Versicherungsbedingungen nicht gelten, müssen beide Partner dies ausdrücklich billigen und vereinbaren.

Rechtlich ist es erforderlich, daß die AVB dem anderen Geschäftspartner (Versicherungsnehmer) ausdrücklich zur Kenntnis gebracht werden, zum Beispiel durch Aufdruck auf den Vertragsformularen, damit sie Vertragsbestandteil werden. Sie müssen mühelos, also ohne Lupe lesbar, deutlich sichtbar und verständlich sein. Die Bekanntmachung kann auch durch Aushang oder Hinweis in den Geschäftsräumen erfolgen. Wer die AVB nicht liest, obwohl er dazu in der Lage wäre, akzeptiert sie unbesehen.

Allgemeine Versicherungsbedingungen

Ziel von Allgemeinen Geschäftsbedingungen ist es in den meisten Fällen, ergänzend zur gesetzlich geregelten Rechtslage oder in deren Abänderung, soweit dies rechtlich zulässig ist, die Vertragsinhalte zu Gunsten eines Partners zu ändern. Damit durch solche Bestimmungen kein Mißbrauch zu Lasten des wirtschaftlich Schwächeren getrieben werden kann, stellt das AGB-Gesetz die Forderung auf, daß der Verbraucher nicht unangemessen benachteiligt werden darf und auf seine Interessen gebührend Rücksicht zu nehmen ist. Das AGB-Gesetz kann nicht alle denkbaren Mißbräuche im Rechtsverkehr aufzählen und verbieten. Es beinhaltet deshalb eine Aufzählung besonders gravierender Verstöße gegen die Kundeninteressen. Dabei wird unterschieden zwischen gefährlichen Klauseln, die von Fall zu Fall unzulässig sind, wenn eine besondere Benachteiligung vorliegt, und verbotenen Klauseln.

Zu den gefährlichen Klauseln zählen unangemessen lange oder unbestimmte Liefer- oder Abnahmefristen, unangemessen lange oder unbestimmte Nachfristen, Rücktrittverbote eines Partners, Änderungsvorbehalte, unangemessen hohe Nutzungsentschädigung und ähnliches.

Zu den verbotenen Klauseln zählen Preiserhöhungsvorbehalte bei kurzfristigen Verträgen, Ausschluß des Leistungsverweigerungs- oder Zurückbehaltungsrechts, Aufrechnungsverbote, überhöhte Pauschal- und Wertminderungsansprüche, Vereinbarungen von Vertragsstrafen, Haftungsausschluß oder Beschränkung bei grobem Verschulden, Ausschluß der Rechte, wenn Verzug eintritt, Ausschluß oder Beschränkung der Gewährleistungsansprüche, ausschließliche Verweisung auf Dritte, Beschränkung der Gewährleistungsansprüche auf Nachbesserung, Ausschluß der Haftung für zugesicherte Eigenschaften, überhöhte Laufzeiten und Kündigungsfristen bei Dauerbezugsverhältnissen, Wechsel des Vertragspartners ohne Zustimmung des anderen, Verschiebung der Beweislast auf den Geschädigten und anderes (vgl. hierzu auch 2.3.1.).

2.3. Allgemeine Versicherungsbedingungen

Das Versicherungsverhältnis ist ein Garantievertrag mit Chancencharakter (vgl. *Deutsch*, Versicherungsvertragsrecht, Rdz. 38). Weil es auf ein unsicheres, zukünftiges Ereignis (Versicherungsfall) gerichtet ist, bedarf es der exakten Beschreibung. Dazu sind sowohl das versicherte Risiko als auch der Eintritt des Versicherungsfalles möglichst genau festzulegen. Zwar leistet der Versicherer vom Beginn des Versicherungsvertrages an die Risikodeckung, jedoch erbringt er zunächst nicht die vereinbarte Hauptleistung. Der Versicherungsnehmer rechnet auch normalerweise nicht damit, daß der Versicherungsfall sofort oder alsbald eintreten wird. Aus diesem Grunde sind eine Risikoumschreibung und -abgrenzung dringend erforderlich.

Auch die genaue Festlegung der Pflichten und Obliegenheiten beider Beteiligten und die genaue Festschreibung von Rechtsfolgen im Falle ihrer Verletzung ist von großer Bedeutung. Diesem Erfordernis ist der Gesetzgeber nur in geringem Umfang nachgekommen. Deshalb müssen solche Regelungen in den Vertragsbedingungen – genannt Versicherungsbedingungen – getroffen werden, die durch Aufnahme in den Antrag oder durch Verweisung im Vertragstext verbindlicher Bestandteil des Ver-

Allgemeine Versicherungsbedingungen

sicherungsvertrages werden. Auf die Existenz von Allgemeinen Versicherungsbedingungen muß sich jeder Versicherungsnehmer einstellen. Sie werden selbst dann rechtsverbindlich, wenn der Versicherungsnehmer es versäumt, ihren Inhalt zur Kenntnis zu nehmen (vgl. OLG Karlsruhe, VersR 1983, S. 169).

2.3.1. Allgemeine und Besondere Versicherungsbedingungen

Allgemeine Versicherungsbedingungen (AVB) sind Abreden, welche vorformuliert in einer Vielzahl von Versicherungsverträgen Anwendung finden (vgl. *Deutsch*, Versicherungsvertragsrecht, Rdz. 39). Deshalb sind sie nicht auf einen speziellen Fall zugeschnitten, sondern tragen generelle, gesetzesähnliche Züge und sorgen damit für eine Typisierung der Versicherungsinhalte. Versicherungsbedingungen sind keine Rechtsquellen im engeren Sinne, sondern Vertragsabreden. Ihre Aufgabe ist es, den Raum auszufüllen, den das dispositive Gesetzesrecht zuläßt.

Die AVB sind ein Unterfall der Allgemeinen Geschäftsbedingungen (AGB). § 1 Abs. 1 Satz 1 AGB-Gesetz definiert sie als vorformulierte Vertragsbedingungen für eine Vielzahl von Verträgen, die eine Vertragspartei (Verwender) der anderen bei Abschluß des Vertrages stellt (vgl. hierzu 2.2.4.). AVB sind also nicht das Ergebnis von „freien" Vertragsverhandlungen, sondern werden dem Versicherungsnehmer faktisch vom Versicherer auferlegt. Für ihre Anwendung und Auslegung ist von Bedeutung, daß sie in ihrer Formulierung Gesetzen ähnlich sind (vgl. hierzu 2.3.1.3.).

Die AVB werden grundsätzlich sämtlichen Versicherungsverhältnissen ohne Rücksicht auf deren individuelle Verschiedenheiten im versicherten Risiko zugrunde gelegt.

Auf die Bezeichnung als „Allgemeine" Versicherungsbedingungen kommt es dabei nicht an. Um AVB handelt es sich deshalb auch, wenn sie „Besondere," „Zusatz-" oder „Sonder-"Bedingungen genannt werden. Voraussetzung ist lediglich, daß ihr Anwendungsbereich eine Vielzahl von Versicherungsverträgen umfaßt (vgl. Urteile des BGH vom 12.06.1968, VersR 1968 S. 762 sowie vom 22.01.1969, VersR 1969 S. 762).

Neben ihrer Aufgabe, das Risiko zu umschreiben, Pflichten und Obliegenheiten zu bestimmen und Massenverträge zu rationalisieren sowie die Rechtsposition des Versicherers zu stärken, tragen sie mittelbar auch zur Gleichbehandlung der Versicherungsnehmer bei. Durch einheitlich formulierte AVB werden alle Mitglieder der Gefahrgemeinschaft und alle beteiligten Versicherer gleichmäßig behandelt.

Allgemeine Versicherungsbedingungen sind also einerseits die grundsätzlich allen Versicherungsgeschäften zugrunde liegenden AVB, nämlich die Versicherungsbedingungen der besonderen Sparten, z.B. für die Krankenversicherung die Musterbedingungen (vgl. hierzu 2.3.2.). Andererseits gehören auch spezielle Bestimmungen zu den AVB, etwa die AVB für die klinische Prüfung von Arzneimitteln (Probandenversicherung – vgl. *Deutsch*, Versicherungsvertragsrecht, Rdz. 39). Die Aufsichtsbehörden haben angeordnet, daß die AVB – soweit sie für den jeweiligen Versicherungsvertrag wichtig sind – dem Versicherungsnehmer ausgehändigt werden müssen.

Allgemeine Versicherungsbedingungen

Voraussetzung für das Vorliegen von „echten" Besonderen Bedingungen ist, daß sie zwischen den Parteien des Versicherungsvertrages individuell ausgehandelt worden sind (§ 1 Abs. 2 AGB-Gesetz). Das heißt, daß der Vertragsinhalt von den vorformulierten AVB abweichen muß. Denkbar wären Sonderbedingungen auch in einem Fall, in dem das Versicherungsrisiko derart gravierend vom Normalfall abweicht, daß die Anwendung der AVB nicht in Frage kommt, sondern ein individueller, „maßgeschneiderter" Versicherungsvertrag geschlossen wird.

Wird jedoch nur ein Teil der AVB durch individuelle Vertragsbestimmungen ersetzt, so gelten für die restlichen, noch anwendbaren Vorschriften der AVB weiterhin die Bestimmungen des AGB-Gesetzes (§ 1 Abs. 2 AGB-Gesetz). Besondere Versicherungsbedingungen haben – wie alle individuellen Vertragsabreden – Vorrang vor den AVB (§ 4 AGB-Gesetz).

Abweichungen von den aufsichtsbehördlich genehmigten AVB zu Ungunsten des Versicherungsnehmers dürfen nach § 10 Abs. 3 VAG nur dann vereinbart werden, wenn der Versicherungsnehmer vor Vertragsabschluß ausdrücklich darauf hingewiesen worden ist und sich mit dieser Abweichung anschließend schriftlich einverstanden erklärt hat.

2.3.1.1. Entstehung und Genehmigung der Allgemeinen Versicherungsbedingungen

Nach § 5 Abs. 1 VAG bedarf jedes Versicherungsunternehmen zur Aufnahme des Geschäftsbetriebes der Erlaubnis der Aufsichtsbehörde. Mit dem Antrag auf Erteilung dieser Erlaubnis hat es den Geschäftsplan einzureichen (§ 5 Abs. 2 VAG), dessen Bestandteil neben dem Gesellschaftsvertrag oder der Satzung, auf denen das Unternehmen beruht (§ 5 Abs. 3 Nr. 1 VAG), auch die AVB sind (§ 5 Abs. 3 Nr. 2 VAG). Als Bestandteil des Geschäftsplanes werden also auch die AVB von der Aufsichtsbehörde geprüft und genehmigt, bevor dem Versicherer die Erlaubnis zum Geschäftsbetrieb erteilt wird.

Allgemeine Versicherungsbedingungen

Schaubild 16:

Inhalt des Geschäftsplanes

Rechtlich
* Satzung,
* Allgemeine Versicherungsbedingungen,
* Unternehmensverträge.

Versicherungstechnisch
* mathematische Grundlagen,
* Tarife,
* Angaben über Rückversicherung.

Finanziell
* Nachweis der erforderlichen Kapitalausstattung (Grundkapital, Gründungsstock) zur Gewährleistung der dauernden Erfüllbarkeit der Versicherungsverträge.

Geschäftsplanmäßige Erklärungen
z. B. über
* Verwendung von Vordrucken,
* Auslegung von AVB,
* Regreßverzicht.

Im Genehmigungsverfahren werden zwei Formen von AVB unterschieden: Die Musterbedingungen – auch Normativbedingungen genannt – sind von den Verbänden der Versicherer einheitlich aufgestellte und mit der Aufsichtsbehörde abgestimmte Texte, deren Genehmigung durch das BAV von vornherein in Aussicht gestellt wird. Andere AVB, die von dem normativen Muster abweichen, werden von den Aufsichtsbehörden erst nach Prüfung genehmigt.

Bei den Versicherungsvereinen auf Gegenseitigkeit können Bestimmungen, die inhaltlich den AVB entsprechen, auch in der Satzung enthalten sein (§ 10 Abs. 2 VAG). Die Satzung unterliegt ebenfalls der Genehmigungspflicht durch die Aufsichtsbehörde (§ 5 Abs. 3 Nr. 1, §§ 15, 17 VAG).

Die Genehmigung ist zu versagen, wenn die Belange der Versicherungsnehmer in den AVB nicht ausreichend gewahrt erscheinen (§ 8 Abs. 1 Nr. 2 VAG). Dies wäre z.B. der Fall, wenn bei einer Krankenversicherung ausschließlich das Risiko des Karzinoms gedeckt wäre. Da vielen Patienten aus pychologisch-medizinischen Gründen die Diagnose „Krebs" nicht mitgeteilt wird, liefen sie Gefahr, den Versicherungsschutz nicht in Anspruch nehmen zu können (BVerwG, VersR 1985 S. 953).

Allgemeine Versicherungsbedingungen

Auch bei nachträglicher Änderung sind die AVB der Aufsichtsbehörde zur Genehmigung vorzulegen. Erst danach dürfen sie in Kraft gesetzt werden (§ 13 Abs. 1 VAG). Die Prüfung der AVB durch die Aufsichtsbehörde schließt die Anwendung des AGB-Gesetzes auf diese Bestimmungen nicht aus. Deshalb können auch AVB-Bestimmungen, die aufsichtsbehördlich geprüft und genehmigt wurden, entsprechend dem AGB-Gesetz unwirksam sein, sofern sie einen der gesetzlich normierten Tatbestände hierfür erfüllen (vgl. hierzu 2.2.4.).

Bestimmten Wirtschafts- und Verbraucherverbänden sowie Industrie- und Handelskammern räumt das AGB-Gesetz einen gerichtlich geltend zu machenden Unterlassungs- und Widerrufsanspruch gegen einen Versicherer ein, der eine nach Ansicht des klagenden Verbandes inhaltlich unwirksame Bestimmung in seinen AVB hat. Diese abstrakte Wirksamkeitsprüfung einzelner AVB-Bestimmungen ist auch dann möglich, wenn die AVB bereits aufsichtsrechtlich genehmigt sind (§§ 13 – 22 AGB-Gesetz). Vor der Entscheidung über eine derartige Klage hat das Gericht das Bundesaufsichtsamt für das Versicherungswesen zu hören.

Die „echten" Besonderen Versicherungsbedingungen sind – wie sich aus ihrer Natur als individuellen Vertragsabreden ergibt – nicht genehmigungsbedürftig. Dagegen müssen solche „Besonderen", „Zusatz-" oder „Sonder-"Bedingungen, die ihrer Rechtsnatur nach AVB sind (vgl. hierzu 2.3.1.), ebenfalls von der Aufsichtsbehörde genehmigt werden.

2.3.1.2. Verhältnis der Allgemeinen Versicherungsbedingungen zum Versicherungsvertragsgesetz

Die AVB sind Bestandteil des Versicherungsvertrages und gehen deshalb als vertragliche Vereinbarung dem nachrangigen Gesetzesrecht des VVG vor. Soweit allerdings das VVG Regelungen zwingender oder wenigstens halbzwingender Natur, das heißt zu Ungunsten des Versicherungsnehmers nicht änderbaren Charakters, aufgestellt hat, gilt das VVG ausschließlich.

2.3.1.3. Auslegung von Allgemeinen Versicherungsbedingungen

Gemäß § 4 AGB-Gesetz gehen besondere Abreden zwischen Versicherungsnehmer und Versicherer den Allgemeinen Versicherungsbedingungen vor. Eine detaillierte Beschreibung des versicherten Risikos oder besondere Risikoausschlüsse haben damit Vorrang vor den Bestimmungen der Allgemeinen Versicherungsbedingungen. Weicht der maschinengeschriebene Text von dem handgeschriebenen ab, so wird den handschriftlichen Vermerken der Vorrang gegeben; konkurrieren verschiedene AVB miteinander, so gehen die spezielleren vor.

Im übrigen werden Allgemeine Versicherungsbedingungen in ihrer Auslegung wie Rechtsnormen behandelt. Daneben bestimmt § 5 AGB-Gesetz, daß Zweifel bei der Auslegung der AVB zu Lasten des Verwenders gehen. Dabei ist vom typischen Empfängerhorizont auszugehen. AVB sind nach dem Sprachgebrauch des täglichen Lebens und nicht nach der fachwissenschaftlichen Terminologie auszulegen. Wenn allerdings die Rechtssprache feste Begriffe gebildet hat (z.B. Vorsatz, grobe Fahrläs-

Allgemeine Versicherungsbedingungen

sigkeit etc.), werden sie in dieser Prägung von den AVB übernommen (vgl. *Deutsch*, Versicherungsvertragsrecht, Rdz. 43).

AVB sind im übrigen aus ihrem Zusammenhang heraus auszulegen, also etwa unter Zuhilfenahme des Antrages oder eines Prospektes. Soweit die Versicherungsbedingungen nicht eindeutig sind, hat der Versicherer die Auslegung, die der Agent dem Versicherungsnehmer gegeben hat, gegen sich gelten zu lassen. Schließlich sind Klauseln in Allgemeinen Versicherungsbedingungen, welche die übernommene Gefahr beschränken oder Gefahren ausschließen, nur soweit auszudehnen, als ihr Zweck es erfordert (BGH, VersR 1962, S. 341).

2.3.2. Allgemeine Versicherungsbedingungen Teil I – Musterbedingungen

2.3.2.1. Bedeutung und Inhalt

Die Allgemeinen Versicherungsbedingungen aller privaten Krankenversicherungsunternehmen bestehen aus zwei unterschiedlichen Teilen. Teil I enthält die Musterbedingungen, z.B. „Allgemeine Versicherungsbedingungen für die Krankheitskosten- und Krankenhaustagegeldversicherung – Musterbedingungen – MB/KK 76 –". Hierbei handelt es sich um ein Bedingungswerk, das vom Verband der PKV e.V. für alle Krankenversicherer einheitlich erarbeitet und mit den Aufsichtsbehörden abgestimmt worden ist. Die Aufsichtsbehörden verlangen, daß jedes private Krankenversicherungsunternehmen diese Musterbedingungen übernimmt, um ein Mindestmaß an Markttranzparenz und Vergleichbarkeit zwischen den verschiedenen Anbietern zu gewährleisten.

Die Musterbedingungen MB/KK 76 regeln die wesentlichen Inhalte des Versicherungsverhältnisses und gliedern sich wie folgt:

Der Versicherungsschutz

§ 1 – Gegenstand, Umfang und Geltungsbereich des Versicherungsschutzes

§ 2 – Beginn des Versicherungsschutzes

§ 3 – Wartezeiten

§ 4 – Umfang der Leistungspflicht

§ 5 – Einschränkung der Leistungspflicht

§ 6 – Auszahlung der Versicherungsleistungen

§ 7 – Ende des Versicherungsschutzes

Pflichten des Versicherungsnehmers

§ 8 – Beitragszahlung

§ 8a – Beitragsberechnung

§ 9 – Obliegenheiten

§ 10 – Folgen von Obliegenheitsverletzungen

Allgemeine Versicherungsbedingungen

§ 11 – Ansprüche gegen Dritte

§ 12 – Aufrechnung

Ende der Versicherung

§ 13 – Kündigung durch den Versicherungsnehmer

§ 14 – Kündigung durch den Versicherer

§ 15 – Sonstige Beendigungsgründe

Sonstige Bestimmungen

§ 16 – Willenserklärungen und Anzeigen

§ 17 – Gerichtsstand

§ 18 – Änderung der Allgemeinen Versicherungsbedingungen

Daneben existieren eigenständig weitere Musterbedingungen:

- Allgemeine Versicherungsbedingungen für die Krankentagegeldversicherung – MB/KT 78,
- Allgemeine Versicherungsbedingungen für die Pflegekrankenversicherung – MB/PV.

Die Texte dieser Allgemeinen Versicherungsbedingungen sind im Anhang abgedruckt. Einzelheiten zu diesen Musterbedingungen werden in den nachfolgenden Abschnitten (3. bis 8.) näher beschrieben.

Daneben gibt es für die Zusatz- und Ergänzungstarife, jeweils abgestellt auf die einzelnen Leistungsbereiche, entsprechende Musterbedingungen. Auf diese wird jedoch im Rahmen dieser Arbeit nicht näher eingegangen.

2.3.3. Allgemeine Versicherungsbedingungen Teil II – Besondere Bedingungen für jedes Unternehmen und Tarife

2.3.3.1. Unterschied zwischen Teil I und Teil II der AVB

Teil II der AVB enthält die individuellen Versicherungsbedingungen, die nur für den jeweiligen Versicherer konzipiert sind. Diese weichen von Unternehmen zu Unternehmen teilweise erheblich voneinander ab. Sie sind jedoch keine individuellen Abreden zwischen Versicherungsnehmer und Versicherer, sondern gelten für alle Versicherungsnehmer des jeweiligen Unternehmens und werden deshalb rechtlich als AVB angesehen.

Die Aufsichtsbehörden verlangen, daß die Teile I und II der AVB sich deutlich voneinander abheben, so daß Vermischungen oder Verwechslungen ausgeschlossen sind. Dies kann einerseits dadurch erreicht werden, daß beide Teile getrennt voneinander wiedergegeben werden. Es besteht aber auch die Möglichkeit, sie als Gesamttext herauszugeben und den Teil II der AVB so zu gestalten, daß er sich farblich oder drucktechnisch deutlich vom Teil I abhebt.

Besondere Vereinbarungen

Teil II der AVB enthält insbesondere die Tarife und Tarifbedingungen der einzelnen Versicherungsarten des jeweiligen Versicherers. Er definiert verbindlich:
- Höhe und Umfang der Tarifleistungen,
- evtl. Selbstbeteiligungen,
- Einschränkungen der Leistungspflicht,
- Begriffsbestimmungen, z.b. die Definition der Begriffe Heil- und Hilfsmittel,
- Versicherungsschutz im Ausland,
- Wartezeiten,
- Nachweise, z.B. Vorlage von Originalrechnungen,
- Aufnahmefähigkeit von Versicherungsnehmern, z.B. Altersgrenzen,
- Pflichten des Versicherungsnehmers,
- Beiträge,
- Beitragsanpassungen,
- Ende der Versicherung,
- Versicherungsjahr,
- Überschußbeteiligung und Beitragsrückerstattung,
- Tarifwechsel u.a.

Teil II ergänzt teilweise die allgemeingehaltenen Regelungen des Teils I. Beide Teile gelten nebeneinander und lassen erst in ihrem Zusammenwirken die vereinbarten Versicherungsbedingungen und damit den Umfang des Versicherungsschutzes richtig und vollständig erkennen.

2.4. Besondere Vereinbarungen

Besondere Vereinbarungen – auch Besondere Versicherungsbedingungen genannt – stellen das Gegenstück zu den Allgemeinen Versicherungsbedingungen dar (vgl. hierzu 2.3.1.). Die AVB setzen sich in der PKV aus den Musterbedingungen und den Tarifen mit den Tarifbedingungen zusammen. Sie sind vorformulierte Vertragsbedingungen, die in einer Vielzahl von Versicherungsverträgen Verwendung finden sollen. Deshalb liegt ihnen auch ein versicherungsmathematisch berechnetes Durchschnittsrisiko zugrunde. Solange das durch den einzelnen Versicherungsvertrag begründete individuelle Versicherungsrisiko annähernd dem kalkulierten Durchschnittsrisiko entspricht, kann der Ausgleich zwischen dem zu zahlenden Beitrag und dem zu erwartenden Leistungsaufwand angenommen werden (vgl. hierzu 4.2.1.).

Weicht jedoch das individuelle Versicherungsrisiko deutlich vom tariflich kalkulierten Durchschnittsrisiko ab, kann die von der PKV angestrebte Äquivalenz zwischen Beiträgen und Leistungen beim einzelnen Versicherungsnehmer nicht unter Zugrundelegung der AVB erreicht werden. Von einer solchen bedeutsamen Abweichung kann ausgegangen werden, wenn der Versicherungsnehmer bei Beginn der Versicherung bereits an nicht unerheblichen oder chronischen Krankheiten leidet. Die PKV braucht – sofern sie den Versicherungsvertrag überhaupt eingeht – für diesen Fall Instrumente, die ihr die Wiederherstellung der Ausgewogenheit zwischen Beiträgen und Leistungen ermöglicht. Hierzu stehen ihr zwei Möglichkeiten zur Verfügung:

1. Ausschluß bestehender Krankheiten (Risiken) vom Versicherungsschutz

   oder

2. Erhöhung des tariflichen Beitrages um einen Risikozuschlag.

Vor diesem Hintergrund wird auch die Bedeutung der sog. vorvertraglichen Anzeigepflichten deutlich, die den Versicherungsnehmer verpflichten, alle im Versicherungsantrag vom Versicherer gestellten Fragen wahrheitsgemäß und vollständig zu beantworten (Einzelheiten hierzu vgl. 3.3. bis 3.5.). Nur wenn dem Versicherer das zu übernehmende Risiko genau bekannt ist, hat er die Möglichkeit, die Beitrags-/Leistungs-Äquivalenz herzustellen.

2.4.1. Risikoausschluß

Eine versicherungsmathematische Kalkulation des übernommenen Risikos ist dem Versicherer nur möglich, wenn er gewisse Abgrenzungen des Risikos vornimmt. Diesem Erfordernis tragen bereits verschiedene Abgrenzungen der Musterbedingungen Rechnung:

– Beschreibung der versicherten Gefahren (§§ 1 Abs. 1, 4 Abs. 1 MB/KK 76),

– Leistungsbegrenzung auf die versicherten Personen,

– Leistungsbegrenzung auf eine bestimmte, festgelegte Versicherungsdauer (§§ 2, 7 MB/KK 76 – MB/KT 78),

– Bestimmung weiterer Zustände, unter denen der Versicherungsfall eintreten muß (§§ 4 Abs. 2 – 4 MB/KK 76 – 4 Abs. 5, 6 und 8 MB/KT 78),

– Begrenzung der Erstattungsleistung nach Art, Höhe und Dauer durch tarifliche Regelungen (Quoten-, Selbstbeteiligungstarife in der Krankheitskostenversicherung, Höhe der Tagegelder, Dauer der Tagegeldzahlungen bei Dauerschäden begrenzt etc.).

Dieser allgemeine Leistungsrahmen kann durch besondere Vereinbarungen erweitert oder eingeschränkt werden. Eine solche Einschränkung liegt auch vor, wenn der Versicherer bestimmte Risiken – nämlich bestehende Erkrankungen – aus der allgemeinen Risikobeschreibung der AVB und damit aus dem Versicherungsschutz ausnimmt. Der Versicherer kann von dieser Möglichkeit Gebrauch machen, wenn zu erwarten ist, daß bestehende Leiden zu einer höheren Leistungsinanspruchnahme führen, als dies durchschnittlich anzunehmen ist. Werden solche Risikoausschlüsse vereinbart, gehen sie als Besondere Versicherungsbedingungen den Bestimmungen der AVB vor (vgl. hierzu 2.3.1.3.). Sie gelten – sofern keine Zeitdauer besonders bestimmt ist – für die gesamte Laufzeit des Vertrages.

Besondere Vereinbarungen

Will sich der Versicherer auf einen vereinbarten Risikoausschluß berufen, so hat er zu beweisen, daß die Heilbehandlung wegen eines ausgeschlossenen Risikos erfolgte. Hieraus ergeben sich in der Praxis nicht selten Schwierigkeiten. Inbesondere nach langer Vertragsdauer ist die Frage der Kausalität meist kaum mehr zu beantworten. Deshalb wird der Versicherer von der Möglichkeit des Risikoausschlusses nur dann Gebrauch machen, wenn es sich um hinreichend deutlich abgrenzbare Leiden handelt.

In der Praxis wird von der PKV mit dem Risikoausschluß relativ zurückhaltend verfahren, denn neben dem bereits beschriebenen Abgrenzungsproblem erhöht sich auch der Schadensregulierungsaufwand des Versicherers. Dieser muß nämlich sicherstellen, daß der Risikoausschluß bei jedem Erstattungsbegehren des Versicherungsnehmers beachtet wird. Außerdem können sich aus den Kausalitätsfragen unerfreuliche und kostenträchtige Streitverfahren ergeben, die regelmäßig die Zuziehung eines medizinischen Sachverständigen zur Beweisführung erforderlich machen.

2.4.2. Risikozuschlag

Die mit den Risikoausschlüssen verbundenen Schwierigkeiten kann der Versicherer vermeiden, wenn er dem Erstattungsanspruch des Versicherungsnehmers das in den Allgemeinen Versicherungsbedingungen umschriebene standardisierte Risiko zugrunde legt, jedoch zum Ausgleich eines erhöhten Versicherungsrisikos im Einzelfall die tariflichen Beiträge um sog. Risikozuschläge erhöht. Diese kann der Versicherer berechnen, wenn das individuelle Versicherungsrisiko deutlich gegenüber dem tariflich kalkulierten Risiko erhöht ist. Die Risikozuschläge sollen – wie bereits eingangs dargelegt – die Ausgewogenheit von Beiträgen und Leistungsumfang innerhalb des einzelnen Versicherungsvertrages wiederherstellen, wenn sie infolge erhöhten Individualrisikos beim Versicherungsbeginn nicht besteht. Die Bemessung der Risikozuschläge ist eine individuelle Kalkulation und entzieht sich als solche der Einflußnahme der Aufsichtsbehörden. Während die Versicherer bei ihrer tariflichen Beitragsgestaltung den strengen Auflagen der Aufsichtsbehörden genügen müssen und die Grundlagen der Beitragsgestaltung in den Tarifen und Geschäftsplänen der Aufsichtsbehörde zur Prüfung und Genehmigung vorzulegen sind, ist die Kalkulation des Risokozuschlages als individuelle Vertragsabrede den Einwirkungsmöglichkeiten der Aufsicht entzogen.

Die Kalkulation der Risikozuschläge ist eines der großen Geschäftsgeheimnisse der PKV. Sie ist unternehmensspezifisch verschieden, weshalb eine allgemeingültige Aussage kaum möglich ist. Die Höhe der Risikozuschläge ist von dem zu versichernden individuellen Risiko und seiner Abweichung vom kalkulierten Durchschnittsrisiko abhängig und kann – je nach Schwere der Vorerkrankungen – ein Vielfaches der Tarifbeiträge ausmachen.

3. Der Versicherungsvertrag

3.1. Antrag des Versicherungsnehmers auf Abschluß eines Versicherungsvertrages

3.1.1. Bedeutung des Antrages

In der gesetzlichen Krankenversicherung wird die Versicherung entweder im Rahmen der Versicherungspflicht kraft Gesetzes oder der Versicherungsberechtigung durch eine entsprechende Willenserklärung des Beitrittsberechtigten begründet. Die Versicherungspflicht tritt ohne Rücksicht auf den Willen der Beteiligten ein, wenn die gesetzlichen Voraussetzungen des § 5 SGB V erfüllt sind. Sofern der Beitrittsberechtigte die gesetzlichen Voraussetzungen für die Versicherungsberechtigung (§ 9 SGB V) erfüllt, ist die Krankenkasse zur Annahme der Willenserklärung und damit zur Durchführung der Versicherung verpflichtet. Es besteht Kontrahierungszwang.

In der privaten Krankenversicherung kommt dagegen die Versicherung durch privatrechtlichen Vertrag zustande. Es liegen zwei übereinstimmende Willenserklärungen vor, durch die ein rechtlicher Erfolg erzielt werden soll: Der gewünschte Versicherungsschutz gegen die Zahlung der Prämie (Vertragswille). Einzelheiten zum Vertrag vgl. 2.2.2.

Wie dort erwähnt, ist für den Abschluß des Versicherungsvertrages zunächst ein Antrag des Versicherungswilligen erforderlich. Dieser Antrag wird im Normalfall mittels eines vom Versicherer vorgegebenen Vordruckes gestellt. Das Bundesaufsichtsamt für das Versicherungswesen hat für die Gestaltung der Antragsvordrucke Richtlinien erstellt. In diesen sind die Inhalte der Antragsvordrucke vorgeschrieben (vgl. hierzu 1.3.4.). Das Muster eines Antragsvordruckes ist im Anhang abgedruckt.

3.1.2. Bindungswirkung des Antrages

Für die Antragstellung gilt § 145 BGB, der bestimmt, daß derjenige, der einem anderen die Schließung eines Vertrages anträgt, an den Antrag gebunden ist, es sei denn, die Gebundenheit ist ausgeschlossen.

Für den Antragsteller ergibt sich daraus, daß er sich alleine durch die Antragstellung gegenüber dem Versicherer bereits bindet und seinen Antrag zunächst nicht widerrufen kann. In den Antragsrichtlinien des Bundesaufsichtsamtes für das Versicherungswesen ist eine Bindungsfrist von sechs Wochen vorgesehen. Diese Frist wird auch durchweg von den Versicherern angewendet. Die Frist beginnt mit der Entgegennahme des Antrages durch den Vermittler oder bei unmittelbarer Antragstellung bei der Versicherungsgesellschaft mit dem Eingang des Antrages beim Versicherer.

Die Bindungswirkung erlischt mit der Ablehnung des Antrages durch den Versicherer oder mit dem Verstreichen der Frist.

Annahme des Antrages durch den Versicherer

Für den Antrag auf Abschluß eines Versicherungsvertrages findet das Gesetz über den Widerruf von Haustürgeschäften oder ähnlichen Geschäften vom 16.01.1986 keine Anwendung. Nach diesem Gesetz sind Vertragsabschlüsse in der Wohnung oder am Arbeitsplatz erst wirksam, wenn der Kunde sie nicht binnen einer Woche schriftlich widerruft (§ 1 HaustürWG). Dieser Schutz gilt jedoch nicht beim Abschluß eines Versicherungsvertrages (§ 6 HaustürWG); der Gesetzgeber hat bei diesen Verträgen das Widerrufsrecht ausgeschlossen. Somit bleibt der Antrag auf Abschluß eines Versicherungsvertrages, ob nun in der Wohnung des Versicherungsnehmers oder im Büro eines Versicherungsvermittlers abgegeben, vom Widerruf ausgeschlossen.

Mit Wirkung ab 1. Januar 1991 wird das Gesetz über den Widerruf von Haustürgeschäften in der Weise geändert, daß künftig auch beim Abschluß von Versicherungsverträgen an der Haustüre oder unter ähnlichen Umständen ein gesetzliches Widerrufsrecht besteht. Ein Versicherungsvertrag mit einer Laufzeit von mehr als einem Jahr kann dann innerhalb einer Frist von 10 Tagen widerrufen werden. Das Widerrufsrecht ist ausgeschlossen, wenn die Versicherung auf Wunsch des Versicherungsnehmers sofortigen Versicherungsschutz gewährt oder wenn der Versicherungsnehmer Vollkaufmann ist.

3.2. Annahme des Antrages durch den Versicherer

3.2.1. Annahme entsprechend dem Antrag

Der Versicherungsvertrag kommt zustande, wenn der Versicherer den Antrag annimmt. Eine Form ist hierfür gesetzlich nicht vorgeschrieben. § 151 BGB bestimmt, daß der Vertrag durch die Annahme des Antrages zustande kommt, ohne daß die Annahme dem Antragenden gegenüber erklärt zu werden braucht, wenn eine solche Erklärung nach der Verkehrssitte nicht zu erwarten ist oder der Beantragende auf sie verzichtet hat.

Der Versicherer ist in seiner Entscheidung völlig frei, ob er den Antrag so wie gestellt annimmt, ihn ablehnt oder einen Vertragsabschluß zu veränderten Inhalten anbietet. Im Gegensatz zur gesetzlichen Krankenversicherung besteht in der privaten Krankenversicherung kein Kontrahierungszwang.

Sofern der Versicherer den Antrag annehmen will, hat er dies innerhalb einer angemessenen Frist zu erklären. Angemessen ist dabei die sechswöchige Bindungsfrist, während deren der Versicherungswillige seinen Antrag auf Abschluß eines Versicherungsvertrages aufrechterhalten muß. In der Praxis geschieht die Antragsannahme durch den Versicherer in aller Regel mit der Übersendung des Versicherungsscheines.

§ 3 Abs. 1 VVG bestimmt, daß der Versicherer verpflichtet ist, dem Versicherungsnehmer eine Urkunde über den Versicherungsvertrag auszuhändigen. Aus dieser Vorschrift ergibt sich jedoch, daß die Übersendung des Versicherungsscheines keine Gültigkeitsvoraussetzung für den Versicherungsvertrag ist, da ein Anspruch auf Aushändigung des Versicherungsscheines erst nach Zustandekommen des Vertrages besteht.

Erklärt der Versicherer während der Bindungsfrist die Annahme des Antrages nicht, so ist kein Versicherungsvertrag zustande gekommen. Die verspätete, also nach Ablauf der Bindungsfrist erklärte Annahme ist lediglich als neuer Antrag im Sinne des § 151 BGB zu werten, der nunmehr vom Versicherer ausgeht. Der Vertrag kommt in diesem Falle erst zustande, wenn der Versicherungsnehmer den neuen Antrag annimmt. Dies kann beispielsweise durch die Zahlung der ersten Prämie geschehen.

3.2.2. Annahme zu veränderten Inhalten

Vielfach nimmt der Versicherer den Antrag zwar an, weicht dabei jedoch von dessen Inhalt ab. Zunächst ist hier § 150 Abs. 2 BGB zu beachten, wonach eine Annahme des Antrages unter Erweiterung, Einschränkungen oder sonstigen Veränderungen als Ablehnung gilt, jedoch verbunden mit einem neuen Antrag (vgl. hierzu 2.2.2.).

Für den Versicherungsvertrag enthält § 5 VVG jedoch eine Sonderregelung, die sogenannte Billigungsklausel.

Weicht der Inhalt des Versicherungsscheines von dem Antrag oder den getroffenen Vereinbarungen ab, so gilt die Abweichung als genehmigt, wenn der Versicherungsnehmer nicht innerhalb eines Monats nach Empfang des Versicherungsscheines schriftlich widerspricht.

Bei der Wirkung des § 5 VVG ist zu unterscheiden zwischen den Abweichungen im Versicherungsschein, die zu Gunsten bzw. zu Ungunsten des Versicherungsnehmers erfolgen.

Weicht der Versicherungsschein zu *Gunsten* des Versicherungsnehmers vom Antrag ab oder, falls ein Vertrag schon bestand, weicht nunmehr der Versicherungsschein vom bisherigen Versicherungsvertrag zu Gunsten des Versicherungsnehmers ab, so ist der Vertrag einschließlich der Abweichung zustande gekommen, falls der Versicherungsnehmer nicht innerhalb eines Monats nach Empfang des Versicherungsscheines schriftlich widerspricht. In diesem Falle kommt es nicht darauf an, ob der Versicherer den Versicherungsnehmer gemäß § 5 Abs. 2 VVG über die Wirkung der Billigungsklausel informiert hat. Bestand bereits ein rechtsgültiger Vertrag, so wird der bestehende Vertrag nachträglich im Sinne des nunmehr ausgehändigten Versicherungsscheines geändert.

Anders ist es, wenn die Abweichung vom Antrag bzw. Vertrag zu *Ungunsten* des Versicherungsnehmers erfolgt, z.B. bei Ausschluß von bestehenden Krankheiten oder Vereinbarung eines Risikozuschlages. In diesem Falle ist der Vertrag nur dann zustande gekommen, wenn der Versicherungsnehmer vom Versicherer auf die erfolgte Abänderung *und* auf die Wirkung der Billigungsklausel des § 5 VVG hingewiesen wurde.

§ 5 Abs. 2 VVG bestimmt, daß die Genehmigung im Sinne des § 5 Abs. 1 VVG nur dann anzunehmen ist, wenn der Versicherer den Versicherungsnehmer bei Aushändigung des Versicherungsscheines darauf hingewiesen hat, daß Abweichungen als genehmigt gelten, wenn der Versicherungsnehmer nicht innerhalb eines Monats nach Empfang des Versicherungsscheines schriftlich widersprochen hat.

Annahme des Antrages durch den Versicherer

Der Versicherer ist verpflichtet, den Hinweis auf die Billigungsklausel entweder durch besondere schriftliche Mitteilung oder durch einen auffälligen Vermerk im Versicherungsschein, der sich vom übrigen Inhalt des Versicherungsscheines abhebt, vorzunehmen.

Wenn die Voraussetzungen des § 5 Abs. 2 VVG vom Versicherer erfüllt wurden und der Versicherungsnehmer nicht innerhalb der Monatsfrist widerspricht oder wenn er den neuen Antrag des Versicherers, z.B. durch Zahlung der Erstprämie, annimmt, ist der Vertrag zu den geänderten Inhalten rechtswirksam zustande gekommen.

Widerspricht der Versicherungsnehmer innerhalb der Frist, so ist der neue Antrag des Versicherers nicht angenommen worden mit der Folge, daß ein rechtswirksamer Vertrag nicht vorliegt.

Bestand bereits ein Vertrag und sollte nunmehr eine Abweichung durch den neuen Versicherungsschein bestimmt werden, so bleibt es bei einem Widerspruch des Versicherungsnehmers bei dem bisherigen Vertragsinhalt. Der Versicherungsnehmer kann in diesem Falle vom Versicherer die Ausstellung eines Versicherungsscheines verlangen, der den bisherigen Vereinbarungen entspricht.

Sofern der Versicherer die in § 5 Abs. 2 VVG vorgeschriebene Belehrung nicht oder nicht ordnungsgemäß vorgenommen hat, kommt der Versicherungsvertrag entsprechend dem Inhalt des Versicherungs*antrages* zustande. Abweichungen zu Ungunsten des Versicherungsnehmers sind in diesem Falle nicht Vertragsinhalt geworden (vgl. auch § 5 Abs. 3 VVG).

Eine Anfechtung des Vertrages wegen Irrtums im Sinne des § 119 BGB ist unter den dort genannten Voraussetzungen möglich. Dies wird auch durch § 5 Abs.4 VVG bestätigt, wonach eine Vereinbarung, durch welche der Versicherungsnehmer darauf verzichtet, den Vertrag wegen Irrtums anzufechten, unwirksam ist.

3.2.3. Stellung eines „Probeantrages"

Lehnt der Versicherer den Antrag auf Abschluß eines Vertrages ab, z.B. wegen zu hohen Risikos, so wird diese Ablehnung in einer für alle Versicherer zugänglichen zentralen Datei gespeichert. Wird danach bei einem anderen Versicherer erneut ein Antrag gestellt, so muß der Antragsteller damit rechnen, daß dieser Versicherer auf die gespeicherten Daten zurückgreift und diese bei seiner Entscheidung wertet. Im übrigen wird im Antragsvordruck danach gefragt, ob in den letzten drei Jahren der Abschluß einer Versicherung beantragt und dem Antrag entsprochen wurde.

Um die Speicherung einer Ablehnung in der zentralen Datei zu vermeiden, verwenden die Versicherer den sogenannten „Probeantrag". Dies geschieht vielfach dann, wenn der Versicherungsvermittler bereits Bedenken hat, ob dem Antrag auf Abschluß eines Vertrages wegen des individuell hohen Risikos entsprochen wird.

Nimmt der Versicherer den „Probeantrag" an, so ist dies rechtlich als Antrag auf Vertragsabschluß des Versicherers an den zukünftigen Versicherungsnehmer zu werten. Für das Zustandekommen des Versicherungsvertrages ist nunmehr die Annahme durch den („Probe-")Antragsteller erforderlich. Diese kann – wie vorher schon näher erläutert (vgl. 3.2.1.) – auch durch die Zahlung der ersten Prämie erfolgen.

Nimmt der Versicherer den „Probeantrag" nicht an, so darf er diese Ablehnung nicht in der zentralen Datei speichern. Der Antragsteller hat so eine größere Chance, mit einem anderen Versicherer einen Versicherungsvertrag abzuschließen.

3.3. Vorvertragliche Anzeigepflicht

3.3.1. Umfang der Anzeigepflicht

Im Zusammenhang mit dem Abschluß des Versicherungsvertrages spielt die vorvertragliche Anzeigepflicht des § 16 VVG eine bedeutende Rolle.

Nach § 16 Abs. 1 VVG hat der Versicherungsnehmer bei Abschluß des Versicherungsvertrages alle ihm bekannten Umstände anzuzeigen, die für die Übernahme der Gefahr erheblich sind.

Für die Übernahme der Gefahr erhebliche Umstände sind solche, die geeignet sind, auf den Entschluß des Versicherers, einen Vertrag überhaupt oder zu den vereinbarten Bedingungen abzuschließen, Einfluß auszuüben. Im Bereich der Krankenversicherung handelt es sich insbesondere um bestehende Erkrankungen, die für den Versicherer zur Abschätzung des zu versichernden Risikos von erheblicher Bedeutung sind. Weicht nämlich das Risiko des Antragstellers von dem im beantragten Tarif kalkulierten Risiko ab, wird der Versicherer den Antrag entweder zurückweisen, bestimmte Erkrankungen von der Leistungspflicht ausschließen oder zum Tarifbeitrag einen Risikozuschlag vereinbaren.

Fraglich kann zunächst sein, welche Umstände gefahrenerheblich und somit anzeigepflichtig sind. § 16 Abs. 1 VVG bestimmt hierzu, daß ein Umstand, nach welchem der Versicherer ausdrücklich und schriftlich gefragt hat, im Zweifel als erheblich gilt. Somit sind alle Fragen, die im Antragsvordruck enthalten sind, erheblich im Sinne der Anzeigepflicht. Dazu gehören inbesondere die Fragen nach dem Gesundheitszustand und nach Vorerkrankungen des Antragstellers.

Die im Antrag gestellten Fragen zum Gesundheitszustand bzw. zu den Vorerkrankungen müssen vom Antragsteller nach bestem Wissen sorgfältig und vollständig beantwortet werden. In welchem Umfang der Antragsteller Auskunft erteilen muß, richtet sich nach der Formulierung der Frage im jeweiligen Antragsvordruck. Gefragt wird z.B. nach Krankheiten, Beschwerden, Unfallfolgen, Gebrechen und Anomalien in den letzten drei Jahren oder ob *jemals* stationäre Heilbehandlung in einem Krankenhaus stattgefunden hat, eine solche beabsichtigt oder angeraten ist.

Die Frage, wann im Einzelfall von einer Vorerkrankung, einer ärztlichen Behandlung oder von Gesundheitsbeschwerden gesprochen werden kann, ist vom Antragsteller nicht immer zweifelsfrei zu beantworten. Er ist jedoch gehalten, auch die von ihm für unwesentlich gehaltenen Erkrankungen oder Beschwerden anzugeben. Die Rechtsprechung hat mehrfach entschieden, daß der Antragsteller nicht geltend machen kann, er habe die verschwiegenen Beschwerden für unerheblich gehalten. Die Beurteilung, was erheblich im Sinne des § 16 Abs. 1 VVG ist, muß dem Versicherer überlassen werden.

Vorvertragliche Anzeigepflicht

Bei dem Umfang der vorvertraglichen Anzeigepflicht kommt es also entscheidend auf die Formulierung der Fragen im Antragsvordruck an. Von einer Vorerkrankung wird man z.B. dann nicht sprechen können, wenn zwar Beschwerden bestanden haben, die ärztliche Untersuchung jedoch keinen krankhaften Befund ergeben hat. In einer solchen Untersuchung wird man auch keine ärztliche Behandlung sehen können.

Wird nach Gesundheitsbeschwerden in bezug auf bestimmte Organe gefragt, so braucht der Antragsteller nicht allgemeine Gesundheitsbeschwerden anzugeben, die nicht von den betreffenden Organen herrühren.

Ist jedoch im allgemeinen nach Gesundheitsstörungen oder Beschwerden gefragt, wird der Antragsteller sich auf solche Störungen und Beschwerden beschränken können, die nicht nur eine vorübergehende Beeinträchtigung des Wohlbefindens darstellen. So kann man zum Beispiel gelegentliche Kopfschmerzen nicht als anzeigepflichtige Gesundheitsstörung oder Beschwerden ansehen, dauernde oder häufige Kopfschmerzen wären dagegen mitteilungspflichtig.

Die Problematik der vorvertraglichen Anzeigepflicht soll an zwei Urteilen deutlich gemacht werden:

Im ersten Fall hatte der Versicherungsnehmer im Antrag die Frage nach stattgefundenen ärztlichen Behandlungen und Vorerkrankungen verneint. Vom Versicherer begehrte er jetzt Leistungen wegen Arbeitsunfähigkeit durch ein chronisch rezidivierendes Wirbelsäulensyndrom und Myalgien. Nach Eintritt der Arbeitsunfähigkeit stellte sich heraus, daß der Kläger bereits vor Antragstellung wegen Wirbelsäulenerkrankungen und Myalgien in ärztlicher Behandlung gewesen war. Der Versicherungsnehmer berief sich darauf, daß er den Arzt seinerzeit lediglich wegen Rückenschmerzen und Erschöpfungserscheinungen in Anspruch genommen habe. Der Arzt habe dann von sich aus Behandlungen, so insbesondere Bestrahlungen, angeordnet, offenbar, um seine Geräte auszulasten. Die jetzt in Frage stehende, angeblich bereits damals vom Arzt gestellte Diagnose sei ihm nicht bekannt gewesen. Allenfalls hätten bei ihm altersbedingte Abnutzungserscheinungen der Wirbelsäule vorgelegen.

Das OLG Frankfurt hat die Klage des Versicherungsnehmers *abgewiesen*. Nach Auffassung des Gerichtes hätte der Kläger jedenfalls angeben müssen, daß er wegen Rückenschmerzen und Myalgien in ärztlicher Behandlung war. Ob ihm die genaue Diagnose des Arztes bekanntgegeben wurde, ist demgegenüber unerheblich (OLG Frankfurt, Urteil vom 24.09.1987 (16 U 264/86, rechtskräftig).

In dem anderen Fall hatte der Versicherungsnehmer die Frage nach ärztlichen Vorbehandlungen und Vorerkrankungen im Antragsvordruck mit „keine" beantwortet. Später erkrankte er an einer Lumbago-Ischialgie.

Bereits im Januar 1985 war der Versicherungsnehmer in ärztlicher Behandlung. Nach einer sportlichen Betätigung (Fußballspielen) hatte er leichte Schmerzen gehabt und sich vorsorglich in ärztliche Behandlung begeben, um sicherzustellen, daß keine Verletzung vorlag. Eine weitere Behandlung erfolgte nicht, es bestand Beschwerdefreiheit.

Im Jahre 1987 erkrankte der Versicherungsnehmer an einer Lumbo-Ischialgie. Der Versicherer berief sich daraufhin auf eine Verletzung der vorvertraglichen Anzeigepflicht und trat vom Vertrag zurück.

Das Gericht gab dem Versicherungsnehmer *recht*. Ein Rücktritt vom Vertrag war nicht möglich, weil ein Verschulden bei der Nichtanzeige des Arztbesuches, der wegen leichter und vorübergehender Schmerzen in der Lendengegend ca. neun Monate vor der Antragstellung erfolgte, nicht vorlag.

In der Begründung führte das Gericht u.a. aus, daß der Kläger die vorübergehenden leichten Schmerzen als unmittelbare Folge der vorangegangenen besonderen Beanspruchung durch das Fußballspielen ansehen und somit davon ausgehen konnte, daß die Erscheinung nichts mit seinem allgemeinen Gesundheitszustand oder gar mit einer sich entwickelnden Anlage zu Beschwerden im Wirbelsäulenbereich zu tun hatte. Darin konnte er sich bestärkt sehen, als er von seinem behandelnden Arzt erfuhr, daß die Beschwerden nicht einmal einer – wenn auch nur kurzzeitigen – Behandlung bedurften. Begibt sich eine Person nach einer relativ anstrengenden sportlichen Betätigung – wozu Fußball zählt – wegen leichter Schmerzen zur Abklärung dieser Erscheinung zum Arzt und erfährt dort, daß die vorübergehende Schmerzerscheinung so bedeutungslos ist, daß nicht einmal eine Behandlung nötig ist, so kann ihr die Nichtangabe dieses Vorfalls bei einem Versicherungsantrag nach Ablauf von rd. neun beschwerdefreien Monaten nicht als fahrlässiges Verschweigen von erheblichen Umständen angelastet werden (OLG Hamburg, Urteil vom 18.10.1989 – 5 U 42/89 – VersR Nr. 17 vom 05.06.1990).

3.3.2. Antragsvordruck zur Risikoermittlung

Die Feststellung des Risikos geschieht, wie bereits vorher dargelegt, vordruckmäßig. Dazu werden Fragen gestellt, daneben befinden sich Freiräume für die Antworten. Denkbar ist, daß

- gestellte Fragen unbeantwortet bleiben,
- der Freiraum gestrichen wird oder
- die Frage als solche durchgestrichen wird.

In diesen Fällen ist es zweifelhaft, ob darin jeweils eine Verneinung der Frage zu sehen ist mit der Folge, daß ggf. eine Verletzung der vorvertraglichen Anzeigepflicht vorliegt.

Die Rechtsprechung geht davon aus, daß die gestellten Fragen konkret beantwortet werden müssen. Hat zum Beispiel der Antragsteller die Frage nach früheren Erkrankungen gestrichen, jedoch die Frage, ob er zur Zeit vollkommen gesund sei, bejaht und stellt sich später heraus, daß mehrere Vorerkrankungen vorliegen, so muß davon ausgegangen werden, daß der Strich ein „Nein" bedeutet und somit eine Verletzung der vorvertraglichen Anzeigepflicht vorliegt. Auch das Nichtausfüllen entsprechender Felder ist von der Rechtsprechung mehrfach als Verneinung der Frage angesehen worden. Man wird davon ausgehen müssen, daß ein Streichen des Antwortfeldes oder das Nichtausfüllen jedenfalls dann als Verneinung der betreffenden Frage zu werten ist, wenn der Antragsteller in anderen Fällen konkrete Angaben gemacht hat.

Vorvertragliche Anzeigepflicht

Sofern im Antrag ein bestimmter Zeitraum vorgegeben ist, z.B. „in den letzten drei Jahren", brauchen sich die Antworten auch nur auf diesen Zeitraum zu beziehen. Wenn jedoch die Fragen mit unbestimmtem Zeitbezug gestellt werden, z.B. „in den letzten Jahren", ergibt sich die Frage, wie weit der Antragsteller mit seinen Angaben zurückgehen muß. Zunächst ist davon auszugehen, daß bei der Fragestellung „in den letzten Jahren" mindestens solche Erkrankungen anzeigepflichtig sind, die sich in den letzten zwei Jahren ereignet haben. Aus der Mehrzahlbezeichnung in der Fragestellung ergibt sich, daß jedenfalls auch solche Erkrankungen gemeint sind, die mehr als ein Jahr zurückliegen.

Grundsätzlich kann man davon ausgehen, daß bis zu fünf Jahre zurückliegende Erkrankungen angegeben werden müssen. Im Einzelfall können jedoch auch länger zurückliegende Erkrankungen anzeigepflichtig sein, z.B. wenn sie schwerwiegenden Charakter haben und für die Annahme des Antrages im Sinne des § 16 Abs. 1 VVG von Bedeutung sind (so auch WI XXX VII/23).

Ein besonderes Problem kann bei der Frage nach Infektionserkrankungen entstehen. Erst Jahre nach der Infektion kann die Krankheit zum Ausbruch kommen. Aus diesem Grunde sind die Krankenversicherer besonders daran interessiert, im Versicherungsantrag nach Blutuntersuchungen des Versicherungsnehmers und dem Ergebnis dieser Untersuchungen zu fragen. Das Bundesaufsichtsamt für das Versicherungswesen hat den Krankenversicherern folgende Antragsfragen genehmigt:

- Haben Blutuntersuchungen stattgefunden, die zu der Feststellung einer Virusinfektion (auch Antikörper-Befund) oder eines sonstigen krankhaften Befundes (z.B. Rheuma, Hepatitis, Allergien, Aids) führten? Wenn ja, wann, was wurde festgestellt, wer kann Auskunft geben?

Das Bundesaufsichtsamt für das Versicherungswesen verlangt jedoch eine Erklärung des Versicherers, daß Konsequenzen wegen Verletzung der vorvertraglichen Anzeigepflicht aus der Beantwortung bzw. Nichtbeantwortung solcher Fragen bei AIDS-Infektionen oder bei anderen krankhaften Befunden aufgrund von Blutuntersuchungen nur dann gezogen werden, wenn diese weniger als fünf Jahre vor Antragstellung zurückliegen.

Im Antragsvordruck stellen sich die Fragen zur Risikoermittlung z.B. wie folgt dar:

Vorvertragliche Anzeigepflicht

Schaubild 17:

		Personen-Nr.							
		1		2		3		4	
A	Jede der folgenden Fragen ist für alle Personen mit JA oder NEIN zu beantworten. (Bitte ankreuzen). Wird eine Frage mit JA beantwortet, sind unter Anführung der entsprechenden Personen-Nummer im Abschnitt E genaue Angaben zu machen.	NEIN	JA	NEIN	JA	NEIN	JA	NEIN	JA
a	Bestanden in den letzten drei Jahren bzw. bestehen z. Z. noch Krankheiten, Beschwerden, Unfallfolgen, Gebrechen, Anomalien?								
b	Haben jemals stationäre Behandlungen in einem Krankenhaus, Lazarett, Sanatorium oder einer Heilstätte stattgefunden, oder ist eine solche beabsichtigt oder angeraten?								
c	Wurden jemals Operationen durchgeführt, oder ist eine solche beabsichtigt oder angeraten?								
d	Haben Blutuntersuchungen stattgefunden, die zu der Feststellung einer Virusinfektion (auch Antikörper-Befund) oder eines sonstigen krankhaften Befundes (z. B. Rheuma, Hepatitis, Allergien, AIDS) führten? (Wenn ja, Ergebnis in Absatz E angeben)								
e	Liegt eine Wehrdienstbeschädigung oder Erwerbsminderung vor? ☐ WDB (Bitte ankreuzen; genaue Diagnose und %-Satz in Absatz E angeben) ☐ Md E								
f	Bestand in den letzten drei Jahren Arbeitsunfähigkeit bzw. besteht z. Z. eine solche?								
g	Fanden in den letzten drei Jahren Kuren statt, oder ist eine Kur beabsichtigt oder angeraten?								
h	Findet z. Z. eine kieferorthopädische oder Parodontose-Behandlung statt, oder ist eine solche beabsichtigt oder angeraten?								
j	Ist eine ärztliche oder zahnärztliche Behandlung z. Z. beabsichtigt oder angeraten?								
k	Werden Medikamente eingenommen? (Bitte in Absatz E unbedingt Diagnose, Art der Medikamente, Dosis und behandelnden Arzt angeben)								
l	Sind noch Rechnungen offen bzw. nicht eingereicht? (Falls JA, Erkrankung, Behandlungsdauer und behandelnden Arzt angeben)								

B Personen-Nummer

	1	2	3	4
a) Körpergröße (cm)				
b) Körpergewicht (kg)				
c) Schwangerschaft	☐ NEIN	☐ NEIN	☐ NEIN	☐ NEIN
	☐ JA	☐ JA	☐ JA	☐ JA
	Mon.	Mon.	Mon.	Mon.
d) Anzahl der fehlenden natürlichen Zähne				
Wurden die fehlenden Zähne ersetzt?	☐ NEIN	☐ NEIN	☐ NEIN	☐ NEIN
	☐ JA	☐ JA	☐ JA	☐ JA
Wenn ja, wieviel? Wann?				

3.3.3. Anzeigepflicht während der Bindungsfrist

Die Anzeigepflicht im Sinne des § 16 VVG bezieht sich nicht nur auf Erkrankungen usw. zum Zeitpunkt der Antragstellung. Der Antragsteller ist vielmehr verpflichtet, alle nach Abgabe des Antrages eingetretenen Veränderungen des Gesundheitszustandes sowie ärztliche Behandlungen, Krankenhausbehandlungen usw., die bis zur Annahme des Antrages eintreten, dem Versicherer unverzüglich schriftlich anzuzeigen. Geschieht dies nicht, so liegt ebenfalls eine Verletzung der vorvertraglichen Anzeigepflicht vor.

3.3.4. Mitwirkung eines Arztes bei der Gesundheitsprüfung

Wird bei der Gesundheitsprüfung ein Arzt eingeschaltet, stellt sich die Frage, ob und inwieweit Erklärungen des Antragstellers gegenüber dem Arzt der Anzeigepflicht im Sinne des § 16 VVG entsprechen.

Bei der Mitwirkung eines Arztes ist zu unterscheiden:

a) Der Arzt wird auf Veranlassung des Versicherers eingeschaltet,

b) Der Antragsteller fragt seinen Arzt um Rat bei der Beantwortung der Fragen im Vordruck.

Zu a) Wird ein Arzt vom Versicherer beauftragt, den Antragsteller zu untersuchen, so wird der Arzt in bezug auf Angaben zum Gesundheitszustand des Antragstellers als Erklärungsempfänger des Versicherers tätig. Beantwortet der Antragsteller die Fragen des Arztes zutreffend und erschöpfend, hält der Arzt es aber nicht für erforderlich, die Antworten vollständig im Antrag bzw. im Gesundheitszeugnis festzuhalten, so hat der Antragsteller dennoch die gestellten Fragen beantwortet, und eine Verletzung der Anzeigepflicht liegt nicht vor. Verschweigt er jedoch gegenüber dem untersuchenden Arzt Vorerkrankungen oder Beschwerden, so ist dies gleichbedeutend mit einer falschen Angabe im Antragsvordruck, und es liegt eine schuldhafte Verletzung der vorvertraglichen Anzeigepflicht vor. Dies ist z.B. dann der Fall, wenn der Antragsteller dem untersuchenden Arzt unbekannt ist und dieser bestehende Krankheiten nicht ohne weiteres erkennen kann.

Zu b) Wenn der Antragsteller nach Beratung mit einem Arzt, z.B. dem Hausarzt, im Antragsvordruck Vorerkrankungen nicht oder nicht vollständig angibt, weil der Arzt diese als unerheblich bezeichnet hat, so liegt wegen des fehlenden Verschuldens des Antragstellers in aller Regel keine Verletzung der vorvertraglichen Anzeigepflicht vor. Der Versicherungsnehmer ist entschuldigt, wenn er gegenüber dem Arzt wahre Angaben macht, dieser sie aber für unwesentlich hält. Auch braucht der Versicherungsnehmer sich eine fehlerhafte Diagnose des Arztes nicht anrechnen zu lassen. § 16 Abs. 1 VVG erklärt zwar alle Umstände, nach denen ausdrücklich gefragt wird, für erheblich, dies jedoch nur deshalb, weil sonst der Antragsteller möglicherweise Krankheiten nicht angeben könnte, die von ihm nach laienhaftem Verständnis für nicht erheblich angesehen werden, die aber nach Einschätzung eines Arztes doch erheblich sein können. Wenn aber der Arzt eine frühere Erkrankung als unerheblich bezeichnet, braucht der Antragsteller sie trotz ausführlicher Frage im Antragsvordruck nicht anzugeben (so auch WI XXX VIII/32).

Allerdings wird man davon ausgehen müssen, daß eine Verletzung der vorvertraglichen Anzeigepflicht dann vorliegt, wenn der Antragsteller gewußt hat, daß die Ansicht des Arztes, die von ihm angegebenen Beschwerden seien unerheblich, sachlich unzutreffend war.

3.3.5. Mitwirkung eines Versicherungsvermittlers beim Ausfüllen des Antrages

Fraglich ist, welche Rolle die Mitwirkung eines Versicherungsvermittlers bei den Verletzungen der vorvertraglichen Anzeigepflicht spielt. Grundsätzlich muß man davon ausgehen, daß die Mitwirkung des Versicherungsvermittlers bei der Ausfüllung des Antrages auf Abschluß eines Versicherungsvertrages den Versicherungsnehmer nicht von seiner Pflicht befreit, die ihm gestellten Fragen in eigener Verantwortung wahrheitsgemäß und vollständig zu beantworten. Der Antragsteller ist auch dann für die Richtigkeit und Vollständigkeit der Angaben verantwortlich, wenn jemand anderes, zum Beispiel der Versicherungsvermittler, den Antrag niedergeschrieben hat. Der Antragsteller muß in diesem Falle darauf beharren, daß der Versicherungsvermittler alle Beschwerden, Krankheiten und Behandlungen in den Versicherungsantrag aufnimmt.

Aus der Rechtsprechung ergibt sich, daß in den Fällen, in denen der Versicherungsvermittler die Ausfüllung des Antrages unrichtig vorgenommen hat, der Antragsteller sich nur in Ausnahmefällen entlasten kann. Dies kann z.B. dann der Fall sein, wenn der Versicherungsvermittler dem Antragsteller Grund zu der Annahme gegeben hat, die fehlerhafte Beantwortung bestimmter Fragen sei aus besonderem Grund so richtig.

Entlasten kann er sich ggf. auch dann, wenn er glaubhaft machen kann, daß er den Versicherungsvermittler umfassend über die im Antragsvordruck gestellten Fragen informiert hat, dieser aber die Angaben nicht in den Antrag übernommen hat. Allerdings wird die Frage der Beweisführung, die durch den Antragsteller erfolgen muß, nicht einfach sein.

3.4. Folgen der Verletzung der vorvertraglichen Anzeigepflicht

3.4.1. Rücktritt vom Versicherungsvertrag

3.4.1.1. Voraussetzungen für den Rücktritt

Gemäß § 16 Abs. 2 VVG kann bei schuldhafter Verletzung der vorvertraglichen Anzeigepflicht der Versicherer vom Vertrag zurücktreten. Das bedeutet, daß vom Vertragsbeginn an Unwirksamkeit vorliegt. Gemäß § 16 Abs. 3 VVG ist der Rücktritt vom Vertrag jedoch ausgeschlossen, wenn der Versicherer den nicht angezeigten Umstand kannte oder wenn die Anzeige ohne Verschulden des Versicherungsnehmers unterblieben ist.

Abgesehen von der Tatsache, daß ein Rücktritt ausgeschlossen ist, wenn der Versicherer den nicht angezeigten Umstand kannte, kann der Versicherer vom Vertrag zurücktreten, wenn eine *schuldhafte Verletzung* der vorvertraglichen Anzeigepflicht durch den Versicherungsnehmer vorliegt. Das Gesetz fordert eine schuldhafte Verletzung, so daß bereits Fahrlässigkeit (vgl. § 276 BGB) ausreicht.

Zu beachten ist hier auch § 18 VVG. Wegen unterbliebener Anzeige eines Gefahrenumstandes, nach welchem *nicht* ausdrücklich gefragt worden ist, kann der Versiche-

Folgen der Verletzung der vorvertraglichen Anzeigepflicht

rer nur im Falle arglistiger Verschwiegenheit vom Vertrag zurücktreten. Diese Vorschrift des § 18 VVG ist im Zusammenhang mit dem § 16 VVG zu sehen. Die Vorschrift des § 18 VVG regelt den Fall, daß der Versicherungsnehmer Gefahrenumstände, nach denen nicht ausdrücklich gefragt worden ist, arglistig verschwiegen hat. Zur Anfechtung wegen arglistiger Täuschung siehe 3.5.

3.4.1.2. Erklärung des Versicherers

Will der Versicherer vom Vertrag zurücktreten, so muß er dies gemäß § 20 Abs. 1 VVG innerhalb eines Monats erklären. Die Frist beginnt mit dem Zeitpunkt, in welchem der Versicherer von der Verletzung der Anzeigepflicht Kenntnis erlangt.

Diese Vorschrift bezieht sich allerdings nur auf die Abgabe der Erklärung zum Vertragsrücktritt, nicht jedoch auf die Tatsache, in welcher Zeit überhaupt ein Rücktrittsrecht gem. § 16 Abs. 2 VVG möglich ist.

Für die private Krankenversicherung gibt es keine Bestimmung, die das Rücktrittsrecht des § 16 VVG zeitlich einschränkt. Für den Bereich der Lebensversicherung schreiben die Allgemeinen Versicherungsbedingungen vor, daß ein Rücktrittsrecht nur innerhalb von drei Jahren nach Abschluß des Versicherungsvertrages möglich ist.

Das Bundesaufsichtsamt für das Versicherungswesen hat den Krankenversicherern die Aufnahme einer entsprechenden Klausel in die Versicherungsverträge empfohlen. Das Rücktrittsrecht des Versicherers soll ausgeschlossen sein, wenn seit Abschluß oder Änderung des Versicherungsvertrages mehr als drei Jahre vergangen sind. Zur Begründung führt das Bundesaufsichtsamt an, daß nicht angezeigte Vorerkrankungen, die das Krankheitsrisiko wesentlich beeinflussen, in der Regel innerhalb der nächsten Jahre erneut auftreten und dem Versicherer bei Vorlage der Arztrechnung bekannt werden. Dabei ist auch berücksichtigt, daß das Recht des Versicherers, den Vertrag wegen arglistiger Täuschung anzufechten (vgl. § 22 VVG), unberührt bleibt.

Ist der Versicherer wegen Verletzung der vorvertraglichen Anzeigepflicht vom Vertrag zurückgetreten, so wird dies – wie die Ablehnung eines Antrages auf Abschluß eines Vertrages – ebenfalls in einer zentralen Datei gespeichert (vgl. auch 3.2.3.).

3.4.1.3. Wirkung des Rücktritts

Tritt der Versicherer vom Vertrag wegen schuldhafter Verletzung der vorvertraglichen Anzeigepflicht zurück, bestimmt § 20 Abs. 2 VVG, daß beide Teile einander die empfangenen Leistungen zurückzugewähren haben, sofern das Gesetz im Hinblick auf den Beitrag nichts anderes bestimmt. Dies bedeutet, daß die Parteien entsprechend den bürgerlich-rechtlichen Grundsätzen verpflichtet sind, die beiderseitigen Leistungen zurückzuzahlen.

Eine Besonderheit gilt jedoch für den Beitrag. Nach § 40 Abs. 1 VVG steht dem Versicherer bis zum Schluß des laufenden Versicherungsjahres die Prämie (Beitrag) zu. Dies gilt auch bei Rücktritt vom Vertrag wegen Verletzung der vorvertraglichen Anzeigepflicht. Im Ergebnis hat deshalb nur der Versicherungsnehmer die empfangenen

Folgen der Verletzung der vorvertraglichen Anzeigepflicht

Leistungen zurückzuzahlen, während dem Versicherer der Beitrag bis zum Schluß des laufenden Versicherungsjahres zusteht.

3.4.1.4. Leistungspflicht trotz Rücktritts

Bei der Ausübung des Rücktrittsrechts gemäß § 20 VVG ist jedoch die Vorschrift des § 21 VVG zu beachten. Daraus ergibt sich, daß für den Fall, daß der Versicherer *nach Eintritt* eines Versicherungsfalles vom Vertrag zurücktritt, der Versicherer trotzdem zur Leistung verpflichtet ist, wenn der Umstand, der zur Anzeigepflichtverletzung geführt hat, keinen Einfluß auf den Eintritt *dieses* Versicherungsfalles und auf den Umfang der Leistungen des Versicherers gehabt hat.

Hiernach bleibt trotz Rücktritts des Versicherers dessen Leistungspflicht dann bestehen, wenn der verschwiegene Umstand auf den Eintritt des Versicherungsfalles keinen Einfluß hatte. Es kommt also auf die Ursächlichkeit des nicht angegebenen gefahrerheblichen Umstandes, z.B. der Vorerkrankung, für den Eintritt des Versicherungsfalles an. Die Beweislast für die fehlende Kausalität liegt jedoch beim Versicherungsnehmer.

Beispiel:

Der Versicherungsnehmer hat ein Herzleiden im Sinne des § 16 VVG nicht vollständig angezeigt. Zwischenzeitlich erfolgt Behandlung wegen der Folgen eines Unfalles. Der Versicherer muß für diesen Versicherungsfall leisten, wenn er nach dessen Eintritt wegen der Anzeigepflichtverletzung aus Anlaß des Herzleidens vom Vertrag zurücktritt.

3.4.2. Prämienverbesserung

Ein Rücktritt vom Vertrag ist nur bei schuldhafter Verletzung der vorvertraglichen Anzeigepflicht möglich. Liegt ein Verschulden des Versicherungsnehmers nicht vor, so kann der Versicherer jedoch gem. § 41 VVG eine höhere Prämie (Beitrag) fordern.

Hat der Versicherungsnehmer bei der Schließung des Vertrages eine ihm obliegende Anzeigepflicht verletzt (vgl. § 16 Abs. 1 VVG), ist das Rücktrittsrecht des Versicherers aber ausgeschlossen, weil dem Versicherungsnehmer ein Verschulden nicht zur Last fällt (vgl. § 16 Abs. 3 VVG), kann der Versicherer, falls mit Rücksicht auf die höhere Gefahr eine höhere Prämie angemessen ist, vom Beginn der laufenden Versicherungsperiode an eine höhere Prämie verlangen (§ 41 VVG).

Diese Prämienverbesserung ist nur möglich, wenn der Rücktritt vom Vertrag ausgeschlossen ist (vgl. hierzu 3.4.1.).

§ 41 Abs. 3 VVG bestimmt, daß der Anspruch auf die höhere Prämie erlischt, wenn dieser nicht innerhalb eines Monats von dem Zeitpunkt an geltend gemacht wird, in welchem der Versicherer von der Verletzung der Anzeigepflicht Kenntnis erlangt hat.

Der Versicherungsnehmer hat im Falle der Prämienverbesserung kein außerordentliches Kündigungsrecht. Er kann den Vertrag nur im Rahmen der ordentlichen Kündigungsfristen beenden.

Anfechtung des Vertrages wegen arglistiger Täuschung

Die Wirkung des § 41 VVG liegt darin, daß der Versicherer rückwirkend auf den Beginn der zum Zeitpunkt der Änderung laufenden Versicherungsperiode an die Stelle der vereinbarten Prämie eine angemessene höhere Prämie setzen kann. Für den Bereich der privaten Krankenversicherung bedeutet dies, daß zumindest ab Beginn des laufenden Versicherungsjahres ein Risikozuschlag erhoben wird. Damit wird der Zustand hergestellt, der bestanden hätte, wenn die Anzeigepflicht nicht verletzt worden wäre.

Die Prämienverbesserung nach § 41 VVG ist auch dann möglich, wenn dem Versicherungsnehmer eine Erkrankung bei Antragstellung nicht bekannt war, diese sich jedoch im nachhinein als objektiv vorhanden erweist, z.B. eine Krebserkrankung. In diesem Fall ist ein Rücktritt vom Vertrag durch den Versicherer nicht möglich, da ein Verschulden des Versicherungsnehmers nicht vorliegt.

Zusammenfassend ergibt sich folgendes:

Versicherungsnehmer hat Anzeigepflicht verletzt

mit Verschulden	ohne Verschulden
Versicherer kann vom Vertrag zurücktreten (§ 16 Abs. 2 VVG)	Versicherer kann nicht vom Vertrag zurücktreten (§ 16 Abs. 3 VVG).
Frist: Innerhalb eines Monats seit Kenntnis der Verletzung der Anzeigepflicht (§ 20 Abs. 1 VVG).	aber: Versicherer hat Anspruch auf eine höhere Prämie (Risikozuschlag) von Beginn der laufenden Versicherungsperiode an (§ 41 VVG).
Wirkung: 1) Versicherungsnehmer muß empfangene Leistungen zurückzahlen (§ 20 Abs. 2 VVG). 2) Prämie bis zum Schluß der Versicherungsperiode verbleibt dem Versicherer (§ 40 VVG).	

3.5. Anfechtung des Vertrages wegen arglistiger Täuschung

Nach § 22 VVG bleibt das Recht des Versicherers, den Vertrag wegen arglistiger Täuschung über Gefahrenumstände anzufechten, unberührt.
Die Anfechtung richtet sich nach dem bürgerlichen Recht. § 123 Abs. 1 BGB bestimmt dazu, daß derjenige, der zur Abgabe einer Willenserklärung durch arglistige Täuschung oder widerrechtlich durch Drohung bestimmt worden ist, die Erklärung anfechten kann.

Der Rücktritt des Versicherers vom Vertrag wegen Verletzung der vorvertraglichen Anzeigepflicht im Sinne des § 16 VVG und die Anfechtung des Versicherungsvertrages wegen arglistiger Täuschung im Sinne des § 123 BGB liegen oft eng beieinander. Der Unterschied liegt im wesentlichen in den Voraussetzungen und in der Beweislast.

Beim Rücktritt des Versicherers vom Vertrag wegen Verletzung der vorvertraglichen Anzeigepflicht hat der Versicherer den objektiven Tatbestand der Pflichtverletzung zu beweisen. Der Versicherungsnehmer trägt die Beweislast dafür, daß die Anzeige ohne sein Verschulden unterblieben oder unrichtig gemacht worden ist.

Will dagegen der Versicherer den Vertrag wegen arglistiger Täuschung anfechten, so muß er den Nachweis führen, daß der Versicherungsnehmer nicht nur wissentlich, sondern arglistig einen gefahrenerheblichen Umstand verschwiegen oder unrichtig angezeigt hat. Die Rechtsprechung des BGH hat diesen Begriff so ausgelegt, daß der Versicherungsnehmer das Bewußtsein gehabt haben muß, daß der Versicherer seinen Antrag, wenn er die Wahrheit gesagt hätte, möglicherweise überhaupt nicht oder nur unter erschwerten Bedingungen angenommen hätte.

Der BGH hat in dem Urteil vom 11.02.1987 (IVa ZR 201/85 – WI XXXV/25) unter anderem festgestellt, daß arglistige Täuschung, aber auch ein Verschulden des Versicherungsnehmers im Sinne des § 16 Abs. 3 VVG dann entfallen kann, wenn zwar Vorerkrankungen im Antragsvordruck bewußt verschwiegen wurden, der Versicherungsnehmer sich aber der Bedeutung dieser Umstände in bezug auf die dann später festgestellte, den Versicherungsfall begründende Erkrankung nicht im klaren war.

Bei der Anfechtung wegen arglistiger Täuschung ist die Anfechtungsfrist des § 124 BGB zu beachten. Will der Versicherer wegen arglistiger Täuschung den Vertrag anfechten, so muß dies gegenüber dem Versicherungsnehmer innerhalb eines Jahres erklärt werden. Insofern ist eine empfangsbedürftige Willenserklärung gefordert.

Die Wirkung der Anfechtung liegt darin, daß der Vertrag von Anfang an nichtig ist (vgl. § 142 BGB). Hinsichtlich der Prämie ist wiederum § 40 Abs. 1 VVG zu beachten, wonach dem Versicherer – genau wie beim Rücktritt vom Vertrag wegen Verletzung der vorvertraglichen Anzeigepflicht – auch bei der Anfechtung des Vertrages wegen arglistiger Täuschung die Prämie bis zum Schluß der jeweils laufenden Versicherungsperiode zusteht.

3.6. Beginn der Versicherung

3.6.1. Allgemeines

Hinsichtlich des Versicherungsbeginns unterscheidet man

a) den formellen,

b) den technischen,

c) den materiellen Beginn.

Unter formellem Beginn versteht man den Zeitpunkt des Vertragsabschlusses, also die Annahme des Antrages durch den Versicherer (vgl. hierzu 3.1. und 3.2.). Der technische Beginn bezeichnet den Zeitpunkt, von dem an Beitrag zu zahlen ist. Dieser Zeitpunkt bestimmt z.B. den Beginn der Wartezeit, das für die Beitragsberechnung maßgebliche Lebensalter, den Beitragszahlungszeitraum und die Kündigungsfristen. Materieller Versicherungsbeginn ist der Zeitpunkt, von dem an die vertraglich vereinbarte Leistungspflicht des Versicherers einsetzt, also evtl. unter Berücksichtigung von Wartezeiten.

Das Versicherungsvertragsgesetz enthält keine generellen Regelungen für den Beginn bzw. das Ende der Versicherung. Gleiches gilt auch für die Wartezeit. Die Regelungen dazu ergeben sich aus den Allgemeinen Versicherungsbedingungen (vgl. hierzu 2.3.2.1.).

Für den Bereich der Krankheitskosten- und der Krankentagegeldversicherung sind die Regelungen durchweg gleichlautend. Soweit Unterschiede bestehen, ist darauf besonders hingewiesen. Die Pflegekrankenversicherung wird besonders behandelt (vgl. hierzu 3.8.).

3.6.2. Ausstellung des Versicherungsscheines

Gemäß § 2 Abs. 1 MB/KK 76 – MB/KT 78 beginnt der Versicherungsschutz mit dem im Versicherungsschein bezeichneten Zeitpunkt, dem Versicherungsbeginn, jedoch nicht vor Abschluß des Versicherungsvertrages (insbesondere Zugang des Versicherungsscheines oder einer schriftlichen Annahmeerklärung des Versicherers) und nicht vor Ablauf der Wartezeit.

Der Beginn des Versicherungsschutzes richtet sich somit nach

1. dem im Versicherungsschein bezeichneten Zeitpunkt,

2. dem Abschluß des Vertrages,

3. dem Ablauf der Wartezeit.

Der Versicherungsschutz kann also grundsätzlich nicht rückwirkend begründet werden.

3.6.3. Rückwärtsversicherung

Das private Versicherungsrecht kennt die Rückwärtsversicherung. Die Rechtsprechung des BGH geht zum Beispiel in der Entscheidung vom 16.02.1982 (BGHZ 1984 S. 298 ff.) davon aus, daß grundsätzlich die Rückdatierung als echte Rückwärtsversicherung anzusehen ist mit der Folge, daß die materielle Haftungszeit des Versicherers bereits mit dem früheren, vor Vertragsabschluß liegenden Zeitpunkt beginnt. Der Grund liegt darin, daß der durchschnittliche Versicherungsnehmer unter dem Datum des Versicherungsbeginns regelmäßig den materiellen Versicherungsbeginn versteht. Anders ist dies jedoch in bestimmten Versicherungszweigen, so insbesondere in der Lebens- und Krankenversicherung. Für die Krankenversicherung schließt § 2 Abs. 1 Satz 1 MB/KK 76 – MB/KT 78 eine Rückwärtsversicherung ausdrücklich aus. Auch die evtl. Rückdatierung des technischen Versicherungsbeginns führt nicht zu einer Rückwärtsversicherung.

Eine echte Rückwärtsversicherung entsteht für die Krankheitskostenversicherung aus der Vorschrift des § 2 Abs. 2 MB/KK 76. Bei Neugeborenen beginnt der Versicherungsschutz ohne Wartezeit unmittelbar nach der Geburt, wenn am Tage der Geburt ein Elternteil mindestens drei Monate beim Versicherer versichert ist und die Anmeldung zur Versicherung spätestens zwei Monate nach dem Tage der Geburt rückwirkend zum Ersten des Geburtsmonats erfolgt. Dabei ist jedoch zu beachten, daß der Versicherungsschutz nicht höher und umfassender sein darf als der eines versicherten Elternteiles.

Die Versicherung eines Neugeborenen bedarf keines Antrages, sondern nur einer Anmeldung, also einer einseitigen, empfangsbedürftigen Willenserklärung.

Fraglich kann in diesem Falle sein, wann eine Anmeldung von neugeborenen Kindern vorliegt. Einzelheiten hierzu können die Versicherer im Teil II der AVB regeln. So ist es möglich, daß zu Gunsten der Versicherten im Zweifel bereits die Anforderung der Entbindungsleistungen oder die Vorlage der Geburtsurkunde als Anmeldung von neugeborenen Kindern gilt.

Problematisch kann bei Neugeborenen der Versicherungsschutz für Geburtsschäden sowie angeborene Krankheiten und Gebrechen sein. Hierzu bestimmen vielfach die AVB im Teil II, daß unter den Voraussetzungen der Mitversicherung eines Neugeborenen im Sinne des § 2 Abs. 2 MB/KK 76 ab Geburt ein Versicherungsschutz besteht, und zwar auch für Geburtsschäden sowie angeborene Krankheiten und Gebrechen.

Für das Krankentagegeld bedarf es einer solchen Vorschrift für Neugeborene nicht, da diese Versicherungsart für diese Personen nicht in Frage kommt.

Eine Rückwärtsversicherung ergibt sich in der privaten Krankenversicherung auch aus der Vorschrift des § 3 Abs. 5 MB/KK 76 – MB/KT 78. Einzelheiten hierzu bei 3.6.5.4.

Beginn der Versicherung

3.6.4. Zahlung des ersten Beitrages

Regelungen zur Zahlung der Beiträge enthalten sowohl § 8 MB/KK 76 – MB/KT 78 als auch die §§ 35 bis 39 VVG.

Die Vorschriften der Musterbedingungen sind jedoch als Lex specialis den Vorschriften des VVG gegenüber vorrangig, zumal sie stärker die Belange der privaten Krankenversicherung berücksichtigen.

§ 8 Abs. 3 MB/KK 76 – MB/KT 78 bestimmt, daß der erste Beitrag bzw. die erste Beitragsrate unverzüglich nach Aushändigung des Versicherungsscheines zu zahlen ist. Dagegen schreibt § 35 VVG vor, daß der erste Beitrag sofort nach Abschluß des Vertrages zu zahlen ist. Wie vorher festgestellt, sind jedoch die Regelungen der Musterbedingungen vorrangig.

Gemäß § 2 Abs. 1 MB/KK 76 – MB/KT 78 ist der Beginn des Versicherungsschutzes nicht von der Zahlung des erstes Beitrages abhängig. Daraus ergibt sich gleichzeitig, daß durch diese Vorschrift die Bestimmung des § 38 Abs. 2 VVG, wonach der Versicherer bei Eintritt des Versicherungsfalles vor Zahlung des ersten Beitrages von der Verpflichtung zur Leistung frei ist, *nicht* für die private Krankenversicherung gilt.

§ 38 Abs. 1 VVG gilt dagegen auch für die private Krankenversicherung. Danach ist der Versicherer berechtigt, solange der erste Beitrag nicht rechtzeitig gezahlt ist, vom Vertrag zurückzutreten. Wird der Anspruch auf den Beitrag nicht innerhalb von drei Monaten vom Fälligkeitstage an gerichtlich geltend gemacht, so gilt dies als Rücktritt.

Daraus ergibt sich, daß das Rücktrittsrecht entweder vom Versicherer gegenüber dem Versicherungsnehmer ausdrücklich ausgeübt wird oder die Ausübung des Rücktrittsrechts vom Gesetz aus der Untätigkeit des Versicherers während einer bestimmten Frist gefolgert wird.

Bei Nichtzahlung des Erstbeitrages ist § 39 VVG anwendbar. Einzelheiten hierzu bei 4.4.6.2.

In der Praxis wird vielfach mit der Abgabe des Antrages auf Abschluß eines Krankenversicherungsvertrages bereits der erste Monatsbeitrag vom Versicherungsnehmer gefordert. Sofern der Antrag auf Abschluß eines Versicherungsvertrages vom Versicherer nicht angenommen wird, wird der unter Vorbehalt gezahlte Beitrag dem Antragsteller zurückerstattet. Aus der Zahlung des ersten Monatsbeitrages bei der Antragstellung ergibt sich jedoch nicht, daß der Versicherungsvertrag dadurch bereits vor Annahme durch den Versicherer zustande gekommen ist.

3.6.5. Wartezeiten

3.6.5.1. Allgemeine Wartezeiten

§ 2 Abs. 1 MB/KK 76 – MB/KT 78 weist bereits darauf hin, daß ein Versicherungsschutz nicht vor Ablauf von Wartezeiten besteht. Wartezeiten sind ein zeitlich und auch sachlich begrenzter Risikoausschluß. Leistungen, die nach Ablauf der Wartezeit entstehen, sind auch dann zu erbringen, wenn die Erkrankung während der Wartezeit eingetreten ist.

Die Wartezeit beginnt grundsätzlich mit dem im Versicherungsschein bezeichneten Zeitpunkt des technischen Versicherungsbeginns.

§ 3 MB/KK 76 – MB/KT 78 bestimmt die Wartezeiten. Danach beträgt die allgemeine Wartezeit drei Monate. Sie gilt nicht für Unfallfolgen sowie in der Krankheitskostenversicherung für den Ehegatten einer mindestens seit drei Monaten versicherten Person, sofern eine gleichartige Versicherung innerhalb zweier Monate nach der Eheschließung beantragt wird.

3.6.5.2. Besondere Wartezeiten

Für die Leistungsbereiche Entbindung, Psychotherapie, Zahnbehandlung, Zahnersatz und Kieferorthopädie beträgt die Wartezeit acht Monate. Im Leistungsbereich „Entbindung" beträgt in der Krankentagegeldversicherung die Wartezeit drei Monate.

Bei der Wartezeit von acht Monaten ist jedoch zu beachten, daß entsprechend dem Teil II der AVB diese häufig verkürzt wird, z.B. gilt die allgemeine Wartezeit von drei Monaten. Dies kann für alle vorher genannten Leistungsbereiche, aber auch nur für Teilbereiche erfolgen.

3.6.5.3. Verzicht auf Wartezeiten

Nach § 3 Abs. 4 MB/KK 76 – MB/KT 78 kann die Wartezeit – sofern der Tarif es vorsieht – aufgrund besonderer Vereinbarungen erlassen werden, wenn ein ärztliches Zeugnis über den Gesundheitszustand vorgelegt wird.

Für den Erlaß der Wartezeit ist somit erforderlich, daß Teil II der AVB entsprechende Regelungen vorsieht. So wird z.B. die allgemeine Wartezeit erlassen, wenn der Abschluß eines Versicherungsvertrages mit ärztlicher Untersuchung beantragt und ein ärztlicher Untersuchungsbericht in dem hierfür bestimmten Vordruck innerhalb einer bestimmten Frist vorgelegt wird. Die Kosten der Untersuchung hat der Antragsteller selbst zu tragen.

3.6.5.4. Anrechnung von Versicherungszeiten der GKV

Gemäß § 3 Abs. 5 MB/KK 76 – MB/KT 78 wird bei Personen, die aus der gesetzlichen Krankenversicherung ausscheiden und einen Versicherungsschutz in der privaten Krankenversicherung erlangt haben, die nachweislich in der gesetzlichen Krankenversicherung ununterbrochen zurückgelegte Versicherungszeit auf die Wartezeit angerechnet.

Voraussetzung ist jedoch, daß die Versicherung in der privaten Krankenversicherung spätestens zwei Monate nach Beendigung der gesetzlichen Krankenversicherung beantragt wird und der Versicherungsschutz – in Abweichung von § 2 Abs. 1 MB/KK 76 – MB/KT 78 (danach beginnt der Versicherungsschutz mit dem im Versicherungsschein bezeichneten Zeitpunkt, jedoch nicht vor Abschluß des Versicherungsvertra-

Ende der Versicherung

ges) –, sich unmittelbar an die vorangegangene Versicherung in der gesetzlichen Krankenversicherung anschließt.

§ 3 Abs. 5 MB/KK 76 – MB/KT 78 gibt somit auch die Grundlage für eine Rückwärtsversicherung, da der Versicherungsbeginn in der privaten Krankenversicherung rückwirkend zum Ausscheiden aus der gesetzlich Krankenversicherung erfolgen muß (vgl. hierzu 3.6.3.).

Bei Erfüllung der Voraussetzungen des § 3 Abs. 5 MB/KK 76 – MB/KT 78 entfällt nicht die Wartezeit, sondern die in der gesetzlichen Krankenversicherung zurückgelegte Versicherungszeit wird auf die Wartezeit angerechnet. Dabei spielt es keine Rolle, ob es sich um Zeiten einer Versicherungspflicht oder einer Versicherungsberechtigung handelte.

War der Versicherungsnehmer z.B. in der gesetzlichen Krankenversicherung nur zwei Monate versichert, so besteht für die allgemeine Wartezeit noch eine solche von einem Monat bzw. für die besondere Wartezeit eine solche von sechs Monaten.

Schaubild 18:

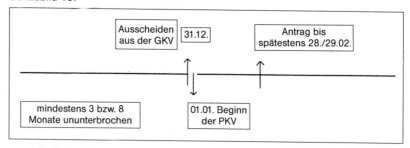

Die Vorschrift des § 3 Abs. 5 MB/KK 76 – MB/KT 78 gilt in der Krankheitskostenversicherung entsprechend beim Ausscheiden aus dem öffentlichen Dienst mit Anspruch auf freie Heilfürsorge.

3.7. Ende der Versicherung

3.7.1. Allgemeines

So wie der Versicherungsvertrag durch Willenserklärung begründet wird, kann er grundsätzlich auch durch Willenserklärung beendet werden. Es handelt sich hier jedoch – im Gegensatz zum Zustandekommen des Vertrages – um eine einseitige, empfangsbedürftige Willenserklärung. Zu beachten ist, daß gemäß § 16 MB/KK 76 – MB/KT 78 die Kündigung schriftlich erfolgen muß.

Bei der Kündigung ist zwischen ordentlicher und außerordentlicher Kündigung zu unterscheiden. Die ordentliche Kündigung erfolgt unter Einhaltung der Kündigungsfrist zu einem bestimmten Kündigungstermin. Eine außerordentliche Kündigung er-

Ende der Versicherung

folgt ohne Einhaltung der vorgeschriebenen Kündigungsfrist und ist nur zulässig, wenn entweder gesetzliche oder vertragliche Kündigungsgründe gegeben sind.

3.7.2. Kündigung durch den Versicherungsnehmer

3.7.2.1. Ordentliche Kündigung

§ 13 MB/KK 76 – MB/KT 78 regelt die Kündigung durch den Versicherungsnehmer. Danach kann der Versicherungsnehmer das Versicherungsverhältnis zum Ende eines jeden Versicherungsjahres, frühestens aber zum Ablauf einer vereinbarten Vertragsdauer, mit einer Frist von drei Monaten kündigen.

Die AVB bestimmen im Teil II, von welchem Tage an das Versicherungsjahr rechnet. Vielfach ist dies der Tag des technischen Versicherungsbeginns. Teilweise sehen die AVB auch vor, daß das erste Versicherungsjahr am 31. Dezember des Jahres, in dem die Versicherung beginnt, endet. Alle weiteren Versicherungsjahre sind dann mit dem Kalenderjahr identisch.

Zu beachten ist ferner, daß die AVB häufig im Teil II bestimmen, daß der abgeschlossene Vertrag zunächst für eine bestimmte Zeit – z.B. drei Jahre – gilt und sich stillschweigend um jeweils ein Jahr verlängert, sofern der Versicherungsnehmer nicht spätestens drei Monate vor dem Ablauf schriftlich kündigt.

Wenn eine solche Vertragsbindung vorgesehen ist, besteht insoweit das Kündigungsrecht des § 13 Abs. 1 MB/KK 76 – MB/KT 78 für diese Zeit nicht.

3.7.2.2. Außerordentliche Kündigung bei Eintritt von Krankenversicherungspflicht

§ 13 Abs. 3 MB/KK 76 – MB/KT 78 gibt Personen, die kraft Gesetzes krankenversicherungspflichtig werden, ein außerordentliches Kündigungsrecht.

Wird eine in der privaten Krankenversicherung versicherte Person krankenversicherungspflichtig in der gesetzlichen Krankenversicherung, so kann der Versicherungsnehmer eine Krankheitskostenversicherung zum Ende des Monats kündigen, in dem er den Eintritt der Versicherungspflicht nachweist. Dieses außerordentliche Kündigungsrecht bezieht sich nur auf die Krankheitskostenversicherung und die Krankentagegeldversicherung, *nicht* auf eine Krankheitskostenteilversicherung oder eine Krankenhaustagegeldversicherung.

Die AVB bestimmen vielfach im Teil II, daß eine Beendigung zum Ende des Monats, in dem die Versicherungspflicht eintritt, oder zum Ende des Vormonats, wenn die Versicherungspflicht zum Monatsersten eintritt, zulässig ist, wenn der Nachweis über die eingetretene Krankenversicherungspflicht innerhalb der zweimonatigen Kündigungsfrist vorgelegt wird.

In diesem Zusammenhang ist § 5 Abs. 9 SGB V zu beachten. Danach kann derjenige, der versicherungspflichtig wird und bei einem privaten Krankenversicherungsunternehmen versichert ist, den Versicherungsvertrag mit Wirkung vom Eintritt der Versicherungspflicht an kündigen. Die Kündigung des privaten Versicherungsvertrages

Ende der Versicherung

ist entgegen der Regelung des § 13 Abs. 3 MB/KK 76 – MB/KT 78 *mit Wirkung vom Eintritt der Versicherungspflicht* möglich. Die Musterbedingungen entsprechen insoweit nicht mehr der geltenden Rechtslage.

Ein außerordentliches Kündigungsrecht für die Krankheitskostenversicherung besteht auch dann, wenn eine in der privaten Krankenversicherung versicherte Person infolge Versicherungspflicht eines Familienmitgliedes (Stammitglied) gemäß § 10 SGB V versichert wird.

3.7.2.3. Außerordentliche Kündigung wegen Beitragserhöhung oder Leistungsminderung

Ein außerordentliches Kündigungsrecht steht dem Versicherungsnehmer auch für den Fall zu, daß der Versicherer den Beitrag erhöht oder die Leistungen im Sinne des § 18 Abs. 1 MB/KK 76 – MB/KT 78 mindert. Gleiches gilt auch bei Beitragserhöhungen aufgrund der Beitragsanpassungsklausel. Einzelheiten zur Beitragsanpassungsklausel vgl. 4.3.3.

Das außerordentliche Kündigungsrecht ist vom Versicherungsnehmer innerhalb *eines* Monats nach Zugang der Änderungsmitteilung vorzunehmen. Die Kündigung gilt zum Zeitpunkt des Wirksamwerdens der Änderung. Dieser Zeitpunkt ergibt sich aus dem jeweiligen Organisationsrecht des Versicherers, z.B. nach Genehmigung durch die Aufsichtsbehörde und Mitteilung an den Versicherungsnehmer. Zu beachten ist dabei auch § 18 Abs. 2 MB/KK 76 – MB/KT 78, wonach Änderungen im Sinne des Abs. 1 dieser Vorschrift zum Beginn des zweiten Monats, der auf die Benachrichtigung des Versicherungsnehmers folgt, wirksam werden.

3.7.2.4. Verspätete Kündigung

Fraglich könnte die Wirkung einer verspäteten Kündigung eines Versicherungsvertrages durch den Versicherungsnehmer sein. Kündigt der Versicherungsnehmer einen Versicherungsvertrag verspätet, so kann sich bei nachträglichem Eintritt des Versicherungsfalles die Frage ergeben, ob die Kündigung als einvernehmliche Vertragsaufhebung zu werten ist, so daß eine Leistungspflicht des Versicherers entfällt.

Die Rechtsprechung hat mehrfach entschieden, daß eine verspätet eingereichte Kündigung als Kündigung zum nächstmöglichen Termin umzudeuten ist. Entscheidend dürfte jedoch sein, daß ein eindeutiger Wille des Versicherungsnehmers vorliegt, sich vom Vertrag zu trennen, jetzt oder zu einem späteren Zeitpunkt.

Der BGH hat mit Urteil vom 01.07.1987 (VIa ZR 63/86 – WI XXXV/42) entschieden, daß dann, wenn die Kündigungserklärung aus der Sicht des Versicherers eindeutig zeigt, daß der Versicherungsnehmer den Willen hat, sich vom Vertrag zu lösen, die verspätete Kündigung als Vertragsangebot zur Aufhebung des Vertrages anzusehen ist. Ein solches Angebot führt aber nur zur Vertragsaufhebung, wenn es vom Versicherer, sei es ausdrücklich oder stillschweigend, angenommen wird.

Ende der Versicherung

3.7.3. Kündigung durch den Versicherer

3.7.3.1. Krankheitskostenversicherung

Vom Grundsatz kann, genau wie der Versicherungsnehmer, auch der Versicherer den Versicherungsvertrag kündigen.

Für die Krankheitskostenversicherung haben in § 14 Abs. 1 MB/KK 76 die Versicherer jedoch auf das ordentliche Kündigungsrecht verzichtet. Die Versicherer kündigen somit eine bestehende Krankheitskostenversicherung nicht. Dies gilt auch dann, wenn z.b. schwere Erkrankungen eingetreten sind und sich das Risiko zu Ungunsten des Versicherers verschiebt. In einem solchen Falle muß der Versicherungsnehmer darauf vertrauen, daß ihm wirtschaftlich nachteilige Folgen nicht entstehen.

3.7.3.2. Krankenhaustagegeldversicherung, Krankheitskostenteilversicherung

Eine Kündigung durch den Versicherer ist jedoch möglich, wenn lediglich eine Krankenhaustagegeldversicherung oder eine Krankheitskostenteilversicherung oder beides besteht. In diesem Falle kann das Versicherungsverhältnis zum Ende eines jeden der ersten drei Versicherungsjahre, frühestens aber zum Ablauf einer vereinbarten Vertragsdauer, mit einer Frist von drei Monaten gekündigt werden.

Der Versicherer behält sich also ein ordentliches Kündigungsrecht vor, wenn eine Krankenhaustagegeldversicherung und/oder eine Krankheitskostenteilversicherung besteht.

Fraglich ist, ob die Vereinbarung einer Selbstbeteiligung eine Teilkostenversicherung in diesem Sinne ist. Sofern der bestehende Vertrag der sozialen Absicherung des Versicherungsnehmers dient, z.B. bei Beihilfeberechtigten als Restkostenversicherung, handelt es sich nicht um eine Teilkostenversicherung in diesem Sinne. Zu beachten ist weiterhin, daß das ordentliche Kündigungsrecht nur für die ersten drei Versicherungsjahre besteht.

3.7.3.3. Krankentagegeldversicherung

Gemäß § 14 Abs. 1 MB/KT 78 besteht für eine Krankentagegeldversicherung seitens des Versicherers ein ordentliches Kündigungsrecht während der ersten drei Versicherungsjahre. Die Kündigungsfrist beträgt auch hier drei Monate. Die Versicherer können im Teil II der AVB auf das Kundigungsrecht unter bestimmten Voraussetzungen verzichten. So wird auf das Kündigungsrecht z.B. verzichtet, wenn eine Vorversicherungszeit aus der gesetzlichen Krankenversicherung angerechnet wurde (vgl. hierzu 3.6.5.4.). Damit soll vermieden werden, daß bei einem Wechsel aus der gesetzlichen Krankenversicherung in die private Krankenversicherung für den Versicherungsnehmer ein nicht kalkulierbares Risiko hinsichtlich seines Verdienstersatzes bei Arbeitsunfähigkeit besteht.

Ende der Versicherung

3.7.3.4. Gesetzliche Kündigungsgründe

§ 14 Abs. 2 MB/KK 76 – MB/KT 78 läßt das außerordentliche Kündigungsrecht aufgrund gesetzlicher Bestimmung durch den Versicherer bestehen. Der Versicherer hat z.B. ein außerordentliches Kündigungsrecht im Falle der Obliegenheitsverletzung (§ 6 Abs. 1 VVG) und im Falle des Zahlungsverzuges beim Folgebeitrag (§ 39 VVG).

§ 9 MB/KK 76 – MB/KT 78 regelt bestimmte Obliegenheiten. Hierbei handelt es sich um Bedingungen, die vom Versicherungsnehmer zu erfüllen sind. Einzelheiten dazu sind bei 6.6.5. erläutert.

§ 10 Abs. 2 MB/KK 76 – MB/KT 78 schreibt vor, daß bei Verletzung bestimmter Obliegenheiten der Versicherer nach Maßgabe des § 6 Abs. 1 VVG von der Verpflichtung zur Leistung frei ist, wenn er von seinem Kündigungsrecht innerhalb eines Monats nach dem Bekanntwerden der Obliegenheitsverletzung Gebrauch macht.

§ 6 Abs. 1 Satz 2 VVG bestimmt, daß der Versicherer bei schuldhafter Verletzung einer Obliegenheit durch den Versicherungsnehmer den Vertrag innerhalb eines Monats ohne Einhaltung einer Kündigungsfrist lösen kann. Die Monatsfrist beginnt mit dem Zeitpunkt, an dem der Versicherer von der Verletzung der Obliegenheit Kenntnis erhalten hat.

Ein außerordentliches Kündigungsrecht des Versicherers besteht auch dann, wenn der Versicherungsnehmer seine Beiträge nicht zahlt. § 39 Abs. 3 VVG bestimmt, daß der Versicherer nach Ablauf einer bestimmten Frist, wenn der Versicherungsnehmer mit der Zahlung im Verzuge ist, das Versicherungsverhältnis ohne Einhaltung einer Kündigungsfrist kündigen kann. Einzelheiten zum Zahlungsverzug vgl. 4.4.6.

3.7.4. Sonstige Beendigungsgründe

3.7.4.1. Krankheitskostenversicherung

§ 15 MB/KK 76 sieht für die Krankheitskostenversicherung weitere Beendigungsgründe vor. So endet das Versicherungsverhältnis mit dem Tode des Versicherungsnehmers und beim Wegzug des Versicherungsnehmers aus dem Tätigkeitsbereich des Versicherers, es sei denn, daß eine anderweitige Vereinbarung getroffen wird.

In diesen Fällen ist zu beachten, daß die Beitragspflicht gemäß § 8 Abs. 6 MB/KK 76 erst mit dem Schluß des Monats, in den der Tod oder der Wegzug fällt, endet.

3.7.4.2. Krankentagegeldversicherung

Die Beendigungsgründe Tod und Wegzug gelten für die Krankentagegeldversicherung gleichermaßen. Entsprechend den besonderen Erfordernissen der Krankentagegeldversicherung sieht § 15 MB/KT 78 weitere Beendigungsgründe vor.

Die Krankentagegeldversicherung ist eine Verdienstausfallversicherung und somit von der Erwerbstätigkeit des Versicherungsnehmers abhängig. Endet die Erwerbstätigkeit, so kann ein Verdienstausfall bei Arbeitsunfähigkeit nicht mehr eintreten, es fehlt dann an der Versicherungsfähigkeit.

Das Versicherungsverhältnis endet bei Wegfall einer im Tarif bestimmten Voraussetzung für die Versicherungsfähigkeit zum Ende des Monats, in dem die Voraussetzung weggefallen ist. Besteht jedoch zu diesem Zeitpunkt in einem bereits eingetretenen Versicherungsfall Arbeitsunfähigkeit, so endet das Versicherungsverhältnis nicht vor dem Zeitpunkt, bis zu dem der Versicherer seine im Tarif aufgeführten Leistungen für diese Arbeitsunfähigkeit zu erbringen hat, *spätestens* aber *drei Monate* nach Wegfall der Voraussetzung. Diese Vorschrift erfaßt insbesondere die Fälle, in denen die Erwerbstätigkeit, sei es nun eine selbständige Tätigkeit oder eine nichtselbständige Beschäftigung, aufgegeben wird.

Ein weiterer Beendigungsgrund ist der Eintritt der Berufsunfähigkeit. Berufsunfähigkeit in diesem Sinne liegt vor, wenn die versicherte Person nach medizinischem Befund im bisher ausgeübten Beruf auf nicht absehbare Zeit mehr als 50 v.H. erwerbsunfähig ist. Besteht jedoch zu diesem Zeitpunkt in einem bereits eingetretenen Versicherungsfall Arbeitsunfähigkeit, so endet das Versicherungsverhältnis nicht vor dem Zeitpunkt, bis zu dem der Versicherer seine im Tarif aufgeführten Leistungen für diese Arbeitsunfähigkeit zu erbringen hat, *spätestens* aber *drei Monate* nach Eintritt der Berufsunfähigkeit.

Der Begriff der Berufsunfähigkeit ergibt sich ausschließlich aus den Versicherungsbedingungen, die rentenversicherungsrechtlichen Bestimmungen, z.B. § 1247 RVO, sind nicht entscheidend. Allerdings sind die Begriffe identisch, so daß in aller Regel bei der Feststellung der Berufsunfähigkeit durch einen Rentenversicherungsträger der Versicherer sich auf Berufsunfähigkeit im Sinne des § 15 MB/KT berufen kann. Erwerbsunfähigkeit ist noch weitergehender, so daß sie Berufsunfähigkeit einschließt.

Das Versicherungsverhältnis endet ferner mit dem Bezug von Altersrente, spätestens jedoch nach Vollendung des 65. Lebensjahres. In diesem Falle endet die Versicherung zum Ende des Monats, in dem die Altersgrenze erreicht wird.

Bei den sonstigen Beendigungsgründen ist zu beachten, daß u.U. durch Teil II der AVB Abweichendes geregelt sein kann.

3.8 Beginn und Ende der Pflegekrankenversicherung

§ 2 MB/PV bestimmt den Beginn des Versicherungsschutzes. Wie in der Krankheitskostenversicherung beginnt der Versicherungsschutz mit dem im Versicherungsschein bezeichneten Zeitpunkt (vgl. hierzu 3.6.1.).

Das Risiko in der Pflegekrankenversicherung ist erheblich höher als in der Krankheitskostenversicherung. Deshalb ist die Wartezeit hier anders bestimmt. Nach § 3 MB/PV beträgt die Wartezeit *drei Jahre*. Möglich ist jedoch, in Teil II der AVB die Wartezeit zu verkürzen, zum Beispiel entfällt sie bei Unfällen.

§ 13 MB/PV regelt die Kündigung durch den Versicherungsnehmer. Hier gelten die gleichen Ausführungen wie bei der Krankheitskostenversicherung (vgl. hierzu 3.7.).

Beginn und Ende der Pflegekrankenversicherung

Gemäß § 14 MB/PV verzichten die Versicherer auch in der Pflegekrankenversicherung auf das ordentliche Kündigungsrecht. Die sonstigen Beendigungsgründe des § 15 MB/PV sind die gleichen wie in der Krankheitskostenversicherung.

Der wesentliche Unterschied zur Krankheitskostenversicherung besteht in diesem Bereich somit nur bei der Wartezeit.

4. Beitragsgestaltung

4.1. Allgemeines

§ 1 VVG bestimmt den Inhalt des Versicherungsvertrages. Danach verpflichtet sich der Versicherer, dem Versicherungsnehmer nach Eintritt des Versicherungsfalles den dadurch verursachten Schaden nach Maßgabe des Vertrages zu ersetzen. Der Versicherungsnehmer hat dafür die vereinbarte Prämie zu entrichten. Als Prämie in diesem Sinne gelten auch die bei Versicherungsvereinen auf Gegenseitigkeit zu entrichtenden Beiträge.

Zwischenzeitlich hat sich die Bezeichnung Beitrag in der Versicherungspraxis allgemein durchgesetzt. Für die private Krankenversicherung wird dies noch dadurch unterstrichen, daß die Musterbedingungen einheitlich von Beiträgen sprechen.

Beiträge sind somit der Gegenwert für die Gewährung des Versicherungsschutzes und die sich daraus ergebenden vertraglichen Versicherungsleistungen.

Grundlage für die Beitragsgestaltung sind:

a) die Aufwendungen für die Erbringung der Leistung bei Eintritt des Versicherungsfalles,

b) die Kosten für den Versicherungsbetrieb.

Für die private Krankenversicherung ist die vom Versicherer übernommene Leistungsverpflichtung insbesondere abhängig von dem vertraglich vereinbarten Tarif (Leistungsumfang), dem Eintrittsalter, dem Geschlecht und dem Gesundheitszustand des Versicherungsnehmers.

§ 8a MB/KK 76 – MB/KT 78 bestimmt, daß die Berechnung der Beiträge auf der Grundlage der Richtlinien für die Aufstellung technischer Geschäftspläne in der Krankenversicherung erfolgt und geschäftsplanmäßig festzulegen ist.

§ 11 VAG zählt die Mindestanforderungen des technischen Geschäftsplanes für Lebensversicherungsunternehmen auf. Diese Mindestanforderungen müssen, da sie nach § 12 VAG auch für die Krankenversicherung gelten, den Besonderheiten des privaten Krankenversicherungsrechts angepaßt werden.

Bei der Aufstellung von Geschäftsplänen und damit der Beitragskalkulation sind entsprechend den vorher erwähnten Richtlinien folgende Faktoren zu berücksichtigen:

- Rechnungszinsfuß,
- Ausscheideordnung,
- Tafel der Kopfschäden,
- Tafel der Krankheitsdauern,
- Sicherheitszuschlag,
- sonstige Zuschläge.

§ 8a MB/KK 76 – MB/KT 78 enthält weitere verbindliche Regeln für die Beitragskalkulation, hier insbesondere für Beitragsänderungen bei Tarifwechsel.

4.2. Beitragszusammensetzung

Für die Zusammensetzung des Beitrages gilt folgendes Schema:

Nettobeitrag
- a) Risikobeitrag
- b) Alterungsrückstellung
+ Sicherheitszuschlag
+ Kosten für die lfd.Verwaltung
+ Abschlußkosten (z.B. Provisionen, Werbung)
+ Schadensregulierungskosten
+ Aufwendungen für Beitragsrückerstattungen
= Bruttobeitrag

Bruttobeitrag ist der in den Tarifbedingungen ausgewiesene Beitrag. Dieser gilt immer dann, wenn das Risiko beim Antragsteller dem im Tarif kalkulierten Risiko entspricht. Ein Tarifbeispiel ist bei 5.8. angegeben. Ist dies nicht der Fall, z.B. wenn eine Vorerkrankung vorliegt, so kann ein Risikozuschlag vereinbart werden, der dann das höhere Versicherungsrisiko ausgleicht.

4.2.1. Risikobeitrag

Ausgangspunkt der Beitragskalkulation ist zunächst der Risikobeitrag. Damit bezeichnet man den Teil des Beitrages, der erforderlich ist, um das Risiko zu decken, das durch den abgeschlossenen Versicherungsvertrag vom Versicherer getragen wird. Der Risikobeitrag muß also grundsätzlich so hoch sein, daß er die voraussichtlich zu erwartenden vertraglich vereinbarten Leistungen deckt.

Für die Ermittlung des Risikobeitrages muß zunächst festgestellt werden, wie oft und in welchem Umfange das zu versichernde Ereignis wahrscheinlich eintreten wird. Aus diesem Grunde sind statistische Unterlagen über Ursachen, Umfang und Häufigkeit der Versicherungsfälle notwendig. Aus diesen Angaben schließt man auf die weitere Entwicklung und überträgt damit Erfahrungen der Vergangenheit auf die Zukunft.

Wahrscheinlichkeit in diesem Sinne bedeutet, daß bestimmte Ereignisse mit einer feststellbaren Regelmäßigkeit eintreten. Dazu dienen entsprechende zahlenmäßige Unterlagen, die auf langjährig geführten Statistiken der Versicherer, der Versicherungsverbände oder öffentlicher Einrichtungen beruhen.

Die private Krankenversicherung versichert das Risiko „Krankheit". Dies ist insbesondere abhängig vom Alter, vom Geschlecht und vom Gesundheitszustand der Versicherungsnehmer.

Um den Beitrag genau berechnen zu können, müssen also die Höhe und die Verteilung des Risikos bekannt sein. Dies erfolgt – wie vorher erwähnt – anhand von statistischen Erhebungen. In diese Erhebungen gehen alle zur Erstattung *eingereichten Kosten* ein, die Höhe der Erstattung spielt dabei keine Rolle. Zur Verteilung des Risikos werden die Kosten getrennt für die Leistungsbereiche

- Arzneien und Verbandsmittel,
- Zahnbehandlung und Zahnersatz,
- übrige ambulante Leistungen,
- stationäre Leistungen

erfaßt. Hierzu kommt die Erfassung der Krankenhaustage. Aus diesen Daten werden, getrennt nach Altersgruppen, Leistungsarten und Geschlechtern, die durchschnittlichen Aufwendungen in sogenannten Durchschnittsprofilen dargestellt. Diese normiert man je Leistungsart für Männer und Frauen auf eine bestimmte Altersgruppe, z.B. *28jährige männliche* Versicherungsnehmer. Dieser Norm wird der Kalkulationswert „100" gleichgesetzt, die Werte der anderen Alters- bzw. Geschlechtsgruppen werden dann dazu ins Verhältnis gesetzt.

An folgendem Schaubild wird dies deutlich:

Schaubild 19:

Altersabhängige Krankheitskosten

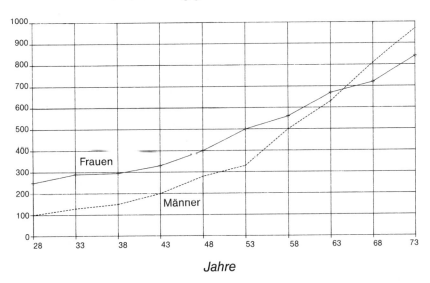

Jahre

Beitragszusammensetzung

Ändern sich die Profile, z.B. durch Kostensteigerungen bei den Leistungen, so ist bei Erfüllung bestimmter Voraussetzungen eine Beitragsanpassung möglich. Einzelheiten hierzu bei 4.3.3.

4.2.2. Alterungsrückstellung

Bei der Ermittlung des Beitrages zum Zeitpunkt des Vertragsabschlusses muß damit gerechnet werden, daß die Versicherungsleistungen im Laufe der Zeit durch Schadenshäufigkeit und Schadenshöhe, insbesondere altersbedingt, steigen.

Bei der Kalkulation werden Faktoren wie Lebenserwartung und Zins, Schadenserwartungen und ihre Abhängigkeit von Alter und Geschlecht und die Abgangswahrscheinlichkeit berücksichtigt.

Aus diesem Grund wird in den Nettobeitrag ein sogenannter „Sparbeitrag", die Alterungsrückstellung, einbezogen. Durch die Einbeziehung dieses „Sparbeitrages" in den Nettobeitrag läßt sich dieser theoretisch, trotz des altersabhängigen steigenden Risikos, immer auf gleicher Höhe halten.

Dazu ergibt sich folgendes Schema:

Schaubild 20:

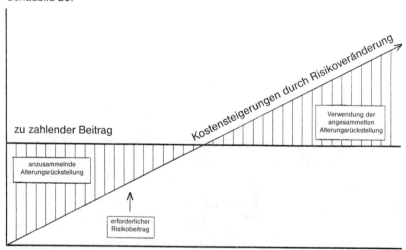

Beginn des Vertrages

Der vom Versicherungsnehmer zu zahlende Nettobeitrag, das heißt der Tarifbeitrag ohne die Zuschlagsteile für Verwaltungskosten und Sicherheitszuschlag wegen schwankender Verläufe, gliedert sich somit in einen „Risikobeitrag" und in einen „Sparbeitrag". Dabei ist der Risikobeitrag der Beitrag, der gebraucht wird, um die laufenden Versicherungsleistungen zeitgleich abzudecken. Der Sparbeitrag hat dagegen eine reine Zeitausgleichsfunktion für die Dauer des Bestehens des Vertrages.

Der „Risikobeitrag" steigt wegen der zunehmenden Inanspruchnahme von Versicherungsleistungen mit dem Älterwerden des Versicherungsnehmers in der Regel an, während der zu zahlende Nettobeitrag sich entsprechend den vertraglichen Regelungen nicht verändern darf. Soweit der „Risikobeitrag" ansteigt, nimmt der „Sparbeitrag" von Jahr zu Jahr komplementär ab, bis irgendwann die Grenze zur zweiten Phase des Vertrages erreicht wird. In dieser zweiten Phase ist dann der benötigte Risikobeitrag höher als der *gezahlte* Nettobeitrag. Der jetzt diesen übersteigende Betrag wird dann aus dem „Sparbeitrag" finanziert, dieser wird somit negativ. Theoretisch müßte sich am Ende der Versicherung der Wert „0" ergeben, das heißt, die gebildete Alterungsrückstellung ist für die höheren Aufwendungen aufgebraucht.

In den letzten Jahren zeigt sich jedoch, daß die angesammelten Alterungsrückstellungen nicht ausreichend sind. Die Gründe liegen u.a. in der enormen Kostenentwicklung im Gesundheitswesen und auch darin, daß infolge Änderung der Vorschriften der gesetzlichen Krankenversicherung (z.B. Krankenversicherung der Rentner) eine Rückkehr im Alter in die GKV nicht mehr möglich ist. Die private Krankenversicherung sucht derzeit nach Möglichkeiten, dieses Problem für alle Beteiligten positiv zu lösen. Weitere Ausführungen hierzu vgl. 4.3.4.

4.2.3. Sicherheitszuschlag

Die Kalkulation der Beiträge ist mit erheblichen Unsicherheitsfaktoren behaftet, weil ihr statistische Zahlenwerte zugrunde gelegt werden, von denen man nicht weiß, ob sie für die künftige Laufzeit der Versicherungsverträge noch gelten. Dies gilt in der Krankenversicherung z.B. auch für Kostensteigerungen, die sich aus der Weiterentwicklung der Medizin und der Medizintechnik ergeben.

In der privaten Krankenversicherung wird aus diesem Grunde in aller Regel ein 10 %iger Sicherheitszuschlag in die Beitragskalkulation aufgenommen. Dieser Sicherheitszuschlag soll dazu dienen, bei Abweichung der tatsächlichen Verhältnisse von den kalkulatorischen Ansätzen den Tarifbeitrag stabil zu halten. Bei Kostensteigerungen schafft er einen Puffer für Beitragsanpassungen. Dadurch soll also letztlich vermieden werden, daß schon bei geringeren Kostensteigerungen eine Anpassung des Beitrages erforderlich wird.

4.2.4. Sonstige Kosten

Zu den sonstigen kalkulierten Kosten gehören u.a. die Verwaltungskosten. Diese gliedern sich in laufende Betriebskosten, wie den persönlichen und sächlichen Aufwand für die Abwicklung der Versicherungsverträge, und in Kosten für die Schadensregulierung, also die Bearbeitung der Leistungserstattungen.

Beitragsänderungen

Zu den sonstigen kalkulierten Kosten gehören auch die Abschlußkosten, und zwar sowohl unmittelbare, z.B. Provisionen, als auch mittelbare, z.B. Aufwendungen für allgemeine Werbung.

4.2.5. Aufwendungen für Beitragsrückerstattungen

Wenn im Geschäftsplan eine Beitragsrückerstattung vorgesehen ist, so sind dazu Angaben über Aufbringung und Verteilung der Mittel zu machen. Wird dazu ein bestimmter Teil des Beitrages verwendet, ist die Ermittlung des Zuschlages zahlenmäßig zu begründen (vgl. hierzu auch 4.5.). Der Versicherungsnehmer finanziert also die Kosten einer Beitragsrückerstattung neben dem Risikobeitrag.

4.3. Beitragsänderungen

4.3.1. Beitragsänderung während der Laufzeit des Versicherungsvertrages

Es liegt im Wesen der vertraglichen Krankenversicherung, daß während der Laufzeit eines Versicherungsvertrages individuelle Änderungen zwischen dem Versicherungsnehmer und dem Versicherer vereinbart werden, z.B. Erhöhung des Leistungsumfanges. Hierzu schreibt § 8a Abs. 2 MB/KK 76 – MB/KT 78 dem Versicherer vor, daß bei einer Änderung der Beiträge, dies gilt auch bei einer durch Änderung des Versicherungsschutzes bedingten Beitragsänderung, das Geschlecht und das bei Inkrafttreten der Änderung erreichte tarifliche Lebensalter (Lebensaltersgruppe) der versicherten Person berücksichtigt wird. Das bisherige Eintrittsalter der versicherten Person wird insoweit berücksichtigt, als eine evtl. vorhandene Deckungsrückstellung geschäftsplanmäßig angerechnet wird. Daraus folgt, daß der Versicherer sich geschäftsplanmäßige Regeln für den Tarifwechsel schaffen muß, so daß bei jedem Versicherer bei Änderung der Beiträge andere Grundsätze für die Ermittlung des neuen Beitrages zugrunde gelegt werden.

Zu beachten ist, daß das Anrechnungsgebot des § 8a Abs. 2 MB/KK 76 – MB/KT 78 nur dann gilt, wenn die Änderung innerhalb des gleichen Musterbedingungsbereichs abgeschlossen wird. So gilt das Anrechnungsgebot nicht, wenn zusätzlich zu einem Tarif, für den die Musterbedingungen der Krankheitskostenversicherung gelten, ein Tarif, für den die Musterbedingungen des Krankentagegeldes gelten, abgeschlossen wird. Eine Anrechnung kann auch nur dann erfolgen, wenn die Änderung des Vertrages beim gleichen Versicherer erfolgt.

Ein Wechsel, das heißt Kündigung beim bisherigen Versicherer und Abschluß eines neuen Vertrages bei einem anderen Versicherer, bedeutet für den Versicherungsnehmer, daß das bei Abschluß des neuen Vertrages erreichte Lebensalter, aber auch der Gesundheitszustand zu diesem Zeitpunkt, für die Bemessung des Beitrages zugrunde gelegt werden.

Die beim bisherigen Versicherer angesammelte Alterungsrückstellung wird nicht auf den neuen Versicherer übertragen. Aus diesem Grunde ist ein Wechsel des Versicherers für den Versicherungsnehmer in aller Regel mit finanziellen Nachteilen verbunden. Ein Wechsel wird im übrigen auch von den Versicherern als unerwünscht angesehen.

4.3.2. Beitragsänderung durch einseitige Willenserklärung des Versicherers

Unter 3.4.2. wurde ausführlich dargelegt, daß der Versicherer gemäß § 41 VVG die Möglichkeit hat, wegen Verletzung der vorvertraglichen Anzeigepflichten eine Beitragsänderung vorzunehmen.

4.3.3. Beitragsänderung wegen Kostensteigerungen

In der privaten Krankenversicherung gilt der Grundsatz, daß der bei Abschluß des Versicherungsvertrages festgestellte Beitrag, bestimmt durch Alter, Geschlecht und Gesundheitsrisiko, für die gesamte Laufzeit des Vertrages bestehen bleibt. Auf der anderen Seite ändern sich die Kalkulationsgrundlagen, z.B. durch Kostensteigerungen im Gesundheitswesen, Weiterentwicklung der Medizin usw. Dies bedingt letztlich, daß der bei Beginn der Versicherung festgesetzte Beitrag zur Deckung der Aufwendungen nicht ausreicht. Aus diesem Grunde sehen die Tarifbedingungen der einzelnen Versicherer Beitragsanpassungsklauseln vor.

Weitgehend einheitlich sehen die Tarifbedingungen der Versicherer folgende Beitragsanpassungsklausel vor:

„Im Rahmen der vertraglichen Leistungszusage können sich die Leistungen des Versicherers, z.B. wegen steigender Heilbehandlungskosten oder einer häufigeren Inanspruchnahme medizinischer Leistungen, ändern.

Dementsprechend vergleicht der Versicherer zumindest jährlich die erforderlichen mit den kalkulierten Versicherungsleistungen. Ergibt diese der Aufsichtsbehörde vorzulegende Gegenüberstellung eine Veränderung von mehr als 10 v.H., so werden alle Tarifbeiträge vom Versicherer überprüft und, soweit erforderlich, nach aufsichtsbehördlicher Genehmigung angepaßt. Dabei können auch beitragsmäßig festgelegte Selbstbehalte angepaßt werden.

Von einer Beitragsanpassung kann abgesehen werden, wenn nach übereinstimmender Beurteilung durch die Aufsichtsbehörde und den Versicherer die Veränderung der Versicherungsleistungen als vorübergehend anzusehen ist."

Eine Beitragsanpassung wird in aller Regel dann ausgelöst, wenn die erforderlichen Aufwendungen von den kalkulierten Aufwendungen um mehr als 10 v.H. abweichen. Der Wert von 10 v.H. resultiert daraus, daß der Sicherheitszuschlag ebenfalls in Höhe von 10 v.H. kalkuliert wird.

Für die Pflegekrankenversicherung ist eine Erhöhung des Beitrages nur zulässig, wenn aufgrund von Veränderungen der Pflegekosten, der Pflegedauern oder der Häufigkeit von Pflegefällen eine nachhaltige Verschlechterung des Schadensverlaufs im Verhältnis zur Kalkulation eingetreten ist oder bevorsteht.

Beitragsänderungen

4.3.4. Beitragsänderung bei Älterwerden der Versicherungsnehmer

§ 8a Abs. 2 MB/KK 76 – MB/KT 78 bestimmt weiterhin, daß eine Erhöhung der Beiträge oder eine Minderung der Leistungen des Versicherers wegen des Älterwerdens der versicherten Person während der Dauer des Versicherungsverhältnisses ausgeschlossen ist, soweit nach dem Geschäftsplan eine Deckungsrückstellung für das mit dem Alter der versicherten Person wachsende Wagnis zu bilden ist. Gemeint ist damit die Bildung der Alterungsrückstellung (vgl. hierzu 4.2.2.).

Bei Punkt 4.1. wurde bereits dargelegt, daß in der privaten Krankenversicherung der Beitrag abhängig ist von dem gewählten Tarif, dem Eintrittsalter, dem Geschlecht und dem Gesundheitszustand. Dabei gilt der vorher erwähnte Grundsatz, daß der beim Beitritt festgesetzte Beitrag wegen des Älterwerdens des Versicherungsnehmers grundsätzlich nicht erhöht werden darf.

Grundlage der Kalkulation der Beiträge sind u.a. die statistisch ermittelte Lebenserwartung und die zu erwartenden durchschnittlichen Krankheitskosten je Versicherungsnehmer. Damit im zunehmenden Alter die Beiträge nicht erhöht werden müssen, wird die Alterungsrückstellung gebildet. Aus dieser Alterungsrückstellung bezahlt der Versicherer die altersbedingt ansteigenden Krankheitskosten

Diese Rechnung funktioniert jedoch nur dann, wenn die durchschnittliche Lebenserwartung nicht zunimmt und die Kosten im Gesundheitswesen nicht steigen. Die Altersabhängigkeit ist im technischen Geschäftsplan in einem sogenannten Altersprofil dargestellt, welches angibt, um wieviel höher die Schadensbelastung im höheren Alter gegenüber einem Grundalter angenommen wird. Das Altersprofil ergibt für jedes Alter und getrennt nach Geschlechtern gegenüber einem bestimmten Grundalter einen Multiplikator, der in die Beitragskalkulation einfließt. Solange er sich nicht verändert, dürfen allein mit Rücksicht auf das Älterwerden der Versicherten die Beiträge nicht erhöht werden. Ändert sich jedoch das Altersprofil, d.h. die genannten Multiplikatoren werden höher, ist eine Beitragsanpassung möglich (vgl. hierzu 4.2.1.).

In den letzten Jahren hat sich zunehmend gezeigt, daß die gebildeten Alterungsrückstellungen zur Deckung der nunmehr anfallenden Leistungsausgaben nicht ausreichen und deshalb Beitragsanpassungen erforderlich werden. Die überdurchschnittlich gestiegenen Leistungsausgaben werden für einzelne Altersgruppen ermittelt. Da die Steigerungsraten bei den älteren Versicherungsnehmern höher als bei den jüngeren Versicherungsnehmern sind, steigen die Tarife für die älteren Versicherungsnehmer überproportional.

Ein weiteres Problem der Beitragsanpassung für ältere Versicherungsnehmer ergibt sich daraus, daß viele Versicherungsgesellschaften aus rechtlichen Gründen oder im Rahmen des Wettbewerbs neue Tarife anbieten. Diese sind insbesondere für junge Versicherte interessant. In den bestehenden Tarifen verschlechtert sich dadurch jedoch die Altersstruktur und damit auch die durchschnittliche Krankheitshäufigkeit, weil nun junge Versicherungsnehmer mit positivem Gesundheitsrisiko fehlen. Möglich ist auch, daß die bestehenden Tarife für Neuzugänge (neue Verträge) ganz geschlossen werden. In diesem Falle tritt eine „Vergreisung" des Tarifs ein.

Wenn Tarife für Neuzugänge geschlossen werden, verbleibt in dem bisherigen Tarif der „Bestand". Dies bedeutet, daß mit zunehmendem Alter die Krankheitskosten überproportional steigen und außerdem der Personenkreis immer kleiner wird. Es wird dann immer schneller eine Kostensteigerung von 10 v.H. erreicht, so daß eine Beitragsanpassung entsprechend den Tarifbedingungen(vgl. hierzu 4.3.3.) möglich ist. Mit fortschreitender „Vergreisung" des Tarifs müssen die Versicherungsnehmer mit erheblichen Beitragssteigerungen rechnen.

Wird ein Tarif geschlossen, so hat der Versicherer allen darin versicherten Personen die Übernahme in den neuen Tarif ohne erneute Gesundheitsprüfung und ohne neue Risikozuschläge anzubieten. § 8a Abs. 2 MB/KK 76 – MB/KT 78 gilt entsprechend. Allerdings machen die Versicherer den Übergang in den neuen Tarif von der Erklärung innerhalb einer bestimmten Frist abhängig.

Das Problem der Beitragsanpassung im Alter haben zwischenzeitlich auch die privaten Krankenversicherer erkannt. So ist geplant, ab 1991 die Tarife auf eine andere Grundlage zu stellen. Dabei sollen bestehende Tarife bis zum Jahre 1994 umgestellt werden. Durch die neuen Berechnungen soll garantiert werden, daß die Tarife für 65-jährige und Ältere stark ermäßigt werden.

Diskutiert wird derzeit auch ein anderes Modell. Danach könnte die private Krankenversicherung mit einer privaten Rentenversicherung nach Art der Lebensversicherung verbunden werden. Aus der zusätzlichen Zahlung der Lebensversicherung werden später die erhöhten Beitragszahlungen der Krankenversicherung finanziert. Der Versicherungsnehmer sorgt damit selbst für eine zusätzliche Alterungsrückstellung. Möglich wäre auch, den Beitrag dafür direkt in den Krankenversicherungsbeitrag einzubeziehen. Dies stößt jedoch auf Bedenken, weil durch die Erhöhung des Krankenversicherungsbeitrages „der Preisvorteil" gegenüber den gesetzlichen Krankenkassen verlorenginge.

Es bleibt abzuwarten, wie in Zukunft die private Krankenversicherung auf das Problem der altersbedingten Beitragsanpassung reagiert.

4.4. Beitragszahlung

4.4.1. Allgemeines

§ 8 MB/KK 76 – MB/KT 78 regelt die Beitragszahlung. Dabei ist diese Vorschrift Lex specialis zu den §§ 35 – 39 VVG. Die Musterbedingungen schaffen jedoch keine Neuregelungen, sondern lediglich eine Präzisierung, abgestellt auf die speziellen Belange der privaten Krankenversicherung. Dies wird auch durch § 2 Abs. 1 MB/KK 76 – MB/KT 78 deutlich, wonach der Beginn des Versicherungsschutzes nicht von der Zahlung des ersten Beitrages abhängig ist. Diese Regelung geht § 38 Abs. 2 VVG vor, wonach der Versicherer bei Eintritt des Versicherungsfalles vor Zahlung des ersten Beitrages von der Verpflichtung zur Leistung frei ist.

Die Regelungen in den Musterbedingungen sind 1976 so gefaßt worden. Ausschlaggebend dafür war, daß die Beiträge weitgehend im Lastschrifteinzugsverfahren von

Beitragszahlung

den Versicherungsnehmern gezahlt werden. Damit überläßt der Versicherungsnehmer die Aktivitäten zur Beitragszahlung dem Versicherer. Damit entfällt eine Leistungshandlung des Versicherungsnehmers, die zeitlich bestimmt genug ist, um eine so schwerwiegende Folge wie die Leistungsfreiheit daran knüpfen zu können (so auch *Bach/Moser*, Private Krankenversicherung, Rdz. 1 zu § 8 MB/KK 76).

4.4.2. Jahresbeitrag

§ 8 Abs. 1 MB/KK 76 – MB/KT 78 sieht vor, daß der Beitrag ein Jahresbeitrag ist und vom Versicherungsbeginn an berechnet wird.

Wird der Vertrag für eine bestimmte Zeit mit der Maßgabe geschlossen, daß sich das Versicherungsverhältnis nach Ablauf dieser Zeit stillschweigend um jeweils ein Jahr verlängert, sofern der Versicherungsnehmer nicht fristgemäß gekündigt hat, so kann der Tarif anstelle von Jahresbeiträgen Monatsbeiträge vorsehen. Diese sind am Ersten eines jeden Monats fällig (§ 8 Abs. 2 MB/KK 76 – MB/KT 78). In diesem Falle spricht man von Festzeitverträgen mit Monatsbeiträgen, die sich jeweils um ein Jahr verlängern, wenn nicht fristgerecht gekündigt wird.

4.4.3. Beiträge als Monatsraten

§ 8 Abs. 1 MB/KK 76 – MB/KT 78 bestimmt ferner, daß der Beitrag zu Beginn eines jeden Versicherungsjahres zu entrichten ist. Er kann aber auch in gleichen monatlichen Raten gezahlt werden, die jeweils bis zur Fälligkeit der Beitragsrate als gestundet gelten. Die Beitragsraten sind am Ersten eines jeden Monats fällig. Diese Vorschrift gibt somit die Möglichkeit, vertraglich einen Jahresbeitrag zu vereinbaren, fällig wird jedoch jeweils nur 1/12 des Jahresbeitrages, der Restbeitrag des Jahres gilt als gestundet.

Die Bedeutung des in Raten zahlbaren Jahresbeitrages liegt u.a. darin, daß einerseits dem Versicherungsnehmer Stundung gewährt wird und andererseits weiterhin das Prinzip der Unteilbarkeit des Beitrages zum Zuge kommt, so daß z.B. beim Rücktritt des Versicherers vom Vertrag während des laufenden Versicherungsjahres der Beitrag bis zum Schluß der laufenden Versicherungsperiode, also bis zum Ende des Versicherungsjahres, zu zahlen ist.

Die Stundung im Sinne des § 8 Abs. 1 MB/KK 76 – MB/KT 78 hat auch Auswirkungen im Falle des Zahlungsverzuges (vgl. hierzu 4.4.6.).

4.4.4. Beginn und Ende der Beitragszahlung

Der Zeitraum, für den Beiträge zu entrichten sind, beginnt mit dem technischen Versicherungsbeginn (vgl. hierzu 3.6.1.). § 8 Abs. 3 MB/KK 76 – MB/KT 78 bestimmt weiterhin, daß der erste Beitrag bzw. die erste Beitragsrate spätestens unverzüglich nach Aushändigung des Versicherungsscheines zu zahlen ist.

Für das Ende der Beitragszahlung bestimmt § 8 Abs. 6 MB/KK 76 – MB/KT 78, daß die Beiträge bzw. Beitragsraten bis zum Ablauf des Monats zu zahlen sind, in dem das Versicherungsverhältnis endet. Wann die Versicherung endet, ergibt sich aus den §§ 13 und 14 der Musterbedingungen (vgl. hierzu 3.7).

Im Hinblick auf das Ende der Beitragszahlung ist § 40 VVG zu beachten. Wird das Versicherungsverhältnis wegen Verletzung einer Obliegenheit oder wegen Gefahrenerhöhung aufgrund der entsprechenden Vorschriften durch Kündigung oder Rücktritt aufgehoben oder wird der Versicherungsvertrag durch den Versicherer angefochten, so hat der Versicherer trotzdem Anspruch auf die Prämie bis zum Schluß des Versicherungsjahres, in dem der Versicherer von der Verletzung der Obliegenheit, der Gefahrenerhöhung oder von dem Anfechtungsgrund Kenntnis erlangt hat.

Soweit es sich um die Beendigung der Versicherung durch Kündigung handelt, ist § 8 Abs. 6 MB/KK 76 – MB/KT 78 vorrangig. Insofern handelt es sich um eine zu Gunsten des Versicherungsnehmers vom Gesetz abweichende Spezialvorschrift. In diesem Falle hat der Versicherer bei Kündigung keinen Anspruch auf den Beitrag bis zum Ende der Versicherungsperiode, sondern nur bis zum Ende des Monats, in dem das Versicherungsverhältnis durch die Kündigung beendet wird.

Anders verhält es sich jedoch bei Rücktritt oder Anfechtung des Versicherungsvertrages. In diesem Falle ist das Versicherungsverhältnis von Anfang an nicht störungsfrei verlaufen, sondern war mit einem Rücktritts- bzw. Anfechtungsgrund behaftet. Wenn also der Versicherer vom Vertrag zurücktritt bzw. den Vertrag anficht, muß der Versicherungsnehmer gemäß § 40 Abs. 1 VVG den Beitrag bis zum Ende der Versicherungsperiode zahlen (vgl. *Bach/Moser*, Private Krankenversicherung, Rdz. 14 zu § 8 MB/KK).

4.4.5. Zahlung der Beiträge

§ 36 Abs. 1 VVG bestimmt, daß Leistungsort für die Entrichtung der Prämie der jeweilige Wohnsitz des Versicherungsnehmers ist. Der Versicherungsnehmer hat jedoch auf seine Gefahr und auf seine Kosten die Prämie dem Versicherer zu übermitteln.

Für den Bereich der privaten Krankenversicherung bestimmt § 8 Abs. 7 MB/KK 76 – MB/KT 78, daß die Beiträge an die vom Versicherer zu bezeichnende Stelle zu entrichten sind. In diesem Falle spricht man von sogenannter „Schickschuld" (vgl. auch § 270 BGB). Schickschuld bedeutet, daß im Gegensatz zu Holschuld und zur Bringschuld Leistungsort und Leistungserfolgsort auseinanderfallen. Der Versicherungsnehmer kann seine Leistungshandlung an seinem Wohnort erbringen, der Leistungserfolg tritt aber erst bei Zahlungseingang beim Versicherer ein.

Die Beiträge sind an eine vom Versicherer zu bezeichnende Stelle zu entrichten. In aller Regel ist darunter ein vom Versicherer genanntes Konto bei einem Geldinstitut zu verstehen

Die Zahlung der Beiträge kann durch Barzahlung, Überweisung, sei es als Einzelüberweisung oder mittels eines Dauerauftrages, durch Scheck, durch Verrechnung mit Leistungen des Versicherers oder im Lastschrifteinzugsverfahren erfolgen.

Beitragszahlung

In der Praxis hat sich mittlerweile die Beitragszahlung im Rahmen des Lastschrifteinzugsverfahrens weitgehend durchgesetzt.

4.4.6. Zahlungsverzug

4.4.6.1. Allgemeines

Nach § 8 Abs. 4 MB/KK 76 – MB/KT 78 werden die geschuldeten Beitragsraten des laufenden Versicherungsjahres fällig, wenn der Versicherungsnehmer mit einer Beitragsrate in Verzug kommt. Dies hat insbesondere Bedeutung im Hinblick auf die Tatsache, daß der Beitrag grundsätzlich ein Jahresbeitrag ist und die jeweiligen Monatsraten gestundet sind. Sofern der Versicherungsnehmer also mit einer monatlichen Beitragsrate in Verzug gerät, ist der gesamte Jahresbeitrag des laufenden Versicherungsjahres fällig.

Die Musterbedingungen regeln jedoch, daß die Beitragsraten erneut als gestundet gelten, wenn der rückständige Beitragsteil einschließlich der Beitragsrate für den am Tage der Zahlung laufenden Monat sowie die Mahnkosten entrichtet werden. Durch Zahlung der fälligen Monatsraten und der Beitragsrate für den laufenden Monat kann der Versicherungsnehmer verhindern, daß der gesamte Jahresbeitrag fällig wird.

Die Mahnkosten hat der Versicherungsnehmer zu zahlen, wenn ein Beitrag bzw. eine Beitragsrate nicht rechtzeitig gezahlt und der Versicherungsnehmer schriftlich gemahnt wurde. Die Höhe ergibt sich aus dem Tarif des einzelnen Versicherers (§ 8 Abs. 5 MB/KK 76 – MB/KT 78).

4.4.6.2. Folgen des Zahlungsverzuges

Bei den Folgen des Zahlungsverzuges ist zwischen dem Erstbeitrag und dem Folgebeitrag zu unterscheiden.

Wenn nach § 8 Abs. 1 MB/KK 76 – MB/KT 78 der Jahresbeitrag in Raten gezahlt wird, ist die erste Monatsrate Erstbeitrag, und die folgenden Raten sind Folgebeiträge.

§ 2 Abs. 1 MB/KK 76 – MB/KT 78 macht den Beginn des Versicherungsschutzes nicht von der Zahlung des Erstbeitrages abhängig. Insofern kann die Rechtsfolge des § 38 Abs. 2 VVG nicht eintreten, wohl die Rechtsfolge des § 38 Abs. 1 VVG. Einzelheiten dazu sind bei 3.6.4. erläutert.

Die Folgen des Zahlungsverzuges beim Folgebeitrag ergeben sich aus § 39 VVG. Dies gilt aber auch, wenn die erste Monatsrate nicht gezahlt wird, soweit es darum geht, die Leistungsfreiheit für künftige Versicherungsfälle herbeizuführen. Allerdings darf der nach § 38 Abs. 1 VVG vorgesehene Vertragsrücktritt noch nicht erfolgt sein.

Wird ein Folgebeitrag nicht rechtzeitig gezahlt, so kann der Versicherer schriftlich eine Zahlungsfrist von mindestens zwei Wochen bestimmen. Er hat dabei die Rechtsfolgen anzugeben, die nach den Absätzen 2 und 3 mit dem Ablauf der Frist verbunden sind (§ 39 Abs. 1 VVG).

Wenn der Versicherungsfall nach dem Ablauf der Frist eintritt und der Versicherungsnehmer zur Zeit des Eintritts des Versicherungsfalles mit der Zahlung des Beitrages oder der geschuldeten Zinsen in Verzug ist, ist der Versicherer von der Verpflichtung zur Leistung frei. Der Versicherer kann ferner nach Ablauf der gesetzten Frist, wenn der Versicherungsnehmer mit der Zahlung noch in Verzug ist, das Versicherungsverhältnis ohne Einhaltung einer Kündigungsfrist kündigen. Die Wirkung der Kündigung fällt jedoch fort, wenn der Versicherungsnehmer innerhalb eines Monats nach der Kündigung die Zahlung nachholt, sofern der Versicherungsfall noch nicht eingetreten ist.

4.5. Beitragsrückerstattung

Im gesamten Bereich der vertraglichen Versicherung, und somit auch in der privaten Krankenversicherung, sind Beitragsrückerstattungen üblich. Die Gründe des Versicherers für eine Beitragsrückerstattung liegen darin, daß der Versicherungsnehmer für einen bestimmten Zeitraum Leistungen nicht in Anspruch genommen bzw. nicht zur Erstattung abgerechnet hat, er also kleinere Leistungsaufwendungen selbst trägt, um dadurch die Beitragsrückerstattungen nicht zu verlieren. Beitragsrückerstattungen sind jedoch in die Beitragskalkulation eingeflossen (vgl. hierzu 4.2.5.). Obwohl also durch ersparte Leistungen der Risikobeitrag geringer ausfallen müßte, wird dieser durch die Beitragsrückerstattung nicht berührt.

Es gibt mittlerweile auch Versicherer, die die Beitragsrückerstattung nicht darauf abstellen, daß keine Leistungen in Anspruch genommen wurden, sondern daß in einem bestimmten Zeitraum keine Leistungen zur Erstattung eingereicht wurden. Durch die zeitliche Verlagerung der Leistungserstattungen spart der Versicherer Verwaltungskosten, die im Beitrag kalkuliert sind.

Beitragsrückerstattungen sind immer erfolgsabhängig, so daß es darüber keine generellen Regelungen gibt. Jeder Versicherer hat ein auf seine Verhältnisse zugeschnittenes System der Beitragsrückerstattung. Deshalb sind sowohl Höhe als auch Voraussetzungen unterschiedlich. Die Tarifbestimmungen des Versicherers sehen dazu z.B. vor:

Erfolgsabhängige Beitragsrückerstattung

Die Verwendung der Rückstellung für erfolgsabhängige Beitragsrückerstattung erfolgt nach Maßgabe der Satzung.

Als Form der Verwendung kann die Beitragsrückerstattung für leistungsfrei gebliebene Versicherte beschlossen werden. Die Hauptversammlung legt dann fest, für welche Tarife oder Tarifkombinationen und in welcher Höhe die Ausschüttung erfolgt. Anspruch besteht für jede versicherte Person, wenn

a) die Versicherung während des gesamten abgelaufenen Kalenderjahres bestanden hat und für das abgelaufene Kalenderjahr keine Versicherungsleistungen erbracht worden sind. Die Ausschüttung der Beitragsrückerstattung und deren

Höhe können davon abhängig gemacht werden, daß diese Voraussetzung für mehrere aufeinanderfolgende Kalenderjahre erfüllt ist.

b) die Versicherung am 30.6. des folgenden Jahres ohne Beitragsrückstand noch besteht. Diese Voraussetzung entfällt, wenn die Versicherung infolge Tod, Anspruch auf freie Heilbehandlung oder Eintritt der Versicherungspflicht beendet wurde.

Für die Berechnung der Beitragsrückerstattung wird jeweils der niedrigste Monatsbeitrag zugrunde gelegt, der im letzten Kalenderjahr gezahlt wurde.

Die Beitragsrückerstattung wird im 3. Quartal des folgenden Geschäftsjahres ausgezahlt oder gutgeschrieben.

Mit der Auszahlung oder Gutschrift der Beitragsrückerstattung geht jeder Anspruch auf Versicherungsleistungen für die entsprechenden Kalenderjahre unter.

4.6. Beitragszuschuß des Arbeitgebers

4.6.1. Allgemeines

Gemäß § 257 Abs. 2 SGB V erhalten Beschäftigte, die nur wegen Überschreitens der Jahresarbeitsentgeltgrenze (§ 6 Abs. 1 Nr. 1 SGB V) versicherungsfrei oder die von der Versicherungspflicht befreit und bei einem privaten Krankenversicherungsunternehmen versichert sind und für sich und ihre Angehörigen, die bei Versicherungspflicht des Beschäftigten nach § 10 SGB V als Familienangehörige versichert wären, Vertragsleistungen beanspruchen können, die der Art nach den Leistungen des Sozialgesetzbuches entsprechen, von ihrem Arbeitgeber einen Beitragszuschuß.

4.6.2. Anspruchsvoraussetzungen

Voraussetzung für die Zahlung des Beitragszuschusses an privat krankenversicherte Arbeitnehmer ist zunächst, daß sie

a) wegen Überschreitens der Jahresarbeitsentgeltgrenze krankenversicherungsfrei sind; hierbei kommt ausschließlich die Vorschrift des § 6 Abs. 1 Nr. 1 SGB V in Frage

oder

b) sich von der Krankenversicherungspflicht haben befreien lassen. Welche Personen dazu gehören, ergibt sich aus den Vorschriften des § 8 SGB V (vgl. auch WzS 1989, Seite 292).

Weitere Voraussetzung ist, daß die Arbeitnehmer für sich und ihre Angehörigen, die nach § 10 SGB V versichert wären, Vertragsleistungen in der privaten Krankenversicherung erhalten.

Zu den Angehörigen in diesem Sinne zählen:

a) der Ehegatte,

b) die Kinder einschließlich der nach § 10 Abs. 4 SGB V als Kinder geltenden Stiefkinder, Enkel und Pflegekinder sowie die mit dem Ziel der Aufnahme als Kind in die Obhut des Beschäftigten aufgenommenen Kinder.
Es müssen jedoch die in § 10 Abs. 1 SGB V genannten weiteren Voraussetzungen erfüllt sein, z.B. das Gesamteinkommen darf 1/7 der monatlichen Bezugsgröße nicht überschreiten, bestimmte Altersgrenzen dürfen nicht überschritten werden.

Die Anspruchsvorsetzungen sind auch dann erfüllt, wenn der Beschäftigte und seine Angehörigen bei verschiedenen Krankenversicherungsunternehmen versichert sind.

Ein Anspruch auf Beitragszuschuß besteht, wenn der Vertrag in der privaten Krankenversicherung Leistungen vorsieht, die der Art nach den Leistungen des Sozialgesetzbuches entsprechen. Auch eine private Krankenversicherung, die eine Selbstbeteiligung des Versicherten an seinen Aufwendungen vorsieht, erfüllt die Anspruchsvoraussetzungen. Eine Absicherung des gesamten Leistungskataloges des Sozialgesetzbuches ist nicht erforderlich; dem zuschußberechtigten Arbeitnehmer bleibt es vielmehr überlassen, welche Leistungen er im einzelnen vertraglich absichern will. So kommt es z.B. nicht darauf an, ob er Anspruch auf Vertragsleistungen hat, die den Leistungen des SGB V bei Schwerpflegebedürftigkeit entsprechen. Entscheidet er sich jedoch für eine zusätzliche Pflegekrankenversicherung, so sind die Beitragsaufwendungen dafür zuschußfähig, weil diese Leistung zu denen der gesetzlichen Krankenversicherung gehört.

4.6.3 Höhe des Beitragszuschusses

Der Beitragszuschuß für einen bei einem privaten Krankenversicherungsunternehmen versicherten Arbeitnehmer beträgt die Hälfte des Beitrages, der bei unterstellter Versicherungspflicht des Arbeitnehmers bei der Krankenkasse zu zahlen wäre, die bei Versicherungspflicht zuständig wäre. Der Arbeitgeberzuschuß beträgt jedoch höchstens die Hälfte des Beitrages, den der Arbeitnehmer für seine private Krankenversicherung tatsächlich zu zahlen hat.

Der Beitragszuschuß orientiert sich nach § 257 Abs. 2 SGB V am Beitragssatz der im Falle von Krankenversicherungspflicht gesetzlich zuständigen Krankenkasse. Maßgebend ist also der Beitragssatz der Krankenkasse, bei der der Arbeitnehmer im Falle des Bestehens von Krankenversicherungspflicht kraft Gesetzes versichert wäre. Für die Höhe des Beitragszuschusses gibt es jedoch eine doppelte Begrenzung. Der Beitragszuschuß darf nicht mehr als die Hälfte des Beitrages ausmachen, den der Arbeitnehmer tatsächlich für seine Krankenversicherung zu zahlen hat.

Zuschußfähig sind solche Versicherungsbeiträge für Versicherungsleistungen, die der Art, jedoch nicht dem Umfange nach den Leistungen des Sozialgesetzbuches entsprechen. Dabei genügt es, wenn die Vertragsleistung im Kern einer Leistung nach dem SGB V entspricht. Nicht zuschußfähig sind z.B. Sterbegeldversicherungen, da sie nicht zu den in § 11 SGB V bezeichneten Leistungsarten gehören.

Die Wortfassung „für seine Krankenversicherung zu zahlen hat" umfaßt nicht nur die Beiträge für den Arbeitnehmer selbst, sondern auch die Aufwendungen für eine private Krankenversicherung seiner anspruchsberechtigten Angehörigen.

Die Vorschrift des § 257 Abs. 2 SGB V sieht beim Beitragszuschuß keine nachträgliche Berücksichtigung von Beitragsrückerstattungen des Versicherers vor. Der einem privat krankenversicherten Arbeitnehmer gewährte Beitragszuschuß ist daher nicht neu zu berechnen, wenn das Krankenversicherungsunternehmen nach Ablauf eines Versicherungsjahres wegen der Nichtinanspruchnahme von Versicherungsleistungen einen Teil der gezahlten Beiträge an den Versicherungsnehmers erstattet.

Gewährt das Krankenversicherungsunternehmen dagegen einen Beitragsnachlaß, z.B. weil die Beiträge im Wege eines sogenannten Sammelinkassos erhoben werden, so wirkt sich dieser Beitragsnachlaß auch bei der Bemessung des Beitragszuschusses mindernd aus. Das gleiche gilt für einen Beitragsnachlaß, der für Beitragsvorauszahlungen gewährt wird, weil es sich hier, im Gegensatz zur Beitragsrückerstattung, um eine echte Korrektur der Beiträge handelt.

Der Anspruch auf Beitragszuschuß besteht kraft Gesetzes. Das heißt, die Geltendmachung des Beitragszuschusses durch den Arbeitnehmer ist nicht materiell-rechtliche Anspruchsvoraussetzung. Erfüllbar ist der Anspruch auf Beitragszuschuß jedoch nur, wenn der Arbeitnehmer dem Arbeitgeber nachweist, daß er bei einem privaten Krankenversicherungsunternehmen versichert ist. Dies geschieht zweckmäßigerweise durch eine Bescheinigung des Krankenversicherungsunternehmens, aus der sich auch die Höhe des zu zahlenden Beitrages sowie Angaben über die Art der Versicherungsleistungen sowie über die in die Versicherung eingeschlossenen Personen ergeben.

Zu beachten ist auch, daß ein Verzicht auf den Beitragszuschuß in Anlehnung an die §§ 32 und 46 SGB I ausgeschlossen ist.

4.6.4. Zahlungszeitraum

Der Anspruch auf den Beitragszuschuß besteht nur für die Zeit, für die der Arbeitnehmer bei Krankenversicherungspflicht einen Arbeitgeberanteil zur Krankenversicherung erhalten würde. Das bedeutet, daß der Beitragszuschuß prinzipiell nur für Zeiten gezahlt wird, für die dem Arbeitnehmer Arbeitsentgelt zusteht.

Somit besteht *kein* Anspruch auf den Beitragszuschuß im Falle der Arbeitsunfähigkeit nach Fortfall der Entgeltzahlung. Dies ist für den in der privaten Krankenversicherung versicherten Arbeitnehmer von besonderer Bedeutung. Zum einen muß er seinen Beitrag zur Krankenversicherung weiter entrichten, da die private Krankenversicherung keine Beitragsfreiheit kennt, zum anderen muß er nunmehr den Beitrag alleine in *voller* Höhe zahlen, da der vom Arbeitgeber zu zahlende Zuschuß für die Dauer der Arbeitsunfähigkeit ohne Entgeltfortzahlung entfällt.

4.7. Beitragspflicht während der Arbeitsunfähigkeit

In der gesetzlichen Krankenversicherung ist ein Mitglied u.a. beitragsfrei für die Dauer des Anspruchs auf Krankengeld. Dies bedeutet, daß diese Personen u.U. monatelang beitragsfrei krankenversichert sind.

In der privaten Krankenversicherung gibt es eine solche Beitragsfreiheit nicht. Im Falle von Arbeitsunfähigkeit ohne Entgeltfortzahlung, für die der Versicherungsnehmer in aller Regel Krankentagegeld erhält, sofern vertraglich Leistungen dieser Art vereinbart sind, müssen aber die Beiträge zur privaten Krankenversicherung sowohl für die Krankheitskostenversicherung als auch für die evtl. bestehende Krankentagegeldversicherung weiterhin in *voller* Höhe gezahlt werden. Dabei ist ferner zu berücksichtigen, daß nach dem Ende der Gehaltszahlung der Arbeitgeberzuschuß entfällt (vgl. hierzu 4.6.4.). Der Versicherungsnehmer muß also u.U. für einen längeren Zeitraum aus dem Krankentagegeld den Beitrag für die private Krankenversicherung zahlen. In der Praxis wird dies vielfach dadurch ausgeglichen, daß in der Krankentagegeldversicherung ein höherer Betrag an Krankentagegeld vereinbart wird als Arbeitsentgelt entfällt. Dieser zusätzliche Betrag dient dann der Finanzierung des Beitrages.

4.8. Ausfallzeiten in der gesetzlichen Rentenversicherung

In der gesetzlichen Rentenversicherung werden gem. § 1258 Abs. 1 RVO bzw. § 35 Abs. 1 AVG bei der Ermittlung der Anzahl der anrechnungsfähigen Versicherungsjahre neben den Versicherungs- und Zurechnungszeiten auch die Ausfallzeiten angerechnet.

Zu den Ausfallzeiten gehören gemäß § 1259 RVO bzw. § 36 AVG u. a. Zeiten, in denen eine versicherungspflichtige Beschäftigung durch eine infolge Krankheit bedingte Arbeitsunfähigkeit oder durch Maßnahmen zur Rehabilitation unterbrochen ist, wenn für diese Zeiten oder einen Teil von ihnen Krankengeld, Versorgungskrankengeld, Verletztengeld bezogen worden ist oder, falls nicht eine dieser Leistungen bezogen worden ist, für diese Zeiten, längstens jedoch für 18 Kalendermonate, Beiträge nach § 1385b Abs. 2 RVO bzw. § 112b Abs. 2 AVG gezahlt worden sind.

Mit dem Begriff „Krankengeld" ist die entsprechende Leistung der GKV gemeint. Ist der Beschäftigte in der PKV versichert und erhält er während der Arbeitsunfähigkeit Krankentagegeld, so erfüllt dieses *nicht* die Voraussetzungen für die Anrechenbarkeit der Ausfallzeit in der gesetzlichen Rentenversicherung. Je nach Dauer der Arbeitsunfähigkeit wirkt sich dies dann rentenmindernd aus.

Der Beschäftigte hat jedoch die Möglichkeit, im Rahmen des § 1385b Abs. 2 RVO bzw. 112b Abs. 2 AVG auf Antrag *selbst* Beiträge für Ausfallzeiten zu zahlen. Die Beiträge für jeden Kalendermonat müssen mindestens nach 70 v. H. des zuletzt für einen vollen Kalendermonat versicherten Entgelts entrichtet werden. Der Antrag muß innerhalb von drei Monaten nach Beginn der Ausfallzeit beim zuständigen Rentenversicherungsträger gestellt werden.

Versicherungszeiten in der Arbeitslosenversicherung

Wenn der in der PKV versicherte Arbeitnehmer die Ausfallzeit in der gesetzlichen Rentenversicherung erhalten will, muß er während der entsprechenden Zeit der Arbeitsunfähigkeit aus seinem Krankentagegeld die Beiträge zur Rentenversicherung selbst zahlen, somit auch den Arbeitgeberanteil. Dabei muß beachtet werden, daß die Beiträge mindestens nach 70 v. H. des zuletzt der Beitragsbemessung zugrundeliegenden Arbeitsentgelts entrichtet werden müssen.

4.9. Versicherungszeiten in der Arbeitslosenversicherung

§ 104 Abs. 1 AFG bestimmt die Anwartschaftszeit für das Arbeitslosengeld. Dazu gehört zunächst eine die Beitragspflicht begründende Beschäftigung (vgl. § 168 AFG).

Nach § 107 AFG sind einer beitragspflichtigen Beschäftigung gleichgesetzt u.a. Zeiten, für die wegen des Bezuges von Krankentagegeld ein Unternehmen der privaten Krankenversicherung Beiträge gezahlt hat.

Die Unternehmen der privaten Krankenversicherung zahlen gemäß § 186 Abs. 3 AFG Beiträge für Zeiten, für die sie Krankentagegeld zahlen, wenn eine beitragspflichtige Beschäftigung durch Arbeitsunfähigkeit unterbrochen worden ist. Voraussetzung ist weiterhin, daß für diese Zeit keine Beiträge gemäß § 186 Abs. 1 und 2 AFG von einem Träger der gesetzlichen Krankenversicherung oder einem Träger von Rehabilitationsmaßnahmen zu zahlen sind.

Für die Berechnung der Beiträge sind ein Arbeitsentgelt in Höhe von 70 v. H. der Jahresarbeitsentgeltgrenze der gesetzlichen Krankenversicherung (vgl. § 6 Abs. 1 Nr. 1 SGB V) und die Summe der für Arbeitnehmer und Arbeitgeber jeweils geltenden Beitragssätze maßgebend. Für den Kalendermonat ist 1/12 und für den Kalendertag 1/360 des vorhergenannten Beitrages zugrunde zu legen.

§ 107 Abs. 4 und 5 AFG regelt das Verfahren für die Zahlung der Beiträge an die Bundesanstalt für Arbeit.

Anders als in der gesetzlichen Kranken- und Rentenversicherung ergibt sich somit für den in der PKV versicherten Beschäftigten in der Arbeitslosenversicherung kein Nachteil bei der Ermittlung der Versicherungszeit.

5. Tarifarten

5.1. Allgemeines

§ 4 Abs. 1 MB/KK 76 – MB/KT 78 bestimmt, daß sich Art und Höhe der Versicherungsleistungen aus dem Tarif mit Tarifbedingungen ergeben.

Tarif und Tarifbedingungen sind neben den Musterbedingungen zweitwichtigster Teil der Rechtsgrundlagen bei der Abwicklung des Versicherungsgeschäftes. Bei der Tarifgestaltung sind die Vorschriften des VVG einerseits und die Musterbedingungen andererseits zu beachten. Dennoch kann der Versicherer mit dem Tarif und den Tarifbedingungen Unklarheiten oder Lücken der Musterbedingungen klärend regeln oder ergänzen. Einzelheiten vgl. 2.3.2.

Die Tarife und Tarifbedingungen regeln jedoch nicht nur Art und Höhe der Leistungen des Versicherten, sondern auch den je nach Eintrittsalter, Geschlecht oder sonstigen persönlichen Risikomerkmalen zu zahlenden Beitrag. Dies wird auch durch § 8a MB/KK 76 – MB/KT 78 bestätigt, wonach die Berechnung der Beiträge aufgrund der Richtlinien für die Aufstellung technischer Geschäftspläne in der Krankenversicherung zu erfolgen hat und geschäftsplanmäßig festgelegt werden muß. Dies geschieht in den Tarifkalkulationen. Diese sind naturgemäß bei jedem Versicherungsunternehmen anders. Durch die spezifischen Tarifgestaltungen der einzelnen Versicherer sind Leistungs- und Beitragsvergleiche zwischen den einzelnen Versicherungsunternehmen äußerst schwierig. Ein Vergleich hinsichtlich des Beitrages und der Leistungen mit der gesetzlichen Krankenversicherung ist noch schwieriger durchzuführen. Dies gilt insbesondere auch unter Berücksichtigung vereinbarter Selbstbeteiligungen.

5.2. Tarife

Die private Krankenversicherung kennt eine Vielzahl von Tarifarten.

Wesentliche Tarifarten sind z.B.

- Krankheitskostenversicherung für ambulante Behandlung,
- Krankheitskostenversicherung für stationäre Behandlung,
- Zahnkostenversicherung für zahnärztliche Behandlung und Zahnersatz,
- Kurkostenversicherung,
- Krankenhaustagegeldversicherung,
- Krankentagegeldversicherung,
- Pflegekostenversicherung.

Diese Tarife werden entweder als Einzeltarife oder aber auch in sogenannten Kombinationstarifen angeboten. Diese umfassen dann z.B. die ambulante Behandlung, stationäre Behandlung und Zahnbehandlung.

Selbstbeteiligungstarif

Wie bereits vorher erwähnt, ist die Tarifgestaltung unternehmensbezogen, so daß eine generelle Aussage dazu hier nicht erfolgen kann.Vielfach werden von den Versicherungsunternehmen auch Spezialtarife, z.B. für bestimmte Berufsgruppen oder für bestimmte eingeschränkte Leistungsbereiche, angeboten. Die Einzelheiten zur Beitragsgestaltung sind bei 4. und zu den Leistungsinhalten bei 6. ausführlich erläutert.

An dieser Stelle soll nur noch auf einige Ergänzungen eingegangen werden.

5.3. Selbstbeteiligungstarif

Die private Krankenversicherung bietet für die ambulante Behandlung verschiedene Varianten von Selbstbeteiligungstarifen an. Wählt der Versicherungsnehmer eine Selbstbeteiligung, so werden die über die vereinbarten Sätze hinausgehenden Beträge erstattet. Dabei kann die Selbstbeteiligung

a) nach festen Beträgen oder

b) nach Prozentsätzen (Quotentarif)

erfolgen.

Bei der Selbstbeteiligung gilt der Grundsatz: Je höher die Selbstbeteiligung, desto niedriger ist der Beitrag. Durch die Tragung der Selbstbeteiligung übernimmt der Versicherungsnehmer einen Teil des Risikos und entlastet somit den Versicherer. Als Gegenleistung dafür gewährt dieser dem Versicherungsnehmer einen Beitragsnachlaß.

Schaubild 21:

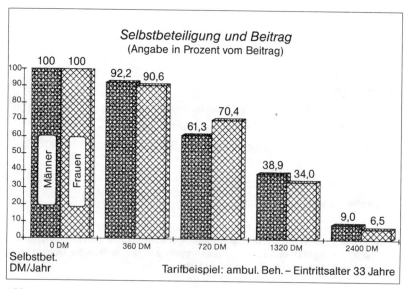

Neben den Selbstbeteiligungstarifen in Form von festen DM-Beträgen oder einer prozentualen Erstattung gibt es auch Tarife, in denen Leistungen in einem oder in mehreren aufeinanderfolgenden Jahren auf bestimmte Höchstbeträge begrenzt sind. Dies findet man insbesondere im Bereich der zahnärztlichen Behandlung. So werden z.b. Tarife angeboten, die zunächst die Kosten für zahnärztliche Behandlung einschließlich Zahnersatz, Zahn- und Kieferregulierung auf einen kalenderjährlich festgesetzten Rechnungsbetrag begrenzen. Es ist dann jedoch möglich, mittels eines Zusatztarifes den darüber hinausgehenden Betrag mit einem bestimmten Prozentsatz abzusichern (Einzelheiten hierzu vgl. 6.2.4.).

Für bestimmte Berufsgruppen, z.B. Beamte mit Beihilfeansprüchen, werden besondere Tarife von den Versicherern angeboten. In diesen Fällen wird vielfach die Selbstbeteiligung auf den Prozentsatz festgesetzt, der sich nach den jeweiligen Beihilfevorschriften als Anspruch gegenüber dem Dienstherrn ergibt. Insofern sind dann in der privaten Krankenversicherung nur noch die Restkosten zu versichern. Dies führt in aller Regel zu einem sehr günstigen Beitrag.

5.4. Basistarif

Seit Bekanntwerden der Pläne der Bundesregierung zur Strukturreform in der gesetzlichen Krankenversicherung im Jahre 1988 wurde auch in der privaten Krankenversicherung über neue Tarife diskutiert. Diese sollten beitragsgünstiger als die bisherigen „Standardtarife" sein. Aus diesen Überlegungen wurden die sogenannten „Basistarife" entwickelt und seit Anfang 1990 auf dem Markt angeboten.

Der Basistarif ist gedacht für Personen, die von der gesetzlichen Krankenversicherung nicht oder infolge des Gesundheits-Reformgesetzes nicht mehr erfaßt werden, für die aber die Standardtarife der privaten Krankenversicherung finanziell nicht tragbar sind.

Zu den Personenkreisen, für die die Basistarife gelten, rechnet die private Krankenversicherung im wesentlichen folgende Gruppen:

- Selbständige mit Einkommen unter der Jahresarbeitsentgeltgrenze,
- Arbeiter, deren Lohn die Jahresarbeitsentgeltgrenze nur knapp überschreitet und die darüber hinaus mindestens zwei Kinder zu versorgen haben,
- Rentner, die bei Beantragung der Rente die Voraussetzungen für die Versicherungspflicht in der gesetzlichen Krankenversicherung nicht erfüllen,
- Ärzte im Praktikum, die aufgrund ihrer geringen Einkünfte zwar versicherungspflichtig sind, die sich aber unter bestimmten Voraussetzungen von der Versicherungspflicht befreien lassen können.

Der Basistarif ist in aller Regel als Einstiegstarif gedacht. Der Versicherer geht davon aus, daß der Versicherungsnehmer nur eine gewisse Zeit im Basistarif versichert sein kann. Dies ist teilweise auch im Tarif festgelegt. Nach der festgelegten Zeit, z.B. drei Jahre, soll dann vom Basistarif in den „Standardtarif" übergeleitet werden.

Basistarif Spezial

Die geringeren Beiträge im Basistarif setzen voraus, daß das Leistungsangebot gegenüber dem Standardtarif eingeschränkt ist. Die Basistarife sind wiederum bei den einzelnen Versicherungsunternehmen sehr unterschiedlich gestaltet, insbesondere im Hinblick auf die Leistungsinhalte.

Vielfach sehen die Tarife folgendes vor:

- bei ambulanter Behandlung die Erstattung nur bis zum 1,7-fachen Satz der Gebührenordnung für persönliche ärztliche Leistungen und bis zum 1,3-fachen Satz der Gebührenordnung für medizinisch-technische Leistungen,
- Kostenerstattungen für Heilpraktikerbehandlungen sind ausgeschlossen,
- für Arzneien und Hilfsmittel wird nur ein bestimmter Prozentsatz, z.B. 80 v.H., erstattet,
- bei zahnärztlicher Behandlung werden 100 v.H. bis zum 2-fachen Satz der Gebührenordnung, bei Zahnersatz und Kieferorthopädie 70 v.H. bis zum 2,3-fachen erstattet,
- bei stationärer Heilbehandlung werden 100 v.H. der allgemeinen Krankenhausleistung, d.h. ohne Inanspruchnahme von Wahlleistungen, (z.B. Ein- oder Zweibettzimmer, sog. Chefarztbehandlung), ersetzt.

Vielfach werden die Tarife auch in zwei verschiedenen Varianten, und zwar einmal ohne Selbstbeteiligung und einmal mit Selbstbeteiligung, in Form eines festen DM-Betrages angeboten.

Damit die Leistungserbringer wissen, daß der Versicherungsnehmer nach dem Basistarif versichert ist und damit z.B. Einschränkungen bei der Erstattung für ärztliche Behandlung gelten, ist dies gegenüber dem Arzt nachzuweisen. Das geschieht meist durch die Vorlage einer „Basiskarte", aus der sich ergibt, daß der Versicherungsnehmer nach dem Basistarif versichert ist. Ob der Arzt sich jedoch an die Beschränkung der Gebührenberechnung hält, ist fraglich. In jedem Fall muß der Versicherte mit dem Arzt eine Vereinbarung treffen. Berechnet der Arzt höhere Gebühren, so erhält der Versicherte seine Kostenerstattung nur von dem im Tarif festgesetzten Satz der Gebührenordnung.

5.5. Basistarif Spezial

Die deutsch/deutsche Entwicklung hat auch für die private Krankenversicherung entsprechende Bedeutung. So sind speziell für die ehemalige DDR besondere Tarife entwickelt worden.

Unter Bezugnahme auf den bestehenden Basistarif wurden zwei Tarife völlig neu konzipiert: Der „Basistarif Spezial" als Krankheitskostentarif und der „Basiszusatztarif" als ergänzende Absicherung der Kosten der privatärztlichen Behandlung im Krankenhaus.

Der Basistarif sichert z.B. die Kosten der ambulanten ärztlichen Behandlung bis zum maximal 1,7-fachen Satz der Gebührenordnung bei persönlichen und bis zum 1,3-fachen Satz bei überwiegend medizinisch-technischen Leistungen ab.

Bei Arznei- und Verbandmitteln sowie Heil- und Hilfsmitteln werden je Versicherungsjahr bei einer Selbstbeteiligung von 400,00 DM 85 v.H. der Kosten erstattet, darüber hinaus 100 v.H. Für Brillenfassungen werden 20,00 DM ersetzt.
Bei zahnärztlicher Behandlung werden 100 v.H. der Kosten bis zum 1,7-fachen Satz der Gebührenordnung erstattet, für Zahnersatz, Zahnkronen und Gußfüllungen 60 v.H., ebenfalls maximal bis zum 1,7-fachen Satz. Die Kosten für Material und Laborarbeiten werden zu 60 v.H. ersetzt. Für Kosten der Kieferorthopädie beträgt die Kostenerstattung 100 v.H. bis zum 1,7-fachen Satz, für medizinisch-technische Leistungen im Sinne der Gebührenordnung 100 v.H. bis zum 1,3-fachen Gebührensatz.

Die Kosten der allgemeinen Krankenhausleistungen von Krankenhäusern im Gebiet der ehemaligen DDR und in RGW-Ländern werden zu 100 v.H. erstattet. Bei Krankenhausaufenthalt im westlichen Teil der Bundesrepublik oder im westlichen Ausland verbleibt dem Versicherten eine Selbstbeteiligung von 20 v.H. Bei belegärztlichen Leistungen werden die gleichen Sätze wie bei ambulanter Behandlung erstattet.

5.6. Zusatztarif

Neben den Krankheitskostenversicherungen bzw. der Krankentagegeldversicherung bieten die privaten Krankenversicherer auch eine Reihe von Zusatzversicherungen an. Diese beziehen sich insbesondere auf Personen, die ihren Grundschutz, d.h. eine Versicherung gegen Krankheit, in der gesetzlichen Krankenversicherung haben. Durch die private Zusatzversicherung sollen z.B. die von den gesetzlichen Krankenkassen nicht übernommenen Kosten der stationären privatärztlichen Behandlung und/oder die Mehrkosten bei Inanspruchnahme von Wahlleistungen im Krankenhaus, z.B. für Ein- oder Zweibettzimmer, sogenannte Chefarztbehandlung, finanziert werden.

Ferner ist die Krankenhaustagegeldversicherung oder die Krankentagegeldversicherung eine häufige Zusatzversicherung, die auch zur Ergänzung des Krankengeldes der gesetzlichen Krankenversicherung dienen soll. Einzelheiten dazu vgl. 1.2.1.

Die privaten Krankenversicherungen führen auch sogenannte Versicherungen gegen Einmalbeitrag durch. Hierbei handelt es sich überwiegend um kurzfristige Versicherungen, z.B. die Auslandsreisekrankenversicherung.

Die Leistungen der gesetzlichen Krankenversicherung sind durch das Sozialgesetzbuch (vgl. § 16 ff. SBG V) bei Eintritt eines Versicherungsfalles im Ausland eingeschränkt, soweit nicht zwischenstaatliche Regelungen Abweichendes vorsehen. Diese Lücke ist sehr schnell von der privaten Krankenversicherung geschlossen worden.

5.7. Ergänzungstarif

Neben den bereits bestehenden traditionellen Zusatzversicherungen sind gerade im Hinblick auf die Entwicklung in der gesetzlichen Krankenversicherung nach der Einführung des Sozialgesetzbuches, Teil V, eine Reihe von Ergänzungstarifen entwickelt worden. Diese Tarife zielen darauf ab, die eingeführten Leistungseinschränkungen, z.B. beim Zahnersatz, bei Brillen oder Heilmitteln, auszugleichen. Vielfach werden diese Ergänzungstarife auch mit der Auslandsreisekrankenversicherung kombiniert.

Bei den Ergänzungstarifen werden von den einzelnen Versicherern sehr unterschiedliche Tarife angeboten. Voraussetzung für die Ergänzungstarife ist, daß die Personen in der gesetzlichen Krankenversicherung versichert sind und Anspruch auf ärztliche oder zahnärztliche Behandlung gegen Vorlage eines Kranken- oder Berechtigungsscheines haben.

Erstattungsfähig sind die Kosten, die verbleiben, nachdem die gesetzliche Krankenversicherung ihre Leistungen zur Verfügung gestellt hat. Erfolgt keine Leistungserstattung durch die gesetzliche Krankenversicherung, so entfällt in aller Regel auch die Erstattung der Kosten aus dem Ergänzungstarif, mit Ausnahme der Leistungen bei Auslandsreisen.

Inhalt der Ergänzungstarife sind z.B.:

- Heilmittel: Es werden die nach Vorleistung der gesetzlichen Krankenversicherung verbleibenden Kosten erstattet.

- Brillen: Es werden die nach Vorleistung der gesetzlichen Krankenversicherung verbleibenden Kosten für Brillen einschließlich Brillengläser bis zu einem bestimmten Betrag (z.B. 350,00 DM) pro Kalenderjahr erstattet.

- Zahnersatz: Es werden die im Rahmen einer kassenzahnärztlichen Versorgung anfallenden Kosten bis zu einem bestimmten Prozentsatz (z.B. 80 v.H.) erstattet.

- Krankenhausbehandlung: Gewährt wird ein Krankenhaustagegeld in Höhe von 10,00 DM pro Tag für 14 Tage innerhalb eines Kalenderjahres. Die für Unterkunft und Verpflegung anfallenden Mehrkosten des Mehrbettzimmers ohne privatärztliche Leistungen werden zu einem bestimmten Prozentsatz erstattet, wenn der Versicherte ein anderes als in der ärztlichen Einweisung genanntes Krankenhaus aufsucht (vgl. dazu § 39 Abs. 2 SGB V).

- Auslandsreisen: Hier werden die Kosten für ambulante und stationäre Heilbehandlung im Ausland während einer bestimmten Zeitdauer erstattet. Dabei sind alle Leistungen erfaßt, die eine Krankheitskostenversicherung für ambulante und stationäre Behandlung zum Inhalt hat.

5.8. Tarifbeispiel

Bei 4.2.1. wurde dargelegt, daß der Tarifbeitrag dem Versicherungsrisiko entsprechen muß. Das Versicherungsrisiko ergibt sich aus dem Beitrittsalter, dem Geschlecht und dem Leistungsumfang unter Berücksichtigung eventueller Selbstbeteiligungen (vgl. 5.3.). Folgendes Tarifbeispiel aus der Krankheitskostenversicherung soll dies verdeutlichen:

Schaubild 22:

KK-Versicherung (ambulant, stationär, zahn)	Eintrittsalter bis zum vollendeten Lebensjahr	Tarif KN0 männl.	weibl.	KN 1 männl.	weibl.	KN 2 männl.	weibl.
A. Beitrag (monatlich)	25. Lebensjahr	194,00	402,05	90,65	164,65	66,55	123,45
	30.	228,40	440,80	114,15	201,70	86,05	157,70
	35.	273,70	460,05	145,70	214,00	112,65	167,80
	40.	331,85	478,70	185,45	224,95	146,20	175,85
	45.	403,45	509,65	233,45	239,95	186,30	186,45
	50.	488,15	556,25	288,60	261,50	231,80	201,45
	55.	589,40	617,15	353,10	289,55	283,90	220,75
	60.	708,00	688,80	427,55	322,40	343,60	244,10
	65.	828,65	767,65	503,15	359,20	403,55	271,05
	mitversicherte Kinder bis zum vollendeten						
	15. Lebensjahr	140,65	140,65	54,45	54,45	29,95	29,95
	21. Lebensjahr	140,65	221,10	72,25	94,80	50,70	51,55
D. Besonderes	Die Selbstbeteiligung pro Person und Kalenderjahr beträgt	0,–		1000,–		2000,–	

6. Vertragsleistungen in der Krankheitskosten- und Krankenhaustagegeldversicherung

6.1. Gegenstand und Umfang des Versicherungsschutzes

6.1.1. Allgemeines

Gegenstand, Umfang und Geltungsbereich des Versicherungsschutzes in der privaten Krankheitskostenversicherung und der Krankenhaustagegeldversicherung werden in § 1 MB/KK 76 geregelt. Diese Generalvorschrift soll dem Versicherungsnehmer verdeutlichen, bei welchen Gefahrereignissen und in welcher Weise Versicherungsschutz vereinbart ist. Der Begriff Versicherungsschutz umschreibt dabei den Inhalt der vertraglichen Leistungspflichten des Versicherers.

§ 1 Abs. 1 MB/KK 76 regelt den *Versicherungsfall* sowohl der Krankheitskostenversicherung als auch der Krankenhaustagegeldversicherung. Die Leistungspflicht bezieht sich in der Krankheitskostenversicherung auf den Ersatz von Aufwendungen für Heilbehandlung und sonst vereinbarte Leistungen (§ 1 Abs. 1 Satz 2 Buchst. a MB/KK 76), in der Krankenhaustagegeldversicherung auf ein Krankenhaustagegeld bei stationärer Behandlung (§ 1 Abs. 1 Satz 2 Buchst. b MB/KK 76). Die Krankheitskostenversicherung deckt also den durch den Versicherungsfall eingetretenen konkreten wirtschaftlichen Bedarf und ist damit eine Schadensversicherung, während die Krankenhaustagegeldversicherung sich auf eine vor Eintritt des Versicherungsfalles vertraglich festgelegte Summe an Krankenhaustagegeld bezieht; sie ist deshalb eine Summenversicherung mit abstrakter Bedarfsdeckung.

6.1.2. Versicherungsfall

Eines der wichtigsten Ziele bei der Abfassung der Musterbedingungen (MB/KK 76) war es, für die Krankheitskosten- und Krankenhaustagegeldversicherung einen einheitlichen Begriff des Versicherungsfalles zu schaffen (vgl. *Ullmann*, Versicherungswirtschaft 1966, S. 706 f.). In beiden Versicherungszweigen ist Versicherungsfall gemäß § 1 Abs. 2 MB/KK 76 die medizinisch notwendige Heilbehandlung einer versicherten Person wegen Krankheit oder Unfallfolgen. Der Versicherungsfall ist auch dann nicht anders zu definieren, wenn – wie in der Krankenhaustagegeldversicherung – nur die stationäre Heilbehandlung versichert ist.

Eine Definition des Versicherungsfalles anhand des Krankheitsbegriffes, wie ihn die gesetzliche Krankenversicherung kennt, ist in der privaten Krankenversicherung heute nicht mehr üblich. Durch die Anbindung des Versicherungsfalles an den Begriff „Heilbehandlung" in der PKV wird die Bestimmung seines Beginns und Endes erleichtert, da ein zeitlich genau fixierbares Ereignis zugrunde liegt.

Der Versicherungsfall erfordert die medizinische Notwendigkeit der Heilbehandlung. Damit wird bewirkt, daß der Versicherer nur für diesen Teil der gesamten Behandlungsmaßnahmen des behandelnden Arztes Leistungen gewähren muß. Der Um-

Gegenstand und Umfang des Versicherungsschutzes

fang des Versicherungsschutzes ist also ebenso wie in der gesetzlichen Krankenversicherung nicht zwingend identisch mit dem Umfang der Behandlung durch den Arzt. Wegen der Kompliziertheit der medizinischen Zusammenhänge ist der Begriff der Heilbehandlung von der Rechtsprechung weit gefaßt worden. Die Heilbehandlung ist dabei nicht nur von ihren Ergebnissen, sondern auch von der Zweckbestimmung ärztlichen Handels her zu beurteilen. Heilbehandlung ist danach jede ärztliche Tätigkeit zum Zwecke der Heilung, Besserung oder auch nur Linderung eines Leidens (BGH, VersR 1978, S. 271, 272). Sie umfaßt auch jede auf Verhütung einer Verschlimmerung des Leidens abzielende Maßnahme *(Röhl,* ZSR 1982 S. 351).

Voraussetzung für die Heilbehandlung ist allerdings, daß eine Krankheit vorliegt, die der Behandlung oder Linderung überhaupt zugänglich ist (OLG Düsseldorf, VersR 1973, S. 636). Heilbehandlung liegt nicht vor, wenn die ärztliche Tätigkeit nicht auf die Behandlung einer Krankheit gerichtet ist, sondern ausschließlich anderen Zwecken dient (z.B. Sterilisation, kosmetische Maßnahmen, Schwangerschaftsabbruch, soweit keine medizinische Indikation zugrunde liegt). Ähnliche Fragen stellen sich auch bei unheilbaren Leiden. Hier muß, damit noch von Heilbehandlung gesprochen werden kann, zumindest vorübergehende Linderung oder Besserung der Beschwerden bezweckt sein (GB BAV, 1956/57 S. 36) oder wenigstens die fortschreitende Verschlimmerung vorübergehend gehemmt werden (OLG München, VersR 1981, S. 325). Fehlt eine der genannten Voraussetzungen, so handelt es sich um einen Pflege- oder Verwahrungsfall.

Medizinische Notwendigkeit der Heilbehandlung ist also dann gegeben, wenn die durchgeführten Behandlungsmaßnahmen aus medizinischer Sicht geeignet waren, einen qualifizierten Behandlungserfolg zu erzielen, also das Leiden entweder zu beseitigen, zu bessern oder zu lindern. Dabei ist nicht der Behandlungserfolg entscheidend, sondern die Eignung der Behandlungsmaßnahmen an sich. Der Begriff des Versicherungsfalles enthält damit einen allgemeinen Grundsatz, den auch andere Regelungen der Musterbedingungen widerspiegeln: Zwar werden die Heilbehandlung des Arztes und auch die Erstattungspflicht des Versicherers durch Krankheit oder Unfallfolgen ausgelöst, jedoch will der Versicherer dabei sein Risiko dadurch begrenzen, daß er nur für solche Maßnahmen erstattungspflichtig ist, die geeignet sind, das Leiden gezielt und möglichst konsequent zu bekämpfen. Unqualifiziertes, von vornherein aussichtsloses ärztliches Vorgehen oder gar ärztliche Behandlungsfehler fallen ebensowenig unter den Versicherungsschutz wie die Verwendung überflüssiger Mittel (vgl. *Bach/Moser,* Private Krankenversicherung, Rdz. 14 zu § 1 MB/KK).

Bei der Beurteilung der medizinischen Notwendigkeit ist die diesbezügliche Auffassung des behandelnden Arztes nicht entscheidend; sie ist nur ein Indiz dafür (vgl. OLG Hamburg, VersR 1965, S. 174, OLG Bamberg, VersR 1977, S. 538f. u.a.). Als eine zentrale Leistungsvoraussetzung ist die medizinische Notwendigkeit im Zweifelsfall vom Versicherungsnehmer zu beweisen. Bleiben Zweifel in der Beweisführung bestehen, so gehen sie zu Lasten des Versicherungsnehmers. Der Beweiswert einer Stellungnahme des behandelnden Arztes, dessen Honorarforderung zu beurteilen ist, wird dabei um so geringer, je größer sein wirtschaftliches Interesse am Erfolg der Beweisführung ist (Privatpatient, Belegung der eigenen Privatklinik usw.).

Gegenstand und Umfang des Versicherungsschutzes

Der Versicherungsnehmer wird den erforderlichen Beweis in der Regel nur durch ein gerichtlich eingeholtes Gutachten eines neutralen Sachverständigen unter Zugrundelegung seiner Krankenunterlagen erbringen können. Hierbei spielen die mit dem Prozeßrisiko verbundenen Kosten sicherlich keine unwesentliche Rolle (vgl. hierzu 1.4.3.).

Der Versicherer hat jedoch die Möglichkeit, zur Entlastung des Versicherungsnehmers vom Prozeßkostenrisiko die Behandlungskosten ohne Anerkennung einer Rechtspflicht zu erstatten, um dann selbst gemäß § 67 VVG bzw. nach Abtretung etwaiger Ansprüche des Versicherungsnehmers nach § 11 MB/KK 76 gegen den Arzt vorzugehen.

Nicht nur therapeutische, sondern auch diagnostische Maßnahmen sind der Heilbehandlung zuzurechnen (vgl. OLG Köln, VersR 1955, S. 230, 231, BGH, VersR 1956, S. 186). Hiervon sind jedoch Maßnahmen, die ausschließlich Forschungszwecken dienen, ausgenommen. Im Normalfall kann aber davon ausgegangen werden, daß die ärztliche Untersuchungstätigkeit der Erkennung der Krankheit zum Zwecke ihrer Behandlung dient (OLG Köln, VersR 1955, S. 230, 231). Die Auslegung entspricht insoweit dem Sprachgebrauch des täglichen Lebens (BGH, VersR 1956, S. 186; 1978, S. 271, 272).

Die Heilbehandlung beginnt mit der ersten ärztlichen Untersuchung (BGH, ständige Rechtsprechung, VersR 1956, S. 186; 1957, S. 55). Dabei ist es nicht erforderlich, daß der untersuchende Arzt die gesamte Heilbehandlung durchführen soll. Auch wenn zunächst nur eine Diagnose oder ein Behandlungsvorschlag erstellt werden soll, diese Tätigkeit jedoch einer späteren ärztlichen Behandlung bei demselben oder einem anderen Arzt zugrunde zu legen ist, beginnt die Heilbehandlung mit der Diagnosestellung.

Der Versicherungsfall setzt voraus, daß die Heilbehandlung an einer *versicherten Person* erforderlich ist. Entscheidend ist der Inhalt des Versicherungsscheines.

Die Leistungspflicht des privaten Krankenversicherers erfordert u.a., daß die Heilbehandlung wegen Krankheit erfolgt. Der Krankheitsbegriff hat bei der Definition des Versicherungsfalles Bedeutung, wenn es um Abgrenzungsfragen geht. So fallen etwa kosmetische Operationen nicht unter den Krankheitsbegriff, ebenso die Behandlung sogenannter Risikofaktoren, um möglicherweise entstehende Krankheiten im Keim zu ersticken. Schließlich erfüllt die Behandlung zur Verlangsamung oder Linderung natürlicher Alterungsprozesse nicht die Voraussetzungen einer Krankheit.

Die Leistungspflicht des privaten Krankenversicherers tritt auch dann ein, wenn dem Versicherungsfall ein Unfallereignis zugrunde liegt. Die private Krankenversicherung schließt also eine Unfallversicherung mit ein.

Nach § 1 Abs. 2 Satz 3 Buchstaben a bis c MB/KK 76 gelten als Versicherungsfälle der Krankheitskosten- und Krankenhaustagegeldversicherung auch

- Untersuchungen und medizinisch notwendige Behandlungen wegen Schwangerschaft und Entbindung,

- ambulante Untersuchungen zur Früherkennung von Krankheiten nach gesetzlich eingeführten Programmen (gezielte Vorsorgeuntersuchungen),

Gegenstand und Umfang des Versicherungsschutzes

- Tod, soweit hierfür Leistungen vereinbart sind.

Die Regelungen wurden erforderlich, weil hier weder Krankheiten zugrunde liegen noch Heilbehandlung stattfindet.

Aus Anlaß der Schwangerschaft werden als Vertragsleistungen die Kosten der medizinisch notwendigen Untersuchungs- und Behandlungsmaßnahmen, also auch die üblichen Untersuchungen mit Vorsorgecharakter, erstattet. Auch hier stellt das Erfordernis der medizinischen Notwendigkeit als Voraussetzung der Leistungspflicht klar, daß die Behandlung wegen der Schwangerschaft auch einen Schwangerschaftsabbruch beinhaltet. Kein Versicherungsfall ist aber der aus sozialer Indikation vorgenommene Schwangerschaftsabbruch.

Der Erstattungsumfang der PKV bei den gezielten Vorsorgeuntersuchungen orientiert sich inhaltlich weitgehend am Leistungskatalog der gesetzlichen Krankenversicherung. Unternehmenseigene Tarife enthalten z.T. weitergehende Leistungen.

Leistungen aus Anlaß des Todes werden nur dann erbracht, wenn dies vertraglich besonders vereinbart ist; die meisten Tarife sehen sie nicht vor.

6.1.3. Beginn und Ende des Versicherungsfalles

Während dem Versicherungsfall in der Unfall- und Lebensversicherung ein zeitlich genau zu bestimmendes Ereignis zugrunde liegt, kann sich dieser in der Krankenversicherung je nach Dauer der Behandlung über einen längeren Zeitraum erstrecken. Deshalb spricht man hier von einem sogenannten *„gedehnten Versicherungsfall".* Als Ausnahme sind hier nur die Ereignisse Entbindung und Tod zu nennen, die punktueller Natur sind.

Die genaue Bestimmung des Zeitpunktes, zu dem der Versicherungsfall begonnen hat, ist in der PKV jedoch im Hinblick auf § 2 Abs. 1 Satz 2 MB/KK 76 besonders wichtig. Nach dieser Regelung besteht kein Versicherungsschutz für solche Versicherungsfälle, die vor Vertragsbeginn eingetreten sind. Ebenso bedeutsam ist die Feststellung, ob der Versicherungsfall innerhalb der vereinbarten Wartezeiten (vgl. hierzu 3.6.5.) begonnen hat. Des weiteren wird durch § 7 MB/KK 76 der Versicherungsschutz zeitlich dadurch beschränkt, daß er nicht über die Vertragsbeendigung hinaus fortbesteht. Dies ist von Bedeutung, weil der Versicherungsfall begrifflich auf unabsehbare Dauer ausgedehnt sein kann.

Der Versicherungsfall beruht regelmäßig darauf, daß der Versicherungsnehmer infolge einer Krankheit oder eines Unfalles medizinisch notwendige ärztliche Behandlung in Anspruch nimmt. Dazu bestimmt § 1 Abs. 2 Satz 2 MB/KK 76, daß der Beginn des Versicherungsfalles auf den Moment festgelegt wird, in dem die Heilbehandlung beginnt. Die schwierige medizinische Frage, wann die der Heilbehandlung zugrunde liegende Krankheit oder deren objektive Behandlungsbedürftigkeit begonnen hat, ist für den Beginn des Versicherungsfalles in der PKV – anders als in der GKV – unbedeutend. Auch bei einer unfallbedingten Behandlung ist nicht das Unfallereignis, sondern die dadurch erforderliche Heilbehandlung als Beginn des Versicherungsfalles anzusehen (vgl. BGH, VerR 1976, S. 851, 852).

Gegenstand und Umfang des Versicherungsschutzes

Die medizinisch notwendige Heilbehandlung ist sowohl in der Krankheitskostenversicherung als auch in der Krankentagegeldversicherung Versicherungsfall (vgl. hierzu 6.1.2.). Während die Krankheitskostenversicherung die ambulante und stationäre Heilbehandlung umfaßt, versichert die Krankenhaustagegeldversicherung nur die stationäre Heilbehandlung. Deshalb muß folgender Unterschied herausgestellt werden:

Der Versicherungsfall beginnt in der Krankheitskostenversicherung mit der Heilbehandlung; er endet, wenn nach medizinischem Befund Behandlungsbedürftigkeit nicht mehr besteht. In der Krankenhaustagegeldversicherung fallen Beginn und Ende des Versicherungsfalles sowie Beginn und Ende der Leistungspflicht auseinander *(Ullmann/Schäfer,* Die Allgemeinen Versicherungsbedingungen, S. 19). Diese Rechtskonstruktion ist zulässig, weil versicherte Gefahr (die Möglichkeit medizinisch notwendiger Heilbehandlung wegen Krankheit oder Unfallfolgen) und Versicherungsfall einerseits und die Entstehung des Bedarfs (Schadens) andererseits auseinanderzuhalten sind (vgl. *Bach/Moser,* Private Krankenversicherung, Einl. Rdz. 44).

Nach dem Wortlaut des § 1 Abs. 2 S. 2 MB/KK 76 endet der Versicherungsfall, wenn nach medizinichem Befund Behandlungsbedürftigkeit nicht mehr besteht. Mit dem Wegfall der Behandlungsbedürftigkeit endet die Leistungspflicht des Versicherers auch dann, wenn noch weitere Behandlungsmaßnahmen zur Anwendung kommen. Normalerweise endet die Behandlungsbedürftigkeit mit dem Zeitpunkt, in dem eine Fortführung der Heilbehandlung medizinisch nicht mehr notwendig ist (vgl. OLG Celle, VersR 1962, S. 1145). Entscheidend ist der objektive Befund, so daß weder der Patient noch der behandelnde Arzt den Versicherungsfall zeitlich beeinflussen kann (vgl. BGH, VersR 1978, S. 271, 272). Bezüglich des Endes des Versicherungsschutzes wird auf die Ausführungen bei 6.1.5. verwiesen.

6.1.4. Mehrere Versicherungsfälle

Für den Fall, daß während einer fortlaufenden, zeitlich ununterbrochenen Heilbehandlung eine neue Krankheit bzw. Unfallfolge auftritt, enthält § 1 Abs. 2 Satz 3 MB/KK 76 eine Regelung: „Muß die Heilbehandlung auf eine Krankheit oder Unfallfolge ausgedehnt werden, die mit der bisher behandelten nicht ursächlich zusammenhängt, so entsteht insoweit ein neuer Versicherungsfall". Diese Regelung bewirkt keine Anbindung des Versicherungsfalles an den Krankheitsbegriff, sondern stellt ausschließlich auf den *Ursachenzusammenhang* zwischen verschiedenen behandelten Krankheiten ab. Besteht ein solcher Zusammenhang, so gilt die Gesamtbehandlung (aller) Krankheiten als ein *einheitlicher Versicherungsfall.* Sofern jedoch ein Ursachenzusammenhang besteht, handelt es sich um zwei selbständig zu beurteilende Versicherungsfälle (OLG Hamm, VersR 1977, S. 953). Ursachenzusammenhang bedeutet dabei, daß die zweite Krankheit durch die erste (mit-) herbeigeführt worden ist.

Von zwei eigenständigen Versicherungsfällen ist jedoch immer dann auszugehen, wenn die Heilbehandlung aus medizinischer Sicht abgeschlossen war und später wegen derselben oder einer anderen Erkrankung neu beginnt. Um einen Anwen-

161

dungsfall des § 1 Abs. 2 Satz 3 MB/KK 76 handelt es sich auch dann nicht, wenn die nicht abgeschlossene Heilbehandlung lediglich *unterbrochen* wurde. Für die Beantwortung der Frage des einheitlichen Versicherungsfalles ist in diesem Falle allein entscheidend, ob die Behandlung auf dieselben Krankheitssymptome ausgerichtet war. Sofern erst nach Abschluß des ersten Behandlungsabschnitts – ohne daß ein Gesamtbehandlungsplan vorliegt – die Notwendigkeit weiterer Heilbehandlung erkannt wird, liegen zwei getrennte Versicherungsfälle vor (s.o.).

Medizinisch begründete Unterbrechungen der Heilbehandlung lassen in der Regel mit Fortsetzung der Behandlung einen neuen Versicherungsfall entstehen. Dies ist z.B. der Fall, wenn bei einem Patienten eine beidseitige Hüftgelenksoperation erforderlich wird. Auch wenn beide Operationen in einem Behandlungsplan enthalten sind, müssen normalerweise vor Beginn der zweiten Operation die Folgen der ersten abgeheilt sein (vgl. BGH, VersR 1978, S. 362, 364).

Behandlungsunterbrechungen aus *anderen* als medizinischen Gründen lassen – sofern die Unterbrechung sich zeitlich in Grenzen hält – den einheitlichen Versicherungsfall bestehen. Hierbei ist z.B. an urlaubsbedingter Abwesenheit des behandelnden Arztes, Warten auf ein freies Bett im Krankenhaus, berufliche oder private Gründe des Versicherungsnehmers gedacht.

Wird ein chronisches Grundleiden in mehreren Behandlungsabschnitten therapiert, so liegen auch *mehrere* Versicherungsfälle vor. Ein *einheitlicher* Versicherungsfall liegt hingegen dann noch vor, wenn zwischen mehreren stationären Behandlungsabschnitten das Grundleiden weiter ambulant behandelt wurde (OLG Celle, VersR 1960, S. 203).

6.1.5. Umfang des Versicherungsschutzes

Der Umfang des Versicherungsschutzes wird einerseits durch die zwingenden und halbzwingenden Vorschriften des Versicherungsvertragsgesetzes definiert, andererseits von den Musterbedingungen und den vertraglichen Vereinbarungen. Die konkrete Ausgestaltung des einzelnen Versicherungsvertrages ergibt sich jedoch jeweils aus dem *Versicherungsschein*, aus den darin enthaltenen oder späteren schriftlichen Vereinbarungen und aus den Allgemeinen Versicherungsbedingungen, die Teil des Versicherungsscheines sind (vgl. *Bach/Moser*, Private Krankenversicherung, Rdz. 71 zu § 1 MB/KK). Die Allgemeinen Versicherungsbedingungen sind in der privaten Krankenversicherung die Musterbedingungen (Teil I) und die unternehmenseigenen Tarifbedingungen und die Tarife (Teil II) – (vgl. 2.3. und Anhang).

6.1.6. Örtlicher Geltungsbereich

Gemäß § 1 Abs. 4 MB/KK 76 erstreckt sich der Versicherungsschutz auf die Heilbehandlung in *Europa*. Er kann durch Vereinbarung auf außereuropäische Länder ausgedehnt werden. Während des ersten Monats eines vorübergehenden Aufenthalts im außereuropäischen Ausland besteht auch ohne besondere Vereinbarung Versicherungsschutz. Muß der Aufenthalt wegen notwendiger Heilbehandlung über einen Monat hinaus ausgedehnt werden, besteht Versicherungsschutz, solange die versicherte Person die Rückreise nicht ohne Gefährdung ihrer Gesundheit antreten kann, längstens aber für weitere zwei Monate.

Abweichend von dieser Regelung sehen allerdings viele unternehmenseigene Tarifbedingungen schon die weltweite Geltung des Leistungsanspruchs vor, soweit es sich um einen außereuropäischen Auslandsaufenthalt vorübergehender Natur handelt.

6.2. Art und Höhe der Versicherungsleistungen

6.2.1. Allgemeines

Nach § 4 Abs. 1 MB/KK 76 ergeben sich Art und Höhe der Versicherungsleistungen aus dem Tarif und den Tarifbedingungen. Neben den Musterbedingungen sind Tarife und Tarifbedingungen die zweitwichtigste Rechtsgrundlage für die Bestimmung der Versicherungsleistungen. Die Musterbedingungen enthalten lediglich einige grundsätzliche Bestimmungen zur Erstattungspflicht bei ambulanter und stationärer Heilbehandlung. Die detaillierten Leistungsvoraussetzungen ergeben sich aus den Tarifen und Tarifbedingungen. Diese sind unternehmensspezifisch gestaltet, deshalb weichen die Leistungen der einzelnen PKV-Unternehmen teilweise erheblich voneinander ab. Infolge der laufenden Anpassung an veränderte Marktbedingungen, aufgrund des Wettbewerbs der PKV-Unternehmen untereinander und mit der GKV unterliegen die Tarifsysteme einem ständigen Wandel.

Die Tarifgestaltung der PKV-Unternehmen wird durch Rahmenvorschriften eingeschränkt; dies sind die zwingenden und halbzwingenden Vorschriften des VVG sowie die Musterbedingungen. Die Aufsichtbehörden genehmigen von den Musterbedingungen abweichende Tarife nur, wenn der Versicherungsnehmer hierdurch bessergestellt wird (vgl. Vorbemerkung des BAV zum Abdruck der MB/KK 76 in VerBAV 1976, S. 437 und der MB/KT 78 in VerBAV 1978, S. 230). Der Versicherer kann jedoch durch tarifliche Regelungen Unklarheiten oder Lücken in den Musterbedingungen beseitigen, z.B. die Einzelheiten der Selbstbeteiligung regeln. Die Musterbedingungen verweisen deshalb bezüglich der Regelungen einzelner Leistungen ausdrücklich auf die Tarifbedingungen (vgl. § 1 Abs. 4 Satz 2, § 3 Abs. 4, § 4 Abs. 2, § 5 Abs. 1 Buchst. d, § 8 Abs. 2 und 5 MB/KK 76).

Tarife im Rechtssinne sind Allgemeine Versicherungsbedingungen, weil sie für eine Vielzahl von Versicherungsverträgen konzipiert sind. Sie werden, ebenso wie die Musterbedingungen, auch ohne Bezugnahme Bestandteil des Versicherungsvertrages (vgl. hierzu 2.3.).

Neben der Leistungsbeschreibung enthalten die Tarife noch weitere Regelungen, z.B. zum Aufnahmehöchstalter, zum Beitrag u.s.w. Die Einzelheiten hierzu sind bei 5. dargestellt.

Art und Höhe der Versicherungsleistungen

6.2.2. Tarifarten

Die private Krankenversicherung kennt eine Vielzahl unterschiedlicher Tarifarten, die auch unterschiedliche Leistungsinhalte aufweisen. Für die Bemessung der tariflichen Leistungen der Krankheitskostenversicherung ist vor allem wichtig, ob die entstandenen Aufwendungen voll oder nur anteilig ersetzt werden. Teilleistungstarife sind z.b. denkbar durch Vereinbarung einer prozentualen Erstattungsquote, eines Erstattungshöchstbetrages pro Versicherungsfall oder einer Selbstbeteiligung. Die Einzelheiten der Tarifarten sind bei 5.2. und 5.3. angesprochen.

Da – wie bereits erwähnt – Tarife und Tarifbedingungen nur für das jeweilige Versicherungsunternehmen gelten und deshalb von Fall zu Fall teilweise erhebliche Unterschiede aufweisen, können die nachfolgenden Ausführungen sich nur auf die in den Musterbedingungen enthaltenen grundsätzlichen Bestimmungen beschränken. Anhaltspunkte für einen Überblick über den Leistungsumfang der PKV allgemein sollen die unter 6.9. beispielhaft abgedruckten Tarife und Tarifbedingungen zweier Krankenversicherungsunternehmen bieten.

6.2.3. Ambulante Heilbehandlung

Der versicherten Person steht gemäß § 4 Abs. 2 MB/KK 76 die Wahl unter den niedergelassenen approbierten Ärzten und Zahnärzten frei. Die Erstattungsvoraussetzungen der Niederlassung und der Approbation sind mit den in der GKV gängigen Begriffen identisch. Einer ausdrücklichen Zulassung, wie dies das Kassenarztrecht der GKV vorsieht, bedarf es jedoch in der PKV nicht. Ebenfalls sind der PKV Honorarvereinbarungen mit Leistungserbringern fremd. Grundlage der Erstattung in der PKV sind vielmehr bei ärztlicher und zahnärztlicher Behandlung die aufgrund der GOÄ bzw. GOZ berechneten Honorare für Privatpatienten.

Als niedergelassener Arzt gilt auch der Krankenhausarzt, der zur Privatliquidation ambulanter Behandlung im Krankenhaus berechtigt ist.

Soweit die Tarifbedingungen nichts anderes bestimmen, dürfen gemäß § 2 Abs. 2 Satz 2 MB/KK 76 auch Heilpraktiker im Sinne des deutschen Heilpraktikergesetzes in Anspruch genommen werden. Die Erstattung der Behandlungskosten durch einen Heilpraktiker sehen die meisten Tarife vor. Nicht erstattungsfähig sind dagegen die Kosten der Tätigkeit eines Psychologen, es sei denn, dieser wird als Hilfsperson eines Arztes tätig und von diesem überwacht (vgl. LG Köln, VersR 1978, S. 129ff).

Arznei-, Verband-, Heil- und Hilfsmittel müssen von den in § 4 Abs. 2 MB/KK 76 genannten Behandlern verordnet, Arzneimitteln außerdem aus der Apotheke bezogen werden (§ 4 Abs. 3 MB/KK 76).

Der Arzneimittelbegriff wird in § 2 des Arzneimittelgesetzes definiert; er entspricht den in der GKV üblichen Abgrenzungen. Die Heil- und Hilfsmittel werden teilweise in den Tarifen definiert oder einzeln aufgeführt. Sofern eine solche Aufzählung vorliegt, ist sie erschöpfend. Nicht genannte Mittel können nicht Gegenstand der Erstattungspflicht sein, es sei denn, es handelt sich ausschließlich um eine beispielhafte Aufzählung. Dies macht deutlich, daß der Erstattungsumfang im Bereich der Heil- und Hilfsmittel nicht so umfassend verstanden wird wie in der GKV, wo der sich ständig erweiternde Heil- und Hilfsmittelkatalog den Leistungsumfang beschreibt. Erstattungsvoraussetzung ist, daß die Mittel von einem Arzt (ggf. auch von einem Heilpraktiker) verordnet wurden.

6.2.4. Zahnersatz, Zahnkronen und kieferorthopädische Behandlung

In den Musterbedingungen für die Krankheitskostenversicherung wird die Leistungspflicht für Zahnersatz und Zahnkronen sowie kieferothopädische Behandlung nicht geregelt. Es bleibt somit den Tarifen und Tarifbedingungen des einzelnen Krankenversicherers vorbehalten, hierzu den Leistungsumfang zu beschreiben und festzulegen.

Die meisten Krankheitskostenversicherungen sehen eine Erstattungspflicht für Zahnersatz, Zahnkronen und kieferorthopädische Behandlung vor. Inhaltlich sind die hierzu getroffenen Regelungen jedoch bei den einzelnen PKV-Unternehmen sehr verschieden. Häufig sehen die Tarife eine Begrenzung der Erstattungspflicht für Zahnersatz und Zahnkronen vor. So ist es z.B. denkbar, daß die Kosten der zahnärztlichen Leistungen voll, die zugehörigen Material- und Laborkosten jedoch nur teilweise ersetzt werden.

Gängig sind auch Leistungsobergrenzen zu Beginn der Versicherung. Dabei wird ein Erstattungshöchstbetrag festgelegt, der das Kostenrisiko des Versicherers meist für die ersten drei Versicherungsjahre auf einen festgelegten Betrag je Versicherungsjahr begrenzt. Diese Höchstbeträge steigen oftmals vom ersten bis zum dritten Versicherungsjahr an (z.B. Erstattung im ersten Versicherungsjahr bis 5.000,00 DM, im zweiten Versicherungsjahr bis 7.500,00 DM und im dritten Versicherungsjahr bis 10.000,00 DM). Je nach Inhalt der Tarife können diese Höchstbeträge entfallen, wenn der Zahnersatz durch einen Unfall erforderlich wird. Unter bestimmten tariflich geregelten Voraussetzungen verzichten die Versicherer teilweise auf die Anwendung der Höchstbeträge.

Auch in der PKV wird regelmäßig vor Behandlungsbeginn die Vorlage eines Heil- und Kostenplanes gefordert. Der Versicherer prüft den Behandlungsvorschlag des Zahnarztes und entscheidet dann über seinen Erstattungsumfang. Manche Tarife sehen eine prozentuale Kürzung der Leistungspflicht für den Fall vor, daß die Behandlung ohne vorherige Entscheidung des Versicherers begonnen wurde.

6.2.5. Stationäre Heilbehandlung

6.2.5.1. Behandlung in einem Krankenhaus

Bei medizinisch notwendiger stationärer Heilbehandlung hat die versicherte Person nach § 4 Abs. 4 MB/KK 76 freie Wahl unter den öffentlichen und privaten Krankenhäusern, die unter ständiger ärztlicher Leitung stehen, über ausreichende diagnostische und therapeutische Möglichkeiten verfügen, nach wissenschaftlich allgemein anerkannten Methoden arbeiten und Krankengeschichten führen. Für medizinisch notwendige stationäre Heilbehandlung in Krankenanstalten, die auch Kuren bzw. Sanatoriumsbehandlungen durchführen oder Rekonvaleszenten aufnehmen, im übrigen aber die Voraussetzungen von § 4 Abs. 4 MB/KK 76 erfüllen, werden die tariflichen Leistungen nur dann gewährt, wenn der Versicherer diese vor Beginn der Behandlung schriftlich zugesagt hat. Bei Tbc-Erkankungen wird in vertraglichem Umfange auch für die stationäre Behandlung in Tbc-Heilstätten und -Sanatorien geleistet (§ 4 Abs. 5 MB/KK 76).

Die Musterbedingungen gehen also grundsätzlich von der der freien Krankenhauswahl des Versicherungsnehmers aus. Dies war nicht immer selbstverständlich. In den Anfängen der privaten Krankenversicherung bestand die Erstattungspflicht des Versicherers nur dann, wenn der Versicherungsnehmer ein sogenanntes öffentliches Krankenhaus aufsuchte. Krankenhäuser mit privatem Träger waren hingegen aus dem Leistungskatalog ausgenommen. Die private Krankenversicherung bezweckte hiermit, die zu erwartenden Krankenhauskosten auf das medizinisch Notwendige zu begrenzen und überschaubar zu halten. Mit der Weiterentwicklung und Verfeinerung versicherungsmathematischer Kalkulationsmethoden wurde es der PKV möglich, auch das Risiko der freien Krankenhauswahl so genau zu kalkulieren, daß sie generell in den Leistungskatalog aufgenommen wurde. Ausgenommen von der Leistungspflicht bleibt weiterhin die Behandlung in Kureinrichtungen und Sanatorien, sofern sie stationär erfolgt (vgl. § 4 abs. 5 MB/KK 76).

§ 4 Abs. 4 MB/KK 76 beschreibt vier Mindestanforderungen, die ein Krankenhaus erfüllen muß, damit es unter die Leistungspflicht der privaten Krankenversicherung fällt:

a) ständige ärztliche Leitung der Anstalt,

b) ausreichende diagnostische und therapeutische Möglichkeiten,

c) Arbeit nach wissenschaftlich anerkannten Methoden und

d) Führen von Krankengeschichten.

Heute dürfte es allerdings kaum noch Krankenhäuser geben, die diese Mindestanforderungen nicht erfüllen. Die Definition des § 4 Abs. 4 MB/KK 76 wird deshalb als Zusammenfassung von versicherungstechnischen Minimalmerkmalen verstanden, die ein Krankenhaus ausmachen. Der Krankenhausbegriff wird in § 4 Abs. 4 MB/KK 76 nicht im Rechtssinne definiert, sondern für die Leistungspflicht vorausgesetzt (BGH, VersR 1983, S. 677, 679).

In diesem Zusammenhang sei darauf hingewiesen, daß es zu den Obliegenheiten des Versicherungsnehmers gehört, sich darüber zu unterrichten, ob die Klinik, die er aufsuchen möchte, Krankenhaus im Sinne der Musterbedingungen ist (LG Düsseldorf, VersR 1981, S. 827f.). Sofern der Versicherungsnehmer allerdings schriftlich beim Versicherer anfragt, ob eine bestimmte Klinik als Krankenhaus im Sinne der Musterbedingungen anerkannt ist, entstehen Hinweis- und Belehrungspflichten des Versicherers. Bei deren Verletzung kann sich ein Erstattungsanspruch des Versicherungsnehmers wegen positiver Vertragsverletzung ergeben (LG Düsseldorf a.a.O.).

Es besteht nämlich der allgemeine Grundsatz, daß der Versicherer nach Treu und Glauben verpflichtet ist, jede Rückfrage des Versicherungsnehmers über den Umfang des Versicherungsschutzes zu beantworten (OLG Celle, VersR 1953, S. 490; BGH, VersR 1956, S. 789, 791).

Die Mindestanforderungen, die ein Krankenhaus zu erfüllen hat, beinhalten im einzelnen:

a) Die *ständige ärztliche Leitung* der Anstalt bezieht sich nicht auf den Verwaltungs-, sondern ausschließlich auf den Behandlungsbereich des Krankenhauses. Dieser muß von medizinisch weisungsfreien Ärzten geleitet werden, die die gesamte Behandlungstätigkeit fortlaufend führen und überwachen.

b) Unter *ausreichenden diagnostischen und therapeutischen Möglichkeiten* versteht man in erster Linie die Ausstattung mit technischem Gerät. Im Gegensatz zur ambulanten Praxis muß ein Krankenhaus den jeweils üblichen Mindeststandard der spezifischen medizinisch-technischen Mittel für stationäre Behandlung bereithalten.

c) Die Arbeit nach *wissenschaftlich allgemein anerkannten Methoden* ist nicht nur im Bereich der stationären Behandlung, sondern auch bei ambulanter Heilbehandlung Leistungsvoraussetzung der PKV (vgl. § 5 Abs. 1 Buchstabe f MB/KK 76 sowie 6.3.).

Weil dem Versicherungsnehmer grundsätzlich die Wahl unter allen Krankenhäusern freisteht, muß nicht nur die medizinische Notwendigkeit der verabreichten Heilbehandlung garantiert sein, sondern auch sichergestellt werden, daß hierbei die nach dem Stand der medizinisch-wissenschaftlichen Erkenntnis wirksamen Behandlungsmethoden angewandt werden. Dieser Vorschrift liegt die Zielsetzung zugrunde, daß die Finanzierung von Forschungsprojekten nicht zu Lasten der PKV gehen soll. § 5 Abs. 1 Buchstabe f MB/KK 76 bestimmt, daß für wissenschaftlich nicht allgemein anerkannte Untersuchungs- oder Behandlungsmethoden und Arzneimittel keine Leistungspflicht des Versicherers besteht. Da der Behandlungsverlauf im Einzelfall bei stationärer Behandlung kaum dahingehend überprüfbar sein dürfte, ob einzelne Maßnahmen wissenschaftlich allgemein anerkannt sind, stellt § 4 Abs. 4 MB/KK 76 darauf ab, daß das Krankenhaus in seiner Gesamtheit nach wissenschaftlich allgemein anerkannten Methoden arbeitet.

Von Bedeutung bei der Erstattungspflicht ist auch die Frage der Beweislast: Während der Versicherer beweispflichtig für das Vorliegen wissenschaftlich nicht anerkannter Behandlungs- und Untersuchungsmethoden ist, wenn er sich auf den Leistungsausschluß nach § 5 Abs. 1 Buchstabe f MB/KK 76 berufen will, obliegt dem Versicherungsnehmer die Beweislast dafür, daß das von ihm aufgesuchte Krankenhaus die Voraussetzungen des § 4 Abs. 4 MB/KK 76 erfüllt (vgl. *Bach/Moser*, Private Krankenversicherung, Rdz. 46 zu § 4 MB/KK).

d) Das *Führen von Krankengeschichten* meint das nach den ärztlichen Berufsordnungen über jeden Patienten zu führende Krankenblatt. Hieraus müssen sich die Krankheitsvorgeschichte, die durchgeführten Behandlungen, der Verlauf einer Operation und die durchgeführten Nachuntersuchungen ergeben. Von der Krankengeschichte zu unterscheiden sind die Krankenunterlagen. Diese umfassen als Oberbegriff die Krankengeschichte, Untersuchungsbefunde, Karteikarten sowie alle Gegenstände,

Art und Höhe der Versicherungsleistungen

die aus Anlaß der Behandlung entstanden sind (z.B. Röntgenbilder, Blutproben, EKG, EEG). Für die Leistungspflicht bei stationärer Behandlung ist jedoch lediglich das Führen einer Krankengeschichte erforderlich. Bei Belegkrankenhäusern führt allerdings der jeweils behandelnde Arzt eine Krankengeschichte, die nicht in das Eigentum des Krankenhauses übergeht. Deshalb ist bei Belegkrankenhäusern von diesem Erfordernis abzusehen (vgl. *Moser*, Private Krankenversicherung, Studienwerk, Seite 120 f.).

Die Krankenhaustagegeldversicherung hat als Voraussetzung für ihre Leistungspflicht die stationäre Behandlung bestimmt. Auch bestehen z.T. spezielle „Stationärtarife" in der Krankheitskostenversicherung. Deshalb ist wichtig, die stationäre Behandlung zu definieren und begrifflich von der ambulanten abzugrenzen.

Stationäre Behandlung setzt voraus, daß der Patient behandlungsbedingt zumindest für die Dauer eines vollen Tagesablaufs im Krankenhaus untergebracht, versorgt und verpflegt wird (LG Wuppertal, VersR 1977, S. 78f und LG Köln, VersR 1979, S. 565). Dies erfordert die Einweisung und Behandlung des Patienten auf der entsprechenden Fachstation und die Berechnung des Pflegesatzes durch das Krankenhaus (LG Köln a.a.O.). In Ausnahmefällen kann von dem Verbleib für die Dauer eines vollen Tagesablaufs im Krankenhaus abgesehen werden. Dies ist z.B. in Fällen denkbar, in denen der Patient nach einem leichteren operativen Eingriff für wenige Stunden zur stationären Behandlung aufgenommen wird.

Ambulant ist eine Behandlung im Krankenhaus hingegen dann, wenn sich der Aufenthalt des Patienten auf die Vornahme ärztlicher oder nichtärztlicher Maßnahmen beschränkt, die eine weitergehende Eingliederung in den Krankenhausbetrieb – etwa zur Vorbereitung oder Nachbeobachtung - nicht erfordern. Hierfür kommen insbesondere Behandlungen in Betracht, die im Krankenhaus ebenso wie in der Praxis eines niedergelassenen Arztes erbracht werden (z.B. Röntgenaufnahmen, Bestrahlungen, Verbände, Nachuntersuchungen, Unfallversorgungen in der Ambulanz). Ebenfalls hierunter fallen Behandlungen mit solchen Geräten, die aus Gründen der Rentabilität oder Spezialisierung nicht in der Praxis eines niedergelassenen Arztes, sondern vorwiegend im Krankenhaus vorhanden sind. Dies gilt selbst dann, wenn solche Maßnahmen auf einer Fachstation durchgeführt werden (vgl. zur Dialyse LG Aschaffenburg, VersR 1974, S. 1093 f., LG Wuppertal und LG Köln a.a.O.). Ist eine stationäre Behandlung zwar medizinisch erforderlich, sieht der Versicherungsnehmer aber davon ab, lösen anderweitige ganztätige Pflege- oder Unterbringungsmaßnahmen (z.B. häusliche Krankenpflege, vgl. LG Köln a.a.O.) keinen Anspruch auf Krankenhaustagegeld aus.

Das Erfordernis der *medizinischen Notwendigkeit*, welches § 4 Abs. 4 MB/KK 76 zusätzlich zu § 1 Abs. 2 MB/KK 76 definiert, bezieht sich nach dem Sinn und Zweck dieser Regelung auf die stationäre Form der Heilbehandlung und ist als Gegenüberstellung zur ambulanten zu verstehen. Medizinisch notwendig ist stationäre Unterbringung lediglich dann, wenn der angestrebte Behandlungserfolg nicht auch durch ambulante Heilbehandlung erzielt werden kann (OLG Bamberg, VersR 1979, S. 639, 640; OLG Hamm, VersR 1972, S. 777). Insoweit gelten die in der gesetzlichen Krankenversicherung geläufigen Abgrenzungen auch hier sinngemäß. Nach der Rechtsprechung des Bundessozialgerichts (u.a. Urteil vom 25.01.1979 – 3 RK 83/1978 –

USK 7915) besteht die medizinische Notwendigkeit für eine Behandlung im Krankenhaus dann, wenn die spezifischen Einrichtungen des klinischen Krankenhausbetriebes zur Behandlung des bestehenden Leiden besser geeignet sind als die Möglichkeiten des niedergelassenen Arztes oder wenn ständige Überwachung und Kontrolle durch Krankenhausärzte erforderlich ist (u.a. LG Wuppertal, VersR 1977, S. 78, 79; AG Aschaffenburg, VersR 1974, S. 1093, 1094). Entscheidend für die medizinische Notwendigkeit einer stationären Behandlung ist dabei die Frage, ob die konkret durchgeführte Therapie der stationären Behandlungsform bedurfte (OLG Köln, VersR 1980, S. 426). Auch hinsichtlich der Dauer der stationären Behandlung ist die medizinische Notwendigkeit zu prüfen. Dabei ist es im Einzelfall schwierig, den Zeitraum zu bestimmen, in dem die medizinische Notwendigkeit in der stationären Behandlungsform gegeben ist. Auch hier ergeben sich Gemeinsamkeiten zur GKV.

Beispiele aus der Rechtsprechung:

Medizinische Notwendigkeit der stationären Behandlung wurde bejaht nach Anlegung eines Gipsverbandes wegen mangelnder häuslicher Pflege (OLG Hamm, VersR 1965, S. 174), für 10 von 32 Behandlungstagen wegen Leberparenzymschadens (OLG Bamberg, VersR 1977, S. 538), nach einem Schlaganfall bis zur Wiederherstellung der Gesundheit des Patienten (OLG Düsseldorf, VersR 1973, S. 636).

Verneint wurde die medizinische Notwendigkeit stationärer Behandlung hingegen bei Dialyse (LG Aschaffenburg, VersR 1974, S. 1093 f.; LG Wuppertal, VersR 1977, S. 78; LG Köln, VersR 1979, S. 565), bei Wiederholungsbehandlung eines Cervicalsyndroms (OLG Bamberg, VersR 1979, S. 639 f.), bei Therapierung eines Gemüts- und Nervenleidens durch bloße Verabreichung von Beruhigungsmitteln (OLG Köln, VersR 1980, S. 426), teilweise verneint bei 33tägiger Behandlung nach Arbeitsunfall wegen Verletzung des rechten Beins und des linken Knies (LG Koblenz, VersR 1978, S. 1012).

6.2.5.2. Behandlung in einer „gemischten" Krankenanstalt

§ 4 Abs. 5 MB/KK 76 bestimmt einen Leistungsausschluß für die Behandlung in solchen *Krankenanstalten*, die auch *Kuren* bzw. *Sanatoriumsbehandlungen* durchführen oder Rekonvaleszenten aufnehmen, im übrigen aber die Voraussetzungen von Abs. 4 erfüllen. Diese Krankenanstalten werden allgemein als *gemischte Anstalten* bezeichnet. Zur Begriffsabgrenzung sei klargestellt, daß unter den Oberbegriff „Krankenanstalt" Krankenhäuser (§ 4 Abs. 4 MB/KK 76) und gemischte Krankenanstalten (§ 4 Abs. 5 MB/KK 76) fallen. Eine weitere Kategorie sind Sanatorien, Kurkrankenhäuser und ähnliches, die ausschließlich Kur- oder Sanatoriumsbehandlung durchführen.

Für den Leistungsausschluß ist der konkrete Behandlungsverlauf im Einzelfall nicht entscheidend, ausschließlich maßgeblich ist der Anstaltscharakter. Der Leistungsausschluß entfällt jedoch, wenn der Versicherer vor Behandlungsbeginn eine schriftliche Leistungszusage erteilt.

Die Vorschrift des § 4 Abs. 5 MB/KK 76 führt häufig zu Streitigkeiten zwischen dem Versicherer und dem Versicherungsnehmer. Dies ist nicht allein darauf zurückzuführen, daß der Versicherungsnehmer es häufig versäumt, vor dem Aufsuchen einer gemischten Anstalt die Zustimmung des Versicherers einzuholen. Vielfach sind Einweisungen der gesetzlichen Sozialleistungsträger zu stationären Kur- oder Rehabilitationsmaßnahmen Anlaß für den Versicherungsnehmer, eine zusätzlich in der PKV bestehende Krankenhaustagegeld- oder Krankentagegeldversicherung in Anspruch zu nehmen. Die Entscheidung des gesetzlichen Versicherungsträgers hat jedoch keinen Einfluß auf die Beurteilung nach § 4 Abs. 5 MB/KK 76 bzw. § 4 Abs. 9 MB/KT 78 (vgl. OLG Nürnberg, VersR 1976, S. 725).

Der Leistungsausschluß für sogenannte gemischte Anstalten wurde bedeutsam, weil in den letzten Jahrzehnten vor allem privat betriebene Kliniken sowohl klinisch behandeln als auch Kuren und Sanatoriumsbehandlungen durchführen. In diesen gemischten Krankenanstalten übersteigt die Verweildauer jedoch die statistisch festgestellte Behandlungsdauer in Krankenhäusern (vgl. *Voosen*, VersR 1971, S. 949). Dies ist auf verschiedene Faktoren zurückzuführen:

Der Behandlungserfolg von Kurmaßnahmen stellt sich in der Regel erst nach längerer Behandlungsdauer ein. In privaten Kliniken, deren leitender Arzt häufig gleichzeitig Inhaber ist, wird die Beurteilung der Aufenthaltsdauer nicht nur von medizinischen, sondern auch von wirtschaftlichen Gesichtspunkten beeinflußt. Zu beachten ist weiterhin, daß die gemischten Anstalten ganz überwiegend erhebliche Annehmlichkeiten bieten (Komfort, keine Krankenhausordnung, Freizeit- und Sportmöglichkeiten mit entsprechend organisierten Veranstaltungen und Unternehmungen, begleitende Therapien u.a.), die den Patienten zu einer über das medizinisch notwendige Maß hinausgehenden Verweildauer animieren und das subjektive Versicherungsrisiko erhöhen (vgl. *Unrath*, ZfV 1966 S. 31ff.; *Schulz*, VersR 1969, S. 370, *Bach*, Versicherungsschutz, S. 26).

Wegen der hohen Kosten einer stationären Behandlung wäre es jedoch für die PKV unvertretbar, das Risiko der Kur- und Sanatoriumsbehandlung auch nur teilweise zu übernehmen. Auch wird vermutet, daß die Anerkennung gemischter Anstalten deren sprunghafte Vermehrung nach sich ziehen würde. Die PKV macht deshalb ein berechtigtes Interesse an der Beibehaltung der Trennung zwischen klinischer Behandlung, die in den Stationärtarifen versichert ist, und Kur- und Sanatoriumsbehandlung, für die zum Teil gesonderte Kurkostentarife angeboten werden, geltend.

Weiterhin tritt nach § 4 Abs. 5 MB/KK 76 der Leistungsausschluß ein, wenn die Krankenanstalt Rekonvaleszenten aufnimmt. Rekonvaleszenten befinden sich grundsätzlich zwar in jedem Krankenhaus, da die stationäre Behandlung die Versorgung in der Akutphase und eine anschließende erste Phase der Rekonvaleszenz umfaßt. Jedoch werden die Patienten aus der stationären Behandlung entlassen, wenn die weitere Ausheilung unter ambulanter Überwachung erfolgen kann.

Im Gegensatz dazu nehmen bestimmte private Kliniken gezielt Patienten auf, deren akute bzw. operative Versorgung vorher in einer anderen Krankenanstalt abgeschlossen wurde. Diese Kliniken sind typischerweise auf Rekonvaleszenzbehandlungen spezialisiert mit dem Ziel, den Patienten auch über die klinische Behandlungsphase hinaus als Rekonvaleszenten in stationärer Form zu behandeln. Damit ist jedoch insgesamt eine Verlängerung der stationären Verweildauer verbunden.

Wegen der Schwierigkeiten, die sich für die PKV aus der Beurteilung der medizinischen Notwendigkeit dieser Behandlungsform ergeben, sind derartige Kliniken generell aus der Erstattungspflicht ausgenommen.

Der generelle Leistungsausschluß des § 4 Abs. 5 MB/KK 76 wird dadurch gemildert, daß der Versicherer vor Beginn der stationären Behandlung in sog. gemischten Anstalten im Einzelfall eine Leistungszusage erteilen kann. Das versetzt den Versicherer in die Lage, das von ihm zu tragende Risiko vor Behandlungsbeginn prüfen und einschätzen zu können. Abhängig von der Überschaubarkeit des Krankheits- und Heilungsverlaufs werden nach Maßgabe der Prüfung durch Ärzte der Versicherungsunternehmen vielfach Leistungszusagen für überschaubare Zeiträume (meist für drei bis vier Wochen) abgegeben und nach weiteren Prüfungen unter Umständen verlängert (vgl. *Voosen*, VersR 1978, S. 897f). Voraussetzung für die Wirksamkeit der Leistungszusage ist, daß diese vom Versicherer schriftlich abgegeben wurde. Die Entscheidung des Versicherers über die Erteilung der Leistungszusage ist eine Ermessensentscheidung (OLG Köln, VersR 1981, S. 425; 1981, S 1125; 1983 S. 1023; 1983, 1176; OLG Hamm, VersR 1982, S. 387). Diese Zusage wird von den PKV-Unternehmen überwiegend erteilt, wenn sie sicher sein können, daß die stationäre Behandlung für einen bestimmten Zeitraum medizinisch notwendig ist.

Voraussetzung für die Leistungszusage ist, daß der Versicherungsnehmer dem Versicherer rechtzeitig vor Behandlungsbeginn mitteilt, daß er eine gemischte Anstalt aufsuchen möchte. Dabei hat er die Bezeichnung der Anstalt und den beabsichtigten Aufenthaltszeitraum mitzuteilen sowie alle zur Beurteilung des Aufenthalts erforderlichen Unterlagen beizubringen. Ggf. muß er sich auch einer vom Versicherer veranlaßten ärztlichen Begutachtung unterziehen. Die Mitteilung an den Versicherer ist im Normalfall dann rechtzeitig, wenn sie spätestens drei Wochen vor der geplanten Behandlung erfolgt. Sofern in besonderen Fällen dringliche Behandlungsbedürftigkeit besteht, ist dem Versicherungsnehmer zuzumuten, sich telefonisch an den Versicherer zu wenden und die Frage der Kostenzusage zu klären (OLG Köln, VersR 1981, S. 424, 425).

6.3. Einschränkungen der Leistungspflicht

6.3.1. Allgemeines

Die Regelungen des § 5 MB/KK 76 enthalten verschiedene Einschränkungen der Leistungopflicht des Versicherers, die allesamt eine Begrenzung des versicherten Risikos zum Ziel haben. Gemeinsam ist allen Leistungsausschlüssen, daß dor Versicherer das Vorliegen ihrer Voraussetzungen zu beweisen hat, wenn er sich darauf berufen will.

6.3.2. Kriegs- und Wehrdienstfolgen

Nach § 5 Abs. 1 Buchstabe a MB/KK 76 besteht keine Leistungspflicht für solche Krankheiten einschließlich ihrer Folgen sowie für Folgen von Unfällen und für Todes-

Einschränkungen der Leistungspflicht

fälle, die durch Kriegsereignisse verursacht oder als Wehrdienstbeschädigung anerkannt und nicht ausdrücklich in den Versicherungsschutz eingeschlossen sind. Dabei spielt es weniger eine Rolle, daß aufgrund des Bundesversorgungsgesetzes ein Anspruch auf Leistungen begründet wird. Vielmehr handelt es sich bei Kriegsfolgen um unüberschaubare und versicherungstechnisch unkalkulierbare Risiken. Ebenso bleiben Wehrdienstbeschädigungen aus dem Versicherungsschutz ausgenommen; der Versicherungsnehmer ist auf die Ansprüche nach dem Soldatenversorgungsgesetz (§§ 80 ff. SVG i.V.m. §§ 9 ff. BVG) verwiesen.

Der generelle Leistungsausschluß der MB/KK 76 ist jedoch durch individuelle Bestimmung im Versicherungsvertrag abdingbar; in diesem Falle beinhaltet der Versicherungsschutz auch die Folgen von Wehrdienstbeschädigungen.

6.3.3. Vorsätzlich verursachte Krankheiten und Unfälle sowie Entziehungsmaßnahmen

Weiterhin schließt § 5 Abs. 1 Buchstabe b MB/KK 76 die Leistungspflicht des Versicherers für Krankheiten und Unfälle einschließlich deren Folgen aus, die auf Vorsatz beruhen, sowie für Entziehungsmaßnahmen einschließlich Entziehungskuren.

Abweichend von § 61 VVG braucht sich der Vorsatz nicht auf den gesamten Versicherungsfall (Heilbehandlung infolge Krankheit oder Unfalls) zu beziehen, sondern nur auf die ihm zugrunde liegende Krankheit oder den Unfall. Der Leistungsausschluß tritt – ebenfalls abweichend von § 61 VVG – nur bei Vorsatz ein. Grobe Fahrlässigkeit beeinträchtigt den Leistungsanspruch des Versicherungsnehmers hingegen nicht (vgl. OLG Düsseldorf, VersR 1961, S. 878 f.)

Der Begriff Vorsatz ist nach der allgemein im Rechtsverkehr üblichen Definition zu verstehen. Er ist danach die bewußte und gewollte Herbeiführung einer Krankheit oder eines Unfalles. Diese Voraussetzung ist erfüllt, wenn der Versicherungsnehmer wissen muß, daß durch sein Verhalten eine Krankheit oder ein Unfall herbeigeführt werden kann (Vorstellungsmoment). Weiterhin muß der Versicherungsnehmer die Verwirklichung dieser Ereignisse auch wollen (Willensmoment), also sie entweder zielgerichtet beabsichtigen oder wollen oder zumindest billigen, also in Kauf nehmen (bedingter Vorsatz – vgl. *Bach/Moser*, Private Krankenversicherung, Rdz. 5 zu § 5 MB/KK). Der Vorsatz braucht sich nicht gleichzeitig auf die Herbeiführung der Heilbehandlung oder die Verursachung von Kosten zu beziehen.

Beispiele hierfür sind:

Eine ernährungsbedingte Fettleibigkeit (Adipositas), sofern sie als Krankheit anzusehen ist, könnte vorsätzlich herbeigeführt sein, wenn der Versicherungsnehmer auch im Wiederholungsfalle entgegen dem ärztlichen Rat durch übermäßigen (oder bekannt gesundheitsabträglichen) Nahrungsmittelgenuß das Entstehen des krankhaften Zustandes in Kauf nimmt (vgl. OLG Hamburg, VersR 1980, S. 275; 1981, S. 1049 f.). Ein Alkoholiker, dem z.B. durch ärztlichen Hinweis bewußt ist, daß übermäßiger Alkoholkonsum bei ihm Lebererkrankungen herbeiführt bzw. verschlimmert, handelt vorsätzlich. Bei übermäßigem Nikotingenuß ist hingegen für die Beurteilung vorsätzlichen Handels entscheidend, ob der durch zu starkes Rauchen entstehende Zustand vom Versicherungsnehmer lediglich als Beeinträchtigung seines Wohlbefindens bzw. Inkaufnahme von Risikofaktoren oder als eine auch laienhaft erfaßbare Krankheitsentwicklung betrachtet wird. Ein fehlgeschlagener Selbsttötungsversuch beinhaltet jedoch im Hinblick auf eine dabei entstandene Gesundheitsstörung keinen Vorsatz, da die Herbeiführung einer Krankheit nicht beabsichtigt war. Beim vorgetäuschten Selbsttötungsversuch ist dagegen vorsätzliches Herbeiführen der Krankheit denkbar.

Weiterhin sind nach der o.g. Vorschrift alle Kosten für *Entziehungsmaßnahmen* einschließlich Entziehungskuren von der Leistungspflicht ausgeschlossen. Entziehungskuren sind solche Behandlungen, die aus Anlaß einer Sucht, also eines krankhaften Verlangens nach Rauschmitteln, erforderlich werden (vgl. LG Aachen, VersR 1960, S. 146). Hierunter fallen die Medikamenten-, Alkohol- und Drogensucht. Für die Kosten der Behandlung suchtbedingter Krankheiten bzw. Unfälle besteht jedoch Leistungsanspruch. Der Leistungsausschluß tritt jedoch nicht ein, wenn die Sucht direkte Folge einer Heilbehandlung ist; z.B. bei Verabreichung von Morphiumpräparaten (vgl. BGH, VersR 1975, S. 1093f.).

6.3.4. *Ausschluß von der Kostenerstattung*

Der Leistungsausschluß besteht gemäß § 5 Abs. 1 Buchstabe c MB/KK 76 auch für Behandlungen durch Ärzte, Zahnärzte, Heilpraktiker und in Krankenanstalten, deren Rechnungen der Versicherer aus wichtigem Grunde von der Erstattung ausgeschlossen hat, wenn der Versicherungsfall nach der Benachrichtigung des Versicherungsnehmers über den Leistungsausschluß eintritt. Sofern im Zeitpunkt der Benachrichtigung ein Versicherungsfall schwebt, besteht keine Leistungspflicht für die nach Ablauf von drei Monaten seit der Benachrichtigung entstandenen Aufwendungen.

Der Sinn dieser Vorschrift besteht darin, dem Versicherer ein äußerstes Mittel an die Hand zu geben, um besonders schwere oder dauerhafte Störungen des versicherungsvertraglichen Vertrauensverhältnisses durch einen Behandler abstellen zu können. Sie soll den Versicherer vor den Kosten ärztlicher Manipulationen und Fehlleistungen schützen (OLG München, VersR 1977, S. 43f.). Der Versicherer ist nämlich bei der Leistungserbringung besonders darauf angewiesen, daß die vom Versicherungsnehmer in Anspruch genommenen Ärzte redlich behandeln und abrechnen. Beabsichtigt ist der Schutz vor offensichtlicher fachlicher Unfähigkeit des Arztes, vor der Fingierung und Manipulation von Versicherungsfällen, vor der Berechnung nicht ausgeführter Leistungen, Gefälligkeitsattesten, Erteilung falscher Auskünften sowie vor sonstigem gesetzes-, verordnungs- oder standeswidrigen Verhalten zum Nachteil des Versicherers und der Versichertengemeinschaft (OLG Düsseldorf, VersR 1954, S. 234, OLG München, VersR 1977, S. 43). Damit werden gewisse Parallelen zur GKV erkennbar, die in solchen Fällen die Möglichkeit hat, die Zulassung als Kassenarzt zu entziehen.

Einschränkungen der Leistungspflicht

Der Ausschluß eines Behandlers von der Kostenerstattung ist nur aus wichtigem Grund möglich. Darunter sind Umstände von besonderem Gewicht zu verstehen, die die Schwere der vom Versicherer ergriffenen Maßnahme rechtfertigen. Voraussetzung dafür ist die wiederholte Beanstandung von Verfehlungen eines Leistungserbringers, die das wirtschaftliche Interesse des Versicherers und das versicherungsvertragliche Vertrauensverhältnis ernsthaft tangieren (OLG München, VersR 1977, S. 43, 44). Entscheidend sind weniger das Ausmaß und die Tragweite der Verfehlung, sondern die Gefahr ihrer Wiederholung. Dabei ist nicht erforderlich, daß der jeweils ausschließende Versicherer bereits geschädigt wurde. Ausreichend ist vielmehr, daß andere Versicherer bereits Verfehlungen des Arztes bzw. der Krankenanstalt festgestellt haben (OLG Düsseldorf, VersR 1954, S. 234).

Voraussetzung für die Wirksamkeit des Ausschlusses ist, daß dem Versicherungsnehmer hierüber eine Mitteilung zugegangen ist. Sofern beim Versicherungsnehmer ein Versicherungsfall im Zeitpunkt dieser Mitteilung nicht vorliegt, wird sie mit der Zustellung wirksam. Im schwebenden Versicherungsfall tritt die ausschließende Wirkung erst drei Monate nach der Benachrichtigung ein, damit dem Versicherungsnehmer die Möglichkeit bleibt, rechtzeitig den Behandler zu wechseln.

6.3.5. Kur- und Sanatoriumsbehandlung/Rehabilitationsmaßnahmen

Gemäß § 5 Abs. 1 Buchstabe d MB/KK 76 besteht keine Leistungspflicht für Kur- und Sanatoriumsbehandlungen sowie Rehabilitationsmaßnahmen der gesetzlichen Rehabilitationsträger, wenn der Tarif nichts anderes vorsieht. Kurbehandlung in diesem Sinne sind die nach dem Sprachgebrauch des täglichen Lebens und der Medizin so bezeichneten Behandlungsmethoden oder -arten, die typischerweise vorbeugend oder im Anschluß an die akute Phase einer Krankheit eingesetzt werden (vgl. *Bach/Moser*, Private Krankenversicherung, Rdz. 18 zu § 5 MB/KK). Es handelt sich also um Heilverfahren, die durch die wiederholte Anwendung vorwiegend natürlicher Heilmittel nach einem ärztlichen Plan charakterisiert sind und eine systematisch gegliederte Allgemeintherapie umfassen, bei der neben dem Einsatz natürlicher Heilmittel ergänzende Verfahren der pysikalischen Medizin, Bewegungstherapie und Diät zum Teil neben medikamentöser Behandlung eingesetzt werden (Deutscher Bäderverband e.V., *Bach*, VersR 1979, S. 792, 796). Sofern sich die Behandlungsmaßnahmen auf die vorgenannten Methoden beschränken, liegt regelmäßig eine Kurbehandlung vor. Dies ist z.B. der Fall bei Kneipp'schen Kuren, Abmagerungs-, Fasten- oder Hungerkuren, Schlafkuren, Entziehungs- und Entwöhnungskuren.

Die Kurbehandlung wird je nach Krankheitsbild sowohl ambulant wie auch stationär durchgeführt. Reine Vorbeugungsmaßnahmen sind ebenso anzutreffen wie solche zur gesundheitlichen Stabilisierung des Patienten. Auch als alleinige oder begleitende Behandlungsmethode zur Besserung einer Krankheit oder zur Beseitigung von Risikofaktoren werden Kuren eingesetzt. Insoweit ist der Begriff der Kurbehandlung in der privaten wie in der gesetzlichen Krankenversicherung deckungsgleich.

Die Kurbehandlung ist aus der Erstattungspflicht der privaten Krankenversicherung ausgenommen, weil die Kosten oder das spezielle Versicherungsrisiko dieser Be-

Einschränkungen der Leistungspflicht

handlungsmethoden versicherungswirtschaftlich schwer abzugrenzen und zu kalkulieren sind. Ziel der privaten Krankenversicherung ist in erster Linie, möglichst schnell und wirksam akute Krankheitszustände zu beseitigen. Ihr Leistungskatalog ist dagegen nicht auf Gesundheitsvorsorge, Vorbeugung oder Stabilisierung der Gesundheit ausgerichtet.

Die Bezeichnung „Sanatoriumsbehandlung" rührt noch aus den Anfängen der privaten Krankenversicherung her, als die klinische Behandlung den Krankenhäusern und die kurähnliche Behandlung stationärer Art den Sanatorien vorbehalten war. Heute meint § 5 Abs. 1 Buchstabe d MB/KK 76 jedoch mit seinem Leistungsausschluß eine bestimmte Behandlungsart und nicht eine bestimmte Einrichtung. Die Vorschrift beabsichtigt, die *sanatoriumsübliche Behandlung* aus dem Leistungskatalog auszuschließen. Sanatoriumsbehandlung wird dabei mit dem Begriff Kurbehandlung gleichgesetzt. Von Sanatoriumsbehandlung spricht man dann, wenn mit Mitteln der pysikalischen Therapie (Bäder, Bestrahlung, Massage, Gymnastik) und/oder durch bestimmte Ernährungsformen Genesende oder chronisch Kranke behandelt werden *(Ullmann/Schäfer,* Die Allgemeinen Versicherungsbedingungen, S. 60).

Die Begriffe Kur- und Sanatoriumsbehandlung hat der Bundesgerichtshof in seinem Urteil vom 04.05.1983 (VersR 1983, S. 677, 678 f.) definiert. Sanatorumsaufenthalt ist danach die Behandlung oder Betreuung genesender und/oder chronisch Kranker, bei denen kein Krankenhausaufenthalt (mehr) erforderlich ist, in Einrichtungen, die unter fachärztlicher Leitung stehen, klimatisch günstig gelegen und bestimmten Behandlungszielen entsprechend eingerichtet sind. Typische Heilanwendung in der Kur- und Sanatoriumsbehandlung sind zum Beispiel Ernährungsberatung und physikalische Therapie, wobei die Herauslösung des Patienten aus der gewohnten Umgebung als wichtiger Heilfaktor hinzukommt. Der Begriff der Kur bezeichnet ein bestimmtes Heilverfahren und wird vornehmlich bei Trink- oder Badekuren in Heilbädern verwandt (vgl. *Bach/Moser,* Private Krankenversicherung, Rdz. 27 zu 5 MB/KK).

Die Rehabilitationsmaßnahmen der gesetzlichen Rehabilitationsträger sind aus dem Leistungskatalog der PKV ausgenommen, da sie weit über den von der PKV bewirkten Schutzzweck hinausgehen, was vor allem für die berufliche und soziale Rehabilitation gilt. Dieser Leistungsausschluß ist insbesondere für das Krankenhaustagegeld von Bedeutung, das während einer solchen Maßnahme nicht erbracht wird (vgl. auch 7.3.5.).

Die Vorschrift des § 5 Abs. 1 Buchstabe d MB/KK 76 ermöglicht dem Versicherer, durch Tarif von den Musterbedingungen abweichende Regelungen zu treffen; somit kann der Versicherungsschutz durch Vereinbarung einen besonderen Kurkostentarif umfassen. Dies erfordert jedoch meist eine zusätzliche Beitragszahlung.

6.3.6. Heilbehandlung in einem Heilbad bzw. Kurort

Keine Leistungspflicht besteht weiterhin für ambulante Heilbehandlung in einem Heilbad oder Kurort. Die Einschränkung entfällt, wenn die versicherte Person dort ihren ständigen Wohnsitz hat oder während eines vorübergehenden Aufenthalts durch

175

Einschränkungen der Leistungspflicht

eine vom Aufenthaltszweck unabhängige Erkrankung oder einen dort eingetretenen Unfall Heilbehandlung notwendig wird (§ 5 Abs. 1 Buchstabe e MB/KK 76). Diese Regelung will Überprüfungs- und Abgrenzungsschwierigkeiten des Versicherers im Einzelfall vermeiden und nimmt deshalb die gesamte ambulante Behandlung in Heilbädern und Kurorten vom Versicherungsschutz aus. Dem liegt die Erfahrung zugrunde, daß der Arzt, den Patienten in einem Kurort aufsuchen, in der Regel nicht als Ambulanz für die medizinisch notwendige Heilbehandlung einer akuten Erkrankung, sondern als Kur- und Badearzt aufgesucht wird. Welche Orte Heilbäder bzw. Kurorte in diesem Sinne sind, richtet sich nach den entsprechenden Anerkennungsverfahren, die von den Bundesländern durchgeführt werden. Durch die Tarifbedingungen kann jedoch der Leistungsausschluß aufgehoben werden.

6.3.7. Wissenschaftlich nicht allgemein anerkannte Behandlungsmethoden oder Arzneien

Wissenschaftlich nicht allgemein anerkannte Untersuchungs- oder Behandlungsmethoden oder Arzneimittel sind gemäß § 5 Abs. 1 Buchstabe f MB/KK 76 aus der Leistungspflicht des Versicherers ausgenommen. Der Versicherer soll nämlich solche Maßnahmen nicht bezahlen müssen, die zu einem erheblichen Teil Forschungscharakter haben oder deren Wirksamkeit weder erwiesen noch anerkannt ist. Seine Erstattungspflicht wird vielmehr begrenzt auf die Methoden, deren Erfolg nach den Erfahrungen der Schulmedizin wahrscheinlich ist (LG Kiel, VersR 1957, S. 661). Nach dieser Vorschrift ist zum Beispiel die Erstattung der Kosten einer Akupunktur ausgeschlossen, weil deren allgemeine wissenschaftliche Anerkennung fehlt (AG Neuß, VersR 1977, S. 1109 f.).

6.3.8. Behandlung durch Angehörige

§ 5 Abs. 1 Buchstabe g MB/KK 76 schließt die Kostenerstattung für die Behandlung durch Ehegatten, Eltern oder Kinder aus. Nachgewiesene Sachkosten werden jedoch tarifgemäß erstattet. Diese Vorschrift soll verhindern, daß unter nahen Familienangehörigen nur deshalb Behandlungskosten berechnet werden, weil eine Versicherung erstattungspflichtig ist.

6.3.9. Pflege- und Verwahrungsfälle

Eine durch Pflegebedürftigkeit oder Verwahrung bedingte Unterbringung ist aus der Leistungspflicht des Versicherers im Rahmen der Krankheitskosten- und Krankenhaustagegeldversicherung ausgenommen (§ 5 Abs. 1 Buchstabe h MB/KK 76). Diese Vorschrift hat überwiegend Klarstellungsfunktion, da die Leistungspflicht in bezug auf die Unterbringung schon wegen der fehlenden medizinischen Notwendigkeit nicht besteht. Die Behandlungsmaßnahmen werden jedoch nicht berührt, soweit sie mit dem Ziel der Linderung von Beschwerden oder der Verhütung einer Verschlimmerung erfolgen. Der Leistungsausschluß besteht ausschließlich für die Kosten der Verwahrung oder Unterbringung. Hier wird eine Unterscheidung zwischen der sogenannten Behandlungs- und Grundpflege bezweckt. Die Behandlungspflege umfaßt Anwendungen der physikalischen Medizin, Verabreichung von Medikamenten, Einreibungen, Blutdruck- und Pulskontrolle, Verbandwechsel, Decubitusvorsorge, künstliche Ernährung u.ä. (vgl. *Röhl*, ZSR 1982 S. 353); diese Maßnahmen fallen stets unter den Versicherungsschutz. Dagegen ist die Grundpflege von der Leistungspflicht ausgeschlossen. Hierzu gehören die von nicht-medizinischem Pflegepersonal durchgeführten pflegerischen Maßnahmen wie Betten, Körperpflege, Füttern, Körpertemperatur-Messen, Tag- und Nachtwachen usw. (vgl. *Röhl*, a.a.O., S. 352). Diese Abgrenzung ist auch in der GKV geläufig.

Für die durch Pflegebedürftigkeit bedingten Kosten haben einzelne Versicherer die Pflegekrankenversicherung geschaffen. Einzelheiten hierzu werden bei 8. erläutert.

6.3.10. Begrenzung auf das medizinisch Notwendige

Der Versicherer kann seine Leistungen gemäß § 5 Abs. 2 MB/KK 76 auf einen angemessenen Betrag herabsetzen, wenn eine Heilbehandlung oder sonstige Maßnahme, für die Leistungen vereinbart sind, das medizinisch notwendige Maß übersteigt. Medizinische Notwendigkeit ist stets Leistungsvoraussetzung sowohl für die Kostenerstattung der Heilbehandlungsmaßnahmen als auch für den Anspruch auf Krankenhaustagegeld. Sie bezieht sich sowohl auf das Untersuchungsverfahren als auch auf die Therapie. Für sämtliche ärztlichen Untersuchungs- und Behandlungsmaßnahmen, die medizinisch notwendig waren, ist der Versicherer nach Maßgabe des Tarifes erstattungspflichtig. Deshalb räumt § 5 Abs. 2 MB/KK 76 ihm das Recht zur genauen Differenzierung in den einzelnen Behandlungsvorgängen – den Detailmaßnahmen des Arztes – ein. Der Versicherer darf diese daraufhin überprüfen, ob sie jeweils im Einzelfall medizinisch notwendig waren. Stellt der Versicherer dabei fest, daß bestimmte Behandlungsmaßnahmen nicht erforderlich waren, so ist er berechtigt, seine Leistungen entsprechend zu kürzen. Das kann z.B. in Frage kommen, wenn einzelne Untersuchungs- oder Therapiemaßnahmen zu häufig praktiziert oder im Rahmen der eingeschlagenen Behandlung gänzlich entbehrlich wurden.

Die Beweislast beim Streit um die medizinische Notwendigkeit der Dauer eines Krankenhausaufenthalts ist dabei besonders problematisch. Sie trifft nämlich den Versicherungsnehmer, der dafür beweispflichtig ist, daß eine Heilbehandlung in stationärer Form erforderlich war. Außerdem muß er nachweisen, daß die vom Arzt eingeschlagene Vorgehensweise (Diagnose und Therapie) medizinisch notwendig war. Der Versicherer kann demgegenüber einwenden, daß für die an sich medizinisch notwendige Behandlung des Arztes eine übermäßig lange Krankenhausverweildauer benötigt wurde. Für entsprechende Kürzungen ist er allerdings beweispflichtig.

Der Versicherer darf ebenfalls einen im Verhältnis zum medizinisch notwendigen Behandlungsumfang überhöhten Honoraransatz des Arztes kürzen (BGH, VersR, 1978, S. 267, 270). Richtwerte für eine solche Honorarkürzung beinhalten die GOÄ bzw. die GOZ.

Einschränkungen der Leistungspflicht

Für die sich aus § 5 Abs. 2 MB/KK 76 ergebenden Leistungsausschlüsse ist der Versicherer darlegungs- und beweispflichtig, wenn er sich darauf beruft und Leistungen kürzt. Dies bezieht sich auf jede einzelne Behandlungsmaßnahme, die von der Kürzung wegen fehlender medizinischer Notwendigkeit betroffen wird (LG München I, VersR 1970, S. 1003).

Anders als in der GKV, wo solche Maßnahmen sich gegen die Leistungserbringer richten (z.B. Wirtschaftlichkeitsprüfung bei Ärzten), ist hier der Versicherungsnehmer unmittelbar betroffen. Sein Erstattungsanspruch wird gekürzt, die Honorarforderung des Leistungserbringers wird dadurch jedoch rechtlich nicht berührt.

6.3.11. Anderweitige vorrangige Ansprüche

Besteht neben der privaten Krankenversicherung auch Anspruch auf Leistungen aus der gesetzlichen Unfallversicherung oder der gesetzlichen Rentenversicherung, auf eine gesetzliche Heilfürsorge oder Unfallfürsorge, so ist der Versicherer gemäß § 5 Abs. 3 MB/KK 76 – unbeschadet der Ansprüche des Versicherungsnehmers auf Krankenhaustagegeld – nur für solche Aufwendungen leistungspflichtig, welche trotz der gesetzlichen Leistungen notwendig bleiben.

Diese Bestimmung folgt aus dem im Bereich der Schadensversicherung allgemeinem geltenden versicherungsrechtlichen Bereicherungsverbot und gilt nur für die Krankheitskostenversicherung. Für die Krankenhaustagegeldversicherung findet sie hingegen keine Anwendung. Das versicherungsrechtliche Bereicherungsverbot der Schadensversicherung, zu der auch die Krankheitskostenversicherung gehört, beinhaltet, daß der Versicherer – ungeachtet der vertraglichen Vereinbarungen in den Bedingungen und Tarifen – nur bis zur Höhe des dem Versicherungsnehmer tatsächlich entstandenen versicherten Bedarfs zur Leistung verpflichtet ist (vgl. Bruck/Möller, VVG, Anm. 34 zu § 55). Das versicherungsrechtliche Bereicherungsverbot ist ein absolut zwingender Rechtssatz (LG Berlin, VersR 1977, S. 661). Wenn und soweit es an einem Schaden fehlt, entbehrt der Versicherungsanspruch seiner Grundlage (vgl. Bruck/Möller, VVG, Anm. 8 zu § 55). Beträge, die der Versicherer in Unkenntnis fehlender Berechtigung gezahlt hat, kann er gemäß § 812 BGB zurückfordern.

Gemäß § 5 Abs. 3 MB/KK 76 gehen Ansprüche auf Leistungen aus der gesetzlichen Unfallversicherung gemäß § 556 ff. RVO denen aus einer privaten Krankenversicherung vor. Gleiches gilt für die Ansprüche auf Leistungen aus der gesetzlichen Rentenversicherung. Die freie Heilfürsorge oder Unfallfürsorge der Beamten, Soldaten und Polizeivollzugsbeamten, Berufsfeuerwehrleute, Kriegsbeschädigten usw. ist ebenfalls vorrangig vor den Ansprüchen aus der privaten Krankenversicherung zu erfüllen.

Von der Subsidiaritätsklausel des § 5 Abs. 3 MB/KK 76 werden jedoch die Leistungen der gesetzlichen Krankenversicherung nicht erfaßt. Hier verhindert jedoch das allgemeine versicherungsrechtliche Bereicherungsverbot, daß Doppelleistungen erbracht werden (LG Berlin, VersR 1977, S. 661).

Ebenfalls nicht von der o.g. Vorschrift erfaßt werden die Leistungen der Beihilfe nach beamtenrechtlichen Vorschriften. Hier wird überwiegend das allgemeine versicherungsrechtliche Bereicherungsverbot nicht angewandt, denn die Beihilfe ist weder Schadenersatz noch Versorgungsanspruch, sondern leitet sich aus der beamtenrechtlichen Fürsorgepflicht des Dienstherrn her. Ihr Ziel ist demnach, diejenigen Aufwendungen zu decken, die dem Beihilfeberechtigten trotz einer ausreichenden Versicherung verbleiben (OLG Hamburg, VersR 1968, S. 1077, 1078). Gleichwohl entsteht der Beihilfeanspruch aus Anlaß des Versicherungsfalles und gleicht auch unverschuldete wirtschaftliche Belastungen durch Krankheitskosten aus (BGH, VersR 1971, S. 1138, 1139). Wegen dieser Zweckbestimmung und auch wegen der üblichen Verwendung der Beihilfeleistungen für die Krankheitskostenaufwendungen ist zumindest zweifelhaft, ob und inwieweit das allgemeine versicherungsrechtliche Bereicherungsverbot dennoch anzuwenden ist (vgl. *Bach/Moser*, Private Krankenversicherung, Rdz. 75 zu § 5 MB/KK).

§ 5 Abs. 3 MB/KK 76 umfaßt sämtliche Leistungen der genannten Versicherungszweige bzw. Versorgungssysteme. Dies gilt auch für Ermessensleistungen. Der private Krankenversicherer ist dabei jedoch an die Ermessensentscheidungen der Versicherungs- bzw. Versorgungsträger gebunden, ohne daß deren Richtigkeit im Rahmen einer versicherungsvertraglichen Auseinandersetzung nachprüfbar wäre (vgl. BHG, VersR 1956, S. 689, 690).

Voraussetzung für das Wirksamwerden des Leistungsausschlusses der privaten Krankenversicherung ist, daß die gesetzlich oder versorgungsrechtlich zu beanspruchenden Leistungen denen der privaten Krankenversicherung kongruent sind (vgl. *Prölss/Martin*, VVG, Anm. 10 zu § 5 MB/KK). Dies wird in § 5 MB/KK 76 dadurch zum Ausdruck gebracht, daß der Versicherer nur für die „Aufwendungen" leistungspflichtig ist, welche trotz der gesetzlichen Leistungen notwendig bleiben. Nicht anrechenbar sind deshalb z.B. die nach den beamtenrechtlichen Unfallfürsorgevorschriften vorgesehenen Versorgungsleistungen der §§ 139 ff. BBG, weil sie nicht dem Ausgleich von Heilbehandlungskosten dienen.

Der Versicherungsnehmer ist im Rahmen seiner Obliegenheiten gemäß § 9 Abs. 2 MB/KK 76 verpflichtet, dem Versicherer auf Verlangen über Art und Höhe etwaiger anderer Leistungsansprüche im Sinne der Subsidiaritätsklausel Auskunft zu erteilen (vgl. hierzu 6.6.3.).

6.4. Auszahlung der Versicherungsleistungen

6.4.1. Fälligkeit

Die Fälligkeit von Leistungen sämtlicher privater Versicherungen wird grundsätzlich im § 11 VVG geregelt. Danach sind Geldleistungen des Versicherers mit der Beendigung der zur Feststellung des Versicherungsfalles und des Umfangs der Leistungen des Versicherers nötigen Erhebungen fällig. Sind diese Erhebungen bis zum Ablauf eines Monats seit der Anzeige des Versicherungsfalles nicht beendet, so kann der Versicherungsnehmer in Anrechnung auf die Gesamtforderung Abschlagszahlungen in Höhe des Betrages verlangen, den der Versicherer nach Lage der Sache min-

Auszahlung der Versicherungsleistungen

destens zu zahlen hat. Der Lauf dieser Frist ist gehemmt, solange die Beendigung der Erhebungen infolge eines Verschuldens des Versicherungsnehmers gehindert ist.
Voraussetzung der Fälligkeit ist u.a., daß dem Versicherer alle Auskünfte, die er gemäß § 9 Abs. 2 MB/KK 76 verlangen kann, sowie alle relevanten Untersuchungsergebnisse (§ 9 Abs. 3 MB/KK 76) vorliegen. Zu den notwendigen Erhebungen im Sinne des § 11 VVG gehören weiterhin die Durchführung von Ermittlungen und die Beschaffung von Unterlagen, die ein durchschnittlich sorgfältiger Versicherer benötigt, um festzustellen und abschließend zu prüfen, ob und in welchem Umfang und gegenüber wem eine Erstattungspflicht besteht. Das schließt evtl. erforderliche Rückfragen bei anderen Versicherern ein (AG Karlsruhe, VersR 1972, S. 873, *Bach/Moser*, Private Krankenversicherung, Rdz. 1 zu § 6 MB/KK).

Für die PKV enthält § 6 MB/KK 76 eine spezielle Fälligkeitsregelung: Gemäß § 6 Abs. 1 MB/KK 76 ist der Versicherer zur Leistung nur verpflichtet, wenn die von ihm geforderten Nachweise erbracht sind; diese werden Eigentum des Versicherers. Hierbei handelt es sich vorwiegend um die Nachweisbelege über den Eintritt des versicherten Risikos (z.B. Arztkosten- bzw. Krankenhausrechnungen, Arbeitsunfähigkeitsbescheinigungen usw.). Ihre Beibringung durch den Versicherungsnehmer ist Leistungsvoraussetzung (OLG Hamm, VersR 1980, S. 135, 136f.). Diese Verpflichtung des Versicherungsnehmers wird durch die §§ 32 Abs. 2 und 34a VVG dahingehend eingeschränkt, daß der Versicherer Belege nur insoweit fordern kann, als die Beschaffung dem Versicherungsnehmer billigerweise zugemutet werden kann. Stets zumutbar ist dem Versicherungsnehmer, daß er die Originalbelege vorlegt, weil evtl. Vorleistungen anderer Versicherungsträger nur dort vermerkt sind. Die Einzelheiten bezüglich des Nachweises der entstandenen Kosten regeln die Tarifbestimmungen. In der Krankenhaustagegeldversicherung sind jedoch keine Kostennachweise zu erbringen (vgl. OLG Hamm, VersR 1980, S. 135f.). Der Versicherungsnehmer muß auch in der Krankheitskostenversicherung nicht nachweisen, daß die vorgelegten Rechnungsbelege von ihm bezahlt wurden (vgl. LG Köln, VersR 1961, S. 651.

6.4.2. Verzug des Versicherers

Voraussetzung für den Verzug sind gemäß §§ 284, 285 BGB grundsätzlich die Fälligkeit, die Mahnung und das Verschulden des Versicherers hinsichtlich der Verzögerung der Erstattung. Sofern diese Voraussetzungen erfüllt sind, hat der Versicherer neben den Verzugszinsen (§ 288 BGB, § 11 Abs. 4 VVG) jeden Verzögerungsschaden zu tragen, z.B. die Kosten der Inanspruchnahme eines Rechtsanwalts nach Verzugseintritt.

6.4.3. Verjährung

Ansprüche aus dem Versicherungsvertrag verjähren in zwei Jahren. Die Verjährung beginnt mit dem Schluß des Jahres, in welchem die Leistung verlangt werden kann (§ 12 Abs. 1 VVG). Verlangt werden kann die Leistung, sobald die Fälligkeit eingetreten ist (vgl. hierzu 6.4.1.). Ist ein Anspruch des Versicherungsnehmers bei dem Versicherer angemeldet worden, so ist die Verjährung bis zum Eingang der schriftlichen Entscheidung des Versicherers gehemmt (§ 12 Abs. 2 VVG).

6.4.4. Klageausschlußfrist

Nach § 12 Abs. 3 VVG ist der Versicherer von der Verpflichtung zur Leistung frei, wenn der Anspruch auf die Leistung nicht innerhalb von sechs Monaten gerichtlich geltend gemacht wird. Voraussetzung für den Beginn dieser Sechs-Monats-Frist ist, daß der Versicherer dem Versicherungsnehmer gegenüber den erhobenen Anspruch schriftlich abgelehnt und ihn dabei auf die mit dem Ablauf der Frist verbundene Rechtsfolge schriftlich hingewiesen hat. Die Klageausschlußfrist des § 12 Abs. 3 VVG dient dazu, eine alsbaldige und abschließende Klärung des Erstattungsanspruchs herbeizuführen. Der Ablauf der Klageausschlußfrist ist vom Gericht nicht erst aufgrund einer Parteieinrede, sondern von Amts wegen zu prüfen. Das Versäumen der Frist führt zum Untergang des Anspruchs.

Voraussetzung für den Anspruchsuntergang ist, daß der Versicherungsnehmer den Anspruch geltend gemacht und der Versicherer diesen abgelehnt hat; weiterhin, daß der Versicherungsnehmer die rechtzeitige gerichtliche Geltendmachung dieses Anspruchs unterlassen hat.

6.4.5. Zahlung an den Überbringer

Der Versicherer ist gemäß § 6 Abs. 2 MB/KK 76 berechtigt, an den Überbringer oder Übersender von ordnungsmäßigen Nachweisen zu leisten. Durch die Erfüllung der Erstattungspflicht an den Anspruchsberechtigten wird der Versicherer von der Leistungspflicht frei. Dies gilt auch, wenn er an einen anderen als den Versicherungsnehmer leistet, der grundsätzlich Anspruch auf die vertragsgemäßen Leistungen hat. Ordnungsgemäße Nachweise sind in der Krankheitskostenversicherung ausschließlich Original-Kostenbelege. Diese Belege sind Legitimationspapiere gemäß §§ 4 VVG, 808 BGB. Nur für den Fall, daß sich dem Versicherer der Verdacht des Mißbrauchs aufdrängen muß, begründet die Zahlung an den Überbringer keine Leistungsfreiheit (vgl. *Palandt/Thomas*, Anm. 2 zu § 808 BGB).

6.4.6. Währungsklausel

Die in ausländischer Währung entstandenen Krankheitskosten werden zum Kurs des Tages, an dem die Belege beim Versicherer eingehen, in Deutsche Mark umgerechnet (§ 6 Abs. 3 MB/KK 76). Durch diese Regelung sollen Schwierigkeiten bei der Kursfeststellung vermieden werden, da die Rechnungsstellung in der Regel einige Zeit zurückliegt. Die Klausel kann für den Versicherungsnehmer ebenso vorteilhaft wie nachteilig sein.

6.4.7. Überweisungs- und Übersetzungskosten

Kosten für die Überweisung der Versicherungsleistungen und für Übersetzungen können gemäß § 6 Abs. 4 MB/KK 76 von der Leistung abgezogen werden.

6.4.8. Verbot der Abtretung und Verpfändung

Gemäß § 6 Abs. 5 MB/KK 76 können Ansprüche auf Versicherungsleistungen weder abgetreten noch verpfändet werden. Diese Vorschrift dient dem Interesse des Versicherers an einer sachgerechten und ungehinderten Prüfung des Versicherungsfalles und einer verwaltungsmäßig möglichst einfachen Leistungsabrechnung. Außerdem will der Versicherer damit verhindern, daß sich der Versicherungsnehmer durch Abtretung der Forderung an einen Dritten für den Fall gerichtlicher Auseinandersetzung eine Zeugenstellung verschaffen kann (vgl. *Bruck/Möller/Wagner*, VVG, Anm. H 8).

Von einer Abtretung zu unterscheiden sind sogenannte Auszahlungsvereinbarungen. Besonders bei stationärer Behandlung ist es teilweise auch im Interesse des Versicherungsnehmers, daß der Versicherer unmittelbar an das Krankenhaus bzw. den behandelnden Arzt leistet. Manche Krankenhäuser bzw. Ärzte verlangen vor Behandlungsbeginn vom Patienten den Nachweis, daß die private Krankenversicherung besteht und diese sich zur Zahlung unmittelbar an das Krankenhaus bzw. den Arzt bereit erklärt. Solche Vereinbarungen sind rechtlich weder eine Abtretung des Deckungsanspruchs an das Krankenhaus oder den Arzt, noch gibt der Versicherer damit im Verhältnis zum Leistungsempfänger eine Deckungszusage ab (vgl. *Bach/Moser*, Private Krankenversicherung, Rdz. 13 zu § 6 MB/KK). Die Direktzahlung der Kosten einer stationären Behandlung an das Krankenhaus wird von einzelnen Versicherern bereits generell angeboten (z.B. mittels sogenannter Clinic-Card – vgl. hierzu 1.4.5.)

Nach § 850b Abs. 1 Nr. 4 ZPO sind Ansprüche auf Versicherungsleistungen nur unter den Voraussetzungen des Abs. 2 dieser Vorschrift pfändbar, soweit die Versicherungsleistungen „zu Unterstützungszwecken gewährt werden". Diese Vorschrift gilt auch für Ansprüche aus dem Versicherungsfall einer mitversicherten Person.

6.5. Ende des Versicherungsschutzes

Gemäß § 7 MB/KK 76 endet der Versicherungsschutz – auch für schwebende Versicherungsfälle – mit der Beendigung des Versicherungsverhältnisses. Zur Beendigung der Versicherung wird auf 3.7. verwiesen. Sofern es wegen der Nichtigkeit des Vertrages von Anfang an zur rückwirkenden Auflösung des Versicherungsvertrages kommt, treten die bei 3.4. beschriebenen Rechtsfolgen ein.

In der privaten Krankenversicherung enthält § 7 MB/KK 76 wegen der Besonderheit des gedehnten Versicherungsfalles (vgl. hierzu 6.1.2.ff.) eine von den sonst in der Privatversicherung geltenden Regelungen abweichende Sondervorschrift. Danach endet der Versicherungsschutz auch für laufende Versicherungsfälle mit der Beendigung des Versicherungsverhältnisses. In der Privatversicherung herrscht ansonsten allgemein der Grundsatz, daß für den „überhängenden" Teil eines Versicherungsfalles, der während der formellen Laufzeit eines Versicherungsvertrages eingetreten ist und über dessen Beendigung hinaus fortdauert, ebenfalls zu leisten ist (vgl. *Bruck/Möller/Wriede*, VVG, Anmerkung D16). Daß die PKV von dieser Regelung ausdrücklich abweicht, ist bisher noch nicht auf Bedenken der Rechtsprechung gestoßen (vgl. BGH, VersR 1971, S. 810, 811). Der Versicherer hat nämlich andererseits weitgehend auf sein ordentliches Kündigungsrecht verzichtet, weshalb die willkürliche Beendigung seiner Leistungsverpflichtung bei sogenannten „schlechten Risiken" so gut wie ausgeschlossen ist. Der versicherungswirtschaftliche Zweck dieser Regelung besteht offenbar darin, das Verhältnis von vertraglicher Leistung und Gegenleistung im Gleichgewicht zu halten bzw. die Beitragsbelastung der Versichertengemeinschaft tragbar zu gestalten (vgl. *Bach/Moser*, Private Krankenversicherung, Rdz. 4 zu § 7 MB/KK). Dies könnte bei zeitlich unbeschränkter Erstattungspflicht für alle während der Vertragslaufzeit begonnenen Versicherungsfälle nicht gewährleistet werden, da sich die Leistungspflicht der PKV aufgrund des gedehnten Versicherungsfalles über sehr lange Zeit auch nach Beendigung von Versicherungsverträgen erstrecken kann.

Für den Fall des Rücktritts des Versicherers vom Versicherungsvertrag gemäß §§ 16 ff. VVG wird dieser rückwirkend aufgelöst *(Prölss/Martin*, Anm. 5 zu § 20 VVG). Das gesetzliche Schuldverhältnis des § 21 VVG tritt an die Stelle des Versicherungsvertragsverhältnisses. Einzelheiten hierzu sind bei 3.4.1.4. beschrieben.

6.6. Obliegenheiten des Versicherungsnehmers in bezug auf die Leistungspflicht des Versicherers

6.6.1. Allgemeines

Die private Krankenversicherung kennt als wesentliche Methode der Risiko- und Gefahrbegrenzung die Obliegenheiten. Obliegenheiten sind ihrer Rechtsnatur nach Voraussetzungen, die für die Erhaltung der Ansprüche aus dem Versicherungsvertrag zu erfüllen sind (vgl. BGH, VersR 1959, S. 533; 1967, S. 27). Es werden gesetzliche und vertraglich vereinbarte Obliegenheiten unterschieden. Das Versicherungsvertragsgesetz kennt Anzeigeobliegenheiten (§§ 16-22 VVG, 33 VVG und § 9 Abs. 1 MB/KK 76), Gefahrstandsobliegenheiten (§§ 23-29a, 32 VVG, § 9 Abs. 4 und 5 MB/KK 76) sowie Auskunfts- und Aufklärungsobliegenheiten (§ 34 VVG, § 9 Abs. 2 und 3 MB/KK 76). Die letztgenannten haben zum Ziel, die notwendige Mitwirkung des Versicherungsnehmers bei den Feststellungen des Versicherers zum Versicherungsfall, seiner Leistungspflicht und deren Umfang sicherzustellen. Daneben bezwecken die Schadensminderungsobliegenheiten (z.B. § 62 VVG), den im Versicherungsfall eingetretenen Schaden möglichst gering zu halten.

Obliegenheiten des Versicherungsnehmers in bezug auf die Leistungspflicht des Versicherers

6.6.2. Anzeigepflicht

Nach dem Eintritt des Versicherungsfalles hat der Versicherungsnehmer, sobald er von dem Eintritt Kenntnis erlangt, dem Versicherer unverzüglich Anzeige zu machen (§ 33 Abs. 1 VVG). Diese gesetzliche Obliegenheit zur unverzüglichen Anzeige eines jeden Versicherungsfalles schränkt § 9 Abs. 1 MB/KK 76 auf vertraglicher Basis ein. Nach dieser Vorschrift ist lediglich jede Krankenhausbehandlung binnen 10 Tagen nach ihrem Beginn anzuzeigen. Anzeigepflichtig sind in der privaten Krankenversicherung also – abweichend von § 33 VVG – nur Krankenhausbehandlungen. Alle anderen Versicherungsfälle bedürfen der Anzeige nicht, so daß auch die ambulante Krankenhausbehandlung dem Versicherer nicht zu melden ist.

Die Anzeigepflicht von Krankenhausbehandlungen soll sicherstellen, daß der Versicherer vom Einritt dieses kostenintensiven Versicherungsfalles umgehend Kenntnis erhält, damit er die zur Prüfung und Feststellung seiner Leistungspflicht erforderlichen Maßnahmen ergreifen kann (vgl. OLG Hamm, VersR 1982, S. 182, 183). Insbesondere soll dem Versicherer ermöglicht werden, gemäß § 9 Abs. 2 MB/KK 76 weitere Auskünfte einzuholen oder gemäß § 9 Abs. 3 MB/KK 76 eine Untersuchung des Versicherungsnehmers zu veranlassen.

In den Tarifbedingungen kann der Versicherer auf die Meldung der Krankenhausbehandlung verzichten.

Von der Anzeigepflicht unabhängig bleibt die Zustimmung, die vor Inanspruchnahme einer sogenannten gemischten Anstalt als Voraussetzung der Leistungspflicht des Versicherers vom Versicherungsnehmer einzuholen ist (vgl. hierzu 6.5.2.).

Die 10-Tagefrist beginnt mit dem Tag, an dem der Versicherungsnehmer in stationärer Form in das Krankenhaus aufgenommen wird; sie ist also unabhängig vom Beginn des Versicherungsfalles. Der Versicherungsnehmer hat dem Versicherer mitzuteilen, daß und in welchem Krankenhaus er behandelt wird. Alle weiteren für die Prüfung der Leistungspflicht erforderlichen Einzelheiten kann der Versicherer dann gemäß § 9 Abs. 2 MB/KK 76 beim Versicherungsnehmer erfragen. Für die Anzeige ist gemäß § 16 MB/KK 76 die Schriftform erforderlich. Sofern jedoch der Versicherer auf andere Weise als auf dem vorgeschriebenen Wege Kenntnis von der Krankenhausbehandlung des Versicherungsnehmers innerhalb der 10-Tagefrist erhält, kann er sich auf die Verletzung der Anzeigepflicht oder -form nicht berufen (vgl. § 32 Abs 2, § 6 Abs. 3 VVG).

6.6.3. Auskunftspflicht

Nicht immer ist die Anzeige nach § 9 Abs. 1 MB/KK 76 ausreichend, um dem Versicherer ein klares Bild über seine Leistungspflicht zu geben. Deshalb ermöglicht § 9 Abs. 2 MB/KK 76 dem Versicherer in Anlehnung an § 34 Abs. 1 VVG, vom Versicherungsnehmer bei jedem Versicherungsfall (nicht nur bei Krankenhausbehandlung) alle Auskünfte zu verlangen, die er zur Feststellung seiner Leistungspflicht benötigt. Diese Vorschrift stellt sicher, daß der Versicherer eine sachgemäße Entscheidung über die Behandlung des Versicherungsfalles treffen kann (BGH, VersR 1979, S. 176,

Obliegenheiten des Versicherungsnehmers in bezug auf die Leistungspflicht des Versicherers

178). Der Versicherer ist nämlich im Normalfall weniger gut über die Einzelheiten des Versicherungsfalles unterrichtet als der Versicherungsnehmer; Befunde und Behandlungsverlauf sind ihm nicht bekannt. Diese und weitere Informationen sind dem Versicherungsnehmer leichter zugänglich. Die Auskunftsverpflichtung des § 9 Abs. 2 MB/KK 76 erlegt dem Versicherungsnehmer auf, seine Informationen entweder an den Versicherer weiterzugeben oder für den Versicherer zu beschaffen.

Die Auskunftspflicht des Versicherungsnehmers besteht nur auf ausdrückliches Verlangen des Versicherers. In der privaten Krankenversicherung geschieht dies normalerweise durch Zusendung eines Formulars mit Fragen zum Versicherungsfall (vgl. *Prölss/Martin*, VVG, Anm. 1 zu § 34).

Die Obliegenheit des Versicherungsnehmers erfaßt zunächst die konkret geforderten Auskünfte. Aber auch darüber hinaus muß der Versicherungsnehmer dem Versicherer Mitteilungen zukommen lassen, wenn dieser ihn einmal zur Auskunft aufgefordert hat: Auch über die vom Versicherer gestellten Fragen hinaus sind weitere Umstände mitzuteilen, die aus der Sicht des Versicherungsnehmers für die Leistungspflicht des Versicherers bedeutsam sein könnten (vgl. *Prölss/Martin*, VVG, Anm. 2b zu § 34). Wegen der fehlenden Detailkenntnisse ist der Versicherer oftmals nämlich nicht in der Lage, konkrete Fragen zu stellen. Er ist deshalb berechtigt, in allgemeiner Frageform vollständige Auskunft bezüglich derjenigen Informationen zu verlangen, die sich der Versicherungsnehmer über die Behandlung verschaffen kann. Der Versicherungsnehmer ist auch dann auskunftspflichtig, wenn Tatsachen und Rechtsverhältnisse betroffen sind, die für seinen Leistungsanspruch nachteilig sein können. Bei der Auskunftserteilung muß sich der Versicherer darauf verlassen können, daß der Versicherungsnehmer von sich aus richtige und lückenlose Angaben macht (BGH, VersR 1952, S. 428, 429). Deshalb kann sich der Versicherungsnehmer bei einer Verletzung seiner Aufklärungspflicht nicht darauf berufen, daß der Versicherer sich auf andere Weise, etwa durch Arztanfrage, Kenntnisse hätte verschaffen können (BGH, VersR 1965, S. 451, 452; OLG Hamm, VersR 1982, S. 182, 183).

Die Auskunftspflicht umfaßt alle Umstände, die zur Feststellung des Versicherungsfalles oder der Leistungspflicht des Versicherers und ihres Umfanges erforderlich sind. Darunter fallen solche, die für die Frage bedeutsam sind, ob das eingetretene Gefahrereignis ein deckungspflichtiger Versicherungsfall ist, ob also die in den Musterbedingungen im einzelnen vereinbarten Leistungsvoraussetzungen gegeben sind. Insbesondere bezieht sich die Auskunftspflicht auf die Risikobeschreibung und die Leistungsausschlüsse (§§ 2 und 3 MB/KK 76) sowie auf Fragen zu Beginn und Entwicklung des Versicherungsfalles (z.B. Anamnese – LG Köln, VersR 1978, S. 1026).

Ob sich die Aufklärungspflicht darüber hinaus auf weitere Umstände erstreckt, die Einfluß auf die Leistungspflicht des Versicherers haben könnten, ist umstritten. In der PKV ist dabei vor allem an Fragen des Versicherers zu denken, die auf eine vorvertragliche Anzeigepflichtverletzung des Versicherungsnehmers (vgl. 3.3.) hinzielen. Durch die Rechtsprechung wird dies überwiegend verneint (OLG Hamm, VersR 1970, S. 319; 1978, S. 1060f.). Dies bezieht sich allerdings nur auf solche Fälle, in denen ersichtlich über die Anamnese des eingetretenen Versicherungsfalles hinaus vom Versicherer Aufklärung über die Richtigkeit der vorvertraglichen Angaben des Versicherungsnehmers betrieben wird (vgl. AG Konstanz, VersR 1980, S. 915, 916).

185

Obliegenheiten des Versicherungsnehmers in bezug auf die Leistungspflicht des Versicherers

Zur Beantwortung der Fragen des Versicherers ist dieser, da der Versicherungsnehmer medizinischer Laie ist, auf die Informationen des behandelnden Arztes angewiesen. Zur Beurteilung des Versicherungsfalles sind nämlich medizinische Fachauskünfte erforderlich. Dazu gehört normalerweise die Möglichkeit des Versicherers, vom Inhalt der Krankenunterlagen Kenntnis zu nehmen, weil dort die festgestellten Befunde und die Diagnostik sowie Therapie dokumentiert sind (vgl. BGH, VersR 1978, S. 1022, 1023). Diese Unterlagen sind zur objektiven Überprüfung des Versicherungsfalles erforderlich.

Die Auskunftspflicht des Versicherungsnehmers umfaßt auch dessen Bemühen, dem Versicherer bei der Beschaffung der Arztauskünfte und/oder Kenntnisnahme der Krankenunterlagen in erforderlichem und zumutbarem Umfang behilflich zu sein. Dies kann durch das Besorgen von Kopien der Krankenunterlagen ebenso geschehen wie durch Abschrift von den Befunden und Behandlungsverläufen.

Der Versicherer kann erwarten, daß ihm auch ohne konkrete Befragung erschöpfende und vollständige Auskunft erteilt wird. Dazu gehört auch, daß der Versicherungsnehmer die behandelnden Ärzte gegenüber dem Versicherer von der Schweigepflicht entbindet. Er muß dem Versicherer entweder eine Auskunftsermächtigung gegenüber dem Arzt erteilen oder den Arzt unmittelbar anweisen, dem Versicherer die erforderlichen Auskünfte zu erteilen (LG Köln, VersR 1970, S. 1026).

Eine solche Ermächtigung ist normalerweise schon im Versicherungsantrag rechtswirksam erteilt. Liegt diese dem Versicherer vor und reicht ihr Inhalt zur Verfolgung der berechtigten Auskunftsbegehren des Versicherers gegenüber den behandelnden Ärzten aus, kann der Versicherer nicht ohne weiteres eine neue Ermächtigung verlangen (vgl. OLG Hamm, VersR 1978, S. 1060, 1061). Eine solche ist nur dann erforderlich, wenn der Arzt die Erklärung als nicht ausreichend zurückweist, weil sie z.B. formularmäßig abgefaßt oder älteren Datums ist (LG Köln, VersR 1970, S. 1026).

In der Praxis wendet sich der Versicherer regelmäßig zunächst unmittelbar an den behandelnden Arzt und bittet diesen um Auskünfte bzw. Kopien der Krankenunterlagen. Er beruft sich dabei nicht auf die Obliegenheitspflicht des Versicherungsnehmers aus § 9 Abs. 2 MB/KK 76, sondern auf die im Versicherungsantrag formularmäßig enthaltene Schweigepflicht-Entbindungserklärung, die überwiegend folgenden Wortlaut hat:

„Schweigepflicht-Entbindungserklärung: Ich ermächtige den Versicherer, auch zugleich für die mitzuversichernden Personen, soweit und solange sie von mir gesetzlich vertreten werden, jederzeit Auskünfte über frühere, bestehende und bis zum Ende des Vertrages eingetretene Krankheiten, Unfallfolgen und Gebrechen sowie über beantragte, bestehende oder beendete Personenversicherungen einzuholen. Dazu darf er Ärzte, Zahnärzte, Heilpraktiker, Krankenanstalten aller Art, Versicherungsträger, Gesundheits- und Versorgungsämter befragen. Diese befreie ich von ihrer Schweigepflicht und ermächtige sie, dem Versicherer alle erforderlichen Auskünfte zu erteilen" (RB PKV 1977 S. 52).

Die Auskunftsobliegenheit des Versicherungsnehmers nach § 9 Abs. 2 MB/KK 76 kann nur soweit gehen, wie dem Versicherungsnehmer selbst die Beschaffung der erforderlichen Informationen möglich und zumutbar ist. Dabei ist es von Bedeutung,

Obliegenheiten des Versicherungsnehmers in bezug auf die Leistungspflicht des Versicherers

daß die höchstrichterliche Rechtsprechung dem Patienten aus vertraglicher Nebenpflicht des Arztes, aber auch in Ausprägung des Selbstbestimmungsrechts, ein Recht auf Einsicht in alle ärztlichen Aufzeichnungen über objektive physische Befunde und Berichte über Behandlungsmaßnahmen zugesteht. Dieses Einsichtsrecht ist lediglich hinsichtlich der sogenannten subjektiven Aufzeichnungen der behandelnden Ärzte eingeschränkt, wie z.b. später revidierte Verdachtsdiagnosen, Gesprächsaufzeichnungen oder sonstige persönliche Notizen (BGH vom 23.11.1982, VersR 1983, S. 264ff, 267f).

Bedeutsam ist auch die Form der Ausübung des Einsichtsrechts in die ärztlichen Unterlagen. Nach der Rechtsprechung des BGH wird der Arzt seinem Patienten regelmäßig autorisierte Ablichtungen der Krankenunterlagen zur Verfügung stellen müssen (vgl. Urteil vom 23.11.1982 a.a.O., OLG Köln, NJW 1982, S. 704). Der Arzt ist jedoch berechtigt, darin enthaltene subjektive Aufzeichnungen zu schwärzen. Die Kosten der Ablichtung hat der Patient zu tragen. Sie sind ihm vom Versicherer zu ersetzen.

6.6.4. Untersuchungspflicht

Nach § 9 Abs. 3 MB/KK 76 ist die versicherte Person auf Verlangen des Versicherers verpflichtet, sich durch einen vom Versicherer beauftragten Arzt untersuchen zu lassen. Diese versicherungsvertragliche Vereinbarung ist durch die Rechtsprechung als zulässig erachtet worden (BGH, VersR 1977, S. 833; OLG Hamm, VersR 1983, S. 1177; OLG Köln, VersR 1980, S. 619). Auf diese Möglichkeit wird der Versicherer dann zurückgreifen, wenn die Beantwortung der Leistungsfragen anhand von Auskünften und Unterlagen alleine nicht sicher aufzuklären ist.

Die Untersuchungspflicht nach § 9 Abs. 3 MB/KK 76 besteht nur nach Eintritt des Versicherungsfalles, wie § 10 Abs. 1 MB/KK 76 erkennen läßt *(Ullmann/Schäfer, AVB, Seite 94 – vgl. auch 6.6.5.).* Welche Untersuchungen dabei nötig sind, kann letztlich nur der beauftragte Arzt entscheiden (OLG Hamm, VersR 1983, S. 1177, 1178). Die Untersuchung wird in der Regel ambulant erfolgen, der Versicherer kann unter Berücksichtigung von Zumutbarkeitsgesichtspunkten in besonderen Fällen aber auch eine stationäre Aufnahme verlangen (OLG Hamm, a.a.O.). Da der Versicherer den Untersuchungsauftrag erteilt und die Untersuchung im Rahmen seiner Regulierungspflichten durchgeführt wird, hat er auch die entstehenden Kosten zu tragen. Das Ergebnis der Untersuchung ist jedoch nicht bindend.

6.6.5. Leistungsfreiheit bei Obliegenheitsverletzungen

§ 10 MB/KK 76 bestimmt die Folgen von Obliegenheitsverletzungen. Zunächst ist dabei die Vorschrift des § 6 Abs. 3 VVG bedeutsam. Diese bestimmt die Voraussetzungen, unter denen die Verletzung vertraglich vereinbarter Obliegenheiten als Rechtsfolge die Leistungsfreiheit des Versicherers nach sich zieht. Gemäß § 15a VVG ist diese Vorschrift unabdingbar.

Obliegenheiten des Versicherungsnehmers in bezug auf die Leistungspflicht des Versicherers

Nach § 10 Abs. 1 MB/KK 76 ist der Versicherer mit der in § 6 Abs. 3 VVG vorgeschriebenen Einschränkung von der Verpflichtung zur Leistung frei, wenn eine der in § 9 Abs. 1 bis 3 genannten Obliegenheiten verletzt wird. Diese Vorschrift hat nicht nur deklaratorische Bedeutung, sondern ordnet die Rechtsfolgen des § 6 Abs. 3 VVG an. Durch die Bezugnahme auf § 6 Abs. 3 VVG stellt § 10 Abs. 1 MB/KK 76 außerdem klar, daß die Obliegenheiten des § 9 Abs. 1 – 3 MB/KK 76 nur *nach* Eintritt des Versicherungsfalles zu beachten sind. Die Leistungsfreiheit des Versicherers setzt nach Maßgabe des § 6 Abs. 3 VVG also voraus:

1. Der Tatbestand einer Obliegenheitsverletzung muß vorliegen. Es ist zu prüfen, ob der Versicherungsnehmer nach Inhalt oder Umfang der jeweiligen Obliegenheit die ihm auferlegten Pflichten durch Tun oder Unterlassen verletzt hat. Die Obliegenheitsverletzung kann auch durch die versicherte Person erfolgen.

2. Das Verschulden muß auf Vorsatz oder grobe Fahrlässigkeit zurückzuführen sein. Nicht ausreichend ist, wenn der Versicherungsnehmer seine Obliegenheiten nur fahrlässig verletzt hat. Fahrlässig handelt nach § 276 BGB, wer die im Verkehr erforderliche Sorgfalt außer acht läßt. Vorsätzlich handelt der Versicherungsnehmer, wenn er weiß, daß eine Obliegenheit vereinbart ist und er sie verletzen will. Es reicht aber auch aus, daß der Versicherungsnehmer die Obliegenheitsverletzung bewußt in Kauf nimmt (bedingter Vorsatz). Liegt ein willentliches Verhalten des Versicherungsnehmers nicht vor, also hat er z.B. an eine Obliegenheitsverletzung nicht gedacht, kommt lediglich grobe Fahrlässigkeit in betracht (vgl. ÖOGH, VersR 1975, S. 671, 672). Der Vorsatz des Versicherungsnehmers braucht sich dabei nicht auf die Folgen der Obliegenheitsverletzung zu erstrecken (BGH, VersR 1967, S. 441).

Grobfahrlässig handelt, wer die im Verkehr erforderliche Sorgfalt in besonders hohem Maße außer acht läßt, wer also nicht beachtet, was unter den gegebenen Umständen jedem hätte einleuchten müssen (vgl. *Prölss/Martin*, VVG, Anm. 12 zu § 6 VVG). Die Unkenntnis oder Mißachtung elementarer, im Hinblick auf die Eigenart des versicherten Risikos naheliegender, weitestgehend üblicher Obliegenheiten ist regelmäßig grobfahrlässig. Hierzu gehören die Verletzung der Anzeige-, Auskunfts- und wohl auch der Untersuchungspflicht (OLG Hamburg, VersR 1972, S. 655; OLG Hamburg, VersR 1973, S. 339, 341). Grobfahrlässig handelt auch, wer nach Eintritt des Versicherungsfalles nicht die versicherungsvertraglichen Vereinbarungen einschließlich AVB durchsieht (OLG Hamm, VersR 1973, S. 339, 341). Die Kenntnis und das Verschulden der versicherten Person steht der Kenntnis und dem Verschulden des Versicherungsnehmers gleich (§ 10 Abs. 3 MB/KK 76).

3. Eine vorsätzliche Obliegenheitsverletzung hat regelmäßig die Leistungsfreiheit des Versicherers zur Folge. Bei Vorliegen einer Obliegenheitsverletzung kann sich der Versicherer auf die Leistungsfreiheit allerdings nur berufen, wenn der Verstoß generell geeignet war, die Interessen des Versicherers ernsthaft zu gefährden, und den Versicherungsnehmer der Vorwurf groben Verschuldens trifft (sogenannte Relevanz – BGH, VersR 1982, S. 182, 183). In Fällen, in denen die Verletzung der Auskunftspflicht nachweislich keinerlei nachteilige Folgen für den Versicherer hatte, wurde die Leistungsfreiheit davon abhängig gemacht, daß der Versicherungsnehmer darüber belehrt war, auch bei folgenloser Obliegenheitsverletzung den Leistungsanspruch verlieren zu können (vgl. *Prölss/Martin*, VVG, Anm. 3c zu § 34 VVG). Die Belehrungs-

pflicht erstreckt sich auch auf die versicherten Personen (BGH, VersR 1976, S. 383). Die fehlende Belehrung steht der Leistungsfreiheit nur dann nicht entgegen, wenn der Versicherte arglistig gehandelt hat (BGH, a.a.O.).

Bei grobfahrlässiger Obliegenheitsverletzung tritt Leistungsfreiheit nicht ein, wenn die Verletzung Einfluß weder auf die Feststellung des Versicherungsfalles noch auf die Feststellung oder den Umfang der dem Versicherer obliegenden Leistung gehabt hat (Kausalitätserfordernis). Der Versicherungsnehmer soll nur den von ihm verschuldeten Mehrschaden nicht ersetzt erhalten (vgl. *Prölss/Martin*, VVG, Anm. 9c zu § 6 VVG). Die Feststellungsmöglichkeiten des Versicherers sind dann nachteilig beeinflußt, wenn nicht auszuschließen ist, daß bestimmte Ermittlungsmaßnahmen des Versicherers zu anderen Ergebnissen geführt hätten.

4. Die Beweislast für das Vorliegen einer Obliegenheitsverletzung liegt beim Versicherer. Der Versicherungsnehmer hat dagegen zwecks Erhaltung seines Leistungsanspruchs zu beweisen, daß er nicht grobfahrlässig oder vorsätzlich handelte. Bei grobfahrlässigem Verschulden muß er außerdem den sogenannten Kausalitätsgegenbeweis (Nachweis fehlenden Ursachenzusammenhangs zwischen Obliegenheitsverletzung und dem Ergebnis der Feststellungen vom Versicherungsfall) führen. Dies gilt allerdings nur dann, wenn der Versicherer substantiiert darlegt, welche Maßnahmen er bei Erfüllung der Obliegenheit ergriffen und welchen Erfolg er sich davon versprochen hätte (vgl. *Bach/Moser*, Private Krankenversicherung, Rdz. 30 zu §§ 9, 10 MB/KK).

Ob im Rechtsstreit die Leistungsfreiheit von Amts wegen zu beachten ist, sofern ihre vertraglich vereinbarten (§§ 9, 10 MB/KK 76) und gesetzlich vorgesehenen (§ 6 Abs. 3 VVG) Voraussetzungen bewiesen sind, oder ob sich der Versicherer zusätzlich auf sein aus dem Tatbestand der Leistungsfreiheit folgendes Leistungsverweigerungsrecht berufen muß (so BGH, VersR 1974, S. 689), ist umstritten.

Ein Verzicht des Versicherers auf die Rechtsfolgen einer Obliegenheitsverletzung kann insbesondere dann in Frage kommen, wenn der Versicherer trotz Kenntnis der Umstände, die die Obliegenheitsverletzung begründen, vorbehaltlos Leistungen erbringt oder im Rahmen der Korrespondenz mit dem Versicherungsnehmer den Eindruck erweckt, daß er sich nicht auf die Obliegenheitsverletzung berufen werde (vgl. *Bruck/Möller*, VVG, Anm. 45ff zu § 6 VVG). Die Folgen der Obliegenheitsverletzungen im Falle des § 10 Abs. 2 MB/KK 76 werden bei 3.7.3.4. behandelt.

6.6.6. Schadensminderungspflicht

Nach § 62 Abs. 1 VVG ist der Versicherungsnehmer verpflichtet, bei dem Eintritt des Versicherungsfalles nach Möglichkeit für die Abwendung und Minderung des Schadens zu sorgen und dabei die Weisungen des Versicherers zu befolgen; er hat, wenn die Umstände es gestatten, solche Weisungen einzuholen. Sind mehrere Versicherer beteiligt und sind von ihnen entgegenstehende Weisungen gegeben, so hat der Versicherungsnehmer nach eigenem pflichtgemäßen Ermessen zu handeln.

Hat der Versicherungsnehmer diese Obliegenheiten verletzt, so ist der Versicherer nach § 62 Abs. 2 VVG von der Verpflichtung zur Leistung frei, es sei denn, daß die Verletzung weder auf Vorsatz noch auf grober Fahrlässigkeit beruht. Bei grobfahrlässiger Verletzung bleibt der Versicherer zur Leistung insoweit verpflichtet, als der Umfang des Schadens auch bei gehöriger Erfüllung der Obliegenheiten nicht geringer gewesen wäre.

Für die private Krankenversicherung haben die Schadensminderungsobliegenheiten nur geringe praktische Bedeutung. § 62 VVG dürfte auf die Krankenhaustagegeld- und Krankentagegeldversicherung nicht, und zwar auch nicht analog, anwendbar sein, sondern nur Bedeutung für die Krankheitskostenversicherung haben. Sofern der Versicherungsnehmer durch eigenes Verschulden die aus Anlaß des Versicherungsfalls entstehenden Kosten vergrößert und hierfür Erstattung verlangt, kann allerdings eine Obliegenheitsverletzung gegeben sein. Praktische Bedeutung könnte die Schadensminderungspflicht in solchen Fällen erlangen, in denen Leistungserbringer höhere Honorare verlangen, als ihnen nach den jeweiligen Gebührenordnungen zustehen. Wenn der Versicherungsnehmer dies erkennt oder vom Versicherer hierauf hingewiesen wird, kann von ihm erwartet werden, daß er nur den Betrag bezahlt, den der Leistungserbringer hätte beanspruchen können. Entsprechendes gilt für Honorarvereinbarungen vor Beginn der Behandlung. Ggf. wird sich der Versicherungsnehmer mit entsprechend verringerten Erstattungen begnügen müssen (vgl. *Moser*, PKV, S. 103).

Zu beachten ist jedoch, daß die Leistungsfreiheit des Versicherers im Falle der Verletzung von Obliegenheiten des § 62 VVG nur dann eintritt, wenn die Voraussetzungen des Absatzes 2 dieser Vorschrift erfüllt sind. Sie entspricht der Regelung für vertraglich vereinbarte Obliegenheiten in § 6 Abs. 3 VVG.

6.7. Ansprüche gegen Dritte

Hat der Versicherungsnehmer oder eine versicherte Person Schadenersatzansprüche nichtversicherungsrechtlicher Art gegen Dritte, so besteht, unbeschadet des gesetzlichen Forderungsüberganges gemäß § 67 VVG, die Verpflichtung, diese Ansprüche bis zur Höhe, in der aus dem Versicherungsvertrag Kostenersatz geleistet wird, an den Versicherer schriftlich abzutreten. Gibt der Versicherungsnehmer oder eine versicherte Person einen solchen Anspruch oder ein zur Sicherung des Anspruchs dienendes Recht ohne Zustimmung des Versicherers auf, so wird dieser insoweit von der Verpflichtung zur Leistung frei, als er aus dem Anspruch oder dem Recht hätte Ersatz erlangen können (vgl. § 11 MB/KK 76).

6.8. Aufrechnung

Der Versicherungsnehmer kann gemäß § 12 MB/KK 76 gegen Forderungen des Versicherers nur aufrechnen, soweit die Gegenforderung unbestritten oder rechtskräftig festgestellt ist. Gegen eine Forderung aus der Beitragspflicht kann jedoch ein Mitglied eines Versicherungsvereins nicht aufrechnen (§ 26 VAG).

6.9. Leistungsinhalte einzelner Tarife

Bei 6.2.1. wurde dargestellt, daß sich Höhe und Dauer der Versicherungsleistungen aus dem Tarif mit den Tarifbedingungen ergeben. Zum besseren Verständnis der Leistungsinhalte werden Auszüge aus Krankheitskostentarifen der Krankheitskostenversicherung für ambulante und stationäre Heilbehandlung wiedergegeben:

Beispiel 1:

A. Tarifleistungen

1. Unter den Versicherungsschutz fallen die Kosten

1.1. aus ambulanter Heilbehandlung und Gesundheitsvorsorge sowie ambulanter Untersuchung und Behandlung wegen Schwangerschaft und Entbindung,

1.2. aus stationärer Heilbehandlung und Entbindung sowie Sanatoriumsbehandlung,

1.3. aus zahnärztlicher und kieferorthopädischer Behandlung,

1.4. für Rücktransport eines während des Auslandsaufenthalts Erkrankten,

1.5. für Überführung eines während des Auslandsaufenthalts Verstorbenen oder für seine Beisetzung im Ausland.

2. Erstattungsfähig sind

2.1. Aufwendungen aus ambulanter Heilbehandlung für Leistungen von Ärzten und Heilpraktikern, Laborleistungen, Stahlendiagnostik und -therapie, Arzneien und Verbandmittel, Heil- und Hilfsmittel, häusliche Behandlungspflege;

2.2. Aufwendungen für Unterbringung, Verpflegung und Behandlung im Krankenhaus als Regelleistung;

2.3. Aufwendungen für medizinisch notwendigen Transport im Krankenwagen, im Notfall Rettungsdienst auch mit dem Hubschrauber zum und vom Krankenhaus bis zu einer Entfernung von 100 km, sofern innerhalb dieser Entfernung kein Krankenhaus erreichbar ist, das die medizinisch notwendige Behandlung durchführen kann, sind die Aufwendungen für den Transport zum oder vom nächstgelegenen geeigneten Krankenhaus erstattungsfähig;

2.4. Aufwendungen für Unterbringung, Verpflegung und Behandlung in Sanatorien;

2.5. Aufwendungen für allgemeine und prophylaktische zahnärztliche Leistungen, konservierende und chirurgische Zahnbehandlung einschließlich Röntgenleistungen, Leistungen bei Erkrankungen der Mundschleimhaut und des Parodontiums, prothetische und kieferorthopädische Leistungen, Aufbißbehelfe und Schienen, funktionsanalytische, funktionstherapeutische und implantologische Leistungen;

Leistungsinhalte einzelner Tarife

2.6. Aufwendungen für einen aus medizinischen Gründen erforderlichen Rücktransport, wenn am Aufenthaltsort oder in zumutbarer Entfernung eine ausreichende medizinische Behandlung nicht gewährleistet ist oder wenn nach Art und Schwere der Erkrankung eine medizinisch notwendige stationäre Heilbehandlung einen Zeitraum von zwei Wochen übersteigen würde;

2.7. Aufwendungen für Überführung nach dem Tode der versicherten Person aus dem Ausland zum ständigen Wohnsitz vor Beginn der Reise;

2.8. Aufwendungen für die Beisetzung im Ausland bei Tod während des Auslandsaufenthalts bis zu der Höhe, die bei einer Überführung zu erbringen gewesen wären;

3. Arztkosten sind im Rahmen der in der Bundesrepublik Deutschland einschließlich des Landes Berlin gültigen Gebührenordnung erstattungsfähig.

4. Abweichend von § 5 Abs. 1 e MB/KK sind die in einem Heilbad oder Kurort entstandenen Kosten einer ambulanten Behandlung erstattungsfähig.

5. Zu den Regelleistungen nach Ziffer 2.2. zählen die allgemeinen Krankenhausleistungen nach § 2 Abs. 2 der Bundespflegesatzverordnung (BPflV 86), die Leistungen der Belegärzte nach § 2 Abs. 3 BPflV 86 sowie die Leistungen von Beleghebammen. Aufwendungen für die allgemeinen Krankenhausleistungen sind die Pflegesätze und sonstigen Entgelte nach den §§ 5 und 6 der BPflV 86. Unter „Pflegesatz" ist der allgemeine oder besondere Pflegesatz ohne Arztabschlag (§ 8 BPflV 86) und ohne Zuschlag für Wahlleistungen (§ 7 BPflV 86) zu verstehen.

6. Für eine Entbindung kann anstelle der Kostenerstattung eine Pauschalleistung gewählt werden. Die Entbindungspauschale beträgt 1.500,00 DM. Dieser Betrag wird nicht auf die tarifliche Selbstbeteiligung angerechnet.

Die Höhe der Entbindungspauschale wird bei einer Beitragsanpassung überprüft und mit Genehmigung der Aufsichtsbehörde ggf. der Kostenentwicklung angepaßt. Eine Anpassung der Entbindungspauschale führt nicht zu einer zusätzlichen Beitragsveränderung.

7. Die Kosten der allgemeinen Krankenhausleistung für gesunde Neugeborene, soweit sie nicht mit dem der Mutter berechneten Pflegesatz abgegolten sind, werden für die Dauer des stationären Aufenthalts der Wöchnerin erstattet, sofern die Anmeldung des Neugeborenen innerhalb von zwei Monaten nach der Geburt erfolgt und die Versicherung mit dem Tage der Geburt beginnt.

8. Die erstattungsfähigen Aufwendungen werden, soweit sie die tariflich vereinbarte Selbstbeteiligung übersteigen, zu 100% ersetzt. Auf Abschnitt C wird jedoch verwiesen.

B. Selbstbeteiligung

1. Die Selbstbeteiligung beträgt pro Person und Kalenderjahr insgesamt in der Tarifstufe

0	ohne Selbstbeteiligung
1	300,00 DM
2	900,00 DM
3	1.800,00 DM

Auf die Selbstbeteiligung angerechnet werden nur erstattungsfähige Aufwendungen. Auf Abschnitt C wird verwiesen.

2. Die Aufwendungen werden jeweils dem Kalenderjahr zugerechnet, in dem die Leistungen ausgeführt bzw. die Arzneien, Verband-, Heil- und Hilfsmittel bezogen worden sind.

3. Im Kalenderjahr des Versicherungsbeginns reduziert sich die Selbstbeteiligung für jeden Kalendermonat, in dem die Versicherung nicht bestand, um ein Zwölftel des tariflichen Satzes.

Im Kalenderjahr, in dem die Versicherung endet, mindert sich die Selbstbeteiligung nicht.

4. Bei Tarifwechsel aus einem Tarif oder einer Tarifstufe mit niedrigerer betragsmäßig festgelegter Selbstbeteiligung gilt für die Erhöhung Ziffer 3 Absatz 1 sinngemäß. Bei Tarifwechsel aus einem Tarif oder einer Tarifstufe mit höherer betragsmäßig festgelegter Selbstbeteiligung gilt für die Zeit vor und nach dem Tarifwechsel die jeweils tariflich vereinbarte Selbstbeteiligung ungekürzt. Eine für das Kalenderjahr bereits getragene Selbstbeteiligung wird hierauf angerechnet.

C. Einschränkung der Leistungspflicht

1. In Ergänzung des § 5 (1) MB/KK 76 und in Abgrenzung des § 1 (2) MB/KK 76 besteht keine Leistungspflicht für kosmetische Behandlungen, Fahrtkosten sowie Kosten für Pflegepersonal.

2. Soweit es ohne Gefährdung der Gesundheit zulässig ist, muß der Heilbehandler in der Sprechstunde aufgesucht werden, andernfalls sind die Mehrkosten nicht erstattungsfähig.

3. Kosten für Nähr- und Stärkungsmittel sowie kosmetische Erzeugnisse, für sanitäre Bedarfsartikel sowie die Beschaffung und Ausleihung von Heilapparaten fallen nicht unter den Versicherungsschutz; das gleiche gilt für Ersatzbatterien, Ladegeräte u.ä. von Hör- und Sprechgeräten.

4. Bei psychotherapeutischer ambulanter Behandlung sind die Kosten von 20 Sitzungen im Kalenderjahr erstattungsfähig.

5. Die Kosten für Brillengestelle sind bis zu 100,00 DM erstattungsfähig.

Leistungsinhalte einzelner Tarife

6. Die Kosten für zahnärztliche Leistungen (Abschnitt A Ziffer 2.5) sind zu 100%, zugehörige Material- und Laborkosten zu 75% erstattungsfähig.

7. Zu Beginn der Versicherung sind die nach Ziffer 6 erstattungsfähigen Aufwendungen auf folgende Höchstsätze begrenzt:

5.000,00 DM	im 1. Kalenderjahr,
7.500,00 DM	im 2. Kalenderjahr,
10.000,00 DM	im 3. Kalenderjahr.

Bei zahnärztlicher Behandlung infolge eines Unfalles entfallen diese Höchstsätze. Ein Unfall liegt vor, wenn der Versicherte durch ein plötzlich von außen auf seinen Körper wirkendes Ereignis unfreiwillig eine Gesundheitsschädigung erleidet.

Die Höchstsätze können aufgehoben werden, wenn ein zahnärztlicher Befundbericht innerhalb von 30 Tagen nach Antragstellung vorgelegt wird.

8. Für die Inanspruchnahme von Leistungen für Zahnersatz, Zahnkronen und kieferorthopädischer Behandlung muß vor Beginn der Behandlung ein Heil- und Kostenplan des Zahnarztes vorgelegt werden.

Der Versicherer verpflichtet sich, den Heil- und Kostenplan unverzüglich zu prüfen und seine Entscheidung schriftlich bekanntzugeben. Wird die Behandlung begonnen, ohne daß die Entscheidung vorliegt, kann der Versicherer nach Maßgabe des § 6 Abs. 3 VVG berechtigt sein, die in den Ziffern 6 und 7 beschriebenen Erstattungs- und Höchstsätze um 20% zu kürzen.

Bei Anfertigung einer Einzelkrone gilt Absatz 1 nicht.

Die Kosten des Heil- und Kostenplanes gehören zu den erstattungsfähigen Aufwendungen.

9. Kosten für Unterbringung, Verpflegung und Behandlung in Sanatorien sind bis zu 50,00 DM je Aufenthaltstag für längstens 28 Tage innerhalb von drei aufeinanderfolgenden Kalenderjahren erstattungsfähig.

10. Die Höchstsätze der Ziffern 7 und 9 werden bei einer Beitragsanpassung überprüft und mit Genehmigung der Aufsichtsbehörde gegebenenfalls der Kostenentwicklung angepaßt.

11. Die Leistungspflicht für gezielte Vorsorgeuntersuchungen erstreckt sich neben den gesetzlich eingeführten Programmen auf übliche Untersuchungen zur Vorsorge oder Früherkennung häufig vorkommender schwerer Erkrankungen ohne Altersbegrenzung.

Keine Leistungspflicht besteht bei Inanspruchnahme gewerblich betriebener privater Diagnostikinstitute und -kliniken.

D. Begriffsbestimmung

1. Als Heilmittel gelten Bäder, Massagen, physikalische und elektrische Behandlungen, und zwar auch dann, wenn sie vom Arzt selbst vorgenommen werden.

Leistungsinhalte einzelner Tarife

2. Hilfsmittel sind Brillen, Kontaktlinsen, Hörgeräte, Sprechgeräte, Stützapparate, orthopädische Einlagen, Bandagen, Bruchbänder, Gummistrümpfe, gegen Verunstaltung und Verkrüppelung ärztlich verordnete Körperersatzstücke sowie Krankenfahrstühle.

3. Als häusliche Behandlungspflege gelten ärztlich angeordnete medizinische Einzelleistungen durch Pflegehilfskräfte, die auf Heilung, Besserung, Linderung oder Verhütung einer Verschlimmerung der Krankheit gerichtet sind (z.B. Injektionen, Verbände, Blutdruckmessungen).

E. Versicherungsschutz bei außereuropäischem Auslandsaufenthalt

Bei vorübergehendem Auslandsaufenthalt besteht der Versicherungsschutz weltweit ohne besondere Vereinbarung.

F. Wartezeiten

Die Wartezeiten können auf Antrag erlassen werden, wenn für die zu versichernden Personen ein ärztliches Zeugnis auf einem vorgeschriebenen Formblatt innerhalb von 14 Tagen nach Antragstellung vorgelegt wird. Die Kosten hierfür trägt der Antragsteller. Geht das ärztliche Zeugnis nicht innerhalb der gesetzten Frist ein, gilt der Antrag für den Abschluß einer Versicherung mit bedingungsgemäßen Wartezeiten.

G. Nachweise

1. Die Kosten sind durch Urschriften der Rechnungen nachzuweisen. Diese müssen enthalten: Vor- und Zuname der behandelten Person, Bezeichnung der Krankheit, Angabe der einzelnen Leistungen des Arztes mit Bezeichnung der betreffenden Behandlungsdaten und der Ziffern der Gebührenordnung, allgemeinem bzw. besonderen Pflegesatz, Daten der Aufenthaltsdauer sowie Aufgliederung der Sachkosten, gegebenenfalls die aufgesuchte Krankenhauspflegeklasse. Der Versicherer kann den Nachweis vorheriger Bezahlung verlangen.

2. Rechnungszweitschriften, die Erstattungsbescheinigungen einer gesetzlichen oder privaten Krankenversicherung ausweisen, werden Urschriften gleichgestellt.

3. Die Bestimmungen des § 4 (3) MB/KK 76 gelten auch für die mehrfache Ausführung einer Verordnung.

Leistungsinhalte einzelner Tarife

N. Tarifwechsel

1. Nach Tarifwechsel aus einer bei der XY-Versicherung *) bestehenden Krankheitskostenversicherung mit Leistungen für ambulante und stationäre Heilbehandlung gelten ohne Zurücklegung von Wartezeiten die Leistungen des neuen Tarifs. Im Zeitpunkt des Tarifwechsels noch nicht abgeschlossene Versicherungsfälle sind von den höheren Leistungen ausgeschlossen. Für die betragsmäßig festgelegte Selbstbeteiligung gilt Abschnitt B.4.

2. Die Leistungsbegrenzung nach Abschnitt C.7 gilt auch bei Tarifwechsel. Errechnet sich dadurch innerhalb der ersten 3 Versicherungsjahre nach Tarifwechsel ein niedrigerer Erstattungsanspruch für zahnärztliche Heilbehandlung als im Vortarif, werden die höheren Leistungen des Vortarifs erbracht, höchstens jedoch die Leistungen des Tarifs XY ab 4. Versicherungsjahr.

Beispiel 2:

Tarifbedingungen der Krankheitskostenversicherung

§ 1 Gegenstand, Umfang und Geltungsbereich des Versicherungsschutzes

(1) Versicherungsfähig sind Personen, die ihren ständigen Wohnsitz im Tätigkeitsgebiet des Versicherers haben.

(2) Der Versicherungsschutz wird für vorübergehende Aufenthalte im außereuropäischen Ausland über den in Teil I Abs. 4 genannten Zeitraum hinaus ausgedehnt, wenn der Versicherer vor Beginn des Auslandsaufenthalts unterrichtet wird.

§ 2 Beginn des Versicherungsschutzes

(1) Der Vertrag wird pro Person und Tarif erstmals für drei Versicherungsjahre abgeschlossen; er verlängert sich stillschweigend um je ein Jahr, sofern der Versicherungsnehmer ihn nicht drei Monate vor dem jeweiligen Ablauf schriftlich kündigt. Die Dauer einer bestehenden Vorversicherung mit gleichartigen Leistungen wird bei Tarifwechsel angerechnet.

Jede Person kann jeweils nur nach einem Ambulant-, Stationär- und Zahntarif versichert werden.

(2) Das erste Versicherungsjahr des jeweiligen Tarifes rechnet vom Versicherungsbeginn an und endet am 31. Dezember des betreffenden Kalenderjahres. Die folgenden Versicherungsjahre fallen mit dem Kalenderjahr zusammen.

(3) Sind die Voraussetzungen für die Mitversicherung eines Neugeborenen ohne Wartezeit gemäß Teil I Abs. 2 erfüllt, dann besteht Versicherungsschutz auch für Geburtsschäden sowie für angeborene Krankheiten und Gebrechen.

---

*) Name der Gesellschaft geändert

§ 3 Wartezeiten

(1) Die Bestimmungen Teil I Abs. 1 bis 3 gelten auch für Mehrleistungen infolge einer Änderung des Versicherungsschutzes. Gleichartige Leistungen aus der Vorversicherung werden bis zur Höhe des bisherigen Anspruchs angerechnet.

(2) Für Personen mit Beihilfeanspruch gilt:

Vermindert sich der Beihilfeanspruch für die versicherte Person oder entfällt er, so erfolgt auf Antrag des Versicherungsnehmers eine entsprechende Erhöhung des Versicherungsschutzes. Die erhöhten Leistungen werden ohne erneute Wartezeit und ohne erneute Risikoprüfung auch für laufende Versicherungsfälle vom Zeitpunkt des Wirksamwerdens der Änderung an gewährt. Der Versicherungsschutz kann nur soweit erhöht werden, daß er die Verminderung oder den Wegfall des Beihilfeanspruchs ausgleicht, jedoch nicht mehr, als zur vollen Kostendeckung erforderlich ist. Diese Erhöhung des Versicherungsschutzes kann nur zum Ersten des Monats, in dem sich der Beihilfeanspruch ändert, oder zum Ersten des folgenden Monats beantragt und frühestens zum Beginn des Monats wirksam werden, in dem der Antrag beim Versicherer eingeht. Der entsprechende Antrag muß spätestens zwei Monate nach Änderung des Beihilfeanspruchs gestellt werden. Die Änderung des Beihilfeanspruchs ist dem Versicherer auf Verlangen nachzuweisen.

(3) Wird eine im Versicherungsantrag angezeigte Krankheit im Versicherungsschein nicht ausgeschlossen oder gegen Risikozuschlag mitversichert, dann besteht Anspruch auf Leistungen für die nach Ablauf der Wartezeit erforderliche Heilbehandlung.

(4) Sämtliche Wartezeiten können erlassen werden, wenn der Versicherungsnehmer innerhalb von 14 Tagen nach Antragstellung für die ohne Wartezeiten zu versichernden Personen auf seine Kosten ärztliche Zeugnisse über ihren Gesundheitszustand auf einem Formblatt des Versicherers vorlegt. Gehen die Befundberichte nicht innerhalb dieser Frist ein, dann gilt der Antrag für den Abschluß einer Versicherung mit bedingungsmäßigen Wartezeiten.

§ 4 Umfang der Leistungspflicht

(1) Tarife für ambulante Heilbehandlung

Es werden die Aufwendungen für medizinisch notwendige ambulante Heilbehandlung mit den tariflichen Sätzen erstattet. Für hypnotische und psychotherapeutische Behandlungen werden Leistungen gewährt, die der Versicherer vorher – auch der Höhe nach – schriftlich zugesagt hat.

Zu den Aufwendungen gehören

a) ärztliche Leistungen

Als ärztliche Leistungen gelten Grundleistungen und allgemeine Leistungen, Sonderleistungen und schließlich Operationen, Laboratoriumsuntersuchungen sowie sonstige Untersuchungen und Behandlungen. Wegegeld bzw. Reiseentschädigung des nächsterreichbaren Arztes wird erstattet.

Leistungsinhalte einzelner Tarife

b) Leistungen von Heilpraktikern

Bei Inanspruchnahme von Heilpraktikern werden die Aufwendungen bis zum einfachen Satz des Gebührenverzeichnisses für Heilpraktiker (GebüH) mit den tariflichen Sätzen erstattet.

c) Strahlendiagnostik und Strahlentherapie

Zur Strahlendiagnostik gehören Durchleuchtungen und Aufnahmen, zur Strahlentherapie Röntgenbestrahlungen und Heilbehandlungen mit radioaktiven Stoffen.

d) Arzneimittel

Auch Verbandmaterial gilt als Arzneimittel. Als Arzneimittel, auch wenn sie ärztlich verordnet sind und heilwirksame Stoffe enthalten, gelten nicht Nährmittel und Stärkungspräparate, Mittel, die vorbeugend oder gewohnheitsmäßig genommen werden sowie kosmetische Präparate.

e) physikalisch-medizinische Leistungen (Heilmittel)

Als physikalisch-medizinische Leistungen gelten Inhalationen, Krankengymnastik und Übungsbehandlungen, Massagen, Hydrotherapie und Packungen, Wärmebehandlungen, Elektrotherapie sowie Lichttherapie. Mehraufwendungen für die Behandlung in der Wohnung des Patienten sind nicht erstattungsfähig.

f) Hilfsmittel

Als Hilfsmittel gelten Brillengläser, Haftschalen, Hörgeräte und Sprechgeräte (elektronischer Kehlkopf), Geh- und Stützapparate, Kunstglieder, ferner die aus medizinischen Fachgeschäften bezogenen Bruchbänder, Leibbinden, Gummistümpfe und Einlagen.

g) Hausentbindung

Bei Hausentbindungen werden die Hebammenkosten sowie die Kosten für ärztliche Behandlung erstattet.

h) Vorsorgeuntersuchung

In Erweiterung von § 1 Teil 1 Abs. 2b erstreckt sich der Versicherungsschutz auf sämtliche zur Früherkennung von Krankheiten medizinisch notwendigen ambulanten Untersuchungen.

(2) Tarife für stationäre Heilbehandlung

Es werden die Aufwendungen für medizinisch notwendige stationäre Heilbehandlung (Leistungen für psychotherapeutische Behandlung nur, wenn und soweit der Versicherer vorher schriftlich zugestimmt hat) mit den tariflichen Sätzen erstattet.

Hierzu gehören

a) Regelleistungen

Als Regelleistungen gelten der allgemeine Pflegesatz, der besondere Pflegesatz, die vom Krankenhaus in Rechnung gestellten gesondert berechenbaren Nebenleistungen sowie gesondert berechnete Leistungen eines Belegarztes und einer freiberuflich tätigen Hebamme.

Leistungsinhalte einzelner Tarife

In Krankenhäusern, die nicht nach der Bundespflegesatzverordnung 1973 abrechnen, gelten als Regelleistungen die Aufwendungen für einen Aufenthalt im Mehrbettzimmer (allgemeine Pflegeklasse) einschließlich ärztlicher Leistungen und Nebenkosten sowie der Leistungen einer Hebamme.

Nebenkosten sind die Sachkosten für Strahlentherapien für die Anwendung von Spezialapparaten, wie Herz-Lungen-.Maschine, Eiserne Lunge, Herzschrittmacher und künstliche Niere, für besondere Untersuchungen, für Blut und Blutbestandteile, Arzneien und Verbandmaterial sowie für Operationssaalbenutzung.

Zu den Regelleistungen zählen auch medizinisch notwendige Transportkosten zum und vom nächstgelegenen Krankenhaus bis zu einer Entfernung von 100 km.

b) Wahlleistungen

Als Wahlleistungen gelten gesondert berechenbare Unterkunft (gesondert vereinbarte Unterbringung im Ein- oder Zweibettzimmer einschließlich der Kosten eines Telefonanschlusses und der vom Krankenhaus angebotenen besonderen Verpflegung) sowie gesondert berechenbare ärztliche Leistungen (gesondert vereinbarte privatärztliche Behandlung). In Krankenhäusern, die nicht nach der Bundespflegesatzverordnung abrechnen, gelten als Wahlleistungen die zusätzlichen Aufwendungen für ein Ein- oder Zweibettzimmer einschließlich der Kosten eines Telefonanschlusses und der vom Krankenhaus angebotenen besonderen Verpflegung sowie die zusätzlichen Kosten für privatärztliche Leistungen (Sonderklasse).

c) Schwangerschaft und Entbindung

Für Untersuchung und medizinisch notwendige Behandlung wegen Schwangerschaft und für die Entbindung im Krankenhaus oder Entbindungsheim werden die für Krankheiten vorgesehenen Leistungen gewährt. Die Kosten für die Unterbringung und Verpflegung des gesunden Neugeborenen sind bei Nachversicherung gem. § 2 Teil I Abs. 2 eingeschlossen.

(3) Tarife für zahnärztliche Behandlung

Es werden die Aufwendungen für medizinisch notwendige zahnärztliche Behandlung einschließlich diagnostischer Maßnahmen mit den tariflichen Sätzen erstattet. Hierzu gehören, auch wenn sie von einem Arzt ausgeführt werden,

a) Zahnbehandlung

Als Zahnbehandlung gelten konservierende Leistungen (z.B. Wurzelbehandlungen und Füllungen) sowie zahnärztlich-operative Leistungen (z.B. Extraktionen, Wurzelspitzenresektionen, Cystenoperationen, Ausmeißelung verlagerter Zähne), ferner Behandlungen bei Erkrankung des Parodontiums und der Mundschleimhaut.

b) Zahnersatz, Kieferorthopädie

Als Zahnersatz gelten prothetische Leistungen (z.B. Prothesen, Stiftzähne, Brücken) einschließlich Kronen (auch bei Versorgung eines Einzelzahnes) sowie die hiermit in Zusammenhang stehende Vor- und Nachbehandlung. Als Zahnersatz gilt auch eine funktionelle Gebißanalyse (Gnathologie).

Leistungsinhalte einzelner Tarife

§ 5 Einschränkung der Leistungspflicht

(1) In Abänderung von Teil I Abs. 1 d) werden bei einer ambulanten Kurbehandlung bis zur Dauer von vier Wochen die Aufwendungen für ärztliche Behandlung, Kurplan, Arzneien, Kurmittel, pysikalische Therpaie und Kurtaxe mit den tariflichen Sätzen erstattet. Ein erneuter Leistungsanspruch entsteht erst nach dem Ablauf von 24 Monaten.

(2) Die Leistungseinschränkung nach Teil I Abs. 1 e) entfällt.

§ 6 Auszahlung der Versicherungsleistung

(1) Rechnungen sind in Urschrift einzureichen. Sie müssen den einschlägigen Rechtsvorschriften entsprechen und insbesondere folgende Angaben enthalten: Namen der behandelten Person, Bezeichnung der Krankheit, Art der Leistungen sowie das jeweilige Behandlungsdatum. Wenn nur Krankenhaustagegeld gezahlt wird, ist als Nachweis eine Bescheinigung über die stationäre Heilbehandlung einzureichen, die den Namen der behandelten Person, die Bezeichnung der Krankheit, das Aufnahme- und das Entlassungsdatum sowie Angaben über evtl. Beurlaubungstage enthält.

(2) Rechnungen sind, möglichst gesammelt je Krankheitsfall, nach beendeter Behandlung alsbald einzureichen, Rechnungen für Behandlungen aus dem letzten Kalenderjahr bis spätestens 31. März des Folgejahres.

(3) Überweisungskosten werden nicht abgezogen, wenn der Versicherungsnehmer ein Inlandskonto benennt, auf das die Beiträge überwiesen werden können.

§ 9 Obliegenheiten

Auf die Meldung einer Krankenhausbehandlung (Teil I Abs. 1) wird verzichtet.

7. Vertragsleistungen in der Krankentagegeldversicherung

7.1. Gegenstand und Umfang des Versicherungsschutzes

7.1.1. Allgemeines

Gegenstand, Umfang und Geltungsbereich des Versicherungsschutzes werden in § 1 MB/KT 78 geregelt. Danach bietet der Versicherer Versicherungsschutz gegen Verdienstausfall als Folge von Krankheiten oder Unfällen, soweit dadurch Arbeitsunfähigkeit verursacht wird. Der Versicherer gewährt im Versicherungsfall für die Dauer einer Arbeitsunfähigkeit ein Krankentagegeld im vertraglich vereinbarten Umfang.

Versicherungsfähig sind nur berufstätige Personen, die regelmäßig Einkünfte aus nichtselbständiger Tätigkeit, aus Gewerbebetrieb sowie aus freiberuflicher Tätigkeit beziehen. Ferner kann der Tarif für die versicherungsfähigen Personen eine Altersgrenze vorsehen.

Die Krankentagegeldversicherung ist somit eine „Verdienstausfallversicherung". Sie umfaßt in aller Regel zwei Bereiche, einmal die Krankentagegeldversicherung für Freiberufler und Selbständige, die das Risiko des Einkommensausfalles bereits vom 4. oder 8. Tag der Arbeitsunfähigkeit an abdecken soll, und im zweiten Bereich die Krankentagegeldversicherung für Arbeitnehmer, die zum überwiegenden Teil ab dem 43. Tag der Arbeitsunfähigkeit Krankentagegeld benötigen.

Das Krankentagegeld hat also in jedem Falle die Funktion des Ersatzes des entfallenen Einkommens bei Selbständigen bzw. des Lohnes oder Gehaltes bei nichtselbständigen Arbeitnehmern.

7.1.2. Versicherungsfall

§ 1 Abs. 2 MB/KT 78 bestimmt, daß Versicherungsfall für die Gewährung des Krankentagegeldes die medizinisch notwendige Heilbehandlung einer versicherten Person wegen Krankheit oder Unfallfolgen ist, in deren Verlauf Arbeitsunfähigkeit ärztlich festgestellt wird. Der Versicherungsfall beginnt mit der Heilbehandlung und endet, wenn nach medizinischem Befund keine Arbeitsunfähigkeit und Behandlungsbedürftigkeit mehr bestehen (zur Heilbehandlung vgl. 6.1.2.).

Tritt während der Behandlung eine neue Krankheit ein, in deren Verlauf Arbeitsunfähigkeit ärztlich festgestellt wird, so begründet dies nur dann einen neuen Versicherungsfall, wenn die neue Krankheit mit der ersten in keinem ursächlichen Zusammenhang steht. Wird Arbeitsunfähigkeit durch mehrere Krankheiten bedingt, so wird Krankentagegeld nur einmal gezahlt.

§ 1 Abs. 3 MB/KT 78 definiert den Begriff der Arbeitsunfähigkeit. Dieser setzt im Sinne der Krankentagegeldversicherung voraus, daß der Versicherungsnehmer

Art und Höhe der Versicherungsleistungen

a) seine berufliche Tätigkeit nach medizinischem Befund vorübergehend nicht ausübt,
b) seine berufliche Tätigkeit *tatsächlich* nicht ausübt,
c) keiner anderweitigen Erwerbstätigkeit nachgeht.

Genau wie in der gesetzlichen Krankenversicherung müssen also auch hier eine Krankheit oder Unfallfolgen zur Arbeitsunfähigkeit führen. Voraussetzung ist ferner, daß die Arbeitsunfähigkeit durch einen Arzt festgestellt wird.

§ 4 Abs. 7 MB/KT 78 bestimmt, daß der Eintritt und die Dauer der Arbeitsunfähigkeit durch eine Bescheinigung des behandelnden Arztes oder Zahnarztes nachzuweisen sind. Etwaige Kosten derartiger Nachweise hat der Versicherungsnehmer zu tragen.

Der Krankenversicherer ist grundsätzlich an die Bescheinigung des Arztes gebunden, sofern er nicht seinerseits die nach § 9 Abs. 3 MB/KT 78 mögliche Nachuntersuchung verlangt. Nach dieser Vorschrift kann der Versicherer verlangen, daß die versicherte Person sich von einem vom Versicherer beauftragten Arzt untersuchen läßt.

7.1.3. Örtlicher Geltungsbereich

Gemäß § 1 Abs. 5 MB/KT 78 erstreckt sich der Versicherungsschutz in geographischer Hinsicht auf Deutschland. Bei Aufenthalt im europäischen Ausland wird für im Ausland eingetretene Krankheiten oder Unfälle Krankentagegeld im vertraglichen Umfang für die Dauer einer medizinisch notwendigen stationären Heilbehandlung in einem öffentlichen Krankenhaus gezahlt. Bei Aufenthalt außerhalb von Europa können besondere Vereinbarungen getroffen werden.

In Zusammenhang mit dem örtlichen Geltungsbereich ist auch § 5 Abs. 1 Buchstabe a MB/KT 78 zu beachten. Einzelheiten hierzu werden bei 7.3. erläutert.

7.2. Art und Höhe der Versicherungsleistungen

7.2.1. Allgemeines

Entsprechend der Vorschrift des § 4 MB/KK 76 für die Krankheitskostenversicherung (vgl. unter 6.1.5.) regelt für die Krankentagegeldversicherung § 4 MB/KT 78 den Umfang der Leistungspflicht. Höhe und Dauer der Versicherungsleistung ergeben sich aus dem Tarif und den Tarifbedingungen. Dies bedeutet, daß die Unternehmen in ihren Tarifbedingungen den Inhalt der Leistungspflicht festlegen (vgl. hierzu 7.8.).

Art und Höhe der Versicherungsleistungen

7.2.2. Beginn des Krankentagegeldes

§ 2 Abs. 1 MB/KT 78 regelt allgemein den Beginn des Versicherungsschutzes. Er beginnt mit dem im Versicherungsschein bezeichneten Zeitpunkt (vgl. hierzu 3.6.2.) und nicht vor Ablauf der Wartezeit (vgl. 3.6.5.).

Der Tarif regelt den konkreten Leistungsbeginn des Krankentagegeldes. Es wird für die Dauer der Arbeitsunfähigkeit vom vertraglich vereinbarten Leistungsbeginn an, frühestens jedoch nach Fortfall der Gehaltszahlung gezahlt.

Für den Beginn der Zahlung des Krankentagegeldes ist auch die Anzeigepflicht des § 9 Abs. 1 MB/KT 78 zu beachten. Einzelheiten hierzu sind bei 7.6.2. erläutert.

Als Leistungsbeginn kann z.B. vereinbart werden, daß das Krankentagegeld am 15., am 22., am 43. oder auch an einem anderen Tage der Arbeitsunfähigkeit beginnt. Die vertraglich zu vereinbarende Karenzzeit hängt im Einzelfall davon ab, in welchem Umfange ein Einkommens- bzw. Verdienstausfall bei dem Versicherungsnehmer eintritt.

Bei Arbeitnehmern wird Beginn des Krankentagegeldes durchweg der 43. Tag der Arbeitsunfähigkeit sein. Die Tarifbedingungen schließen für diesen Personenkreis vielfach einen früheren Beginn des Krankentagegeldes generell aus.

In diesem Zusammenhang ist für Arbeitnehmer besonders wichtig, inwieweit bei evtl. Vorerkrankungen bereits zurückgelegte Arbeitsunfähigkeitszeiten, die der Arbeitgeber auf die Entgeltfortzahlung anrechnet, auch auf die Karenzzeit für das Krankentagegeld angerechnet werden.

Grundsätzlich besteht Anspruch auf Krankentagegeld von dem Tage an, der vertraglich vereinbart ist. Die Tarifbedingungen können jedoch abweichende Regelungen vorsehen. So ist es z.B. möglich, daß die innerhalb der letzten 52 Wochen nachgewiesenen Karenztage der Arbeitsunfähigkeit wegen derselben Krankheit oder Unfallfolgen auf die bis zum tariflichen Leistungsbeginn zurückzulegenden Tage angerechnet werden, wenn innerhalb von 26 Wochen nach dem Ende eines Versicherungsfalles wegen derselben Krankheit oder Unfallfolgen erneut ein Versicherungsfall eintritt.

Sofern die Tarifbedingungen eine solche Regelung vorsehen, können in einem bestimmten Umfange Vorerkrankungen auf den Beginn des Krankentagegeldes angerechnet werden. Sieht dagegen der Tarif eine solche Regelung nicht vor, muß man davon ausgehen, daß der Versicherungsnehmer immer erst Krankentagegeld von dem tariflich vereinbarten Leistungsbeginn an erhält. Dies kann für den Versicherungsnehmer zu einer Zeit ohne Verdienstausfallersatz führen, wenn ein Anspruch auf Lohn- oder Gehaltsfortzahlung nicht besteht, z.B. wegen Anrechnung von Vorerkrankungen oder wegen selbstverschuldeter Arbeitsunfähigkeit (vgl. § 1 LFZG).

7.2.3. Höhe des Krankentagegeldes

Die Höhe des Krankentagegeldes ist in den meisten Tarifen gestaffelt. So kann Krankentagegeld in Höhe von 5,00 DM oder einem Vielfachen hiervon versichert werden. Dabei können, entsprechend der Dauer der Gehaltsfortzahlung durch den Arbeitge-

203

Art und Höhe der Versicherungsleistungen

ber, auch ein abweichender Leistungsbeginn und höhere Tagegeldsätze vereinbart werden. Einzelheiten hierzu vgl. bei 7.8.

§ 4 Abs. 2 MB/KT 78 bestimmt, daß das Krankentagegeld zusammen mit sonstigen Krankentage- und Krankengeldern das auf den Kalendertag umgerechnete, aus der beruflichen Tätigkeit herrührende Nettoeinkommen nicht übersteigen darf. Maßgebend für die Berechnung des Nettoeinkommens ist der Durchschnittsverdienst der letzten 12 Monate vor Antragstellung bzw. vor Eintritt der Arbeitsunfähigkeit, sofern der Tarif keinen anderen Zeitraum vorsieht. Andere Zeiträume sehen z.B. die Tarife für Arbeitnehmer vor. Hier ist für die Berechnung des Nettoeinkommens der Monat vor dem Beginn der Arbeitsunfähigkeit maßgebend.

Durch diese Vorschrift soll erreicht werden, daß die Krankentagegeldversicherung den entstandenen Verdienstausfall ersetzt, aber eine „Überversicherung" ausgeschlossen ist. Der Versicherer hat das Recht, vom Versicherungsnehmer entsprechende Einkommensnachweise zu fordern.

Die Versicherer sind jedoch teilweise dazu übergegangen, einen höheren Betrag als das Nettoeinkommen zu versichern, damit der Versicherungsnehmer nach Wegfall des Beitragszuschusses seines Arbeitgebers weiterhin seinen Krankenversicherungbeitrag ohne Minderung seines Nettoeinkommens zahlen kann (vgl. 4.6.4. und 4.7.).

7.2.4. Anpassung des Krankentagegeldes

Entsprechend dem Leistungsinhalt, wonach das Krankentagegeld den Verdienstausfall ersetzen soll, ist der Versicherungsnehmer gem. § 4 Abs. 3 MB/KT 78 verpflichtet, dem Versicherer unverzüglich eine nicht nur vorübergehende *Minderung* des aus der Berufstätigkeit herrührenden Nettoeinkommens mitzuteilen.

Erlangt der Versicherer davon Kenntnis, daß das Nettoeinkommen der versicherten Person unter die Höhe des im Vertrag zugrunde gelegten Einkommens gesunken ist, so kann er ohne Unterschied, ob der Versicherungsfall bereits eingetreten ist oder nicht, das Krankentagegeld und den Beitrag mit Wirkung vom Beginn des zweiten Monats nach Kenntnis entsprechend dem geminderten Nettoeinkommen herabsetzen. Bis zum Zeitpunkt der Herabsetzung wird die Leistungspflicht im bisherigen Umfange für eine bereits eingetretene Arbeitsunfähigkeit nicht berührt (§ 4 Abs. 4 MB/KT 78).

Aus dieser Vorschrift ergibt sich somit, daß der Versicherer bei Minderung des Nettoeinkommens in der Lage ist, den Leistungsumfang herabzusetzen. Auch mit dieser Vorschrift soll eine „Überversicherung" ausgeschlossen werden. Die Regelung der Herabsetzung des Krankentagegeldes kann – entsprechend den Tarifbedingungen der einzelnen Versicherer – auch dann gelten, wenn bereits bei Abschluß des Vertrages oder bei späteren Änderungen des Versicherungsschutzes eine „Überversicherung" im Sinne des § 4 Abs. 2 MB/KT 78 (vgl. hierzu 7.2.3.) vorlag und der Versicherer *später* davon Kenntnis erlangt.

Die Musterbedingungen sehen keine Regelung für den Fall der *Erhöhung* des Nettoeinkommens vor. In den *Tarifbedingungen* kann jedoch unternehmensbezogen die

Anpassung des Versicherungsschutzes geregelt werden. Falls sich das Nettoeinkommen erhöht oder die Fortzahlungsdauer des Arbeitsentgeltes geändert wird, kann der Versicherungsnehmer eine entsprechende Anpassung des Versicherungsschutzes beantragen.

Bei einer solchen Anpassung des Versicherungsschutzes finden die Bestimmungen über eine Erhöhung des Versicherungsschutzes grundsätzlich Anwendung. Die erhöhten Leistungen werden jedoch ohne erneute Wartezeit und erneute Risikoprüfung für die nach Beginn des geänderten Versicherungsschutzes eintretenden Versicherungsfälle gewährt, soweit hierfür im Rahmen des bereits bestehenden Tarifs Leistungspflicht bestand. Sofern vorher Risikozuschläge vereinbart waren, werden diese im gleichen Verhältnis wie der Tarifbeitrag erhöht.

Für die Anpassung des Versicherungsschutzes sind jedoch bestimmte Fristen einzuhalten. Die vorher genannten Vergünstigungen werden nur dann gewährt, wenn der Antrag auf Anpassung des Versicherungsschutzes spätestens innerhalb von zwei Monaten nach Änderung des Nettoeinkommens und nur in diesem Umfange bzw. innerhalb von zwei Monaten nach Änderung der Fortzahlungsdauer des Arbeitsentgeltes und nur unter Berücksichtigung der geänderten Dauer gestellt wird. Als Stichtag für die Einkommenserhöhung gilt bei Selbständigen der Tag, an dem der Versicherungsnehmer die Einkommensteuererklärung, aus der die Einkommensänderung ersichtlich ist, beim Finanzamt eingereicht hat. Bei Arbeitnehmern gilt als Stichtag der Erste des Monats, in dem die Entgelterhöhung eintritt oder die Entgeltfortzahlungsdauer sich ändert.

Die Anpassung des Versicherungsschutzes kann nur zum Ersten des Monats, in dem die Erhöhung des Nettoeinkommens oder die Änderung der Fortzahlungsdauer des Arbeitsentgeltes erfolgt, oder zum Ersten des folgenden Monats beantragt werden. Sie beginnt jedoch frühestens mit dem Tage, an dem der Antrag beim Versicherer eingeht.

Die Tarifbestimmungen können ferner vorsehen, daß der Versicherer den Versicherungsnehmer in bestimmten Zeitabständen und unter bestimmten Voraussetzungen die Anpassung des Krankentagegeldes anbietet.

7.3. Einschränkungen der Leistungspflicht

7.3.1. Allgemeines

§ 5 MB/KT 78 bestimmt die Einschränkung der Leistungspflicht. Vom Grundsatz her gelten die gleichen Einschränkungen der Leistungspflicht wie bei der Krankheitskostenversicherung, soweit sie sachlich zutreffen. Einzelheiten hierzu sind bei 6.3. erläutert.

In bezug auf die Krankentagegeldversicherung sehen die Musterbedingungen jedoch weitere Leistungseinschränkungen vor. Dabei muß auch beachtet werden, daß die Tarifbestimmungen eine wesentliche Bedeutung haben, da sie Abweichungen bestimmen können.

Einschränkungen der Leistungspflicht

7.3.2. Alkoholerkrankung

Gemäß § 5 Abs. 1 Buchstabe c MB/KT 78 besteht keine Leistungspflicht bei Arbeitsunfähigkeit wegen Krankheit oder Unfallfolgen, die auf eine durch Alkoholgenuß bedingte Bewußtseinsstörung zurückzuführen ist. In den Tarifbedingungen kann abweichend geregelt werden, daß z.B. der Leistungsanspruch auch besteht, wenn die Arbeitsunfähigkeit infolge einer durch Alkoholgenuß bedingten Bewußtseinsstörung eingetreten ist.

7.3.3. Schwangerschaft und Mutterschutz

Ausgeschlossen ist die Leistungspflicht auch bei Arbeitsunfähigkeit, die ausschließlich durch Schwangerschaft, ferner durch Schwangerschaftsabbruch, Fehlgeburt oder Entbindung bedingt ist (§ 5 Abs. 1 Buchstabe d MB/KT 78).

Die Krankentagegeldversicherung versichert Leistungen bei Arbeitsunfähigkeit infolge von Krankheit. Aus diesem Grunde ist in § 5 Abs. 1 Buchstabe e MB/KT 78 die Leistungspflicht während der gesetzlichen Beschäftigungsverbote für werdende Mütter und Wöchnerinnen in einem Arbeitsverhältnis (Mutterschutz) ausgeschlossen. Diese befristete Einschränkung der Leistungspflicht gilt sinngemäß auch für selbständig Tätige, es sei denn, daß die Arbeitsunfähigkeit in keinem Zusammenhang mit der Schwangerschaft steht.

Der Ausschluß der Leistungspflicht bei Schwangerschaft ergibt sich vom Grundsatz her bereits aus § 1 MB/KT 78. Diese Vorschrift beschränkt den Versicherungsschutz auf den Verdienstausfall als Folge von Krankheiten oder Unfällen, soweit dadurch Arbeitsunfähigkeit verursacht wird. Deshalb hat die Leistungseinschränkung in § 5 Abs. 1 Buchstabe d MB/KT 78 in der Regel nur deklaratorische Bedeutung.

In den Tarifbedingungen kann auch für diesen Fall wiederum Abweichendes geregelt werden. So können z.B. die Tarife vorsehen, daß für die Zeit der Nichtbeschäftigung im Rahmen der Beschäftigungsverbote nach dem MuSchG unabhängig vom Vorliegen einer Arbeitsunfähigkeit und unabhängig vom tariflichen Leistungsbeginn Krankentagegeld in Höhe von 10 v.H. des vereinbarten Tagessatzes gezahlt wird. Dies gilt dann sinngemäß auch für selbständig Tätige.

Weiterhin kann der Tarif z.B. vorsehen, daß abweichend von der Leistungseinschränkung des § 5 Abs. 1 Buchstabe d MB/KT 78 ein Leistungsanspruch auch für Zeiten außerhalb des Beschäftigungsverbotes nach dem MuSchG in tariflichem Umfang besteht. Dabei werden Zeiten des gesetzlichen Beschäftigungsverbotes auf die bis zum tariflichen Leistungsbeginn zurückzulegenden Tage nicht angerechnet.

7.3.4. Aufenthalt außerhalb des Wohnsitzes

Eine weitere Leistungseinschränkung ergibt sich aus § 5 Abs. 1 Buchstabe f MB/KT 78. Danach besteht keine Leistungspflicht, wenn sich der Versicherungsnehmer nicht an *seinem Wohnsitz in Deutschland* aufhält. Dies gilt nicht, wenn er sich wegen medizinisch notwendiger stationärer Heilbehandlung in einem Krankenhaus außerhalb seines Wohnsitzes befindet.

Wird der Versicherungsnehmer außerhalb seines Wohnsitzes in Deutschland arbeitsunfähig, so hat er Anspruch auf Krankentagegeld, solange er wegen der Krankheit nicht an seinen Wohnort zurückkehren kann.

Hinsichtlich der Leistungspflicht bei Auslandsaufenthalt wird auf die Ausführungen bei 7.1.3. verwiesen.

7.3.5. Kur- und Sanatoriumsbehandlung

Insbesondere für Arbeitnehmer ist der Leistungsausschluß gemäß § 5 Abs. 1 Buchstabe g MB/KT 78 wichtig. Danach besteht keine Leistungspflicht bei Arbeitsunfähigkeit während einer Kur- und Sanatoriumsbehandlung sowie während einer Rehabilitationsmaßnahme der gesetzlichen Rehabilitationsträger, wenn der Tarif nichts anderes vorsieht. Diese Regelung bedeutet grundsätzlich, daß für die Dauer einer Kur- bzw. Sanatoriumsbehandlung oder einer Rehabilitationsmaßnahme durch einen gesetzlichen Rehabilitationsträger kein Anspruch auf Krankentagegeld besteht, auch wenn ein Entgeltanspruch gegenüber dem Arbeitgeber nicht mehr gegeben ist.

Die Tarifbedingungen können jedoch bestimmen, daß z.B. Krankentagegeld auch gezahlt wird, wenn die Arbeitsunfähigkeit durch die vorgenannten Maßnahmen bedingt ist. Voraussetzung ist jedoch, daß der Versicherer vorher schriftlich zugestimmt hat. Die gleiche Regelung gilt auch für die Schontage im Anschluß an die Maßnahmen.

7.4. Ende des Versicherungsschutzes

Die Leistungspflicht für das Krankentagegeld endet, wenn nach medizinischem Befund keine Arbeitsunfähigkeit mehr besteht. In diesem Zusammenhang ist § 9 Abs. 3 MB/KT 78 zu beachten. Hiernach ist der Versicherungsnehmer verpflichtet, sich auf Verlangen des Versicherers von einem durch diesen beauftragten Arzt untersuchen zu lassen.

Eine solche Untersuchung kann auch der Feststellung dienen, ob (noch) Arbeitsunfähigkeit als Grundlage für die Zahlung des Krankentagegeldes vorliegt.

Bei den Ausführungen zu 3.7.4.2. wurde bereits ausführlich dargelegt, daß bei Eintritt bestimmter Tatbestände das Versicherungsverhältnis endet. Diese Beendigungsgründe haben natürlich auch Auswirkungen auf das Ende des Versicherungsschutzes (§ 7 Satz 3 MB/KT 78).

§ 7 MB/KT 78 bestimmt das Ende des Versicherungsschutzes generell. Danach endet der Versicherungsschutz, auch für schwebende Versicherungsfälle, mit der Beendigung des Versicherungsverhältnisses.

Auszahlung der Versicherungsleistungen/Obliegenheiten des Versicherungsnehmers in bezug auf die Leistungspflicht des Versicherers

Kündigt der Versicherer das Versicherungsverhältnis gemäß § 14 Abs. 1 MB/KT 78 (vgl. 3.7.3.3.), so endet der Versicherungsschutz für schwebende Versicherungsfälle erst am 30. Tage nach Beendigung des Versicherungsverhältnisses.

7.5. Auszahlung der Versicherungsleistungen

§ 6 MB/KT 78 regelt die Einzelheiten zur Auszahlung der Versicherungsleistungen. Die Ausführungen zur Krankheitskostenversicherung gelten sinngemäß (vgl. 6.4.), mit Ausnahme der Währungsklausel, die für die Krankentagegeldversicherung nicht erforderlich ist.

7.6. Obliegenheiten des Versicherungsnehmers in bezug auf die Leistungspflicht des Versicherers

7.6.1. Allgemeines

Die Ausführungen zur Krankheitskostenversicherung gelten sinngemäß. Einzelheiten dazu siehe 6.6. Die Besonderheiten in bezug auf das Krankentagegeld werden nachfolgend erläutert.

7.6.2. Anzeigepflicht der Arbeitsunfähigkeit

§ 9 Abs. 1 MB/KT 78 bestimmt, daß dem Versicherer die ärztlich festgestellte Arbeitsunfähigkeit unverzüglich, spätestens aber innerhalb der im Tarif festgesetzten Frist, durch Vorlage einer Bescheinigung des behandelnden Arztes oder Zahnarztes anzuzeigen ist.

Die Tarifbedingungen können z.B. regeln, daß die Arbeitsunfähigkeit spätestens am Tage des vereinbarten Leistungsbeginns anzuzeigen ist. Bei darüber hinaus andauernder Arbeitsunfähigkeit muß der Nachweis unaufgefordert vom Versicherungsnehmer alle zwei Wochen erneuert werden, sofern der Versicherer nicht andere Abstände nennt.

§ 9 Abs. 1 MB/KT 78 spricht von der unverzüglichen Anzeige. Dies bedeutet im Sinne des § 121 BGB „ohne schuldhaftes Zögern".

Zeigt der Versicherungsnehmer die Arbeitsunfähigkeit verspätet an, so zahlt der Versicherer Krankentagegeld erst vom Zugangstage an, jedoch nicht vor dem im Tarif vorgesehenen Zeitpunkt. Ein Verzicht des Versicherers auf diese Leistungsfreiheit ist möglich. Der Wegfall der Arbeitsunfähigkeit ist dem Versicherer binnen drei Tagen anzuzeigen.

7.6.3. Auskunftspflicht

Nach § 9 Abs. 2 MB/KT 78 hat der Versicherungsnehmer auf Verlangen des Versicherers jede Auskunft zu erteilen, die zur Feststellung des Versicherungsfalles oder der Leistungspflicht des Versicherers und ihres Umfanges erforderlich ist. Die geforderten Auskünfte sind auch einem Beauftragten des Versicherers zu erteilen. Die Ausführungen bei 6.6.3. gelten sinngemäß.

7.6.4. Untersuchungspflicht

§ 9 Abs. 3 MB/KT 78 regelt die Untersuchungspflicht des Versicherungsnehmers. Auf Verlangen des Versicherers ist die versicherte Person verpflichtet, sich durch einen vom Versicherer beauftragten Arzt untersuchen zu lassen.

Der Versicherungsnehmer hat zum Nachweis der Arbeitsunfähigkeit eine Bescheinigung seines behandelnden Arztes vorzulegen (vgl. § 4 Abs. 7 MB/KT 78). Die Vorschrift des § 9 Abs. 3 MB/KT 78 gibt dem Versicherer die Möglichkeit, bei Zweifeln an der festgestellten Arbeitsunfähigkeit diese durch einen Arzt seines Vertrauens kontrollieren zu lassen. Der Arzt wird vom Versicherer ausgewählt, der auch die entsprechenden Kosten zu tragen hat.

7.6.5. Mitwirkungspflicht

Ähnlich der Mitwirkungspflicht des Versicherten in der gesetzlichen Krankenversicherung bestimmt § 9 Abs. 4 MB/KT 78, daß die versicherte Person für die Wiederherstellung der Arbeitsfähigkeit zu sorgen hat. Sie hat dabei insbesondere die Weisungen des Arztes gewissenhaft zu befolgen und alle Handlungen zu unterlassen, die der Genesung hinderlich sind.

Bei allen vorher genannten Obliegenheiten handelt es sich um solche, die *nach Eintritt* des Versicherungsfalles zu beachten sind.

7.6.6. Sonstige Anzeigepflichten

Als Obliegenheit *vor Eintritt* des Versicherungsfalles bestimmt § 9 Abs. 5 MB/KT 78, daß der Versicherungsnehmer jeden Berufswechsel unverzüglich dem Versicherer anzuzeigen hat. Des weiteren ist der Abschluß einer weiteren oder die Erhöhung einer anderweitig bestehenden Versicherung mit Anspruch auf Krankentagegeld nur mit Einwilligung des Versicherers vorzunehmen (§ 9 Abs. 6 MB/KT 78).

Beide Vorschriften sind im Zusammenhang mit der Höhe des Versicherungsschutzes zu sehen (vgl. 7.2.3.).

Aufrechnung/Leistungsinhalte einzelner Tarife

7.6.7. Leistungsfreiheit bei Obliegenheitsverletzungen

§ 10 MB/KT 78 bestimmt die Folgen von Obliegenheitsverletzungen. Danach ist der Versicherer mit der im § 6 Abs. 3 VVG vorgeschriebenen Einschränkung von der Verpflichtung zur Leistung frei, wenn eine der in § 9 Abs. 1 – 4 MB/KT 78 genannten Obliegenheiten verletzt wird.

Die Ausführungen zur Krankheitskostenversicherung (vgl. 6.6.5.) gelten sinngemäß.

7.6.8. Anzeigepflicht bei Wegfall der Voraussetzungen

Gemäß § 11 MB/KT 78 hat der Versicherungsnehmer den Wegfall einer im Tarif bestimmten Voraussetzung für die Versicherungsfähigkeit, z.B. die Aufgabe der Erwerbstätigkeit oder den Eintritt der Berufsunfähigkeit (vgl. 3.7.4.2.), dem Versicherer unverzüglich anzuzeigen.

Erlangt der Versicherer vom Vorliegen dieser Tatbestände erst zu einem späteren Zeitpunkt Kenntnis, so sind Versicherungsnehmer und Versicherer verpflichtet, die für die Zeit nach Beendigung des Versicherungsverhältnisses empfangenen Leistungen einander zurückzugewähren.

7.7. Aufrechnung

Die Ausführungen zu 6.8. gelten sinngemäß.

7.8. Leistungsinhalte einzelner Tarife

Bei 7.2.1. wurde dargelegt, daß sich Höhe und Dauer der Versicherungsleistungen aus dem Tarif und den Tarifbedingungen ergeben. Zum besseren Verständnis für die Leistungsinhalte wird beispielhaft ein Tarif wiedergegeben.

Krankentagegeld-Tarif S

S. 211 Tarif und Tarifbedingungen

Der Versicherungsschutz

Leistungsinhalte einzelner Tarife

A. Tarifleistungen

1. Für die Dauer einer Arbeitsunfähigkeit (§ 1 (3) MB/KT 78) wird ab vereinbartem Leistungsbeginn, frühestens nach Fortfall der Gehaltszahlung, ein Krankentagegeld in vertraglicher Höhe pro Kalendertag gezahlt.

2. Als Leistungsbeginn kann vereinbart werden in

Tarifstufe S 3	der 15. Tag der Arbeitsunfähigkeit
Tarifstufe S 4	der 22. Tag der Arbeitsunfähigkeit
Tarifstufe S 7	der 43. Tag der Arbeitsunfähigkeit
Tarifstufe S14	der 92. Tag der Arbeitsunfähigkeit
Tarifstufe S27	der 183. Tag der Arbeitsunfähigkeit
Tarifstufe S53	der 366. Tag der Arbeitsunfähigkeit

3. Das Krankengeld kann in einer Höhe von 5,00 DM oder einem Vielfachen hiervon versichert werden. Auf Absatz 5 wird verwiesen.

4. Für die Zeit der Nichtbeschäftigung im Rahmen des gesetzlichen Beschäftigungsverbotes nach dem Mutterschutzgesetz wird unabhängig vom Vorliegen einer Arbeitsunfähigkeit und unabhängig vom tariflichen Leistungsbeginn ein Krankentagegeld in Höhe von 10 % des vereinbarten Tagessatzes erbracht. Dies gilt sinngemäß auch für selbständig Tätige.

5. Entsprechend der Dauer der Gehaltsfortzahlung durch den Arbeitgeber können von Absatz 2 abweichende Leistungsbeginne vereinbart werden. Hierbei richtet sich der Beitrag nach der Tarifstufe mit dem nächstfrüheren Leistungsbeginn. Als Ausgleich dafür wird ein entsprechend höherer Tagessatz gezahlt. Für die Tageldleistung während der Mutterschutzfrist nach Absatz 4 gilt diese Tagegelderhöhung jedoch nicht.

Es kann vereinbart werden in

Tarifstufe	Leistungsbeginn ab ... Tag der Arbeitsunfähigkeit	Tagessatz in DM
S7	43.	5,00
	64.	6,50
	85.	8,25
S14	92.	5,00
	106.	5,50
	127.	6,50
S27	183.	5,00
	274.	9,50
S53	366.	5,00
	456.	11,50

Höhere Tagessätze sind entsprechend zu vervielfachen. Auf § 4 (2) MB/KT 78 wird verwiesen.

Leistungsinhalte einzelner Tarife

Weitere Tagessätze für andere Leistungsbeginne sind geschäftsplanmäßig festgelegt und werden auf Anfrage bekanntgegeben.

B. Versicherungs- und Aufnahmefähigkeit

1. Versicherungsfähig sind nur berufstätige Personen mit regelmäßigen Einkünften aus nichtselbständiger Tätigkeit, aus Gewerbebetrieb oder aus freiberuflicher Tätigkeit.

2. Nach den Tarifen S3 und S4 können nur Personen versichert werden, die einen Beruf als Selbständige ausüben.

3. Aufnahmefähig sind nur versicherungsfähige Personen, die gesund sind, das 60. Lebensjahr noch nicht überschritten und ihren ständigen Wohnsitz im Tätigkeitsbereich des Versicherers haben.

4. Bei Übertritt aus der gesetzlichen Krankenversicherung ist eine Aufnahme über das 60. Lebensjahr hinaus möglich, sofern die versicherte Person dort einen Anspruch auf Krankentagegeld hatte.

5. Personen mit Leiden oder Gebrechen können zu besondere Bedingungen aufgenommen werden.

C. Wartezeiten

1. Die Wartezeiten können auf Antrag erlassen werden, wenn für die zu versichernden Personen ein ärztliches Zeugnis auf einem vom Versicherer vorgeschriebenen Formblatt vorgelegt wird.

2. Die Anrechnung der Vorversicherung auf die Wartezeit bei Personen, die aus der gesetzlichen Krankenversicherung ausscheiden, gilt abweichend von § 3 (5) MB/KT 78 für das volle versicherte Krankentagegeld, und zwar auch dann, wenn kein Krankentagegeldanspruch bestand. Entsprechendes gilt beim Ausscheiden aus dem öffentlichen Dienst mit Anspruch auf freie Heilfürsorge.

3. Soweit sich bei einer Vertragsänderung höhere Leistungen oder ein früherer Leistungsbeginn ergeben und Abschnitt H nicht zutrifft, gelten die Wartezeitbestimmungen sinngemäß.

D. Umfang der Leistungspflicht

1. Tritt innerhalb von 26 Wochen nach dem Ende eines Versicherungsfalles wegen derselben Krankheit oder Unfallfolgen erneut ein Versicherungsfall ein, werden die innerhalb der letzten 52 Wochen nachgewiesenen Tage der Arbeitsunfähigkeit wegen derselben Krankheit oder Unfallfolgen auf die bis zum tariflichen Leistungsbeginn zurückzulegenden Tage angerechnet.

2. Bei Arbeitnehmern ist für die Berechnung des Nettoeinkommens (§ 4 (2) MB/KT 78) der Monat vor dem Beginn der Arbeitsunfähigkeit maßgebend.

3. Berufsunfälle und Berufskrankheiten sind ohne Beitragszuschlag mitversichert.

Leistungsinhalte einzelner Tarife

E. Einschränkung der Leistungspflicht

1. Abweichend von § 5 (1) c MB/KT 78 besteht Leistungsanspruch bei Arbeitsunfähigkeit wegen Krankheiten und Unfallfolgen, die auf eine durch Alkoholgenuß bedingte Bewußtseinsstörung zurückzuführen sind.

2. Abweichend von § 5 (1)d MB/T 78 besteht Leistungsanspruch für Zeiten außerhalb des Beschäftigungsverbotes nach dem Mutterschutzgesetz im tariflichen Umfang. Zeiten des gesetzlichen Beschäftigungsverbotes werden auf die bis zum tariflichen Leistungsbeginn zurückzulegenden Tage nicht angerechnet.

3. Abweichend von § 5 (1)g MB/KT 78 wird Krankentagegeld gezahlt, wenn im Verlauf einer Arbeitsunfähigkeit eine Kur- oder Sanatoriumsbehandlung bzw. eine stationäre Rehabilitationsmaßnahme erforderlich wird. Voraussetzung ist, daß der Versicherer vorher eine schriftliche Zusage gegeben hat. Dies gilt auch für Schonzeiten im Anschluß an eine Kur- oder Sanatoriumsbehandlung.

F. Nachweise

1. Die Arbeitsunfähigkeit ist spätestens am Tage des vereinbarten Leistungsbeginns anzuzeigen. Bei darüber hinaus andauernder Arbeitsunfähigkeit muß der Nachweis unaufgefordert alle zwei Wochen erneuert werden, sofern der Versicherer nicht andere Abstände nennt.

2. Das Krankentagegeld wird nur für die zurückliegende Zeit der nachgewiesenen Arbeitsunfähigkeit bezahlt.

3. Vor Auszahlung des Krankentagegeldes kann der Versicherer von den Versicherten den Einkommensnachweis fordern.

4. Der Versicherer kann verlangen, daß die Nachweise auf seinen Vordrucken erbracht werden.

Pflichten des Versicherungsnehmers

G. Beiträge

1. Die monatlichen Beitragsraten für je 5,00 DM Krankentagegeld ergeben sich aus der Tabelle am Schluß des Druckstücks.

2. Für die Höhe der Beiträge ist das bei Beginn des Versicherungsvertrages erreichte Alter (Anzahl der vollendeten Lebensjahre) maßgebend.

3. Bei Jahreszahlung gewährt der Versicherer einen Nachlaß (Skonto von 4 % des Beitrages.

4. Die Mahnkosten betragen für jede angemahnte Beitragsrate 2,00 DM.

Leistungsinhalte einzelner Tarife

Anpassung des Versicherungsschutzes

H. Anpassung des Versicherungsschutzes

1. Erhöht sich das Nettoeinkommen oder ändert sich die Fortzahlungsdauer des Arbeitsentgelts, so erfolgt auf Antrag des Versicherungsnehmers eine entsprechende Anpassung des Versicherungsschutzes (Erhöhung des versicherten Krankentagegeldes oder Wechsel der Tarifstufe). Dabei finden die Bestimmungen über eine Erhöhung des Versicherungsschutzes zwar grundsätzlich Anwendung. Die erhöhten Leistungen werden jedoch ohne erneute Wartezeit und ohne erneute Risikoprüfung für die nach Beginn des geänderten Versicherungsschutzes eintretenden Versicherungsfälle gewährt, soweit hierfür im Rahmen des bereits bestehenden Tarifs Leistungspflicht besteht. Bisher besonders vereinbarte Beitragszuschläge werden im gleichen Verhältnis erhöht wie der Tarifbeitrag.

Die Vergünstigungen finden nur Anwendung, wenn der Antrag auf Anpassung des Versicherungsschutzes spätestens innerhalb von 2 Monaten nach Änderung des Nettoeinkommens und nur in diesem Umfang bzw. nach Änderung der Fortzahlungsdauer des Arbeitsentgelts und nur in entsprechendem Rahmen gestellt wird. Die Erhöhungsrate kann auf 5,00 DM aufgerundet werden. Bei Selbständigen gilt als Stichtag für die Einkommenserhöhung der Tag, an dem der Versicherte die Einkommensteuererklärung, aus der die Änderung ersichtlich ist, beim Finanzamt eingereicht hat. Bei Arbeitnehmern gilt als Stichtag der 1. des Monats, in dem eine Gehaltserhöhung in Kraft tritt oder die Gehaltsfortzahlungsdauer sich ändert.

Die Anpassung des Versicherungsschutzes kann nur zum 1. des Monats, in dem die Erhöhung des Nettoeinkommens oder die Änderung der Fortzahlungsdauer des Arbeitsentgelts in Kraft tritt, oder zum 1. des folgenden Monats beantragt werden und frühestens von dem Tage an beginnen, an dem der Antrag beim Versicherer eingeht. Die Erhöhung des Nettoeinkommens bzw. die Änderung der Fortzahlungsdauer des Arbeitsentgelts ist nachzuweisen.

Hat der Versicherte auch Anspruch auf Krankengeld der gesetzlichen Krankenversicherung, so gilt die Regelung nur für den nicht gedeckten Teil des Nettoeinkommens.

2. Der Versicherer bietet dem Versicherungsnehmer in Zeitabständen von 2 Jahren die Möglichkeit einer Anpassung des für die versicherten Personen vereinbarten Krankentagegeldes an die allgemeine Einkommensentwicklung, sofern der Vertrag ein Krankentagegeld von 50,00 DM oder mehr vorsieht, die Versicherung mehr als 12 Monate besteht und während der letzten 12 Monate nicht der individuellen Einkommenssituation angepaßt wurde (z.B. entsprechend Abs. 1). Das Nettoeinkommen der versicherten Person darf hierbei nicht überschritten werden.

Die Anpassung kann nur auf einem durch den Versicherer versandten Formular beantragt werden. Das Antragsformular nennt dem Versicherungsnehmer die Höhe, bis zu der das Krankentagegeld angepaßt werden kann, die Frist, innerhalb der der Antrag beim Versicherer eingehen muß, sowie den Zeitpunkt, zu dem die Anpassung in Kraft tritt. Die erhöhten Leistungen gelten entsprechend Abs. 1 Satz 2 und 3 ohne erneute Wartezeit und ohne erneute Risikoprüfung; bisher besonders vereinbarte Beitragszuschläge werden im gleichen Verhältnis erhöht wie der Tarifbeitrag.

Die Einzelheiten der Anpassung und der allgemeinen Einkommensentwicklung werden jeweils der Aufsichtsbehörde gegenüber festgelegt. Die Anpassung kann mit Zustimmung der Aufsichtsbehörde unterbleiben, wenn sich im beobachteten Zeitraum eine allgemeine Einkommenssteigerung von weniger als 10 % ergibt.

3. Die Bestimmung über die Herabsetzung des Versicherungsschutzes nach § 4 (4) MB/KT 78 gilt entsprechend, wenn der Versicherer Kenntnis davon erhält, daß abweichend von § 4 (2) MB/KT 78 bereits bei Vertragsabschluß oder der letzten Änderung des Versicherungsschutzes der versicherte Tagessatz zusammen mit sonstigen Krankentage- und Krankengeldern das Nettoeinkommen der versicherten Person überstieg oder dies durch zwischenzeitliche Erhöhungen sonstiger Krankentage- oder Krankengeldansprüche eingetreten ist.

Ende der Versicherung

J. Versicherungsjahr

Versicherungsjahr ist das Kalenderjahr. Das erste Versicherungsjahr endet am 31. Dezember des Jahres, in dem der Vertrag beginnt.

Veränderungen des Versicherungsverhältnisses durch Hinzunahme oder den Wechsel einer Tarifstufe haben keinen Einfluß auf das Versicherungsjahr.

K. Verzicht auf das ordentliche Kündigungsrecht

Wurde eine Vorversicherung nach § 3 (5) MB/KT 78 angerechnet, verzichtet der Versicherer während der ersten drei Versicherungsjahre in Höhe des früheren Krankentagegeldanspruchs auf sein ordentliches Kündigungsrecht gemäß § 14 (1) MB/KT 78.

Entsprechendes gilt für Versicherte, deren Zugehörigkeit zum öffentlichen Dienst mit Anspruch auf freie Heilfürsorge nach Abschnitt C.2 Satz 2 der Tarifbedingungen auf die Wartezeit angerechnet wurde, und zwar in Höhe des Nettoeinkommens, das der Versicherte zum Zeitpunkt des Ausscheidens aus dem öffentlichen Dienst erhalten hat.

L. Sonstige Beendigungsgründe

Eine Fortsetzung des Versicherungsverhältnisses ist bis zum geschäftsplanmäßig festgesetzten Höchstsatz auf Antrag auch nach Bezug von Altersrente bzw. nach Vollendung des 65. Lebensjahres zulässig, gegebenenfalls zu neuen Bedingungen. Voraussetzung ist, daß auch weiterhin Einkommen aus einer beruflichen Tätigkeit bezogen wird. Die Fortsetzungsvereinbarung gilt für jeweils längstens fünf Jahre.

Aufrechnung/Leistungsinhalte einzelner Tarife

Überschußbeiteiligung

M. Erfolgsabhängige Beitragsrückerstattung

Die Verwendung der Rückstellung für erfolgsabhängige Beitragsrückerstattung erfolgt nach Maßgabe der Satzung.

8. Vertragsleistungen in der Pflegekrankenversicherung

8.1. Gegenstand und Umfang des Versicherungsschutzes

8.1.1. Allgemeines

Gegenstand, Umfang und Geltungsbereich des Versicherungsschutzes werden in § 1 MB/PV geregelt. Danach leistet der Versicherer bei Eintritt des Versicherungsfalles in vertraglichem Umfang Ersatz von Aufwendungen für Pflege oder ein Pflegetagegeld. Die *Tarifbedingungen* können unternehmensbezogene Voraussetzungen für den Abschluß einer Pflegekrankenversicherung vorsehen, z.B. eine Altersgrenze. Darüber hinaus kann der Abschluß einer Pflegekrankenversicherung an die Voraussetzung geknüpft wird, daß gleichzeitig beim Versicherer eine Krankheitskostenversicherung besteht.

8.1.2. Versicherungsfall

Nach § 1 Abs. 2 MB/PV ist Versicherungsfall für diese Versicherung die Pflegebedürftigkeit einer versicherten Person. Pflegebedürftigkeit in diesem Sinne liegt vor, wenn die versicherte Person so hilflos ist, daß sie nach objektivem medizinischen Befund bei bestimmten Verrichtungen des täglichen Lebens in erheblichem Umfange der Hilfe einer anderen Person bedarf.

Als Verrichtungen des täglichen Lebens sehen die Musterbedingungen vor:

– Aufstehen und Zubettgehen,

– An- und Auskleiden,

– Waschen, Kämmen und Rasieren,

– Einnehmen von Mahlzeiten und Getränken,

– Stuhlgang und Wasserlassen.

Der Versicherungsfall für die Pflegekrankenversicherung beginnt mit der ärztlichen Feststellung der Pflegebedürftigkeit und endet, wenn Pflegebedürftigkeit nicht mehr vorliegt.

8.1.3. Örtlicher Geltungsbereich

Der Versicherungsschutz erstreckt sich auf Pflege in der Bundesrepublik Deutschland. Durch Vereinbarung kann er auf das Ausland ausgedehnt werden.

8.2. Art und Höhe der Versicherungsleistungen

8.2.1. Allgemeines

§ 4 Abs. 1 MB/PV bestimmt, daß sich Art und Höhe der Versicherungsleistungen aus dem Tarif mit Tarifbedingungen ergeben. Dabei beginnt die Leistungspflicht des Versicherers mit dem im Tarif festgelegten Zeitpunkt, *frühestens ab dem 92. Tag* nach ärztlicher Feststellung der Pflegebedürftigkeit und nach Ablauf der Wartezeit (vgl. 3.8.).

8.2.2. Pflegetagegeld

In den Tarifbedingungen sind die Tarifleistungen festgelegt. Danach wird z.B. ein vertraglich vereinbartes, vom Grad der Pflegebedürftigkeit abhängiges Pflegetagegeld gezahlt. Das Pflegetagegeld kann in Höhe von 5,00 DM oder einem Vielfachen davon bis zum Höchstbetrag von 100,00 DM vereinbart werden.

Die Höhe des im Einzelfall zu zahlenden Pflegetagegeldes ist abhängig von bestimmten Pflegestufen. Je nach Intensivität der Pflegebedürftigkeit wird eine Pflegestufe festgelegt, die dann mit einem bestimmten Vomhundertsatz des vereinbarten Tagessatzes des Pflegegeldes verbunden ist.

Der Grad der Pflegebedürftigkeit bestimmt sich nach Art und Umfang der täglich erforderlichen Hilfe. Diese ist aufgeteilt nach bestimmten Verrichtungen, daraus ergeben sich Punktwerte. Aus der Anzahl der Punkte ermittelt sich dann die Pflegestufe. Einzelheiten dazu vgl. 8.

Die Leistungen der Pflegekrankenversicherung beginnen am 92. Tag nach der ärztlichen Feststellung der Pflegebedürftigkeit, frühestens jedoch nach Ablauf der Wartezeit.

Zu beachten ist die Anzeigepflicht des § 9 Abs. 1 MB/PV. Erfolgt die Anzeige der Pflegebedürftigkeit verspätet, so wird das Pflegetagegeld erst vom Zugangstage der Anzeige an gezahlt (§ 10 Abs. 1 Satz 2 MB/PV).

Die Zahlung des Pflegetagegeldes endet, wenn Pflegebedürftigkeit nicht mehr vorliegt. Im übrigen bestimmt § 7 MB/PV, daß der Versicherungsschutz mit der Beendigung des Versicherungsverhältnisses endet.

Gemäß § 4 Abs. 2 MB/PV wird Ersatz nur geleistet bei Inanspruchnahme von öffentlichen oder freigemeinnützigen Pflege- oder Sozialstationen oder staatlich anerkanntem Pflegepersonal, soweit der Tarif Ersatz von Aufwendungen für Pflege vorsieht.

Stationäre Pflege wird nur geleistet bei Aufenthalt in konzessionierten oder öffentlichen Pflegeheimen, Pflegeabteilungen in Altenheimen oder in Krankenanstalten (§ 4 Abs. 3 MB/PV).

8.3. Einschränkungen der Leistungspflicht

§ 5 MB/PV sieht eine Einschränkung der Leistungspflicht vor. Grundsätzlich gelten sinngemäß die gleichen Einschränkungen wie in der Krankheitskostenversicherung (vgl. 6.3. und Musterbedingungen)

8.4. Auszahlung der Versicherungsleistungen

Die Ausführungen zu 6.4. gelten sinngemäß.

8.5. Obliegenheiten des Versicherungsnehmers in bezug auf die Leistungspflicht des Versicherers

8.5.1. Anzeigepflicht der Pflegebedürftigkeit

§ 9 Abs. 1 MB/PV schreibt vor, daß die ärztliche Feststellung der Pflegebedürftigkeit dem Versicherer unverzüglich innerhalb der im Tarif festgesetzten Frist durch Vorlage einer ärztlichen Bescheinigung nachzuweisen ist.

Der Tarif kann z.B. bestimmen, daß die Pflegebedürftigkeit bei stationärer oder teilstationärer Pflege spätestens innerhalb eines Monats, bei häuslicher Pflege spätestens innerhalb von drei Monaten anzuzeigen ist.

Aus dem Nachweis müssen sich u.a. der Befund und die Diagnose sowie die voraussichtliche Dauer der Pflegebedürftigkeit ergeben.

Der Wegfall der Pflegebedürftigkeit ist ebenfalls dem Versicherer unverzüglich anzuzeigen.

8.5.2. Auskunfts- und Untersuchungspflicht

Der Versicherungsnehmer hat eine Auskunfts- und Untersuchungspflicht (vgl. § 9 Abs. 2 und 3 MB/PV), die im Inhalt den Regelungen der Krankheitskostenversicherung entspricht. Die Ausführungen zu 6.6.3. und 6.6.4. gelten sinngemäß.

8.5.3. Leistungsfreiheit bei Obliegenheitsverletzungen

§ 10 MB/PV bestimmt die Folgen der Obliegenheitsverletzungen. Der Versicherer ist mit der in § 6 Abs. 3 VVG vorgeschriebenen Einschränkung von der Verpflichtung zur Leistung frei, wenn eine der in § 9 Abs. 1 – 3 MB/PV genannten Obliegenheiten verletzt wird.

Die Ausführungen zur Krankheitskostenversicherung (vgl. 6.6.5.) gelten sinngemäß.

8.6. Ansprüche gegen Dritte

Die Ausführungen zu 6.7. gelten sinngemäß.

8.7. Aufrechnung

Die Ausführungen zu 6.8. gelten sinngemäß.

8.8. Leistungsinhalte einzelner Tarife

Bei 8.2.1. wurde dargelegt, daß sich Höhe und Dauer der Versicherungsleistungen aus dem Tarif mit Tarifbedingungen ergeben. Zum besseren Verständnis für die Leistungsinhalte wird beispielhaft ein Tarif wiedergegeben.

Allgemeine Versicherungsbedingungen für die Pflegekrankenversicherung (AVB)

Teil II – Pflegetagegeld-Tarif PT

Allgemeine Bestimmungen

A. Allgemeine Bestimmungen

Tarif PT kann nur zusätzlich zu einer Krankheitskostenversicherung der XY-Gesellschaft *) abgeschlossen werden.

Der Versicherungsschutz

B. Tarifleistungen

1. Gegenstand der Versicherung ist die nach objektivem ärztlichen Befund festgestellte Pflegebedürftigkeit entsprechend § 1 (2) MB/PV.

2. Ab dem 92. Tag nach ärztlicher Feststellung der Pflegebedürftigkeit, jedoch frühestens nach Ablauf der Wartezeit, wird ein vereinbartes, vom Grad der Pflegebedürftigkeit abhängiges Pflegetagegeld gezahlt. Das Pflegetagegeld kann in der Höhe von 5,00 DM oder einem Vielfachen hiervon bis zum Höchstsatz von 100,00 DM vereinbart werden.

3. Keine Leistungspflicht besteht für Pflegefälle der Pflegestufe 0 (vgl. Abschnitt C).

---

*) Name der Gesellschaft geändert

4. Das Pflegetagegeld beträgt in

Pflegestufe 1 40 %
Pflegestufe 2 60 %
Pflegestufe 3 80 %
Pflegestufe 4 100 %

des vereinbarten Tagessatzes (vgl. zur Einstufung in die Pflegestufen Abschnitt C).

5. Die Zahlung des Pflegetagegeldes endet, wenn Pflegebedürftigkeit nicht mehr besteht.

C. Grad der Pflegebedürftigkeit

1. Der Grad der Pflegebedürftigkeit richtet sich nach Art und Umfang der täglich erforderlichen Hilfe nach objektivem ärztlichen Befund. Die in § 1 (3) MB/PV genannten gewöhnlichen und regelmäßig wiederkehrenden Verrichtungen des täglichen Lebens werden unter Anwendung der nachstehenden Punktetabelle bewertet:

Aufstehen und Zubettgehen	1 Punkt
An- und Auskleiden	1 Punkt
Wachen, Kämmen und Rasieren	1 Punkt
Einnehmen von Mahlzeiten und Getränken	1 Punkt
Stuhlgang	1 Punkt
Wasserlassen	1 Punkt

2. Die Einstufung der Pflegebedürftigkeit richtet sich nach der erreichten Punktzahl:

Pflegestufe 0:

Es besteht Pflegebedürftigkeit für Verrichtungen, die insgesamt mit 2 oder weniger Punkten bewertet sind.

Pflegestufe 1:

Es besteht Pflegebedürftigkeit für Verrichtungen, die insgesamt mit 3 Punkten bewertet sind.

Pflegestufe 2:

Es besteht Pflegebedürftigkeit für Verrichtungen, die insgesamt mit 4 Punkten bewertet sind.

Pflegestufe 3:

Es besteht Pflegebedürftigkeit für Verrichtungen, die insgesamt mit 5 Punkten bewertet sind.

Pflegestufe 4:

Es besteht Pflegebedürftigkeit für Verrichtungen, die insgesamt mit 6 Punkten bewertet sind.

Vorübergehende akute Erkrankungen führen zu keiner höheren Einstufung. Vorübergehende Besserungen bleiben ebenfalls unberücksichtigt. Eine Erkrankung

Leistungsinhalte einzelner Tarife

oder Besserung ist dann nicht mehr vorübergehend, wenn sie nach drei Monaten noch anhält.

D. Wartezeiten

Die Wartezeit entfällt bei Unfällen.

E. Einschränkung der Leistungspflicht

Bei teilstationärer Pflege wird nur bei Aufenthalt in konzessionierten oder öffentlichen Tagespflegestätten geleistet.

F. Aufnahmefähigkeit

Aufnahmefähig sind nur gesunde Personen, die das 60. Lebensjahr noch nicht überschritten haben und ihren ständigen Wohnsitz im Tätigkeitsbereich des Versicherers haben. Personen mit Leiden oder Gebrechen können zu besonderen Bedingungen aufgenommen werden.

Pflichten des Versicherungsnehmers

G. Beiträge

1. Die monatlichen Beiträge für 5,00 DM Pflegetagegeld betragen:

(hier nicht wiedergegeben)

2. Für die Höhe der Beiträge erwachsener Versicherter ist das bei Beginn des Versicherungsvertrages erreichte Alter maßgebend.

3. Nach Vollendung des 12. und 21. Lebensjahres ist der dem Tarif entsprechende nächsthöhere Beitrag zu zahlen.

4. Bei Jahreszahlung gewährt der Versicherer einen Nachlaß (Skonto) von 4 % des Beitrages.

5. Die Mahnkosten betragen für jede angemahnte Beitragsrate 2,00 DM.

H. Obliegenheiten

1. Die ärztliche Feststellung der Pflegebedürftigkeit ist dem Versicherer bei stationärer oder teilstationärer Pflege spätestens innerhalb eines Monats, bei häuslicher Pflege spätestens innerhalb von drei Monaten anzuzeigen.

2. Das Einwilligungserfordernis des § 9 (4) MB/PV wird auf den Abschluß weiterer Pflegekrankenversicherungen beschränkt.

J. Beitragsänderung

Eine Erhöhung der Beiträge nach § 18 (1) MB/PV ist nur zulässig, wenn aufgrund von Veränderungen der Pflegekosten, der Pflegedauern oder der Häufigkeit von Pflegefällen eine nachhaltige Verschlechterung des Schadenverlaufs im Vergleich zu den

Leistungsinhalte einzelner Tarife

bei der Kalkulation eingerechneten Schäden beim Versicherer eingetreten ist oder bevorsteht.

Ende der Versicherung

K. Versicherungsjahr

Versicherungsjahr ist das Kalenderjahr. Das erste Versicherungsjahr endet am 31. Dezember des Jahres, in dem der Vertrag beginnt.

Veränderungen des Versicherunsverhältnisses durch Hinzunahme oder den Wechsel einer Tarifstufe sowie durch nachträgliche Versicherung weiterer Personen haben keinen Einfluß auf das Versicherungsjahr.

Der Versicherungsvertrag wird für die beiden ersten Versicherungsjahre fest abgeschlossen. Er verlängert sich jeweils um ein Jahr, wenn er nicht fristgemäß gekündigt wird.

Überschußbeteiligung

L. Erfolgsabhängige Beitragsrückerstattung

Die Verwendung der Rückstellung für erfolgsabhängige Beitragsrückerstattung erfolgt nach Maßgabe der Satzung.

9. Gegenüberstellung der wesentlichen Unterschiede zwischen PKV und GKV

	PKV	GKV
Zustandekommen der Versicherung:	durch privatrechtlichen Vertrag – durch Antrag des Versicherungsnehmers und Annahme des Versicherers oder – durch Antrag des Versicherers und Annahme des Versicherungsnehmers – der Antrag bindet den Versicherungsnehmer in der Regel sechs Wochen auf den Antrag des Versicherungsnehmers hin kann der Versicherer – annehmen: Versicherungsvertrag kommt zustande – ablehnen und einen neuen Antrag abgeben: der Versicherungsnehmer kann zu geänderten Inhalten annehmen – ablehnen: der Versicherungsvertrag kommt nicht zustande bei Ablehnung: Speicherung in zentraler Datei	– kraft Gesetzes ohne Rücksicht auf Willen, Willenserklärungen, Meldungen und Beitragszahlung (Versicherungspflicht) oder – durch einseitige, empfangsbedürftige Willenserklärung (Versicherungsberechtigung) jeweils bei Vorliegen der gesetzlichen Voraussetzungen – für die GKV besteht Kontrahierungszwang – kein Datenaustausch ohne gesetzliche Offenbarungsbefugnis oder Einwilligung des Betroffenen

Gegenüberstellung der wesentlichen Unterschiede zwischen PKV und GKV

	PKV	GKV
Vorvertragliche Anzeigepflicht:	(vgl. 3.3. bis 3.4.) – umfaßt alle für die Gefahrübernahme erheblichen Umstände – insbesondere alle Umstände, nach denen der Versicherer ausdrücklich und schriftlich fragt – Gesundheitszustand und Vorerkrankungen – auch solche, die während der Bindungsfrist des Antrages eintreten bei Verletzung der vorvertraglichen Anzeigepflicht: a) schuldhaft – Rücktritt des Versicherers vom Vertrag – Rückzahlung aller Leistungen durch Versicherungsnehmer – Versicherer behält Beiträge bis zum Ende der laufenden Versicherungsperiode b) ohne Verschulden – Prämienverbesserung ab Beginn der laufenden Versicherungsperiode (Risikozuschlag) – kein außerordentliches Kündigungsrecht des Versicherungsnehmers	gibt es nicht
Beginn der Versicherung	(vgl. 3.6.) Unterschied zwischen a) formellem, b) technischem und c) materiellem Versicherungsbeginn	– bei Versicherungspflicht mit dem Vorliegen der gesetzlichen Voraussetzungen der Versicherungspflicht

Gegenüberstellung der wesentlichen Unterschiede zwischen PKV und GKV

PKV	GKV
a) = Zeitpunkt des Zustandekommens des Versicherungsvertrages b) = Zeitpunkt, von dem an Beiträge zu zahlen sind	– bei Versicherungsberechtigung im Anschluß an eine Pflichtmitgliedschaft bzw. mit dem Beitritt (Zugang der Willenserklärung)
c) = Beginn der Leistungspflicht des Versicherers, dabei sind	Leistungsanspruch beginnt mit der Versicherung
Wartezeiten zu beachten: – Beginn der Wartezeit mit dem technischen Versicherungsbeginn – allgemeine Wartezeit = 3 Monate – besondere Wartezeit = 8 Monate – Wartezeit der Pflegekrankenversicherung = 3 Jahre	keine Wartezeiten
u.U. Anrechnung von GKV-Zeiten auf die Wartezeit	
u.U. Erlaß der Wartezeit, wenn der Versicherungsnehmer auf seine Kosten ein ärztliches Gesundheitszeugnis beibringt	
keine Wartezeiten wegen Unfallfolgen	

Gegenüberstellung der wesentlichen Unterschiede zwischen PKV und GKV

	PKV	GKV
Ende der Versicherung:	Ende der Versicherung (vgl. 3.7) – bei Tod des Versicherungsnehmers oder – bei Wegzug des Versicherungsnehmers aus dem Geschäftsbereich des Versicherers – durch Kündigung des Versicherungsnehmers – ordentliche Kündigung, überwiegend mit dreimonatiger Kündigungsfrist zum Ablauf des Versicherungsjahres – jedoch nicht vor Ablauf der vereinbarten Vertragsdauer (überwiegend ab Beginn der Versicherung 3 Jahre) – außerordentliche Kündigung – bei Eintritt von KV-Pflicht in der GKV – wegen Beitragserhöhung oder Leistungsverminderung – durch Kündigung des Versicherers – kein ordentliches Kündigungsrecht des Versicherers bei Krankheitskostenversicherung – bei Krankheitskostenteil- und Krankenhaustagegeldversicherung mit Frist von 3 Monaten zum Ablauf eines jeden der ersten 3 Versicherungsjahre	Ende der Versicherung – bei Tod des Versicherten – bei Versicherungspflichtigen grunsätzlich, wenn die Versicherungspflicht entfällt, aber: Erhalt der Mitgliedschaft versicherungspflichtig Beschäftigter – bei Fortbestehen des Arbeitsverhältnisses ohne Arbeitsentgeltzahlung bis zu einem Monat – bei rechtmäßigem Streik für dessen Dauer – bei Anspruch auf Kranken-, Mutterschaftsgeld für die Zeit des Anspruchs/Bezuges – bei Bezug von Erziehungsgeld für die Zeit des Bezuges – bei Bezug von Verletztengeld, Vesorgungskrankengeld, Übergangsgeld für die Zeit des Bezuges – bei Kurzarbeiter- und Schlechtwettergeld für die Zeit des Anspruchs – bei Fortbestehen des Arbeitsverhältnisses oder zulässiger Auflösung des Arbeitsverhältnisses während der Schwangerschaft bis zu deren Ende – bei Wehr- oder Zivildienst für die Zeit der Dienstleistung

Gegenüberstellung der wesentlichen Unterschiede zwischen PKV und GKV

	PKV	GKV
	– bei Obliegenheitsverletzung außerordentlich – bei Zahlungsverzug außerordentlich – in der Krankentagegeldversicherung bei Ende der Erwerbstätigkeit und bei Berufsunfähigkeit (nicht im Sinne der gesetzlichen Rentenversicherung)	bei Versicherungsberechtigten – mit dem Tod – mit dem Eintritt von Versicherungspflicht – bei Zahlungsverzug mit dem nächsten Zahltag, wenn für zwei Monate die fälligen Beiträge nicht gezahlt wurden – mit Ablauf des übernächsten Kalendermonats nach der Kündigung (teilweise kürzere Fristen laut Satzung)
Beiträge:	(vgl. 4.) Äquivalenzprinzip Beitrag einkommensunabhängig Bemessungsgrundlage ist das Versicherungsrisiko, bestimmt durch – Versicherungsleistungen – Beitrittsalter – Geschlecht – Gesundheitszustand Bei Umwandlung des Tarifes gilt das neue Eintrittsalter, evtl. Anrechnung der Alterungsrückstellung	Solidaritätsprinzip Beitrag einkommensabhängig Bemessungsgrundlage ist die wirtschaftliche Belastbarkeit des Versicherten – bei Arbeitnehmern das Arbeitsentgelt – bei Rentnern die Rente, Arbeitsentgelt, Arbeitseinkommen und Versorgungsbezüge – bei Studenten der BAföG-Satz – bei Versicherungsberechtigten die Einnahmen zum Lebensunterhalt

Gegenüberstellung der wesentlichen Unterschiede zwischen PKV und GKV

PKV	GKV
Zusammensetzung des Beitrages: – Risikobeitrag – Alterungsrückstellung – Sicherheitszuschlag – Kosten der laufenden Verwaltung – Abschlußkosten (Provisionen, Werbung etc.) – Schadensregulierungskosten – Aufwendungen für die Beitragsrückerstattung	Im Beitrag kalkuliert sind: – Versicherungsleistungen – Verwaltungskosten – bestimmte Rücklagen
– Risikozuschläge bei Vorerkrankungen möglich	ohne Rücksicht auf das individuelle Risiko
– keine kostenlose Familienversicherung, für jede versicherte Person Vertrag mit individuellem Beitrag	Familienversicherung ohne Beitrag
Beitrag soll grundsätzlich für die gesamte Versicherungszeit gleich sein aber: – Beitragserhöhungen bei Kostensteigerungen – Beitragserhöhungen wegen Änderung des Altersprofils Gefahr der Schließung und „Vergreisung" von Tarifen keine Übertragung bereits gezahlter Alterungsrückstellungen bei Wechsel des Versicherers	Beitragserhöhungen bzw. -senkungen entsprechend der Ausgaben-/Einnahmenentwicklung

Gegenüberstellung der wesentlichen Unterschiede zwischen PKV und GKV

PKV	GKV
Beitragszahlung vom (technischen) Beginn bis zum Ende der Versicherung	Beitragszahlung grds. vom Beginn bis zum Ende der Mitgliedschaft
keine Beitragsfreiheit bei Kranken-(haus-)tagegeldbezug	Beitragsfreiheit während des Anspruchs/Bezuges von Kranken-, Mutterschafts-, Erziehungsgeld sowie Übergangsgeld während medizinischer Reha-Maßnahmen
grundsätzlich Jahresbeitrag, praktisch Monatsbeiträge (Stundung)	Monatsbeitrag
bei Zahlungsverzug Fälligkeit des restlichen Jahresbeitrages und Verlust des Leistungsanspruchs sowie mglw. außerordentliche Kündigung des Versicherers	Zahlungsverzug bewirkt bei Versicherungsberechtigten evtl. Ende der Mitgliedschaft (s. Ende der Versicherung)
Beitragsrückerstattungen grundsätzlich erfolgsabhängig und wenn im Versicherungsjahr keine Leistungen beansprucht wurden	grundsätzlich keine Beitragsrückerstattung; evtl. Erprobungsregelung
Beitragszuschuß des Arbeitgebers für Arbeitnehmer – 50 % des GKV-Beitrages, höchstens jedoch – 50 % des tatsächlichen PKV-Beitrages – wenn etwa GKV-Leistungsumfang versichert – nur für die Zeit der GKV-Beitragspflicht	Tragung der Beiträge – bei Arbeitnehmern grunsätzlich je zur Hälfte vom Arbeitnehmer und Arbeitgeber – bei Rentnern Beitragszuschuß des RV-Trägers – bei Studenten der Versicherte – bei Versicherungsberechtigten grundsätzlich der Versicherte, soweit nicht Arbeitnehmer oder Rentner

Gegenüberstellung der wesentlichen Unterschiede zwischen PKV und GKV

	PKV	GKV
	– entfällt bei Kranken-, Mutterschafts-, Erziehungs- und Übergangsgeld- (med. Reha) bezug ohne Beitragsminderung (= 100 % Zahlung durch Versicherungsnehmer)	
	Beitragszuschuß für Rentner vom RV-Träger Beitragszuschuß für Studenten von der BAföG-Stelle	
Leistungen:	(vgl. 6.ff)	
	– Kostenerstattungsprinzip je nach Tarif	Sach-/Dienstleistungsprinzip
	– volle Erstattung	grundsätzlich kostenlose Inanspruchnahme der Leistungen durch den Versicherten (Ausnahme: Eigenanteile)
	– Selbstbeteiligung (mit festen Höchstbeträgen oder prozentual)	
	– teilweise Erstattung (Quotentarif)	
	grundsätzlich Vorfinanzierung durch den Versicherungsnehmer (Ausnahme: bestimmte Versicherer bei Krankenhausbehandlung)	keine Vorfinanzierung durch den Versicherten – Direktabrechnung der Behandler mit der GKV
	– Behandlung durch niedergelassene Ärzte/ Zahnärzte/sonstige Leistungserbringer als Privatpatient	– Behandlung durch zugelassene Vertragspartner
	– grundsätzlich Erstattung von Heilpraktikerkosten (Ausnahme: Basistarife)	– grds. keine Erstattung von Heilpraktikerkosten

Gegenüberstellung der wesentlichen Unterschiede zwischen PKV und GKV

	PKV	GKV
	– Leistungsbegrenzung auf das medizinisch Notwendige	– Leistungsbegrenzung auf das medizinisch Notwendige
	Verfahren: PKV kürzt den Erstattungsanspruch des Versicherungsnehmers, Restbetrag verbleibt dem Versicherungsnehmer	Verfahren: GKV kürzt das Honorar des Behandlers ohne finanzielle Beteiligung des Versicherten
	– grundsätzlich europaweiter, meist weltweiter Versicherungsschutz bei vorübergehendem Auslandsaufenthalt	– Versicherungsschutz im Ausland nur im Rahmen über- und zwischenstaatlichen Rechts
	– Eigenanteile nur bei vertraglicher Vereinbarung	– Eigenanteile in den gesetzlich vorgesehenen Fällen
	– Versicherungsnehmer muß Erstattungen jeweils beantragen (Abrechnung)	– keine Abrechnungsarbeit für den Versicherten
	– Leistungsausschluß für beim Beitritt bestehende Krankheiten möglich	– Leistungsanspruch auch für bestehende Krankheiten ab Beginn der Versicherung
	– Ende des Versicherungsschutzes mit dem Versicherungsvertrag	– bei Pflichtmitgliedern einen Monat nachgehender Leistungsanspruch
Gesundheitsvorsorgeuntersuchungen:	Kostenübernahme im tariflich vereinbarten Umfang, meist ohne Alters- und Diagnosebeschränkungen	volle Kostenübernahme mit Alters- und Diagnosebeschränkungen
Krebsfrüherkennungsuntersuchungen	Kostenübernahme im tariflich vereinbarten Umfang, meist ohne Alters- und Diagnosebeschränkungen	volle Kostenübernahme mit Alters- und Diagnosebeschränkungen
ambulante ärztliche Behandlung:	Kostenübernahme im tariflich vereinbarten Umfang	volle Kostenübernahme auf Behandlungsschein

Gegenüberstellung der wesentlichen Unterschiede zwischen PKV und GKV

	PKV	GKV
Behandlung durch Heilpraktiker:	Kostenübernahme im tariflich vereinbarten Umfang	grds. keine Kostenübernahme
Arzneimittel:	Kostenübernahme im tariflich vereinbarten Umfang, keine Festbeträge, kein Leistungsausschluß für „Bagatell-"Arzneimittel	Kostenübernahme abzüglich Eigenanteil, teilweise Festbeträge, Leistungsausschluß für „Bagatell-"Arzneimittel
Heilmittel:	Kostenübernahme im tariflich vereinbarten Umfang; lt. Tarifbestimmungen meist begrenzt, z.T. Höchstbeträge	Kostenübernahme laut Heilmittelkatalog abzüglich Eigenanteil
Hilfsmittel:	Kostenübernahme im tariflich vereinbarten Umfang; lt. Tarifbestimmungen meist begrenzt, z.T. Höchstbeträge	Kostenübernahme laut Hilfsmittelkatalog, zum Teil Festbeträge;
Zahnersatz – zahnärztliche Leistungen:	Kostenübernahme im tariflich vereinbarten Umfang, aber Höchstbeträge, z.T. Zusatzversicherung erforderlich, z.T. aber auch aufwendigere Leistungen als GKV	Zuschuß z.Zt. 60 % der Kosten
– Laborleistungen:	Kostenübernahme im tariflich vereinbarten Umfang, aber Höchstbeträge, z.T. Zusatzversicherung erforderlich, z.T. aber auch aufwendigere Leistungen als GKV	Zuschuß z.Zt. 60 % der Kosten
Kfo-Behandlung:	Kostenübernahme im tariflich vereinbarten Umfang, z.T. Höchstbeträge	Zuschuß 80/90 %, Restbetrag bei ordnungsgemäßem Abschluß der Behandlung

Gegenüberstellung der wesentlichen Unterschiede zwischen PKV und GKV

	PKV	GKV
Badekur		
– badeärztliche Behandlung:	nur bei Zusatztarif	volle Kostenübernahme auf Berechtigungsschein
– Kurmittel:	nur bei Zusatztarif, z.T. Höchstbeträge	volle Kostenübernahme
– Tageszuschuß:	nur bei Zusatztarif, z.T. nicht vorgesehen	laut Satzung, höchstens 15,00 DM
Vorsorgeleistungen	nicht vorgesehen	– Kurse bei Rauchen, Bewegungsmangel, Streß (überwiegend)
		– Ernährungsberatung (z.B. bei Übergewicht)
		– Kostenbeteiligung bei Kursen durch Externe (überwiegend)
Rehabilitation/Sozialer Dienst	nicht vorgesehen	– fachkompetente Beratung
		– Planung der Rehabilitation
		– Koordination der Reha-Maßnahmen
		– überwiegend psychosoziale Beratung (in schwierigen Lebenssituationen)
Rehabilitationsleistungen	nicht vorgesehen	– Anschlußheilbehandlung, jedoch Eigenanteil
	nicht vorgesehen	– Suchtbehandlung, jedoch Eigenanteil
	nur in einer Krankenanstalt	– stationäre Reha-Behandlung in qualifizierten Kliniken, jedoch Eigenanteil
	nicht vorgesehen	– stufenweise Wiedereingliederung nach Arbeitsunfähigkeit
	nicht vorgesehen	– ergänzende Leistungen zur Rehabilitation

Gegenüberstellung der wesentlichen Unterschiede zwischen PKV und GKV

	PKV	GKV
stationäre Krankenhausbehandlung:	Kostenübernahme im tariflich vereinbarten Umfang, Ein- bzw. Zweibettzimmer und privatärztliche (Chefarzt-) Behandlung, (Ausnahme: Basistarife)	Kostenübernahme der allgemeinen Krankenhausleistungen abzüglich Eigenanteil
Sanatoriumsbehandlung:	grds. nicht vorgesehen, jedoch Spezialtarife	Kostenübernahme abzüglich Eigenanteil
häusliche Krankenpflege durch Sozialstationen:	nicht vorgesehen	volle Kostenübernahme in Höhe der Vertragssätze
Haushaltshilfe:	nicht vorgesehen	Kostenübernahme bis zu einem täglichen Höchstbetrag
Familienversicherung:	nicht vorgesehen	Für die gesetzlich definierten Angehörigen ohne zusätzlichen Beitrag
häusliche Pflegehilfe – Urlaubs- bzw. Ersatzpflege:	nur bei Pflegekrankenversicherung	Kostenübernahme bis höchstens 28 Tage/ 1.800,00 DM pro Jahr
– laufende häusliche Pflegehilfe:	nur bei Pflegekrankenversicherung	Kostenübernahme bis höchstens 750,00 DM pro Monat
Reisekosten:	Kostenübernahme im tariflich vereinbarten Umfang nur bei KTW- bzw. RTW-Transport zur stationären Behandlung (Notfall)	Kostenübernahme zur stationären Behandlung, Eigenanteil bzw. Härtefallregelung, bei ambulanter Behandlung in Härtefällen
Kranken(tage)geld:	nur bei Zusatztarif: Krankentagegeld bzw. Krankenhaustagegeld (nicht dynamisch), ab vertraglich vereinbartem Zeitpunkt, auch wenn Ent-	80 % des Brutto-(Regel-)entgelts bis zu einem Höchstbetrag, überwiegend in Höhe des Nettoverdienstes, auch bei dauernder AU,

Gegenüberstellung der wesentlichen Unterschiede zwischen PKV und GKV

	PKV	GKV
	geltfortzahlung erschöpft ist oder verweigert wird, teilw. tarifl. andere Regelungen, endet mit Dauerzustand	wegen derselben Krankheit höchstens 78 Wochen innerhalb von je drei Jahren überwiegend in Höhe des Nettoverdienstes
Krankengeld bei Betreuung eines erkrankten Kindes:	nur bei Zusatztarif: Zusatzkrankentagegeld	bis zu fünf Arbeitstage pro Jahr/Kind
Mutterschaftsgeld:	nur bei Zusatztarif: Kranken-(haus-)tagegeld	bis zu 750,00 DM pro Monat oder in Höhe des Krankengeldes für die Zeit der Schutzfrist (Vorversicherungszeit)
Pauschbetrag bei Entbindung:	grds. nicht vorgesehen; teilw. anstelle von Mutterschaftsleistungen	150,00 DM je Entbindungsfall
Sterbegeld:	nur bei Zusatztarif: separate Sterbegeldversicherung	bei Tod des Mitglieds 2.100,00 DM, bei Tod eines mitversicherten Angehörigen 1.050,00 DM
Ausfallzeit während des Kranken-(tage-)geldbezuges:	grds. keine Ausfallzeit, es sei denn, der Versicherungsnehmer zahlt selbst RV-Beiträge; PKV zahlt ArblV-Beiträge	Ausfallzeit in der Rentenversicherung; Renten- und Arbeitslosenversicherungsbeiträge kraft Gesetzes von Lohnersatzleistungen

Gegenüberstellung der wesentlichen Unterschiede zwischen PKV und GKV

	PKV	GKV
Sonstiges: KVdR:	als Rentner grds. keine Rückkehr in die GKV (wegen Nichterfüllung der Vorversicherungszeit)	spätere KVdR bei entspr. Vorversicherungszeit
wirtschaftliches Leitprinzip:	Gewinnorientierung der Aktiengesellschaften	auschließlich Kostendeckung
Rechtsstreitigkeiten:	– Zivilgerichtsbarkeit – alle Kosten trägt die Partei, zu deren Lasten das Endurteil ausfällt (auch Kosten der Gegenpartei) – ab Streitwert 5000,00 DM Landgericht mit Anwaltszwang – Parteivortrag gilt; Ansprüche sind zu begründen und zu beweisen (Gutachten)	– Sozialgerichtsbarkeit – kostenfrei für den Versicherten – vor SG kein Anwaltszwang – Amtsermittlungsgrundsatz, d.h. Gericht stellt entscheidungserhebliche Tatsachen fest, Gutachterkosten zahlt die Gerichtskasse, wenn das Gericht den Auftrag erteilt
Organisationsform:	– Verwaltung allein durch die Organe des Versicherers, i.d.R. keine Mitwirkung der Versicherungsnehmer	– Mitwirkung der Versicherten (und Arbeitgeber) durch Selbstverwaltung

Anhang 1

Auszüge aus gesetzlichen Grundlagen

1.1. Gesetz über den Versicherungsvertrag vom 30. Mai 1908

– Auszug –

§ 1 Inhalt des Versicherungsvertrages

(1) Bei der Schadensversicherung ist der Versicherer verpflichtet, nach dem Eintritte des Versicherungsfalls dem Versicherungsnehmer den dadurch verursachten Vermögensschaden nach Maßgabe des Vertrages zu ersetzen. Bei der Lebensversicherung und der Unfallversicherung sowie bei anderen Arten der Personenversicherung ist der Versicherer verpflichtet, nach dem Eintritte des Versicherungsfalls den vereinbarten Betrag an Kapital oder Rente zu zahlen oder die sonst vereinbarte Leistung zu bewirken.

(2) Der Versicherungsnehmer hat die vereinbarte Prämie zu entrichten. Als Prämien im Sinne dieses Gesetzes gelten auch die bei Versicherungsunternehmen auf Gegenseitigkeit zu entrichtenden Beiträge.

§ 5 Billigungsklausel

(1) Weicht der Inhalt des Versicherungsscheins von dem Antrage oder den getroffenen Vereinbarungen ab, so gilt die Abweichung als genehmigt, wenn der Versicherungsnehmer nicht innerhalb eines Monats nach Empfang des Versicherungsscheins schriftlich widerspricht.

(2) Die Genehmigung ist jedoch nur dann anzunehmen, wenn der Versicherer den Versicherungsnehmer bei Aushändigung des Versicherungsscheins darauf hingewiesen hat, daß Abweichungen als genehmigt gelten, wenn der Versicherungsnehmer nicht innerhalb eines Monats nach Empfang des Versicherungsscheins schriftlich widerspricht. Der Hinweis hat durch besondere schriftliche Mitteilung oder durch auffälligen Vermerk in dem Versicherungsschein, der aus dem übrigen Inhalt des Versicherungsscheins hervorgehoben ist, zu geschehen; auf die einzelnen Abweichungen ist besonders aufmerksam zu machen.

(3) Hat der Versicherer den Vorschriften des Abs. 2 nicht entsprochen, so ist die Abweichung für den Versicherungsnehmer unverbindlich und der Inhalt des Versicherungsantrags insoweit als vereinbart anzusehen.

(4) Eine Vereinbarung, durch welche der Versicherungsnehmer darauf verzichtet, den Vertrag wegen Irrtums anzufechten, ist unwirksam.

§ 6 Obliegenheiten

(1) Ist im Vertrag bestimmt, daß bei Verletzung einer Obliegenheit, die vor dem Eintritt des Versicherungsfalls dem Versicherer gegenüber zu erfüllen ist, der Versicherer von der Verpflichtung zur Leistung frei sein soll, so tritt die vereinbarte Rechtsfolge nicht ein, wenn die Verletzung als eine unverschuldete anzusehen ist. Der Versicherer kann den Vertrag innerhalb eines Monats, nachdem er von der Verletzung Kenntnis erlangt hat, ohne Einhaltung einer Kündigungsfrist kündigen, es sei denn, daß die Verletzung als eine unverschuldete anzusehen ist. Kündigt der Versicherer innerhalb eines Monats nicht, so kann er sich auf die vereinbarte Leistungsfreiheit nicht berufen.

(2) Ist eine Obliegenheit verletzt, die von dem Versicherungsnehmer zum Zwecke der Verminderung der Gefahr oder der Verhütung einer Gefahrerhöhung dem Versicherer gegenüber zu erfüllen ist, so kann sich der Versicherer auf die vereinbarte Leistungsfreiheit nicht berufen, wenn die Verletzung keinen Einfluß auf den Eintritt des Versicherungsfalls oder den Umfang der ihm obliegenden Leistung gehabt hat.

(3) Ist die Leistungsfreiheit für den Fall vereinbart, daß eine Obliegenheit verletzt wird, die nach dem Eintritt des Versicherungsfalls dem Versicherer gegenüber zu erfüllen ist, so tritt die vereinbarte Rechtsfolge nicht ein, wenn die Verletzung weder auf Vorsatz noch auf grober Fahrlässigkeit beruht. Bei grobfahrlässiger Verletzung bleibt der Versicherer zur Leistung insoweit verpflichtet, als die Verletzung Einfluß weder auf die Feststellung des Versicherungsfalls noch auf die Feststellung oder den Umfang der dem Versicherer obliegenden Leistung gehabt hat.

(4) Eine Vereinbarung, nach welcher der Versicherer bei Verletzung einer Obliegenheit zum Rücktritt berechtigt sein soll, ist unwirksam.

§ 16 Vorvertragliche Anzeige

(1) Der Versicherungsnehmer hat bei der Schließung des Vertrags alle ihm bekannten Umstände, die für die Übernahme der Gefahr erheblich sind, dem Versicherer anzuzeigen. Erheblich sind die Gefahrumstände, die geeignet sind, auf den Entschluß des Versicherers, den Vertrag überhaupt oder zu dem vereinbarten Inhalt abzuschließen, einen Einfluß auszuüben. Ein Umstand, nach welchem der Versicherer ausdrücklich und schriftlich gefragt hat, gilt im Zweifel als erheblich.

(2) Ist dieser Vorschrift zuwider die Anzeige eines erheblichen Umstandes unterblieben, so kann der Versicherer von dem Vertrage zurücktreten. Das gleiche gilt, wenn die Anzeige eines erheblichen Umstandes deshalb unterblieben ist, weil sich der Versicherungsnehmer der Kenntnis des Umstandes arglistig entzogen hat.

(3) Der Rücktritt ist ausgeschlossen, wenn der Versicherer den nicht angezeigten Umstand kannte oder wenn die Anzeige ohne Verschulden des Versicherungsnehmers unterblieben ist.

§ 18 Schriftliche Fragen

Hatte der Versicherungsnehmer die Gefahrumstände an der Hand schriftlicher von dem Versicherer gestellter Fragen anzuzeigen, so kann der Versicherer wegen unterbliebener Anzeige eines Umstandes, nach welchem nicht ausdrücklich gefragt worden ist, nur im Falle arglistiger Verschweigung zurücktreten.

§ 20 Ausübung des Rücktritts

(1) Der Rücktritt kann nur innerhalb eines Monats erfolgen. Die Frist beginnt mit dem Zeitpunkt, in welchem der Versicherer von der Verletzung der Anzeigepflicht Kenntnis erlangt.

(2) Der Rücktritt erfolgt durch Erklärung gegenüber dem Versicherungsnehmer. Im Falle des Rücktritts sind, soweit dieses Gesetz nicht in Ansehung der Prämie ein anderes bestimmt, beide Teile verpflichtet, einander die empfangenen Leistungen zurückzugewähren; eine Geldsumme ist von der Zeit des Empfanges an zu verzinsen.

§ 21 Leistungspflicht trotz Rücktritts

Tritt der Versicherer zurück, nachdem der Versicherungsfall eingetreten ist, so bleibt seine Verpflichtung zur Leistung gleichwohl bestehen, wenn der Umstand, in Ansehung dessen die Anzeigepflicht verletzt worden ist, keinen Einfluß auf den Eintritt des Versicherungsfalls und auf den Umfang der Leistung des Versicherers gehabt hat.

§ 22 Arglistige Täuschung

Das Recht des Versicherers, den Vertrag wegen arglistiger Täuschung über Gefahrumstände anzufechten, bleibt unberührt.

§ 38 Verspätete Zahlung der ersten Prämie

(1 Wird die erste oder einmalige Prämie nicht rechtzeitig gezahlt, so ist der Versicherer, solange die Zahlung nicht bewirkt ist, berechtigt, vom Vertrag zurückzutreten. Es gilt als Rücktritt, wenn der Anspruch auf die Prämie nicht innerhalb von drei Monaten vom Fälligkeitstage an gerichtlich geltend gemacht wird.

(2) Ist die Prämie zur Zeit des Eintritts des Versicherungsfalls noch nicht gezahlt, so ist der Versicherer von der Verpflichtung zur Leistung frei.

§ 39 Folgeprämie

(1) Wird eine Folgeprämie nicht rechtzeitig gezahlt, so kann der Versicherer dem Versicherungsnehmer auf dessen Kosten schriftlich eine Zahlungsfrist von mindestens zwei Wochen bestimmen; zur Unterzeichnung genügt eine Nachbildung der eigenhändigen Unterschrift. Dabei sind die Rechtsfolgen anzugeben, die nach Abs. 2, 3 mit dem Ablaufe der Frist verbunden sind. Eine Fristbestimmung, die ohne Beachtung dieser Vorschrift erfolgt, ist unwirksam.

(2) Tritt der Versicherungsfall nach dem Ablaufe der Frist ein, und ist der Versicherungsnehmer zur Zeit des Eintritts mit der Zahlung der Prämie oder der geschuldeten Zinsen oder Kosten im Verzuge, so ist der Versicherer von der Verpflichtung zur Leistung frei.

(3) Der Versicherer kann nach dem Ablaufe der Frist, wenn der Versicherungsnehmer mit der Zahlung im Verzuge ist, das Versicherungsverhältnis ohne Einhaltung einer Kündigungsfrist kündigen. Die Kündigung kann bereits bei der Bestimmung der Zahlungsfrist dergestalt erfolgen, daß sie mit Fristablauf wirksam wird, wenn der Versicherungsnehmer in diesem Zeitpunkte mit der Zahlung im Verzuge ist; hierauf ist der Versicherungsnehmer bei der Kündigung ausdrücklich hinzuweisen. Die Wirkungen der Kündigung fallen fort, wenn der Versicherungsnehmer innerhalb eines Monats nach der Kündigung oder, falls die Kündigung mit der Fristbestimmung verbunden ist, innerhalb eines Monats nach dem Ablaufe der Zahlungsfrist die Zahlung nachholt, sofern nicht der Versicherungsfall bereits eingetreten ist.

(4) Soweit die in Abs. 2, 3 bezeichneten Rechtsfolgen davon abhängen, daß Zinsen oder Kosten nicht gezahlt worden sind, treten sie nur ein, wenn die Fristbestimmung die Höhe der Zinsen oder den Betrag der Kosten angibt.

§ 40 „Grundsatz" der Unteilbarkeit

(1) Wird das Versicherungsverhältnis wegen Verletzung einer Obliegenheit oder wegen Gefahrerhöhung auf Grund der Vorschriften des zweiten Titels durch Kündigung oder Rücktritt aufgehoben oder wird der Versicherungsvertrag durch den Versicherer angefochten, so gebührt dem Versicherer gleichwohl die Prämie bis zum Schluß der Versicherungsperiode, in der er von der Verletzung der Obliegenheit, der Gefahrerhöhung oder von dem Anfechtungsgrunde Kenntnis erlangt hat. Wird die Kündigung erst in der folgenden Versicherungsperiode wirksam, so gebührt ihm die Prämie bis zur Beendigung des Versicherungsverhältnisses.

(2) Wird das Versicherungsverhältnis wegen nicht rechtzeitiger Zahlung der Prämie nach § 39 gekündigt, so gebührt dem Versicherer die Prämie bis zur Beendigung der laufenden Versicherungsperiode. Tritt der Versicherer nach § 38 Abs. 1 zurück, so kann er nur eine angemessene Geschäftsgebühr verlangen. Ist mit Genehmigung der Aufsichtsbehörde in den Versicherungsbedingungen ein bestimmter Betrag für die Geschäftsgebühr festgesetzt, so gilt dieser als angemessen.

(3) Endigt das Versicherungsverhältnis nach § 13 oder wird es vom Versicherer auf Grund einer Vereinbarung nach § 14 gekündigt, so kann der Versicherungsnehmer den auf die Zeit nach der Beendigung des Versicherungsverhältnisses entfallenden Teil der Prämie unter Abzug der für diese Zeit aufgewendeten Kosten zurückfordern.

§ 41 Prämienverbesserung

(1) Ist die dem Versicherungsnehmer bei der Schließung des Vertrags obliegende Anzeigepflicht verletzt worden, das Rücktrittsrecht des Versicherers aber ausgeschlossen, weil dem anderen Teil ein Verschulden nicht zur Last fällt, so kann der Versicherer, falls mit Rücksicht auf die höhere Gefahr eine höhere Prämie angemessen ist, von dem Beginne der laufenden Versicherungsperiode an die höhere Prämie verlangen. Das gleiche gilt, wenn bei der Schließung des Vertrags ein für die Übernahme der Gefahr erheblicher Umstand dem Versicherer nicht angezeigt worden ist, weil er dem anderen Teile nicht bekannt war.

Gesetz über den Widerruf von Haustürgeschäften und ähnlichen Geschäften

(2) Wird die höhere Gefahr nach den für den Geschäftsbetrieb des Versicherers maßgebenden Grundsätzen auch gegen eine höhere Prämie nicht übernommen, so kann der Versicherer das Versicherungsverhältnis unter Einhaltung einer Kündigungsfrist von einem Monate kündigen. § 40 Abs. 1 gilt sinngemäß.

(3) Der Anspruch auf die höhere Prämie erlischt, wenn er nicht innerhalb eines Monats von dem Zeitpunkt an geltend gemacht wird, in welchem der Versicherer von der Verletzung der Anzeigepflicht oder von dem nicht angezeigten Umstande Kenntnis erlangt. Das gleiche gilt von dem Kündigungsrechte, wenn es nicht innerhalb des bezeichneten Zeitraums ausgeübt wird.

1.2. Gesetz über den Widerruf von Haustürgeschäften und ähnlichen Geschäften vom 16. Januar 1986

- Auszug -

§ 1 Widerrufsrecht

(1) Eine auf den Abschluß eines Vertrages über eine entgeltliche Leistung gerichtete Willenserklärung, zu der der Erklärende (Kunde)

1. durch mündliche Verhandlung an seinem Arbeitsplatz oder im Bereich einer Privatwohnung,

2. anläßlich einer von der anderen Vertragspartei oder von einem Dritten zumindest auch in ihrem Interesse durchgeführten Freizeitveranstaltung oder

3. im Anschluß an ein überraschendes Ansprechen in Verkehrsmitteln oder im Bereich öffentlich zugänglicher Verkehrswege

bestimmt worden ist, wird erst wirksam, wenn der Kunde sie nicht binnen einer Frist von einer Woche schriftlich widerruft.

(2) Ein Recht auf Widerruf besteht nicht, wenn

1. im Fall von Absatz 1 Nr. 1 die mündlichen Verhandlungen, auf denen der Abschluß des Vertrages beruht, auf vorhergehende Bestellung des Kunden geführt worden sind oder

2. die Leistung bei Abschluß der Verhandlungen sofort erbracht oder bezahlt wird und das Entgelt achtzig Deutsche Mark nicht übersteigt oder

3. die Willenserklärung von einem Notar beurkundet worden ist.

§ 6 Anwendungsbereich

Die Vorschriften dieses Gesetzes finden keine Anwendung,

1. wenn der Kunde den Vertrag in Ausübung einer selbständigen Erwerbstätigkeit abschließt oder die andere Vertragspartei nicht geschäftsmäßig handelt,

2. beim Abschluß von Versicherungsverträgen.

Anhang 2

Musterbedingungen

2.1. Allgemeine Versicherungsbedingungen für die Krankheitskosten- und Krankenhaustagegeldversicherung (AVB) Teil I – Musterbedingungen 1976 des Verbandes der privaten Krankenversicherung (MB/KK 76)

Der Versicherungsschutz

§ 1 Gegenstand, Umfang und Geltungsbereich des Versicherungsschutzes

(1) Der Versicherer bietet Versicherungsschutz für Krankheiten, Unfälle und andere im Vertrag genannte Ereignisse. Er gewährt im Versicherungsfall

a) in der Krankheitskostenversicherung Ersatz von Aufwendungen für Heilbehandlung und sonst vereinbarte Leistungen,

b) in der Krankenhaustagegeldversicherung bei stationärer Behandlung ein Krankenhaustagegeld.

(2) Versicherungsfall ist die medizinisch notwendige Heilbehandlung einer versicherten Person wegen Krankheit oder Unfallfolgen. Der Versicherungsfall beginnt mit der Heilbehandlung; er endet, wenn nach medizinischem Befund Behandlungsbedürftigkeit nicht mehr besteht. Muß die Heilbehandlung auf eine Krankheit oder Unfallfolge ausgedehnt werden, die mit der bisher behandelten nicht ursächlich zusammenhängt, so entsteht insoweit ein neuer Versicherungsfall. Als Versicherungsfall gelten auch

a) Untersuchung und medizinisch notwendige Behandlung wegen Schwangerschaft und die Entbindung,

b) ambulante Untersuchungen zur Früherkennung von Krankheiten nach gesetzlich eingeführten Programmen (gezielte Vorsorgeuntersuchungen),

c) Tod, soweit hierfür Leistungen vereinbart sind.

(3) Der Umfang des Versicherungsschutzes ergibt sich aus dem Versicherungsschein, späteren schriftlichen Vereinbarungen, den Allgemeinen Versicherungsbedingungen (Musterbedingungen, Tarif mit Tarifbedingungen) sowie den gesetzlichen Vorschriften.

(4) Der Versicherungsschutz erstreckt sich auf Heilbehandlung in Europa. Er kann durch Vereinbarung auf außereuropäische Länder ausgedehnt werden. (Vgl. aber § 15 Abs.3). Während des ersten Monats eines vorübergehenden Aufenthaltes im außereuropäischen Ausland besteht auch ohne besondere Vereinbarung Versicherungsschutz. Muß der Aufenthalt wegen notwendiger Heilbehandlung über einen Monat hinaus ausgedehnt werden, besteht Versicherungsschutz, solange die versicherte Person die Rückreise nicht ohne Gefährdung ihrer Gesundheit antreten kann, längstens aber für weitere zwei Monate.

MB/KK 76

§ 2 Beginn des Versicherungsschutzes

(1) Der Versicherungsschutz beginnt mit dem im Versicherungsschein bezeichneten Zeitpunkt (Versicherungsbeginn), jedoch nicht vor Abschluß des Versicherungsvertrages (insbesondere Zugang des Versicherungsscheines oder einer schriftlichen Annahmeerklärung) und nicht vor Ablauf von Wartezeiten. Für Versicherungsfälle, die vor Beginn des Versicherungsschutzes eingetreten sind, wird nicht geleistet. Nach Abschluß des Versicherungsvertrages eingetretene Versicherungsfälle sind nur für den Teil von der Leistungspflicht ausgeschlossen, der in die Zeit vor Versicherungsbeginn oder in Wartezeiten fällt.

(2) Bei Neugeborenen beginnt der Versicherungsschutz ohne Wartezeiten unmittelbar nach der Geburt, wenn am Tage der Geburt ein Elternteil mindestens drei Monate beim Versicherer versichert ist und die Anmeldung zur Versicherung spätestens zwei Monate nach dem Tage der Geburt rückwirkend zum Ersten des Geburtsmonats erfolgt. Der Versicherungsschutz darf nicht höher oder umfassender als der eines versicherten Elternteils sein.

§ 3 Wartezeiten

(1) Die Wartezeiten rechnen vom Versicherungsbeginn an.

(2) Die allgemeine Wartezeit beträgt drei Monate. Sie entfällt

a) bei Unfällen,

b) für den Ehegatten einer mindestens seit drei Monaten versicherten Person, sofern eine gleichartige Versicherung innerhalb zweier Monate nach der Eheschließung beantragt wird.

(3) Die besonderen Wartezeiten betragen für Entbindung, Psychotherapie, Zahnbehandlung, Zahnersatz und Kieferorthopädie acht Monate.

(4) Sofern der Tarif es vorsieht, können die Wartezeiten auf Grund besonderer Vereinbarung erlassen werden, wenn ein ärztliches Zeugnis über den Gesundheitszustand vorgelegt wird.

(5) Personen, die aus einer gesetzlichen Krankenversicherung ausscheiden, wird die nachweislich dort ununterbrochen zurückgelegte Versicherungszeit auf die Wartezeiten angerechnet. Voraussetzung ist, daß die Versicherung spätestens zwei Monate nach Beendigung der Vorversicherung beantragt wurde und der Versicherungsschutz in Abweichung von § 2 Abs. 1 im unmittelbaren Anschluß beginnen soll. Entsprechendes gilt beim Ausscheiden aus einem öffentlichen Dienst mit Anspruch auf freie Heilfürsorge.

§ 4 Umfang der Leistungspflicht

(1) Art und Höhe der Versicherungsleistungen ergeben sich aus dem Tarif mit Tarifbedingungen.

(2) Der versicherten Person steht die Wahl unter den niedergelassenen approbierten Ärzten und Zahnärzten frei. Soweit die Tarifbedingungen nichts anderes bestimmen,

dürfen Heilpraktiker im Sinne des deutschen Heilpraktikergesetzes in Anspruch genommen werden.

(3) Arznei-, Verband-, Heil- und Hilfsmittel müssen von den in Abs. 2 genannten Behandlern verordnet, Arzneimittel außerdem aus der Apotheke bezogen werden.

(4) Bei medizinisch notwendiger stationärer Heilbehandlung hat die versicherte Person freie Wahl unter den öffentlichen und privaten Krankenhäusern, die unter ständiger ärztlicher Leitung stehen, über ausreichende diagnostische und therapeutische Möglichkeiten verfügen, nach wissenschaftlich allgemein anerkannten Methoden arbeiten und Krankengeschichten führen.

(5) Für medizinisch notwendige stationäre Heilbehandlung in Krankenanstalten, die auch Kuren bzw. Sanatoriumsbehandlungen durchführen oder Rekonvaleszenten aufnehmen, im übrigen aber die Voraussetzungen von Abs. 4 erfüllen, werden die tariflichen Leistungen nur dann gewährt, wenn der Versicherer diese vor Beginn der Behandlung schriftlich zugesagt hat. Bei Tbc-Erkrankungen wird in vertraglichem Umfange auch für die stationäre Behandlung in Tbc-Heilstätten und -Sanatorien geleistet.

§ 5 Einschränkung der Leistungspflicht

(1) Keine Leistungspflicht besteht

a) für solche Krankheiten einschließlich ihrer Folgen sowie für Folgen von Unfällen und für Todesfälle, die durch Kriegsereignisse verursacht oder als Wehrdienstschädigung anerkannt und nicht ausdrücklich in den Versicherungsschutz eingeschlossen sind;

b) für auf Vorsatz beruhende Krankheiten und Unfälle einschließlich deren Folgen sowie für Entziehungsmaßnahmen einschließlich Entziehungskuren;

c) für Behandlung durch Ärzte, Zahnärzte, Heilpraktiker und in Krankenanstalten, deren Rechnungen der Versicherer aus wichtigem Grunde von der Erstattung ausgeschlossen hat, wenn der Versicherungsfall nach der Benachrichtigung des Versicherungsnehmers über den Leistungsausschluß eintritt. Sofern im Zeitpunkt der Benachrichtigung ein Versicherungsfall schwebt, besteht keine Leistungspflicht für die nach Ablauf von drei Monaten seit der Benachrichtigung entstandenen Aufwendungen;

d) für Kur- und Sanatoriumsbehandlung sowie für Rehabilitationsmaßnahmen der gesetzlichen Rehabilitationsträger, wenn der Tarif nichts anderes vorsieht;

e) für ambulante Heilbehandlung in einem Heilbad oder Kurort.

Die Einschränkung entfällt, wenn die versicherte Person dort ihren ständigen Wohnsitz hat oder während eines vorübergehenden Aufenthaltes durch eine vom Aufenthaltszweck unabhängige Erkrankung oder einen dort eingetretenen Unfall Heilbehandlung notwendig wird;

f) für wissenschaftlich nicht allgemein anerkannte Untersuchungs- oder Behandlungsmethoden und Arzneimittel;

g) für Behandlungen durch Ehegatten, Eltern oder Kinder.

Nachgewiesene Sachkosten werden tarifgemäß erstattet;

h) für eine durch Pflegebedürftigkeit oder Verwahrung bedingte Unterbringung.

(2) Übersteigt eine Heilbehandlung oder sonstige Maßnahme, für die Leistungen vereinbart sind, das medizinisch notwendige Maß, so kann der Versicherer seine Leistungen auf einen angemessenen Betrag herabsetzen.

(3) Besteht auch Anspruch auf Leistungen aus der gesetzlichen Unfallversicherung oder der gesetzlichen Rentenversicherung, auf eine gesetzliche Heilfürsorge oder Unfallfürsorge, so ist der Versicherer, unbeschadet der Ansprüche des Versicherungsnehmers auf Krankenhaustagegeld, nur für die Aufwendungen leistungspflichtig, welche trotz der gesetzlichen Leistungen notwendig bleiben.

§ 6 Auszahlung der Versicherungsleistungen

(1) Der Versicherer ist zur Leistung nur verpflichtet, wenn die von ihm geforderten Nachweise erbracht sind; diese werden Eigentum des Versicherers.

(2) Der Versicherer ist berechtigt, an den Überbringer oder Übersender von ordnungsgemäßen Nachweisen zu leisten.

(3) Die in ausländischer Währung entstandenen Krankheitskosten werden zum Kurs des Tages, an dem die Belege beim Versicherer eingehen, in Deutsche Mark umgerechnet.

(4) Kosten für die Überweisung der Versicherungsleistungen und für Übersetzungen können von den Leistungen abgezogen werden.

(5) Ansprüche auf Versicherungsleistungen können weder abgetreten noch verpfändet werden.

§ 7 Ende des Versicherungsschutzes

Der Versicherungsschutz endet – auch für schwebende Versicherungsfälle – mit der Beendigung des Versicherungsverhältnisses.

Pflichten des Versicherungsnehmers

§ 8 Beitragszahlung

(1) Der Beitrag ist ein Jahresbeitrag und wird vom Versicherungsbeginn an berechnet. Er ist zu Beginn eines jeden Versicherungsjahres zu entrichten, kann aber auch in gleichen monatlichen Beitragsraten gezahlt werden, die jeweils bis zur Fälligkeit der Beitragsrate als gestundet gelten. Die Beitragsraten sind am Ersten eines jeden Monats fällig. Wird der Jahresbeitrag während des Versicherungsjahres neu festgesetzt, so ist der Unterschiedsbetrag vom Änderungszeitpunkt an bis zum Beginn des nächsten Versicherungsjahres nachzuzahlen bzw. zurückzuzahlen.

(2) Wird der Vertrag für eine bestimmte Zeit mit der Maßgabe geschlossen, daß sich das Versicherungsverhältnis nach Ablauf dieser bestimmten Zeit stillschweigend um jeweils ein Jahr verlängert, sofern der Versicherungsnehmer nicht fristgemäß gekündigt hat, so kann der Tarif an Stelle von Jahresbeiträgen Monatsbeiträge vorsehen. Diese sind am Ersten eines jeden Monats fällig.

(3) Der erste Beitrag bzw. die erste Beitragsrate ist spätestens unverzüglich nach Aushändigung des Versicherungsscheines zu zahlen.

(4) Kommt der Versicherungsnehmer mit der Zahlung einer Beitragsrate in Verzug, so werden die gestundeten Beitragsraten des laufenden Versicherungsjahres fällig. Sie gelten jedoch erneut als gestundet, wenn der rückständige Beitragsteil einschließlich der Beitragsrate für den am Tage der Zahlung laufenden Monat und die Mahnkosten entrichtet sind.

(5) Ist ein Beitrag bzw. eine Beitragsrate nicht rechtzeitig gezahlt und wird der Versicherungsnehmer schriftlich gemahnt, so ist er zur Zahlung der Mahnkosten verpflichtet, deren Höhe sich aus dem Tarif ergibt.

(6) Die Beiträge bzw. Beitragsraten sind bis zum Ablauf des Monats zu zahlen, in dem das Versicherungsverhältnis endet.

(7) Die Beiträge sind an die vom Versicherer zu bezeichnende Stelle zu entrichten.

§ 8a Beitragsberechnung

(1) Die Berechnung der Beiträge erfolgt auf der Grundlage der Richtlinien für die Aufstellung technischer Geschäftspläne in der Krankenversicherung und ist geschäftsplanmäßig festgelegt.

(2) Bei einer Änderung der Beiträge, auch durch Änderung des Versicherungsschutzes, werden das Geschlecht und das (die) bei Inkrafttreten der Änderung erreichte tarifliche Lebensalter (Lebensaltersgruppe) der versicherten Person berücksichtigt. Dabei wird dem Eintrittsalter der versicherten Person dadurch Rechnung getragen, daß die Deckungsrückstellung, die geschäftsplanmäßig nach den für die Beitragsberechnung festgelegten Grundsätzen gebildet ist, geschäftsplanmäßig angerechnet wird. Eine Erhöhung der Beiträge oder eine Minderung der Leistungen des Versicherers wegen Älterwerdens der versicherten Person ist jedoch während der Dauer des Versicherungsverhältnisses ausgeschlossen, soweit nach dem Geschäftsplan eine Deckungsrückstellung für das mit dem Alter der versicherten Person wachsende Wagnis zu bilden ist.

(3) Bei Beitragsänderungen kann der Versicherer auch besonders vereinbarte Beitragszuschläge entsprechend ändern.

§ 9 Obliegenheiten

(1) Jede Krankenhausbehandlung ist binnen 10 Tagen nach ihrem Beginn anzuzeigen.

(2) Der Versicherungsnehmer hat auf Verlangen des Versicherers jede Auskunft zu erteilen, die zur Feststellung des Versicherungsfalles oder der Leistungspflicht des Versicherers und ihres Umfanges erforderlich ist.

(3) Auf Verlangen des Versicherers ist die versicherte Person verpflichtet, sich durch einen vom Versicherer beauftragten Arzt untersuchen zu lassen.

(4) Wird für eine versicherte Person bei einem weiteren Versicherer ein Krankheitskostenversicherungsvertrag abgeschlossen oder macht eine versicherte Person von der Versicherungsberechtigung in der gesetzlichen Krankenversicherung Gebrauch, ist der Versicherungsnehmer verpflichtet, den Versicherer von der anderen Versicherung unverzüglich zu unterrichten.

(5) Eine weitere Krankenhaustagegeldversicherung darf nur mit Einwilligung des Versicherers abgeschlossen werden.

§ 10 Folgen von Obliegenheitsverletzungen

(1) Der Versicherer ist mit der in § 6 Abs. 3 Versicherungsvertragsgesetz (VVG) vorgeschriebenen Einschränkung von der Verpflichtung zur Leistung frei, wenn eine der in § 9 Abs. 1 bis 3 genannten Obliegenheiten verletzt wird.

(2) Wird eine der in § 9 Abs. 4 und 5 genannten Obliegenheiten verletzt, so ist der Versicherer nach Maßgabe des § 6 Abs. 1 VVG von der Verpflichtung zur Leistung frei, wenn er von seinem Kündigungsrecht innerhalb eines Monats nach dem Bekanntwerden Gebrauch macht.

(3) Die Kenntnis und das Verschulden der versicherten Person stehen der Kenntnis und dem Verschulden des Versicherungsnehmers gleich.

§ 11 Ansprüche gegen Dritte

Hat der Versicherungsnehmer oder eine versicherte Person Schadenersatzansprüche nichtversicherungsrechtlicher Art gegen Dritte, so besteht, unbeschadet des gesetzlichen Forderungsüberganges gemäß § 67 VVG, die Verpflichtung, diese Ansprüche bis zur Höhe, in der aus dem Versicherungsvertrag Kostenersatz geleistet wird, an den Versicherer schriftlich abzutreten. Gibt der Versicherungsnehmer oder eine versicherte Person einen solchen Anspruch oder ein zur Sicherung des Anspruches dienendes Recht ohne Zustimmung des Versicherers auf, so wird dieser insoweit von der Verpflichtung zur Leistung frei, als er aus dem Anspruch oder dem Recht hätte Ersatz erlangen können.

§ 12 Aufrechnung

Der Versicherungsnehmer kann gegen Forderungen des Versicherers nur aufrechnen, soweit die Gegenforderung unbestritten oder rechtskräftig festgestellt ist. Gegen eine Forderung aus der Beitragspflicht kann jedoch ein Mitglied eines Versicherungsvereins nicht aufrechnen (§ 26 Versicherungsaufsichtsgesetz).

MB/KK 76

Ende der Versicherung

§ 13 Kündigung durch den Versicherungsnehmer

(1) Der Versicherungsnehmer kann das Versicherungsverhältnis zum Ende eines jeden Versicherungsjahres, frühestens aber zum Ablauf einer vereinbarten Vertragsdauer, mit einer Frist von drei Monaten kündigen.

(2) Die Kündigung kann auf einzelne versicherte Personen oder Tarife beschränkt werden.

(3) Wird eine versicherte Person kraft Gesetzes krankenversicherungspflichtig, so kann der Versicherungsnehmer eine Krankheitskostenvollversicherung insoweit zum Ende des Monats kündigen, in dem er den Eintritt der Versicherungspflicht nachweist. Will der Versicherungsnehmer von diesem Recht Gebrauch machen, so hat er spätestens innerhalb zweier Monate nach Eintritt der Versicherungspflicht zu kündigen. Die Regelung gilt entsprechend, wenn für eine versicherte Person infolge Versicherungspflicht eines Familienmitgliedes kraft Gesetzes Anspruch auf Familienhilfe erlangt wird oder eine versicherte Person infolge nicht nur vorübergehenden Wehr-, Grenzschutz-, Polizei- oder anderen Dienstes Anspruch auf freie Heilfürsorge erlangt.

(4) Erhöht der Versicherer die Beiträge oder mindert er seine Leistungen gemäß § 18 Abs. 1, so kann der Versicherungsnehmer das Versicherungsverhältnis hinsichtlich der betroffenen versicherten Person innerhalb eines Monats vom Zugang der Änderungsmitteilung an zum Zeitpunkt des Wirksamwerdens der Änderung kündigen. Entsprechendes gilt bei Beitragserhöhungen aufgrund einer Beitragsanpassungsklausel.

(5) Der Versicherungsnehmer kann, sofern der Versicherer die Anfechtung, den Rücktritt oder die Kündigung nur für einzelne versicherte Personen oder Tarife erklärt, innerhalb von zwei Wochen nach Zugang dieser Erklärung die Aufhebung des übrigen Teils der Versicherung zum Schlusse des Monats verlangen, in dem ihm die Erklärung des Versicherers zugegangen ist, bei Kündigung zu dem Zeitpunkt, in dem diese wirksam wird.

§ 14 Kündigung durch den Versicherer

(1) Der Versicherer verzichtet auf das ordentliche Kündigungsrecht. Besteht bei ihm jedoch lediglich eine Krankenhaustagegeldversicherung, eine Krankheitskostenteilversicherung oder beides, so ist er berechtigt, das Versicherungsverhältnis zum Ende eines jeden der ersten drei Versicherungsjahre, frühestens aber zum Ablauf einer vereinbarten Vertragsdauer, mit einer Frist von drei Monaten zu kündigen.

(2) Die gesetzlichen Bestimmungen über das außerordentliche Kündigungsrecht bleiben unberührt.

(3) Die Kündigung kann auf einzelne versicherte Personen oder Tarife beschränkt werden.

MB/KK 76

§ 15   Sonstige Beendigungsgründe

(1) Das Versicherungsverhältnis endet mit dem Tod des Versicherungsnehmers. Die versicherten Personen haben jedoch das Recht, das Versicherungsverhältnis unter Benennung des künftigen Versicherungsnehmers fortzusetzen. Die Erklärung ist innerhalb zweier Monate nach dem Tode des Versicherungsnehmers abzugeben.

(2) Beim Tod einer versicherten Person endet insoweit das Versicherungsverhältnis.

(3) Das Versicherungsverhältnis endet mit dem Wegzug des Versicherungsnehmers aus dem Tätigkeitsgebiet des Versicherers, es sei denn, daß eine anderweitige Vereinbarung getroffen wird. Bei Wegzug einer versicherten Person endet insoweit das Versicherungsverhältnis.

Sonstige Bestimmungen

§ 16   Willenserklärungen und Anzeigen

Willenserklärungen und Anzeigen gegenüber dem Versicherer bedürfen der Schriftform. Zu ihrer Entgegennahme sind Versicherungsvermittler nicht bevollmächtigt.

§ 17   Gerichtsstand

(1) Klagen gegen den Versicherer können bei dem Gericht am Sitz des Versicherers oder bei dem Gericht des Ortes anhängig gemacht werden, wo der Vermittlungsagent zur Zeit der Vermittlung seine gewerbliche Niederlassung oder in Ermangelung einer solchen seinen Wohnsitz hatte.

(2) Für Klagen aus dem Versicherungsverhältnis gegen den Versicherungsnehmer ist das Gericht am Sitz des Versicherers zuständig, wenn der Versicherungsnehmer keinen allgemeinen Gerichtsstand im Inland hat, wenn er nach Vertragsabschluß seinen Wohnsitz oder gewöhnlichen Aufenthaltsort aus der Bundesrepublik Deutschland einschließlich Berlin (West) verlegt oder sein Wohnsitz oder gewöhnlicher Aufenthaltsort im Zeitpunkt der Klageerhebung nicht bekannt ist.

§ 18   Änderungen der Allgemeinen Versicherungsbedingungen

(1) Die Allgemeinen Versicherungsbedingungen (§ 1 Abs. 3) können mit Genehmigung der Aufsichtsbehörde mit Wirkung für bestehende Versicherungsverhältnisse, auch für den noch nicht abgelaufenen Teil des Versicherungsjahres, geändert werden, soweit sie Bestimmungen über Versicherungsschutz, Pflichten des Versicherungsnehmers, sonstige Beendigungsgründe, Willenserklärungen und Anzeigen sowie Gerichtsstand betreffen.

(2) Änderungen nach Abs. 1 werden zu Beginn des zweiten Monats wirksam, der auf die Benachrichtigung der Versicherungsnehmer folgt, sofern nicht mit Zustimmung der Aufsichtsbehörde ein anderer Zeitpunkt bestimmt wird. Entsprechendes gilt bei Beitragserhöhungen aufgrund einer Beitragsanpassungsklausel.

2.2. Allgemeine Versicherungsbedingungen für die Krankentagegeldversicherung (AVB) Teil I – Musterbedingungen 1978 des Verbandes der privaten Krankenversicherung (MB/KT 78)

Der Versicherungsschutz

§ 1 Gegenstand, Umfang und Geltungsbereich des Versicherungsschutzes

(1) Der Versicherer bietet Versicherungsschutz gegen Verdienstausfall als Folge von Krankheiten oder Unfällen, soweit dadurch Arbeitsunfähigkeit verursacht wird. Er gewährt im Versicherungsfall für die Dauer einer Arbeitsunfähigkeit ein Krankentagegeld in vertraglichem Umfang.

(2) Versicherungsfall ist die medizinisch notwendige Heilbehandlung einer versicherten Person wegen Krankheit oder Unfallfolgen, in deren Verlauf Arbeitsunfähigkeit ärztlich festgestellt wird. Der Versicherungsfall beginnt mit der Heilbehandlung; er endet, wenn nach medizinischem Befund keine Arbeitsunfähigkeit und keine Behandlungsbedürftigkeit mehr bestehen. Eine während der Behandlung neu eingetretene und behandelte Krankheit oder Unfallfolge, in deren Verlauf Arbeitsunfähigkeit ärztlich festgestellt wird, begründet nur dann einen neuen Versicherungsfall, wenn sie mit der ersten Krankheit oder Unfallfolge in keinem ursächlichen Zusammenhang steht. Wird Arbeitsunfähigkeit gleichzeitig durch mehrere Krankheiten oder Unfallfolgen hervorgerufen, so wird das Krankentagegeld nur einmal gezahlt.

(3) Arbeitsunfähigkeit im Sinne dieser Tarifbedingungen liegt vor, wenn die versicherte Person ihre berufliche Tätigkeit nach medizinischem Befund vorübergehend in keiner Weise ausüben kann, sie auch nicht ausübt und keiner anderweitigen Erwerbstätigkeit nachgeht.

(4) Der Umfang des Versicherungsschutzes ergibt sich aus dem Versicherungsschein, späteren schriftlichen Vereinbarungen, den Allgemeinen Versicherungsbedingungen (einschließlich Tarif mit Tarifbedingungen) sowie den gesetzlichen Vorschriften.

(5) Der Versicherungsschutz erstreckt sich auf Deutschland. Bei Aufenthalt im europäischen Ausland wird für im Ausland akut eingetretene Krankheiten oder Unfälle das Krankentagegeld in vertraglichem Umfang für die Dauer einer medizinisch notwendigen stationären Heilbehandlung in einem öffentlichen Krankenhaus gezahlt; für Aufenthalt im außereuropäischen Ausland können besondere Vereinbarungen getroffen werden.

§ 2 Beginn des Versicherungsschutzes

Der Versicherungsschutz beginnt mit dem im Versicherungsschein bezeichneten Zeitpunkt (Versicherungsbeginn), jedoch nicht vor Abschluß des Versicherungsvertrages (insbesondere Zugang des Versicherungsscheines oder einer schriftlichen Annahmeerklärung) und nicht vor Ablauf von Wartezeiten. Für Versicherungsfälle, die vor Beginn des Versicherungsschutzes eingetreten sind, wird nicht geleistet. Nach Abschluß des Versicherungsvertrages eingetretene Versicherungsfälle sind nur für den Teil von der Leistungspflicht ausgeschlossen, der in die Zeit vor Versicherungsbeginn oder in Wartezeiten fällt.

MB/KT 78

§ 3 Wartezeiten

(1) Die Wartezeiten rechnen vom Versicherungsbeginn an.

(2) Die allgemeine Wartezeit beträgt drei Monate. Sie entfällt bei Unfällen.

(3) Die besonderen Wartezeiten betragen für Psychotherapie, Zahnbehandlung, Zahnersatz und Kieferorthopädie acht Monate.

(4) Sofern der Tarif es vorsieht, können die Wartezeiten aufgrund besonderer Vereinbarung erlassen werden, wenn ein ärztliches Zeugnis über den Gesundheitszustand vorgelegt wird.

(5) Personen, die aus einer gesetzlichen Krankenversicherung ausscheiden, wird bis zur Höhe des bisherigen Krankengeldanspruchs die nachweislich dort ununterbrochen zurückgelegte Versicherungszeit auf die Wartezeiten angerechnet. Voraussetzung ist, daß die Versicherung spätestens zwei Monate nach Beendigung der Vorversicherung zusammen mit einer Krankheitskostenversicherung beantragt wurde und der Versicherungsschutz in Abweichung von § 2 im unmittelbaren Anschluß beginnen soll.

§ 4 Umfang der Leistungspflicht

(1) Höhe und Dauer der Versicherungsleistungen ergeben sich aus dem Tarif mit Tarifbedingungen.

(2) Das Krankentagegeld darf zusammen mit sonstigen Krankentage- und Krankengeldern das auf den Kalendertag umgerechnete, aus der beruflichen Tätigkeit herrührende Nettoeinkommen nicht übersteigen. Maßgebend für die Berechnung des Nettoeinkommens ist der Durchschnittsverdienst der letzten 12 Monate vor Antragstellung bzw. vor Eintritt der Arbeitsunfähigkeit, sofern der Tarif keinen anderen Zeitraum vorsieht.

(3) Der Versicherungsnehmer ist verpflichtet, dem Versicherer unverzüglich eine nicht nur vorübergehende Minderung des aus der Berufstätigkeit herrührenden Nettoeinkommens mitzuteilen.

(4) Erlangt der Versicherer davon Kenntnis, daß das Nettoeinkommen der versicherten Person unter die Höhe des dem Vertrag zugrunde gelegten Einkommens gesunken ist, so kann er ohne Unterschied, ob der Versicherungsfall bereits eingetreten ist oder nicht, das Krankentagegeld und den Beitrag mit Wirkung vom Beginn des zweiten Monats nach Kenntnis entsprechend dem geminderten Nettoeinkommen herabsetzen. Bis zum Zeitpunkt der Herabsetzung wird die Leistungspflicht im bisherigen Umfang für eine bereits eingetretene Arbeitsunfähigkeit nicht berührt.

(5) Die Zahlung vom Krankentagegeld setzt voraus, daß die versicherte Person während der Dauer der Arbeitsunfähigkeit durch einen niedergelassenen approbierten Arzt oder Zahnarzt bzw. im Krankenhaus behandelt wird.

(6) Der versicherten Person steht die Wahl unter den niedergelassenen approbierten Ärzten und Zahnärzten frei.

(7) Eintritt und Dauer der Arbeitsunfähigkeit sind durch Bescheinigung des behandelnden Arztes oder Zahnarztes nachzuweisen. Etwaige Kosten derartiger Nachwei-

se hat der Versicherungsnehmer zu tragen. Bescheinigungen von Ehegatten, Eltern oder Kindern reichen zum Nachweis der Arbeitsunfähigkeit nicht aus.

(8) Bei medizinisch notwendiger stationärer Behandlung hat die versicherte Person freie Wahl unter den öffentlichen und privaten Krankenhäusern, die unter ständiger ärztlicher Leitung stehen, über ausreichende diagnostische und therapeutische Möglichkeiten verfügen, nach wissenschaftlich allgemein anerkannten Methoden arbeiten und Krankengeschichten führen.

(9) Bei medizinisch notwendiger stationärer Heilbehandlung in Krankenanstalten, die auch Kuren bzw. Sanatoriumsbehandlung durchführen oder Rekonvaleszenten aufnehmen, im übrigen aber die Voraussetzungen von Abs. 8 erfüllen, werden die tariflichen Leistungen nur dann erbracht, wenn der Versicherer diese vor Beginn der Behandlung schriftlich zugesagt hat. Bei Tbc-Erkrankungen wird in vertraglichem Umfange auch bei stationärer Behandlung in Tbc-Heilstätten und -Sanatorien geleistet.

§ 5 Einschränkung der Leistungspflicht

(1) Keine Leistungspflicht besteht bei Arbeitsunfähigkeit

a) wegen solcher Krankheiten einschließlich ihrer Folgen sowie wegen Folgen von Unfällen, die durch Kriegsereignisse verursacht oder als Wehrdienstbeschädigungen anerkannt und nicht ausdrücklich in den Versicherungsschutz eingeschlossen sind;

b) wegen auf Vorsatz beruhender Krankheiten und Unfälle einschließlich deren Folgen sowie wegen Entziehungsmaßnahmen einschließlich Entziehungskuren;

c) wegen Krankheiten und Unfallfolgen, die auf eine durch Alkoholgenuß bedingte Bewußtseinsstörung zurückzuführen sind;

d) ausschließlich wegen Schwangerschaft, ferner wegen Schwangerschaftsabbruch, Fehlgeburt und Entbindung;

e) während der gesetzlichen Beschäftigungsverbote für werdende Mütter und Wöchnerinnen in einem Arbeitsverhältnis (Mutterschutz). Diese befristete Einschränkung der Leistungspflicht gilt sinngemäß auch für selbständig Tätige, es sei denn, daß die Arbeitsunfähigkeit in keinem Zusammenhang mit den unter d) genannten Ereignissen steht;

f) wenn sich die versicherte Person nicht an ihrem Wohnsitz in Deutschland aufhält, es sei denn, daß sie sich – unbeschadet des Absatzes 2 – in medizinisch notwendiger stationärer Heilbehandlung befindet (vgl. § 4 Abs. 8 und 9). Wird die versicherte Person in Deutschland außerhalb ihres Wohnsitzes arbeitsunfähig, so steht ihr das Krankentagegeld auch zu, solange die Erkrankung oder Unfallfolge nach medizinischem Befund eine Rückkehr ausschließt;

g) während Kur- und Sanatoriumsbehandlung sowie während Rehabilitationsmaßnahmen der gesetzlichen Rehabilitationsträger, wenn der Tarif nichts anderes vorsieht.

(2) Während des Aufenthaltes in einem Heilbad oder Kurort – auch bei einem Krankenhausaufenthalt – besteht keine Leistungspflicht. Die Einschränkung entfällt, wenn die versicherte Person dort ihren ständigen Wohnsitz hat oder während eines vorübergehenden Aufenthaltes durch eine vom Aufenthaltszweck unabhängige akute Erkrankung oder einen dort eingetretenen Unfall arbeitsunfähig wird, solange dadurch nach medinzinischem Befund die Rückkehr ausgeschlossen ist.

§ 6 Auszahlung der Versicherungsleistungen

(1) Der Versicherer ist zur Leistung nur verpflichtet, wenn die von ihm geforderten Nachweise erbracht sind; diese werden Eigentum des Versicherers.

(2) Der Versicherer ist berechtigt, an den Überbringer oder Übersender von ordnungsmäßigen Nachweisen zu leisten.

(3) Kosten für die Überweisung der Versicherungsleistungen und für Übersetzung können von den Leistungen abgezogen werden.

(4) Ansprüche auf Versicherungsleistungen können weder abgetreten noch verpfändet werden.

§ 7 Ende des Versicherungsschutzes

Der Versicherungsschutz endet – auch für schwebende Versicherungsfälle – mit der Beendigung des Versicherungsverhältnisses (§ 13 bis 15). Kündigt der Versicherer das Versicherungsverhältnis gemäß § 14 Abs. 1, so endet der Versicherungsschutz für schwebende Versicherungsfälle erst am dreißigsten Tage nach Beendigung des Versicherungsverhältnisses. Endet das Versicherungsverhältnis wegen Wegfalls einer der im Tarif bestimmten Voraussetzungen für die Versicherungsfähigkeit oder wegen Eintritts der Berufsunfähigkeit, so bestimmt sich die Leistungspflicht nach § 15 Buchstabe a oder b.

Pflichten des Versicherungsnehmers

§ 8 Beitragszahlung

(1) Der Beitrag ist ein Jahresbeitrag und wird vom Versicherungsbeginn an berechnet. Er ist zu Beginn eines jeden Versicherungsjahres zu entrichten, kann aber auch in gleichen monatlichen Beitragsraten gezahlt werden, die jeweils bis zur Fälligkeit der Beitragsrate als gestundet gelten. Die Beitragsraten sind am Ersten eines jeden Monats fällig. Wird der Jahresbeitrag während des Versicherungsjahres neu festgesetzt, so ist der Unterschiedsbetrag vom Änderungszeitpunkt an bis zum Beginn des nächsten Versicherungsjahres nachzuzahlen bzw. zurückzuzahlen.

(2) Wird der Vertrag für eine bestimmte Zeit mit der Maßgabe geschlossen, daß sich das Versicherungsverhältnis nach Ablauf dieser bestimmten Zeit stillschweigend um jeweils ein Jahr verlängert, sofern der Versicherungsnehmer nicht fristgemäß gekündigt hat, so kann der Tarif anstelle von Jahresbeiträgen Monatsbeiträge vorsehen. Diese sind am Ersten eines jeden Monats fällig.

(3) Der erste Beitrag bzw. die erste Beitragsrate ist spätestens unverzüglich nach Aushändigung des Versicherungsscheines zu zahlen.

(4) Kommt der Versicherungsnehmer mit der Zahlung einer Beitragsrate in Verzug, so werden die gestundeten Beitragsraten des laufenden Versicherungsjahres fällig. Sie gelten jedoch erneut als gestundet, wenn der rückständige Beitragsteil einschließlich der Beitragsrate für den am Tage der Zahlung laufenden Monat und die Mahnkosten entrichtet sind.

(5) Ist ein Beitrag bzw. eine Beitragsrate nicht rechtzeitig gezahlt und wird der Versicherungsnehmer schriftlich gemahnt, so ist er zur Zahlung der Mahnkosten verpflichtet, deren Höhe sich aus dem Tarif ergibt.

(6) Die Beiträge bzw. Beitragsraten sind bis zum Ablauf des Monats zu zahlen, in dem das Versicherungsverhältnis endet.

(7) Die Beiträge sind an die vom Versicherer zu bezeichnende Stelle zu entrichten.

§ 8a Beitragsberechnung

(1) Die Berechnung der Beiträge erfolgt auf der Grundlage der Richtlinien für die Aufstellung technischer Geschäftspläne in der Krankenversicherung und ist geschäftsplanmäßig festgelegt.

(2) Bei einer Änderung der Beiträge, auch durch Änderung des Versicherungsschutzes, werden das Geschlecht und das (die) bei Inkrafttreten der Änderung erreichte tarifliche Lebensalter (Lebensaltersgruppe) der versicherten Person berücksichtigt. Dabei wird dem Eintrittsalter der versicherten Person dadurch Rechnung getragen, daß die Deckungsrückstellung, die geschäftsplanmäßig nach den für die Beitragsberechnung festgelegten Grundsätzen gebildet ist, geschäftsplanmäßig angerechnet wird. Eine Erhöhung der Beiträge oder eine Minderung der Leistungen des Versicherers wegen des Älterwerdens der versicherten Person ist jedoch während der Dauer des Versicherungsverhältnisses ausgeschlossen, soweit nach dem Geschäftsplan eine Deckungsrückstellung für das mit dem Alter der versicherten Person wachsende Wagnis zu bilden ist.

(3) Bei Beitragsänderungen kann der Versicherer auch besonders vereinbarte Beitragszuschläge entsprechend ändern.

§ 9 Obliegenheiten

(1) Die ärztlich festgestellte Arbeitsunfähigkeit ist dem Versicherer unverzüglich, spätestens aber innerhalb der im Tarif festgesetzten Frist, durch Vorlage eines Nachweises (§ 4 Abs. 7) anzuzeigen. Bei verspätetem Zugang der Anzeige wird das Krankentagegeld erst vom Zugangstage an gezahlt, jedoch nicht vor dem im Tarif vorgesehenen Zeitpunkt. Fortdauernde Arbeitsunfähigkeit ist dem Versicherer innerhalb der im Tarif festgesetzten Frist nachzuweisen. Die Wiederherstellung der Arbeitsfähigkeit ist dem Versicherer binnen drei Tagen anzuzeigen.

(2) Der Versicherungsnehmer hat auf Verlangen des Versicherers jede Auskunft zu erteilen, die zur Feststellung des Versicherungsfalles oder der Leistungspflicht des Versicherers und ihres Umfanges erforderlich ist. Die geforderten Auskünfte sind auch einem Beauftragten des Versicherers zu erteilen.

(3) Auf Verlangen des Versicherers ist die versicherte Person verpflichtet, sich durch einen vom Versicherer beauftragten Arzt untersuchen zu lassen.

(4) Die versicherte Person hat für die Wiederherstellung der Arbeitsfähigkeit zu sorgen; sie hat insbesondere die Weisungen des Arztes gewissenhaft zu befolgen und alle Handlungen zu unterlassen, die der Genesung hinderlich sind.

(5) Jeder Berufswechsel der versicherten Person ist unverzüglich anzuzeigen.

(6) Der Neuabschluß einer weiteren oder die Erhöhung einer anderweitig bestehenden Versicherung mit Anspruch auf Krankentagegeld darf nur mit Einwilligung des Versicherers vorgenommen werden.

§ 10 Folgen von Obliegenheitsverletzungen

(1) Der Versicherer ist mit der in § 6 Abs. 3 Versicherungsvertragsgesetz (VVG) vorgeschriebenen Einschränkung von der Verpflichtung zur Leistung frei, wenn eine der in § 9 Abs. 1 bis 4 genannten Obliegenheiten verletzt wird.

(2) Wird eine der in § 9 Abs. 5 und 6 genannten Obliegenheiten verletzt, so ist der Versicherer nach Maßgabe des § 6 Abs. 1 VVG von der Verpflichtung zur Leistung frei, wenn er von seinem Kündigungsrecht innerhalb eines Monats nach dem Bekanntwerden Gebrauch macht.

(3) Die Kenntnis und das Verschulden der versicherten Person stehen der Kenntnis und dem Verschulden des Versicherungsnehmers gleich.

§ 11 Anzeigepflicht bei Wegfall der Versicherungsfähigkeit

Der Wegfall einer im Tarif bestimmten Voraussetzung für die Versicherungsfähigkeit oder der Eintritt der Berufsunfähigkeit (vgl. § 15 Buchstabe b) einer versicherten Person ist dem Versicherer unverzüglich anzuzeigen. Erlangt der Versicherer von dem Eintritt dieses Ereignisses erst später Kenntnis, so sind beide Teile verpflichtet, die für die Zeit nach Beendigung des Versicherungsverhältnisses empfangenen Leistungen einander zurückzugewähren.

§ 12 Aufrechnung

Der Versicherungsnehmer kann gegen Forderungen des Versicherers nur aufrechnen, soweit die Gegenforderung unbestritten oder rechtskräftig festgestellt ist. Gegen eine Forderung aus der Beitragspflicht kann jedoch ein Mitglied eines Versicherungsvereins nicht aufrechnen (§ 26 Versicherungsaufsichtsgesetz).

Ende der Versicherung

§ 13 Kündigung durch den Versicherungsnehmer

(1) Der Versicherungsnehmer kann das Versicherungsverhältnis zum Ende eines jeden Versicherungsjahres mit einer Frist von drei Monaten kündigen.

(2) Die Kündigung kann auf einzelne versicherte Personen oder Tarife beschränkt werden.

(3) Wird eine versicherte Person kraft Gesetzes krankenversicherungspflichtig, so kann der Versicherungsnehmer das Versicherungsverhältnis insoweit zum Ende des Monats kündigen, in dem er den Eintritt der Versicherungspflicht nachweist. Will der Versicherungsnehmer von diesem Recht Gebrauch machen, so hat er spätestens innerhalb zweier Monate nach Eintritt der Versicherungspflicht zu kündigen.

(4) Erhöht der Versicherer die Beiträge oder vermindert er seine Leistungen gemäß § 18 Abs. 1 oder macht er von seinem Recht auf Herabsetzung gemäß § 4 Abs. 4 Gebrauch, so kann der Versicherungsnehmer das Versicherungsverhältnis hinsichtlich der betroffenen versicherten Person innerhalb eines Monats vom Zugang der Änderungsmitteilung an zum Zeitpunkt des Wirksamwerdens der Änderung kündigen.

(5) Der Versicherungsnehmer kann, sofern der Versicherer die Anfechtung, den Rücktritt oder die Kündigung nur für einzelne versicherte Personen oder Tarife erklärt, innerhalb von zwei Wochen nach Zugang dieser Erklärung die Aufhebung des übrigen Teils der Versicherung zum Schlusse des Monats verlangen, in dem ihm die Erklärung des Versicherers zugegangen ist, bei Kündigung zu dem Zeitpunkt, in dem diese wirksam wird.

§ 14 Kündigung durch den Versicherer

(1) Der Versicherer kann das Versicherungsverhältnis zum Ende eines jeden der ersten drei Versicherungsjahre mit einer Frist von drei Monaten kündigen.

(2) Die gesetzlichen Bestimmungen über das außerordentliche Kündigungsrecht bleiben unberührt.

(3) Die Kündigung kann auf einzelne versicherte Personen, Tarife oder auf nachträgliche Erhöhungen des Krankentagegeldes beschränkt werden.

(4) Der Versicherer kann, sofern der Versicherungsnehmer die Kündigung nur für einzelne versicherte Personen oder Tarife erklärt, innerhalb von zwei Wochen nach Zugang der Kündigung die Aufhebung des übrigen Teils der Versicherung zu dem Zeitpunkt verlangen, in dem diese wirksam wird. Das gilt nicht für den Fall des § 13 Abs. 3.

§ 15 Sonstige Beendigungsgründe

Das Versicherungsverhältnis endet hinsichtlich der betroffenen versicherten Personen

a) bei Wegfall einer im Tarif bestimmten Voraussetzung für die Versicherungsfähigkeit zum Ende des Monats, in dem die Voraussetzung weggefallen ist. Besteht jedoch zu diesem Zeitpunkt in einem bereits eingetretenen Versicherungsfall Arbeitsunfähigkeit, so endet das Versicherungsverhältnis nicht vor dem Zeitpunkt, bis zu dem der Versicherer seine im Tarif aufgeführten Leistungen für diese Arbeitsunfähigkeit zu erbringen hat, spätestens aber drei Monate nach Wegfall der Voraussetzung;

b) mit Eintritt der Berufsunfähigkeit. Berufsunfähigkeit liegt vor, wenn die versicherte Person nach medizinischem Befund im bisher ausgeübten Beruf auf nicht absehbare Zeit mehr als 50 % erwerbsunfähig ist. Besteht jedoch zu diesem Zeitpunkt in einem bereits eingetretenen Versicherungsfall Arbeitsunfähigkeit, so endet das Versicherungsverhältnis nicht vor dem Zeitpunkt, bis zu dem der Versicherer seine im Tarif aufgeführten Leistungen für diese Arbeitsunfähigkeit zu erbringen hat, spätestens aber drei Monate nach Eintritt der Berufsunfähigkeit;

c) mit dem Bezug von Altersrente, spätestens nach Vollendung des 65. Lebensjahres, zum Ende des Monats, in dem die Altersgrenze erreicht wird;

d) mit dem Tod. Beim Tode des Versicherungsnehmers haben die versicherten Personen das Recht, das Versicherungsverhältnis unter Benennung des künftigen Versicherungsnehmers fortzusetzen. Die Erklärung ist innerhalb zweier Monate nach dem Tode des Versicherungsnehmers abzugeben;

e) mit dem Wegzug aus dem Tätigkeitsgebiet des Versicherers, es sei denn, daß eine anderweitige Vereinbarung getroffen wird.

Sonstige Bestimmungen

§ 16 Willenserklärung und Anzeigen

Willenserklärungen und Anzeigen gegenüber dem Versicherer bedürfen der Schriftform. Zu ihrer Entgegennahme sind Versicherungsvermittler nicht bevollmächtigt.

§ 17 Gerichtsstand

(1) Klagen gegen den Versicherer können bei dem Gericht am Sitz des Versicherers oder bei dem Gericht des Ortes anhängig gemacht werden, wo der Vermittlungsagent zur Zeit der Vermittlung seine gewerbliche Niederlassung oder in Ermangelung einer solchen seinen Wohnsitz hatte.

(2) Für Klagen aus dem Versicherungsverhältnis gegen den Versicherungsnehmer ist das Gericht am Sitz des Versicherers zuständig, wenn der Versicherungsnehmer keinen allgemeinen Gerichtsstand im Inland hat, wenn er nach Vertragsschluß seinen Wohnsitz oder gewöhnlichen Aufenthaltsort aus der Bundesrepublik Deutschland einschließlich Berlin (West) verlegt oder seinen Wohnsitz oder gewöhnlicher Aufenthaltsort im Zeitpunkt der Klageerhebung nicht bekannt ist.

§ 18 Änderungen der Allgemeinen Versicherungsbedingungen

(1) Die Allgemeinen Versicherungsbedingungen (§ 1 Abs. 4) können mit Genehmigung der Aufsichtsbehörde mit Wirkung für bestehende Versicherungsverhältnisse, auch für den noch nicht abgelaufenen Teil des Versicherungsjahres, geändert werden, soweit sie Bestimmungen über Versicherungsschutz, Pflichten des Versicherungsnehmers, sonstige Beendigungsgründe, Willenserklärungen und Anzeigen sowie Gerichtsstand betreffen.

(2) Änderungen nach Abs. 1 werden zu Beginn des zweiten Monats wirksam, der auf die Benachrichtigung der Versicherungsnehmer folgt, sofern nicht mit Zustimmung der Aufsichtsbehörde ein anderer Zeitpunkt bestimmt wird.

2.3. Allgemeine Versicherungsbedingungen für die Pflegekrankenversicherung Teil I – Musterbedingungen des Verbandes der privaten Krankenversicherung (MB/PV)

Der Versicherungsschutz

§ 1 Gegenstand, Umfang und Geltungsbereich des Versicherungsschutzes

(1) Der Versicherer leistet im Versicherungsfall in vertraglichem Umfang Ersatz von Aufwendungen für Pflege oder ein Pflegetagegeld.

(2) Versicherungsfall ist die Pflegebedürftigkeit einer versicherten Person. Pflegebedürftigkeit im Sinne dieser Bedingungen liegt vor, wenn die versicherte Person so hilflos ist, daß sie nach objektivem medizinischem Befund für die in Abs. 3 genannten Verrichtungen im Ablauf des täglichen Lebens in erheblichem Umfang täglich der Hilfe einer anderen Person bedarf. Der Versicherungsfall beginnt mit der ärztlichen Feststellung der Pflegebedürftigkeit. Er endet, wenn Pflegebedürftigkeit nicht mehr besteht.

(3) Als Verrichtungen im Ablauf des täglichen Lebens gelten Aufstehen und Zubettgehen, An- und Auskleiden, Waschen, Kämmen und Rasieren, Einnehmen von Mahlzeiten und Getränken, Stuhlgang und Wasserlassen.

(4) Der Umfang des Versicherungsschutzes ergibt sich aus dem Versicherungsschein, späteren schriftlichen Vereinbarungen, den Allgemeinen Versicherungsbedingungen (Musterbedingungen, Tarif mit Tarifbedingungen) sowie den gesetzlichen Vorschriften.

(5) Der Versicherungsschutz erstreckt sich auf Pflege in der Bundesrepublik Deutschland einschließlich des Landes Berlin. Er kann durch Vereinbarung auf das Ausland ausgedehnt werden.

§ 2 Beginn des Versicherungsschutzes

Der Versicherungsschutz beginnt mit dem im Versicherungsschein bezeichneten Zeitpunkt (Versicherungsbeginn), jedoch nicht vor Abschluß des Versicherungsvertrages (insbesondere Zugang des Versicherungsscheines oder einer schriftlichen Annahmeerklärung) und nicht vor Ablauf der Wartezeit. Für Versicherungsfälle, die vor Beginn des Versicherungsschutzes eingetreten sind, wird nicht geleistet. Nach Abschluß des Versicherungsvertrages eingetretene Versicherungsfälle sind nur für den Teil von der Leistungspflicht ausgeschlossen, der in die Zeit vor Versicherungsbeginn oder in die Wartezeit fällt.

§ 3 Wartezeit

(1) Die Wartezeit rechnet vom Versicherungsbeginn an.

(2) Die Wartezeit beträgt drei Jahre.

§ 4 Umfang der Leistungspflicht

(1) Art und Höhe der Versicherungsleistungen ergeben sich aus dem Tarif mit Tarifbedingungen. Die Leistungspflicht des Versicherers beginnt mit dem im Tarif festgeleg-

ten Zeitpunkt, frühestens ab dem 92. Tag nach ärztlicher Feststellung der Pflegebedürftigkeit und nach Ablauf der Wartezeit.

(2) Soweit der Tarif Ersatz von Aufwendungen für häusliche Pflege vorsieht, wird nur geleistet bei Inanspruchnahme von öffentlichen oder freigemeinnützigen Pflege- oder Sozialstationen oder staatlich anerkanntem Pflegepersonal.

(3) Bei stationärer Pflege wird nur geleistet bei Aufenthalt in konzessionierten oder öffentlichen Pflegeheimen, Pflegeabteilungen in Altenheimen oder in Krankenanstalten.

(4) Eintritt und Fortdauer der Pflegebedürftigkeit sind durch ärztliche Bescheinigungen nachzuweisen. Kosten je eines Nachweises innerhalb von drei Monaten hat der Versicherungsnehmer zu tragen. Kosten häufiger verlangter Nachweise gehen zu Lasten des Versicherers. Bescheinigungen von Ehegatten, Verwandten, Verschwägerten oder im Haushalt des Versicherten lebenden Personen reichen zum Nachweis nicht aus.

§ 5 Einschränkung der Leistungspflicht

(1) Keine Leistungspflicht besteht

a) für Versicherungsfälle, die durch Kriegsereignisse verursacht oder deren Ursachen als Wehrdienstbeschädigung anerkannt und nicht ausdrücklich in den Versicherungsschutz eingeschlossen sind;

b) für Versicherungsfälle, die auf Vorsatz oder Sucht beruhen;

c) für Aufwendungen aus Pflege durch Personen oder Einrichtungen, deren Rechnungen der Versicherer aus wichtigem Grunde von der Erstattung ausgeschlossen hat, wenn der Versicherungsfall nach der Benachrichtigung des Versicherungsnehmers über den Leistungsausschluß eintritt. Sofern im Zeitpunkt der Benachrichtigung ein Versicherungsfall schwebt, besteht keine Leistungspflicht für die nach Ablauf von drei Monaten seit der Benachrichtigung entstandenen Aufwendungen;

d) für Aufwendungen aus Pflege durch Ehegatten, Verwandte, Verschwägerte oder im Haushalt des Versicherten lebende Personen. Soweit der Tarif es vorsieht, wird jedoch ein Pflegetagegeld gezahlt;

e) während stationärer Heilbehandlung im Krankenhaus, Rehabilitationsmaßnahmen, Kur- und Sanatoriumsbehandlung und während Unterbringung aufgrund richterlicher Anordnung.

(2) Übersteigt eine Pflegemaßnahme das notwendige Maß oder ist die geforderte Vergütung nicht angemessen, so kann der Versicherer seine Leistungen auf einen angemessenen Betrag herabsetzen.

(3) Besteht auch Anspruch auf Leistungen eines Sozialversicherungsträgers, auf eine gesetzliche Heilfürsorge oder Unfallfürsorge, so ist der Versicherer nur für die Aufwendungen leistungspflichtig, welche trotz der gesetzlichen Leistungen notwendig bleiben.

§ 6 Auszahlung der Versicherungsleistungen

(1) Der Versicherer ist zur Leistung nur verpflichtet, wenn die von ihm geforderten Nachweise erbracht sind; diese werden Eigentum des Versicherers.

(2) Der Versicherer ist berechtigt, an den Überbringer oder Übersender von ordnungsmäßigen Nachweisen zu leisten.

(3) Kosten für die Überweisung der Versicherungsleistungen können von den Leistungen abgezogen werden.

(4) Ansprüche auf Versicherungsleistungen können weder abgetreten noch verpfändet werden.

§ 7 Ende des Versicherungsschutzes

Der Versicherungsschutz endet – auch für schwebende Versicherungsfälle – mit der Beendigung des Versicherungsverhältnisses.

Pflichten des Versicherungsnehmers

§ 8 Beitragszahlung

(1) Der Beitrag ist ein Jahresbeitrag und wird vom Versicherungsbeginn an berechnet. Er ist zu Beginn eines jeden Versicherungsjahres zu entrichten, kann aber auch in gleichen monatlichen Beitragsraten gezahlt werden, die jeweils bis zur Fälligkeit der Beitragsrate als gestundet gelten. Die Beitragsraten sind am Ersten eines jeden Monats fällig. Wird der Jahresbeitrag während des Versicherungsjahres neu festgesetzt, so ist der Unterschiedsbetrag vom Änderungszeitpunkt an bis zum Beginn des nächsten Versicherungsjahres nachzuzahlen bzw. zurückzuzahlen.

(2) Wird der Vertrag für eine bestimmte Zeit mit der Maßgabe geschlossen, daß sich das Versicherungsverhältnis nach Ablauf dieser bestimmten Zeit stillschweigend um jeweils ein Jahr verlängert, sofern der Versicherungsnehmer nicht fristgemäß gekündigt hat, so kann der Tarif an Stelle von Jahresbeiträgen Monatsbeiträge vorsehen. Diese sind am Ersten eine jeden Monats fällig.

(3) Der erste Beitrag bzw. die erste Beitragsrate ist spätestens unverzüglich nach Aushändigung des Versicherungsscheines zu zahlen.

(4) Kommt der Versicherungsnehmer mit der Zahlung einer Beitragsrate in Verzug, so werden die gestundeten Beitragsraten des laufenden Versicherungsjahres fällig. Sie gelten jedoch erneut als gestundet, wenn der rückständige Beitragsteil einschließlich der Beitragsrate für den am Tage der Zahlung laufenden Monat und die Mahnkosten entrichtet sind.

(5) Ist ein Beitrag bzw. eine Beitragsrate nicht rechtzeitig gezahlt und wird der Versicherungsnehmer schriftlich gemahnt, so ist er zur Zahlung der Mahnkosten verpflichtet, deren Höhe sich aus dem Tarif ergibt.

(6) Die Beiträge bzw. Beitragsraten sind bis zum Ablauf des Monats zu zahlen, in dem das Versicherungsverhältnis endet.

(7) Die Beiträge sind an die vom Versicherer zu bezeichnende Stelle zu entrichten.

§ 8a Beitragsberechnung

(1) Die Berechnung der Beiträge erfolgt auf der Grundlage der Richtlinien für die Aufstellung technischer Geschäftspläne in der Krankenversicherung und ist geschäftsplanmäßig festgelegt.

(2) Bei einer Änderung der Beiträge, auch durch Änderung des Versicherungsschutzes, werden das Geschlecht und das (die) bei Inkrafttreten der Änderung erreichte tarifliche Lebensalter (Lebensaltersgruppe) der versicherten Person berücksichtigt. Dabei wird dem Eintrittsalter der versicherten Person dadurch Rechnung getragen, daß die Deckungsrückstellung, die geschäftsplanmäßig nach den für die Beitragsberechnung festgelegten Grundsätzen gebildet ist, geschäftsplanmäßig angerechnet wird. Eine Erhöhung der Beiträge oder eine Minderung der Leistungen des Versicherers wegen des Älterwerdens der versicherten Person ist jedoch während der Dauer des Versicherungsverhältnisses ausgeschlossen, soweit nach dem Geschäftsplan eine Deckungsrückstellung für das mit dem Alter der versicherten Person wachsende Wagnis zu bilden ist.

(3) Bei Beitragsänderungen kann der Versicherer auch besonders vereinbarten Beitragszuschläge entsprechend ändern.

§ 9 Obliegenheiten

(1) Die ärztliche Feststellung der Pflegebedürftigkeit ist dem Versicherer unverzüglich – spätestens innerhalb der im Tarif festgesetzten Frist – durch Vorlage eines Nachweises (§ 4 Abs. 4) unter Angabe des Befundes und der Diagnose sowie der voraussichtlichen Dauer der Pflegebedürftigkeit anzuzeigen. Der Wegfall der Pflegebedürftigkeit ist dem Versicherer unverzüglich anzuzeigen.

(2) Der Versicherungsnehmer hat auf Verlangen des Versicherers jede Auskunft zu erteilen, die zur Feststellung des Versicherungsfalles oder der Leistungspflicht des Versicherers und ihres Umfanges erforderlich ist. Die Auskünfte sind auch einem Beauftragten des Versicherers zu erteilen.

(3) Auf Verlangen des Versicherers ist die versicherte Person verpflichtet, sich durch einen vom Versicherer beauftragten Arzt untersuchen zu lassen.

(4) Der Neuabschluß einer weiteren oder die Erhöhung einer anderweitig bestehenden Versicherung mit Anspruch auf Leistungen wegen Pflegebedürftigkeit darf nur mit Einwilligung des Versicherers vorgenommen werden.

§ 10 Folgen von Obliegenheitsverletzungen

(1) Der Versicherer ist mit der in § 6 Abs. 3 Versicherungsvertragsgesetz (VVG) vorgeschriebenen Einschränkung von der Verpflichtung zur Leistung frei, wenn eine der in § 9 Abs. 1 bis 3 genannten Obliegenheiten verletzt wird. Bei verspätetem Zugang der Anzeige nach § 9 Abs. 1 Satz 1 wird ein vereinbartes Pflegetagegeld erst vom Zugangstage an gezahlt, jedoch nicht vor dem Beginn der Leistungspflicht und dem im Tarif vorgesehenen Zeitpunkt.

(2) Wird die in § 9 Abs. 4 genannte Obliegenheit verletzt, so ist der Versicherer nach Maßgabe des § 6 Abs. 1 VVG von der Verpflichtung zur Leistung frei, wenn er von sei-

nem Kündigungsrecht innerhalb eines Monats nach dem Bekanntwerden Gebrauch macht. Dieses Recht kann nur innerhalb der ersten zehn Versicherungsjahre ausgeübt werden.

(3) Die Kenntnis und das Verschulden der versicherten Person stehen der Kenntnis und dem Verschulden des Versicherungsnehmers gleich.

§ 11 Ansprüche gegen Dritte

Hat der Versicherungsnehmer oder eine versicherte Person Schadenersatzansprüche nichtversicherungsrechtlicher Art gegen Dritte, so besteht, unbeschadet des gesetzlichen Forderungsüberganges gemäß § 67 VVG, die Verpflichtung, diese Ansprüche bis zur Höhe, in der aus dem Versicherungsvertrag geleistet wird, an den Versicherer schriftlich abzutreten. Gibt der Versicherungsnehmer oder eine versicherte Person einen solchen Anspruch oder ein zu Sicherung des Anspruches dienendes Recht ohne Zustimmung des Versicherers auf, so wird dieser insoweit von der Verpflichtung zu Leistung frei, als er aus dem Anspruch oder dem Recht hätte Ersatz verlangen können.

§ 12 Aufrechnung

Der Versicherungsnehmer kann gegen Forderungen des Versicherers nur aufrechnen, soweit die Gegenforderung unbestritten oder rechtskräftig festgestellt ist. Gegen eine Forderung aus der Beitragspflicht kann jedoch ein Mitglied eines Versicherungsvereins nicht aufrechnen (§ 26 Versicherungsaufsichtsgesetz).

Ende der Versicherung

§ 13 Kündigung durch den Versicherungsnehmer

(1) Der Versicherungsnehmer kann das Versicherungsverhältnis zum Ende eines jeden Versicherungsjahres, frühestens aber zum Ablauf der vereinbarten Vertragsdauer, mit einer Frist von drei Monaten kündigen.

(2) Die Kündigung kann auf einzelne versicherte Personen oder Tarife beschränkt werden.

(3) Erhöht der Versicherer die Beiträge oder vermindert er seine Leistungen gemäß § 18 Abs. 1, so kann der Versicherungsnehmer das Versicherungsverhältnis hinsichtlich der betroffenen versicherten Person innerhalb eines Monats vom Zugang der Änderungsmitteilung an zum Zeitpunkt des Wirksamwerdens der Änderung kündigen.

(4) Der Versicherungsnehmer kann, sofern der Versicherer die Anfechtung, den Rücktritt oder die Kündigung nur für einzelne versicherte Personen oder Tarife erklärt, innerhalb von zwei Wochen nach Zugang dieser Erklärung die Aufhebung des übrigen Teils der Versicherung zum Schlusse des Monats verlangen, in dem ihm die Erklärung des Versicherers zugegangen ist, bei Kündigung zu dem Zeitpunkt, in dem diese wirksam wird.

MB/PV

§ 14 Kündigung durch den Versicherer

(1) Der Versicherer verzichtet auf das ordentliche Kündigungsrecht.

(2) Die gesetzlichen Bestimmungen über das außerordentliche Kündigungsrecht bleiben unberührt.

(3) Die Kündigung kann auf einzelne versicherte Personen oder Tarife beschränkt werden.

§ 15 Sonstige Beendigungsgründe

(1) Das Versicherungsverhältnis endet mit dem Tod des Versicherungsnehmers. Die versicherten Personen haben jedoch das Recht, das Versicherungsverhältnis unter Benennung des künftigen Versicherungsnehmers fortzusetzen. Die Erklärung ist innerhalb zweier Monate nach dem Tode des Versicherungsnehmers abzugeben.

(2) Beim Tod einer versicherten Person endet insoweit das Versicherungsverhältnis.

(3) Das Versicherungsverhältnis endet mit dem Wegzug des Versicherungsnehmers aus dem Tätigkeitsgebiet des Versicherers, es sei denn, daß eine anderweitige Vereinbarung getroffen wird. Bei Wegzug einer versicherten Person endet insoweit das Versicherungsverhältnis.

Sonstige Bestimmungen

§ 16 Willenserklärung und Anzeigen

Willenserkärungen und Anzeigen gegenüber dem Versicherer bedürfen der Schriftform. Zu ihrer Entgegennahme sind Versicherungsvermittler nicht bevollmächtigt.

§ 17 Gerichtsstand

Es gelten die gesetzlichen Bestimmungen.

§ 18 Änderungen der Allgemeinen Versicherungsbedingungen

(1) Die Allgemeinen Versicherungsbedingungen (§ 1 Abs. 4) können mit Genehmigung der Aufsichtsbehörde mit Wirkung für bestehende Versicherungsverhältnisse, auch für den noch nicht abgelaufenen Teil des Versicherungsjahres, geändert werden, soweit sie Bestimmungen über Versicherungsschutz, Pflichten des Versicherungsnehmers, sonstige Beendigungsgründe, Willenserkärungen und Anzeigen sowie Gerichtsstand betreffen.

(2) Änderungen nach Abs. 1 werden zu Beginn des zweiten Monats wirksam, der auf die Benachrichtigung der Versicherungsnehmer folgt, sofern nicht mit Zustimmung der Aufsichtsbehörde ein anderer Zeitpunkt bestimmt wird.

Anhang 3

– Antragsvordruck –

Antrag *
auf Abschluß oder Änderung eines
Krankenversicherungs-Vertrages

---
* Verkleinerte Wiedergabe, Originalgröße DIN A4

Antragsvordruck

Versicherungs – Änderungs – Antrag (Nichtzutreffendes streichen)

Antragsvordruck

A
Jede der folgenden Fragen ist für alle Personen mit JA oder NEIN zu beantworten. (Bitte ankreuzen). Wird eine Frage mit JA beantwortet, sind unter Anführung der entsprechenden Personen-Nummer im Abschnitt E genaue Angaben zu machen.

Personen-Nr. 1 2 3 4

		NEIN	JA	NEIN	JA	NEIN	JA	NEIN	JA
a	Bestanden in den letzten drei Jahren bzw. bestehen z. Z. noch Krankheiten, Beschwerden, Unfallfolgen, Gebrechen, Anomalien?								
b	Haben jemals stationäre Behandlungen in einem Krankenhaus, Lazarett, Sanatorium oder einer Heilstätte stattgefunden, oder ist eine solche beabsichtigt oder angeraten?								
c	Wurden jemals Operationen durchgeführt, oder ist eine solche beabsichtigt oder angeraten?								
d	Haben Blutuntersuchungen stattgefunden, die zur Feststellung einer Virusinfektion (auch Antikörper-Befund) oder eines sonstigen krankhaften Befundes (z. B. Rheuma, Hepatitis, Allergien, AIDS) führten? (Wenn ja, Ergebnis in Absatz E angeben).								
e	Liegt eine Wehrdienstbeschädigung oder Erwerbsminderung vor? ☐ WDB (Bitte ankreuzen; genaue Diagnose und %-Satz in Absatz E angeben) ☐ MdE								
f	Bestand in den letzten drei Jahren Arbeitsunfähigkeit bzw. besteht z. Z. eine solche?								
g	Fanden in den letzten drei Jahren Kuren statt, oder ist eine Kur beabsichtigt oder angeraten?								
h	Findet z. Z. eine kieferorthopädische oder Parodontose-Behandlung statt, oder ist eine solche beabsichtigt oder angeraten?								
j	Ist eine ärztliche oder zahnärztliche Behandlung z. Z. beabsichtigt oder angeraten?								
k	Werden Medikamente eingenommen? (Bitte in Absatz E unbedingt Diagnose, Art der Medikamente, Dosis und behandelnden Arzt angeben)								
l	Sind noch Rechnungen offen bzw. nicht eingereicht? (Falls JA, Erkrankung, Behandlungsdauer und behandelnden Arzt angeben)								

B Personen-Nummer

	1	2	3	4
a) Körpergröße (cm)				
b) Körpergewicht (kg)				
c) Schwangerschaft	☐ NEIN ☐ JA	☐ NEIN ☐ JA	☐ NEIN ☐ JA	☐ NEIN ☐ JA
	Mon.	Mon.	Mon.	Mon.
d) Anzahl der fehlenden natürlichen Zähne				
Wurden die fehlenden Zähne ersetzt?	☐ NEIN ☐ JA	☐ NEIN ☐ JA	☐ NEIN ☐ JA	☐ NEIN ☐ JA
Wenn ja, wieviel?				
Wann?				

C Ich beantrage Wartezeiterlaß

a	aufgrund einer ☐ ärztlichen ☐ zahnärztlichen Untersuchung, deren Kosten ich trage
b	aufgrund des Übertritts aus der gesetzlichen Krankenversicherung ☐ Nachweis liegt bei ☐ Nachweis wird nachgereicht
c	aufgrund der Mitgliedschaft im Hartmannbund ☐ Beitrittserklärung und ☐ Mitglied-Nr.
d	Änderung des Beihilfeanspruchs

Der Wartezeiterlaß muß von der Gesellschaft ausdrücklich bestätigt werden. Geht der ärztliche Untersuchungsbericht nicht innerhalb von 14 Tagen nach dem Datum der Antragstellung bei der Gesellschaft ein, so gelten die Wartezeitbestimmungen.

D

a	Bitte bei jeder Krankentagegeldversicherung ausfüllen! Geschäftsadresse bei Selbständigen bzw. Arbeitgeberanschrift bei Arbeitnehmern: Pers.-Nr. ___ / ___
b	Angabe des zweiten Wohnsitzes Pers.-Nr. ___ / ___
c	In welcher Höhe besteht bei einer privaten oder gesetzlichen Krankenversicherung ein Tagegeldanspruch? Pers.-Nr. ___ DM ___ Pers.-Nr. ___ DM ___
d	Übersteigt die Höhe des beantragten Krankentagegeldes zusammen mit sonstigen Krankentagegeldern und Krankengeldern das auf den Kalendertag umgerechnete, aus der beruflichen Tätigkeit herrührende Nettoeinkommen? ☐ NEIN ☐ JA, bei Pers.-Nr. ___
e	Sind Sie zur Abgabe einer Einkommensteuererklärung verpflichtet? ☐ NEIN
	Wieviel Arbeitnehmer beschäftigen Sie? ☐ JA

E Nähere Angaben zu den in Abschnitt A mit „JA" beantworteten Fragen.

(Reicht der vorgesehene Raum nicht aus, sind weitere Angaben auf einem Beiblatt zu machen) Beiblatt: ☐ NEIN ☐ JA

Pers.	Frage	Krankheiten, Beschwerden, Unfallfolgen, Gebrechen, Anomalien	Ambulante Behandlungen von – bis	Stationäre Behandlungen von – bis	Ausgeheilt JA NEIN	Name und Anschrift der behandelnden Ärzte bzw. Krankenhäuser usw.

F

a	Besteht oder bestand eine gesetzliche oder private Krankenversicherung? ☐ NEIN ☐ JA Besteht oder bestand eine solche Kranken- oder Unfallversicherung mit Anspruch auf KT oder KHT? ☐ NEIN ☐ JA	Pers.-Nr.	Kassen bzw. Versicherungsunternehmen (Bitte auch KT/KHT-Anspruch in DM angeben)	Mitgliedschaft von – bis	b	Wurde in den letzten 3 Jahren eine der unter a) aufgeführten Versicherungen beantragt? ☐ NEIN ☐ JA, für Pers.-Nr. ___ am ___ bei ___ Wurde der Antrag abgelehnt? ☐ NEIN ☐ JA	c	Besteht oder bestand bei der ein Versicherungsvertrag? ☐ NEIN ☐ JA, für Pers.-Nr. ___ Vers.-Nr. ___
	Falls eine bestehende Mitgliedschaft wieder aufgelöst wurde: Wer kündigte? →		Antragsteller für Pers.-Nr. ___	Vers.-Unternehmen für Pers.-Nr. ___			d	Besteht eine Lebensversicherung oder ein Anspruch auf Altersversorgung? ☐ NEIN

Bevor Sie diesen Antrag unterschreiben, lesen Sie bitte auf der Rückseite die „Schlußerklärung des Antragstellers und der zu versichernden Personen", die mit Ihrer Unterschrift zum Inhalt des Antrages und damit gleichzeitig wichtiger Bestandteil des Vertrages wird.

Die Unterschrift des Versicherungsnehmers bzw. Kontoinhabers, wenn dieser nicht der Versicherungsnehmer ist, gilt als Ermächtigung, die jeweils fälligen Versicherungsbeiträge bis auf Widerruf von nebenstehendem Konto abzurufen. Der Erstbeitrag gilt bis zum Eingang der Lastschrift bei dem angegebenen Geldinstitut als gestundet.

Grundlage der beantragten Tarife sind die „Allgemeinen Versicherungsbedingungen":
Teil I Musterbedingungen   Teil II Tarifbedingungen
☐ MB/KK 76   ☐ MB/KT 78   ☐ TB/KK 76   ☐ TB/KT 78   ☐ Grundbedingungen/Tarifbedingungen   ☐

_____, den _____ 19___   Unterschrift (Vor- und Zuname) des Antragstellers   Unterschrift (Vor- und Zuname) des Kontoinhabers, wenn nicht VN
Wohnort

Unterschriften (Vor- und Zuname) der volljährigen mitzuversichernden Personen / eines gesetzlichen Vertreters bei minderjährigen mitzuversichernden Personen

Wichtiger Hinweis! Der Antragsvermittler ist berechtigt, den 1. Monatsbeitrag zu erheben. Wenn Sie innerhalb eines Monats weder den Versicherungsschein noch eine Nachricht von der Gesellschaft erhalten, bitten wir, die Gesellschaft zu verständigen. Wird der Antrag abgelehnt, wird vom Vorbehalt kassierte Beiträge zurückgezahlt. Der Antragsteller wird ausdrücklich darauf hingewiesen, daß durch die Zahlung des ersten Monatsbeitrages der Versicherungsvertrag noch nicht zustande gekommen ist.

Quittung und Erklärung des Antragsvermittlers

Ich erkläre, daß mir keine weiteren Mitteilungen über frühere oder noch bestehende Erkrankungen gemacht wurden sind, von Krankheiten, Gebrechen oder Anomalien wurden mir nicht bemerkt. Die Richtigkeit der Unterschriften bestätige ich.

Es wurde an mich gezahlt: Antragsinkasso
Monatsbeitrag _____ DM   ☐ JA ☐ NEIN   Vor- und Zuname in Blockschrift   Unterschrift des Antragsvermittlers

Antragsvordruck

SCHLUSSERKLÄRUNG DES ANTRAGSTELLERS UND DER ZU VERSICHERNDEN PERSONEN

I. Erklärung zur beantragten Versicherung

1. Grundlage des Versicherungsvertrages sind dieser Antrag, die in diesem Antrag näher bezeichneten Allgemeinen Versicherungsbedingungen (AVB), die gewählten Tarife und der auszustellende Versicherungsschein. Nebenabreden sind nur gültig, wenn sie von der Gesellschaft schriftlich bestätigt werden. Mir ist bekannt, daß der Versicherungsvertrag erst zustande kommt, wenn der Versicherungsschein übermittelt oder angeboten wird oder der Versicherer schriftlich die Annahme des Antrages erklärt.

2. Der Vertrag wird vom beantragten Versicherungsbeginn an für die Dauer von 3 Jahren (vgl. AVB, § 8 TB/KK 76), hinsichtlich der Krankentagegeldversicherung für die Dauer von 1 Jahr (vgl. AVB, § 13 MB/KT 78) geschlossen. Er verlängert sich stillschweigend jeweils um ein Jahr, sofern er nicht bedingungsgemäß gekündigt wird. Das Versicherungsjahr beginnt mit dem im Versicherungsschein bezeichneten Zeitpunkt.
Die Aufgabe einer bestehenden Versicherung zum Zwecke des Abschlusses einer Versicherung bei einem anderen Unternehmen der privaten Krankenversicherung ist im allgemeinen für den Versicherungsnehmer unzweckmäßig und für beide Unternehmen unerwünscht.
Ab Antragstellung darf der Neuabschluß einer Krankentagegeld- bzw. Krankenhaustagegeldversicherung oder die Erhöhung einer anderweitig bestehenden Versicherung mit Anspruch auf Krankentagegeld bzw. Krankenhaustagegeld nur mit Einwilligung des Versicherers vorgenommen werden. Wird diese Obliegenheit verletzt, hat der Versicherer ein Leistungsverweigerungs- und Kündigungsrecht.

3. Mir ist bekannt, daß ich gemäß § 16 des Versicherungsvertragsgesetzes die in diesem Antrag gestellten Fragen nach bestem Wissen sorgfältig, vollständig und schriftlich beantworten und dabei auch von mir für unwesentlich gehaltene Erkrankungen oder Beschwerden angeben muß. Bei schuldhafter Verletzung dieser Pflicht kann der Versicherer vom Vertrag zurücktreten oder ihn anfechten und gegebenenfalls die Leistung verweigern. Der Vermittler ist nicht berechtigt, über die Erheblichkeit der in diesem Antrag gestellten Fragen oder von durchgemachten Erkrankungen verbindliche Erklärungen namens des Versicherers abzugeben. Für die Richtigkeit und Vollständigkeit der Angaben bin ich auch dann verantwortlich, wenn ein Dritter (z.B. der Vermittler) den Antrag niederschreibt.
Striche, Zeichen oder Nichtbeantwortung gelten als Verneinung. Streichungen und Änderungen müssen vom Antragssteller abgezeichnet sein. Falls eine der zu versichernden Personen gewisse Angaben dem Vermittler gegenüber nicht machen möchte, so sind diese dem Versicherer in Köln unmittelbar schriftlich mitzuteilen. Diese Mitteilung muß innerhalb einer Frist von fünf Tagen erfolgen.

4. Ich verpflichte mich, ab Antragstellung über den Abschluß eines Krankheitskostenversicherungsvertrages bei einem weiteren Versicherer oder von dem Gebrauchmachen der Versicherungsberechtigung in der gesetzlichen Krankenversicherung unverzüglich zu unterrichten.

5. Ich verpflichte mich, alle Heilbehandlungen (einschließlich Beratungen und Untersuchungen), alle Veränderungen im Gesundheitszustand, alle Veränderungen hinsichtlich der beruflichen Tätigkeit und/oder eine Verminderung des Nettoeinkommens der zu versichernden Personen, die bis zur Annahme dieses Antrages eintreten, dem Versicherer unverzüglich schriftlich anzuzeigen. Das gleiche gilt für eine zwischenzeitlich festgestellte Schwangerschaft und einen vorgenommenen Schwangerschaftsabbruch.

6. An meinen Antrag, dessen Durchschrift ich erhalten habe, bin ich 6 Wochen gebunden. Die Frist beginnt mit der Entgegennahme des Antrages durch den Vermittler und bei unmittelbarer Antragstellung mit dem Eingang beim Versicherer. Sofern der Erlaß von Wartezeiten aufgrund einer ärztlichen Untersuchung beantragt wird, beginnt die Frist an dem Tage, an dem die Untersuchungsberichte dem Versicherer zugehen, spätestens aber am Tage nach Ablauf der Einreichefrist von 14 Tagen. Werden zu bereits bestehenden Versicherungen zusätzliche Versicherungen oder Höherstufungen vereinbart, sind insoweit die bedingungsmäßigen Wartezeiten zu erfüllen. Die Allgemeinen Versicherungsbedingungen einschließlich der Tarife und Tarifbedingungen habe ich erhalten und erkenne sie an.

II. Entbindung von der Schweigepflicht

Ich ermächtige den Versicherer, auch zugleich für die mitzuversichernden Personen, soweit und solange sie von mir gesetzlich vertreten werden, jederzeit Auskünfte über frühere, bestehende und bis zum Ende des Vertrages eintretende Krankheiten, Unfallfolgen und Gebrechen sowie über beantragte, bestehende oder beendete Personenversicherungen einzuholen. Dazu darf er Ärzte, Zahnärzte, Heilpraktiker, Krankenanstalten aller Art, Versicherungsträger, Gesundheits- und Versorgungsämter befragen. Diese befreie ich von ihrer Schweigepflicht und ermächtige sie, dem Versicherer alle erforderlichen Auskünfte zu erteilen.

III. Erklärung zum Datenschutz

Ich willige ferner ein, daß der Versicherer im erforderlichen Umfang Daten, die sich aus den Antragsunterlagen oder der Vertragsdurchführung (Beiträge, Versicherungsfälle, Risiko- oder Vertragsänderungen) ergeben, an Rückversicherer zur Beurteilung des Risikos und zur Abwicklung der Rückversicherung sowie an den Verband der privaten Krankenversicherung e.V., Bayenthalgürtel 26, 5000 Köln 51 und andere Versicherer zur Beurteilung des Risikos und der Ansprüche übermittelt.
Ich willige ferner ein, daß die Versicherer der   Versicherungs-Gruppe, soweit dies der ordnungsgemäßen Durchführung meiner Versicherungsangelegenheiten dient, allgemeine Vertrags-, Abrechnungs- und Leistungsdaten in gemeinsamen Datensammlungen führen und an ihre Vertreter weitergeben. Gesundheitsdaten dürfen nur an Personen- und Rückversicherer übermittelt werden; an Vertreter dürfen sie nur weitergegeben werden, soweit es zur Vertragsgestaltung erforderlich ist. Auf Wunsch werden mir zusätzliche Informationen zur Datenübermittlung zugesandt.

Anhang 4

Abkürzungsverzeichnis

a.a.O.	am angegebenen Ort
Abs.	Absatz
AG	Amtsgericht/bzw. Aktiengesellschaft
AGBG	Gesetz zur Regelung des Rechts der Allgemeinen Geschäftsbedingungen
AktG	Aktiengesetz
AVB	Allgemeine Versicherungsbedingungen
BAV	Bundesaufsichtsamt für das Versicherungswesen
BGB	Bürgerliches Gesetzbuch
BGBl	Bundesgesetzblatt
BGH	Bundesgerichtshof
BPflV	Bundespflegesatzverordnung
BVerfGE	Entscheidung des Bundesverfassungsgerichts Entscheidungssammlung, Verlag J.C.B. Mohr
GG	Grundgesetz
GKV	Gesetzliche Krankenversicherung
GOÄ	Gebührenordnung Ärzte
GOZ	Gebührenordnung Zahnärzte
GRG	Gesundheits-Reformgesetz
HaustürWG	Gesetz über den Widerruf von Haustürgeschäften und ähnlichen Geschäften
HGB	Handelsgesetzbuch
LFZG	Lohnfortzahlungsgesetz
LG	Landgericht
MB/KK 76	Allgemeine Versicherungsbedingungen für die Krankheitskosten- und Krankenhaustagegeldversicherung/Teil I – Musterbedingungen 1976 des Verbandes der privaten Krankenversicherung

Abkürzungsverzeichnis

MB/KT 78	Allgemeine Versicherungsbedingungen für die Krankentagegeldversicherung / Teil I – Musterbedingungen 1978 des Verbandes der privaten Krankenversicherung
MB/PV	Allgemeine Versicherungsbedingungen für die Pflegekrankenversicherung /Teil I – Musterbedingungen des Verbandes der privaten Krankenversicherung
MuSchG	Gesetz zum Schutze der erwerbstätigen Mutter (Mutterschutzgesetz)
OLG	Oberlandesgericht
PKV	Private Krankenversicherung
Rdz	Randziffer
SGB	Sozialgesetzbuch
USK	Urteilssammlung für die gesetzliche Krankenversicherung
VAG	Gesetz über die Beaufsichtigung der Versicherungsunternehmen
VerBAV	Veröffentlichungen des Bundesaufsichtsamtes für das Versicherungswesen
VersR	Zeitschrift Versicherungsrecht
vgl.	vergleiche
VVG	Versicherungsvertragsgesetz
VVW	Verlag Versicherungswirtschaft e.V., Karlsruhe
WJ	Wussow-Information
WzS	Zeitschrift Wege zur Sozialversicherung
z.B.	zum Beispiel
ZfV	Zeitschrift für Versicherungswesen
ZSR	Zeitschrift für Sozialrefom

Anhang 5

Stichwörterverzeichnis

A

abdingbare Vorschriften des VVG	90ff.
Abschlußkosten	136
Abteilungen des Vers.-Unternehmens	54
Abtretung von Leistungsansprüchen	182
Abweichungen von den AVB	97
AGB-Gesetz	93ff.
Aktie	44
Aktiengesellschaft(en)	21ff.,41ff.,73
Aktiengesetz	41,43ff.,51,53
Alkoholerkrankung	206,213
Allfinanz-Konzept	54
Allgemeine Geschäftsbedingungen	93ff.
Allgemeine Preußische Gewerbeordnung	19
Allgemeine Versicherungsbedingungen	25,51,53,63,65,89,94ff., 120,121,123,162,163,188
Altersprofil	138
Altersrente, Bezug von	129,215
Altersrisiko	25,133ff.,138ff.
Altertum	15,19
Alterungsrückstellung	27ff.,134ff.,138ff.
Altlasten im Versichertenbestand	38
ambulante Heilbehandlung	164ff.,168
Amtsermittlungsgrundsatz	72
Änderung der AVB	99
Änderung Nettoeinkommen	205
Anfechtung des Vertrages	119ff.,141
Angebot	91
Angehörige als Behandler	176
Annahme	87,91,105ff.,120
Anpassung des Krankentagegeldes	204,214
Anrechnung von Versicherungszeiten	123
Anspruchsuntergang	181
Ansprüche gegen Dritte	190,220
Antrag	87,91,105ff.
Antragsvordruck	65,105,111,113
Anwaltszwang	72,74
Anzeigepflicht	184,188,203,208ff.,218ff.
Anzeigepflicht während der Bindungsfrist	113ff.

273

Stichwörterverzeichnis

Anzeigepflicht, Verletzung der	115ff.
Anzeigepflicht, vorvertragliche	103,109ff.,185
Äquivalenzprinzip	73ff.
Arbeiter	18,19
Arbeitertum	17,19
Arbeitslosenversicherung	148
Arbeitsteilung	18
Arbeitsunfähigkeit	147,201,206
Arbeitsunfähigkeitsbescheinigung	202
Arglistige Täuschung	119ff.
Arzneien	164ff.,193,198
Arzt, Mitwirkung bei Gesundh.-prüfg.	114
Arztauskünfte	186
Ärzte	24, 164ff.
ärztliche Tätigkeit	158,197
Aufenthalt außerhalb des Wohnsitzes	206
Aufgaben der Verbände	62
Aufhebung des Vertrages	126
Aufrechnung	190,210,220
Aufsicht	21,24,26,28ff.,42ff.,48, 51ff.,64ff.,94,96ff., 100ff.,104,112,116,163
Aufsichtsrat einer AG	42,44ff.
Aufsichtsrat eines VVaG	52ff.
Ausfallzeit Rentenversicherung	147
Auskunftspflicht	184ff.,188,209,219
Ausland	162ff.,202
Auslandsreise-Krankenversicherung	153ff.
Auslegung von AVB	99ff.
Ausschluß von der Kostenerstattung	173
Ausschluß von Krankheiten	26,103ff.
Auszahlung der Leistungen	179ff.,208,219
Auszahlungsvereinbarungen	182
Außendienst	56,79
außerordentliche Kündigung	125

B

Basistarif	151
Basistarif Spezial	27,152ff.
Basiszusatztarif	152
Beamte	21,24
Bedeutung der PKV-Unternehmen	38
Beendigungsgründe	128
Befreiung von der Krankenversicherungspflicht	35ff.
Beginn der Versicherung	120ff.

Stichwörterverzeichnis

Beginn des Krankentagegeldes	203
Begräbnis	15
Begutachtung, ärztliche	171
Behandlung durch Angehörige	176
Behandlungsbedürftigkeit	160ff.
Behandlungspflege	177
Beihilfen	24,127,151,178,197
Beirat	68
Beitragsanpassungsklausel	137,222
Beitragsänderungen	136ff.
Beitragserhöhung	126,136ff.
Beitragserhöhung im Alter	138
Beitragskalkulation	23,25,73ff.,131ff.,149
Beitragspflicht während der Arbeitsunfähigkeit	147
Beitragsrückerstattung	25,71,73,132,136,143ff.,216
Beitragszahlung	122,128,139ff.
– Beginn und Ende	140ff.
Beitragszusammensetzung	132ff.
Beitragszuschuß des Arbeitgebers	144ff.,204
Beiträge	15,17,37,52,73,87,120ff., 131ff.,149
Belege	180ff.
Bereicherungsverbot	89,178
Berufsunfähigkeit	129
Beschäftigungsverbote MuSchG	206,211,213
Beschwerden der Versicherungsnehmer	65
Beseitigung von Mißständen	65
Besondere Versicherungsbedingungen	96,101ff.
Beteiligungsverhältnisse	48ff.
Betriebskosten des Versicherers	135
Beweislast	119,158,167,171,177ff.,189
Beweismittel	74,104,115
BGB	90ff.
Bildschirmtechnik	58
Billigungsklausel	107
Bindungswirkung des Antrages	91,105ff.,113
Binnenmarkt, europäischer	27ff.
Binnenversicherung	89
Bismarck	19
Bundesaufsichtsamt für das Versicherungswesen	67ff.

C

Christentum	15
Clinic-Card	182

275

D

Darlehn	16
Datei, zentrale	108,116
Deutsches Reich	19
Direktabrechnung von Krankenhauskosten	75
Direktion	54
Direktvertrieb	57
Doppelversicherung	89
Drei-Klassen-Gesellschaft	19

E

EDV	58
EG-Richtlinien	48
Ehegatten, Versicherung von	123
Eigenanteile	75
einheitlicher Versicherungsfall	161
Einkommen in der Versicherungswirtschaft	59
Einkommensänderung	204ff.
Einschränkungen der Leistungspflicht	171ff.,205ff.,219
Einstufung Pflegebedürftigkeit	221
Eintrittsgelder	15
empfangsbedürftige Willenserklärung	93,119,121,124
Ende der Versicherung	124ff.,182ff.,207ff.,218
Entbindung	159,192,199,206
Entstehung von AVB	97
Entwicklung der PKV, zukünftige	27
– Versichertenbestand	30
Entziehungsmaßnahmen	172ff.
Ergänzungstarif	78,101,154ff.
Erklärung bei Rücktritt vom Vertrag	116
Erlaubnis zum Versicherungsbetrieb	65,97
Ersatzkassen	19,21,26
Erster Weltkrieg	22ff.
Erwerbstätigkeit	128
Erwerbsunfähigkeit	129
Erstbeitrag	122,139,142

F

Fahrlässigkeit	115,188
Fälligkeit der Beiträge	140ff.
Fälligkeit der Leistungen	179ff.
Familienangehörige Beitragszuschuß	144
Familienverband, -soziale Sicherung im	15ff.

Stichwörterverzeichnis

Filialdirektionen	54
Finanzdienstleistungen	54
Finanzierung	15
Firma	42ff.
Folgebeitrag	90,142
formeller Versicherungsbeginn	120
Fragen zum Gesundheitszustand	111
freie Krankenhauswahl	166
freiwillig GKV-Versicherte	31
Früherkennung von Krankheiten	159

G

Garantievertrag	95
Gefahrerhöhung	140
Gefahrtragung	87,109ff.
gegenseitiger Vertrag	87,90
Gegenüberstellung PKV-GKV	84,225
Gegenwart der PKV	27
Geistliche	22
Gemeinde	16
Gemeinschaftsaufgaben der Versicherungswirtschaft	63
Genehmigung von AVB	97
Gerichtskosten	74
Geschäftsfähigkeit	92
Geschäftspläne	65,97,131,136,138,149
Geschäftsstellen	54
Geschichtliche Entwicklung des Versicherungswesens	15ff.
Gesellenbruderschaften	17
gesetzgeberische Maßnahmen	30ff.
gesetzliche Grundlagen	88
gesetzliche Kündigungsgründe	128
gesetzliche KV	154
Gesundheitsprüfung	114ff.,139
Gesundheitszeugnis	123
Gesundheitszustand	109
Gewinnstreben	43,51,72ff.
Gleichwertigkeit von Beiträgen und Leistungen	73,183
Griechenland	15
Größenordnung der PKV	28ff.
Großfamilien	16
Grundgesetz	69
Grundkapital	42ff.
Grundpflege	177

Stichwörterverzeichnis

Grundprinzipien	69ff.
Gründung von Aktiengesellschaften	41
Gründungsstock eines VVaG	52
Gutachten, medizinische	72,74,159

H

halbzwingende Vorschriften des VVG	89
Handelsgehilfen	17,21
Handelsgeschäft	93
Handelsgesellschaft	43,51
Handelsgesetzbuch	93
Handelsregister	42,51
Handwerker	15,22
Hauptversammlung der AG	44,46ff.
Haustürgeschäft	106
Heil- und Kostenplan	165
Heilbehandlung	157ff.
– ambulante	164ff.
– Beginn und Ende	159ff.
– in einem Heilbad bzw. Kurort	175ff.
– stationäre	165ff.
Heilmittel	164ff.,194,198
Heilpraktiker	164ff.,198
Hierarchie	53ff.
Hilfskassen, eingeschriebene	19
Hilfsmittel	164ff.,194,198
Höchstbeträge bei Zahnersatz	165,194
Höhe des Krankentagegeldes	203ff.
Holding	48

I

Industrielle Revolution	18ff.
Infektionserkrankungen	112
Innendienst	56,58

J

Jahresarbeitsentgeltgrenze	78,144,151
Jahresbeitrag	140
juristische Person	42ff.

K

Kaiserliche Botschaft	20
Kapitalverpflechtungen	25
Karenzzeit beim Krankentagegeld	203
Kaufmannseigenschaft	43,51,53
Kapitalgesellschaften	43
Kirche	15ff.
Klageausschlußfrist	181
Klauseln lt. AGB-Gesetz	95
kleine VVaG	53
Klöster	16
Kompositversicherer	48
Konkurrenz der PKV zur GKV	25,76ff.,84
Konsortial-Gesellschaften	49
Kontaktanlässe	54
Konzentration von PKV-Unternehmen	24ff.
Kooptation	53
Kosten des Gerichtsverfahrens	72,74
Kostenerstattung, Ausschluß	173
Kostenerstattungsprinzip	75
Kostensteigerungen	23,137ff.
Krankenanstalt, gemischte	169ff.,184
Krankengeld	147
Krankengeschichten	167
Krankenhausbehandlung, ambulante	168
– stationäre	165,184,192,198
Krankenhaustagegeldversicherung	157ff.
Krankenkassen	19ff.
Krankenpflege	16
Krankentagegeldversicherung	37,201
Krankenunterlagen, Einsicht in	186
Krankenunterstützung	20
Krankenversicherung der Rentner	36,135
Krankenversicherung, gesetzliche	20ff.
Krankenversicherungs-Kostendämpfungsgesetz	31
Krankheitsbegriff	25,157ff.
Krankheitskostenversicherung	157ff.
Kieferorthopädische Behandlung	165
Kriegsfolgen	171ff.
Krisen der PKV	23ff.,26ff.
Kündigung	117,124ff.,141,143,215
– verspätete	126ff.
Kündigungsfristen	120,125ff.
Kündigungsverzicht des Versicherers	127
Kuren	166,169ff.,174ff.,207,213
Kurorte	176

L

Landflucht	18
Lastschrifteinzugsverfahren	139,141
Leistungen bei Basistarif/ Basis Spezial	152
Leistungen der Versicherer	191,197
Leistungen, Art und Höhe	149ff.,157ff.,202ff.,218ff.
Leistungsanspruch	15,87,149ff.
Leistungsausschluß	168ff.,170ff.,185
Leistungseinschränkungen	171,193,200,205,219
Leistungsende	182
Leistungsfreiheit des Versicherers	122,128,139,143,187ff.,208, 219
Leistungskatalog für Beitragszuschuß	145
Leistungskürzung	52,126,138
Leistungsort für die Beiträge	141
Leistungspflicht trotz Rücktritt	117
Leistungsverzug	180
Leistungszusage, schriftliche	169,171
Leitung des Krankenhauses	167
Lohn,-niveau,-system	18

M

Manipulationen	173
Marktanteile der PKV	28ff.
Markttransparenz	100
Marktübersicht	39ff.
materieller Versicherungsbeginn	120
MB/KK 76	245ff.
MB/KT 78	253ff.
MB/PV	261ff.
medizinische Notwendigkeit	157ff.,168ff.,177ff.
mehrere Versicherungsfälle	161
Mikrozensuserhebungen	33
Mitarbeiter in der Vers.-Wirtschaft	58
Mitglieder des VVaG	51
Mitglieder-Vertreter-Versammlung	53
Mittelalter	16
Mittelstand	21
Mitwirkungspflicht	209
Monatsbeitrag	140
Musterbedingungen	94ff.,100,122,149,157, 162ff.
Mutterschutz	206,211,213

N

Nachschüsse	52
Nachuntersuchung	202
Nachweise	180,195
Netto-Einkommen	204ff.,214
Neugeborene	120,192,196,199
Neugründung von PKV-Unternehmen	38,41ff.
Neuzeit	17
Nichtigkeit des Vertrages	182
niedergelassener Arzt	164
Notsituation, wirtschaftliche	17
Notwendigkeit von Leistungen	177

O

Oberste Vertretung eines VVaG	52ff.
Obliegenheiten	95,166,179,183ff.,187ff., 208ff.,219
Obliegenheitsverletzungen	128,141,180,187,208ff., 219,222
öffentlich-rechtliche Krankenversicherer	24
Orden	15ff.
ordentliche Kündigung	125
Organe der AG	44ff.,74
Organe des Versicherungsvereins a.G.	52ff.,74
Organisation der PKV	42
Organisation des Versicherungsbetriebes	55ff.
Organisationstruktur der Versicherungsunternehmen	53ff.
Originalbelege	180,195,200
örtlicher Geltungsbereich	162ff., 202,217

P

Parteivortrag	74
Personalpolitik	58
Personenversicherung	80,88ff.
Pfändung von Leistungen	182
Pflegebedürftigkeit	217,219ff.
Pflegefall	158,176ff.
Pflegekrankenversicherung	
– Beginn und Ende	129ff.
– Beitragsanpassung	137
– Leistungen	217ff.

Stichwörterverzeichnis

Pflegetagegeld	218,220
Pflichtversicherung	20
positive Vertragsverletzung	166
Prämienverbesserung	117
Preußen	19
Preußisches Allgemeines Landrecht	19
Privatautonomie	90
Privatpatient	164
Probeantrag	108
Produktion, maschinenunterstützte	18
Profitcenter	54
Proletariat	19
Proportionaltarif	70ff.
Provision	60
Psychologen	164

R

Rechtliche Grundlagen des Versicherungsverhältnisses	87ff.
Rechtsform der Unternehmen	42,73
Rechtsmängel bei Willenserklärungen	92
Rehabilitationsmaßnahmen	174ff.,207,213
Reichsversicherungsordnung	21,26
Rekonvaleszenten	170
Rentenmark	23
Rentenversicherung	147,178
Restkostenversicherung	29
Risiko	102
Risikoausgleich, gegenseitiger	17,70,77,103ff.,132
Risikoausschluß	99,103ff.,109,122,171ff., 183ff.
Risikobeitrag	27ff.,73,131ff.
Risikobeschreibung	95
Risikodeckung	95
Risikoermittlung	103ff.,111ff.
Risikozuschlag	73,80,103ff.,109,117ff.,139
Ritterorden	15ff.
Römisches Reich	15
Rückreise aus dem Ausland	163
Rücktritt vom Vertrag	115ff.,122,140ff.,182ff.
Rückversicherung	52
Rückwärtsversicherung	121,124
Rundumsachbearbeitung	59

Stichwörterverzeichnis

S

Sachleistungsprinzip	74ff.
Sanatorien	166,169ff.,174ff.,207,213
Satzung einer Aktiengesellschaft	42ff.,97
Satzung eines VVaG	51ff.,97ff.
Schadenersatzansprüche	190
Schadensminderungspflicht	189ff.
Schadensregulierungskosten	135
Schadensversicherung	88ff.,157
Schickschuld	141
schuldhafte Verletzung Anzeigepflicht	115
Schutz des Versicherungsnehmers	64ff.,89ff.,95,98
Schwangerschaft	159ff.,199,206
Schweigepflicht	186
Schwerpflegebedürftigkeit	145
Selbstbeteiligung	37,73,127,150ff.,193
Selbstverwaltung	72
Sicherheitszuschlag	135,137
Solidaritätsprinzip	69ff.
sozialer Ausgleich	70
Sozialgerichtsverfahren	72
Sozialstaatsprinzip	70
Sozialversicherung	19
Sparten der Versicherung	88
Spartentrennung	24ff.,27ff.,48,54
staatliche Einheit Deutschlands	27
Staatsaufsicht	65
stationäre Behandlung	168
stationäre Heilbehandlung	165ff.
statistische Auswertung	29ff.
Statistisches Bundesamt	32ff.
Stundung des Beitrages	140,142
Stundung von Beitragsraten	140
Subsidiaritätsklausel	178
Summenversicherung	157

T

Tarifarten	149ff.,164
Tarifbeispiel	155
Tarife	65,73,94ff.,101ff.,131, 149ff.,191ff.,202ff.,218, 220ff.
Tarifgestaltung	163
Tarifleistungen	191,196,211

283

Tarifpolitik	38,138ff.,163
Tarifversicherte	29
Tarifwechsel	136,196
technischer Versicherungsbeginn	120,123
Tod des Versicherungsnehmers	128,160
Transportkosten	191,199

U

Überbringer	181
Übersetzungskosten	182
Überversicherung	204
Überweisungskosten	182
Umlage	16ff.,52
Umverteilung	69
Unfallfolgen	123,129,157ff.
Unfallversicherung	178
Unterlassungs- und Widerrufsanspruch	99
Unternehmen der PKV	39ff.
Unternehmensführung	54
Unternehmensorganisation	53ff.
Unternehmensziele	56
Untersagung des Geschäftsbetriebes	65
Unterstützung in Notfällen	15ff.
Unterstützungskassen	15ff.
Untersuchungspflicht	187ff.,202,209,219

V

veränderte Antragsinhalte	107
Verband der PKV	24ff.,27,29,38,61,63,100
Verbandmittel	164ff.
Verbände der Versicherungswirtschaft	62
Vereine zur Unterstützung in Notlagen	15
Vergreisung	138ff.
Verjährung der Leistungen	180ff.
Vermittlungsprovision	60,136
Verpfändung von Leistungen	182
Verschulden	115,188
Versichertenbestand	23,28ff.
Versichertenstruktur	33ff.
Versicherung, Prinzip der	17,69
Versicherungsarten	28ff.
Versicherungsaufsichtsgesetz	42,51ff.,64ff.,190
Versicherungsbeginn	120
Versicherungsberechtigung	78,105

Stichwörterverzeichnis

Versicherungsende	124
Versicherungsfall	69,87,95,157ff.,182,185, 201ff.,217ff.
– Beginn und Ende	160ff.
– einheitlicher	161ff.
Versicherungsfälle, mehrere	161ff.
Versicherungsfreiheit	78
Versicherungsgeschäft, betreiben von	42
Versicherungsjahr	125,196,215
Versicherungsklassen	18
Versicherungskonzerne	48
Versicherungsmakler	57
Versicherungspflicht	20ff.,26ff.,71,105,125ff.
Versicherungspflichtgrenze	21,25,31,35,78
Versicherungsrisiko	51,69,73,87,95,102ff., 109ff.,131ff.,149
Versicherungsschein	106,120ff.,129,140,159,162, 203
Versicherungsschutz	87
– Gegenstand und Umfang	157ff.,201ff.,217ff.
Versicherungsschutz der Bevölkerung	34,36
Versicherungsvereine a.G.	21ff.,24,40,42,51ff.,73
Versicherungsvermittler	57,80,115
Versicherungsvertrag	29,87,89ff.,105ff.,120,131, 162
Versicherungsvertragsgesetz	25,88ff.,120,162ff.,183, 241ff.
Versicherungswert	89
Versicherungszeiten Arbeitslosenversicherung	148
Verspätete Kündigung	126
Vertrag	90ff.,105ff.
Vertragsaufhebung	126
Vertragsänderungen	136
Vertragsbedingungen	93
Vertragsdauer	125
Vertragsfreiheit	89,91,93
Vertragsleistungen in der	
– Krankheitskosten- und Krankenhaustagegeldversicherung	157ff.
– Krankentagegeldversicherung	202ff.
Vertragsregelungen	90
Vertragsverlängerung	89
Vertretungsbefugnis in der AG	45
Vertriebskooperation	54
Vertriebsstrategie der PKV	56,79ff.
Verwaltungskosten	135

Stichwörterverzeichnis

Verweildauer, stationäre	170
Verzicht auf Wartezeiten	123
Verzug des Versicherers	180
Vorbeiträge	52
Vorerkrankungen	103ff.,109ff.,121,203,212
vorrangige Ansprüche, andere	178ff.
vorsätzliche verursachte Krankheiten	172ff.
Vorsorgeuntersuchungen	159ff.,175
Vorstand einer AG	42,44ff.
Vorstand eines VVaG	52ff.
Vorversicherungszeiten der PKV	26
vorvertragliche Anzeigepflicht	103,109

W

Wahlleistungen im Krankenhaus	153
Wahrscheinlichkeitsberechnung	132
Währungsklausel	181
Wartezeiten	26,120,122ff.,129,195,197, 203,212,218
Wechsel des Versicherers	136
Wechsel zwischen GKV und PKV	31ff.
Wegzug des Versicherungsnehmers	128
Wehrdienstfolgen	171
Werbeanzeigen	81ff.
Wettbewerb	39,55ff.,59,77ff.,84,139
Wettbewerbsrecht	84ff.
Widerruf des Antrages	106
Wiederaufbau	26
Willenserklärung	87,90ff.,105,118,121,124, 137
wirtschaftliche Leitgedanken	69ff.
Wirtschaftlichkeit	178
wissenschaftlich nicht anerkannte Behandlungsmethoden	167,176
Wohnsitz	206

Z

Zahl der PKV-Unternehmen	38ff.
Zahlung an den Überbringer	181
Zahlung der Beiträge	141
Zahlung des ersten Beitrages	122,139,142
Zahlungsverzug	128,140,142ff.
Zahlungszeitraum Beitragszuschuß	146
Zahnärzte	164ff.

Stichwörterverzeichnis

Zahnersatz und -kronen	165,191,194,199
Zielgruppen der PKV	78ff.
Zivilgerichte, Zuständigkeit der	74
Zunftbüchsen	16ff.
Zusatztarif	153
Zusatzversicherung	20,33,37,78,101,151,153ff.
Zuständigkeit der Aufsichtsbehörden	67ff.
Zustimmung des gesetzl. Vertreters	92
Zünfte	16
zweiseitiges Rechtsgeschäft	92
Zweiter Weltkrieg	26
zwingende Vorschriften des VVG	89

Anhang 6

Literaturverzeichnis

Bach/Moser	Peter Bach / Hans Moser, Private Krankenversicherung, MB/KK- und MB/KT-Kommentar, Verlag C.H. Beck,
Bruck/Möller	Ernst Bruck / Hans Möller, Kommentar zum Versicherungsvertragsgesetz 8. Auflage, Band I,
Bruck/Möller/Wagner	Ernst Bruck / Hans Möller, Kommentar zum Versicherungsvertragsgesetz, 8. Auflage, Band VI,
Bruck/Möller/Wriede	Ernst Bruck / Hans Möller, Kommentar zum Versicherungsvertragsgesetz, 8. Auflage Band VI,
Deutsch	Prof. Dr. Erwin Deutsch, Versicherungsvertragsrecht – Ein Grundriß, 2. Auflage, VVW Karlsruhe,
Hofmann	Dr. Edgar Hofmann, Privat-Versicherungsrecht, 2. Auflage, Verlag C.H. Beck, München,
Koch	Prof. Dr. Peter Koch, Versicherungswirtschaft, 2. Auflage, VVW Karlsruhe,
Moser, Studienwerk	Hans Moser, Private Krankenversicherung, Versicherungsenzyklopädie (Versicherungs-wirtschaftliches Studienwerk),
Palandt/(-Verfasser)	Palandt, Bürgerliches Gesetzbuch
Prölss/Martin	Anton Martin / Jürgen Prölss, Versicherungsvertragsgesetz